나는
이 빌어먹을

지구를
살려보기로
했다

지은이 해나 리치 Hannah Ritchie

옥스퍼드대학교 마틴스쿨의 수석 연구원이자 《아워 월드 인 데이터Our World in Data》의 부편집장으로서 기후 변화, 에너지, 식량 문제, 생물 다양성, 대기오염, 공중 보건과 관련된 데이터를 수집하며 인류의 지속 가능성에 대한 연구를 진행하고 있다. 에든버러대학교에서 환경과학을 전공했으며 2018년 세계 식량 시스템에 대한 연구로 박사 학위를 받았다. 코로나19 팬데믹 시기에는 《아워 월드 인 데이터》에서 코로나19 정보 대시보드를 구축했고, 기후 변화 대응에 기여한 공로를 인정받아 2022년 홀리루드 그린 자이언트 어워드Holyrood Green Giant Awards에서 스코틀랜드 청년 기후 챔피언으로 선정되었으며, 2024년 영국 왕립통계학회의 명예회원으로 위촉되었다.

데이터를 다루는 과학자로서 구체적인 통계를 바탕으로 오늘날 인류가 처한 환경 위기를 얼마든지 극복할 수 있다는 현실적 낙관론을 일관되게 주장해 왔으며, 《나는 이 빌어먹을 지구를 살려보기로 했다》는 그 첫 결산이라고 할 수 있다.

NOT THE END OF THE WORLD

Copyright © Hannah Ritchie, 2024

First Published as First Generation in 2024 by Chatto & Windus, an imprint of Vintate. Vintage is part of the Penguin Random House group of companies.

No part of this book may be used or reproduced in any manner for the purpose of training artificial intelligence technologies or systems.
This work is reserved from text and data mining (Article 4(3) Directive (EU) 2019/790).

Korean Translation Copyright © 2025 by Bookie Publishing House, Inc.
Korean translation rights arranged with Penguin Random House group of companies through EYA Co., Ltd.

이 책의 한국어판 저작권은 EYA Co., Ltd를 통해 Penguin Random House group of companies와 독점 계약한 (주)부키에 있습니다. 저작권법에 의하여 한국 내에서 보호를 받는 저작물이므로 무단 전재 및 복제를 금합니다.

지구의 마지막 세대가 아니라
최초의 지속 가능한
세대가 되기 위해

나는
이 빌어먹을

지구를
살려보기로
했다

해나 리치 지음
연아람 옮김

부·키

옮긴이 연아람

한국외국어대학교 영어교육학과를 졸업한 후 서강대학교에서 국제관계학을, 영국 런던정치경제대학교LSE에서 인권학을 공부하고 이주 정책 및 청소년 교육 관련 공공기관에서 근무했다. 한국외국어대학교 통번역대학원에서 번역 전공으로 석사 학위를 받았으며 영미권 도서를 우리말로 옮기는 작업에 매진하고 있다. 옮긴 책으로《알고리즘에 갇힌 자기 계발》《라이프 이즈 하드》《죽음은 최소한으로 생각하라》《음식 중독》《생명 가격표》《주소 이야기》등이 있다.

나는 이 빌어먹을 지구를 살려보기로 했다

초판 1쇄 발행 2025년 9월 29일

지은이 해나 리치
옮긴이 연아람
발행인 박윤우
편집 김유진 박영서 박혜민 백은영 성한경 유소영 장미숙
홍보 마케팅 박서연 정미진 정시원 조아현 함석영
디자인 박아형 이세연
경영지원 이지영 주진호
발행처 부키(주)
출판신고 2012년 9월 27일
주소 서울시 마포구 양화로 125 경남관광빌딩 7층
전화 02-325-0846 팩스 02-325-0841
이메일 webmaster@bookie.co.kr
ISBN 979-11-93528-83-9 03300

잘못된 책은 구입하신 서점에서 바꿔드립니다.

만든 사람들
편집 허태영 · 디자인 박아형 · 조판 홍보현

*

이성과 감성이 완벽한 조화를 이루는
나의 부모님께 바칩니다.

서문

아직 세상은 끝나지 않았다

정말 우리에게는
내일이 없을까?

'너희는 기후 변화 때문에 죽게 될 거야.'
 요즘 사람들이 아이들에게 흔히 하는 말이다. 놀랍게도 많은 사람이 아이들에게 폭염이 지구를 휩쓸지 않는다면 산불이, 또는 허리케인이, 또는 홍수가, 그것도 아니라면 대규모 기아가 그들을 집어 삼킬 것이라는 이야기를 눈 하나 깜짝하지 않고 한다. 그러니 젊은 사람 대부분이 자신들의 미래가 위험에 처해 있다고 생각하는 것도 전혀 이상하지 않다. 젊은이들 사이에서는 앞으로 지구가 어떻게 될지에 대한 불안과 두려움이 짙게 깔려 있다.

나는 이런 내용의 메일을 매일같이 받는다. 이런 심리는 전 세계 연구에도 잘 나타난다.[1] 2021년 전 세계 16세부터 25세 사이 청년층 10만 명을 대상으로 실시된 조사에 따르면,[2] 4분의 3이 넘는 사람들이 미래가 두렵다고 답했으며 절반 이상이 '인류는 끝났다'라고 생각하는 것으로 밝혀졌다. 이러한 비관적인 전망은 영국과 미국은 물론 인도와 나이지리아에도 만연해 있다. 부유하거나 안정된 삶을 사는지와 무관하게 전 세계 젊은이는 자신들이 죽을힘을 다해 간신히 버티고 있다고 여겼다.

해당 조사에 따르면 설문에 응한 청년 가운데 5분의 2가 아이 낳기를 주저하는 것으로도 나타났다. 2022년 미국에서 자녀가 없는 전 연령대 성인을 대상으로 진행한 설문 조사에서도 11퍼센트의 응답자가 아이를 낳지 않은 주요 원인으로 기후 변화를 꼽았으며 기후 변화가 여러 원인 가운데 하나라고 대답한 비율도 15퍼센트나 되었다.[3] 18세부터 34세 사이 청년층에서는 이 비율이 훨씬 높았다. 젊은 층만을 대상으로 한 조사에서는 '이런 세상에 아이를 낳아 종말에 가까운 환경에서 살아남으라고 강요하는 일은 양심상 할 수가 없다'라고 답한 응답자도 있었다.[4] 기후 변화로 인해 미래에 희망이 없다는 생각이 들어 아이 낳은 것을 후회한다고 대답한 응답자도 6퍼센트나 되었다.

이러한 견해를 그저 말뿐인 것이라고 일축할 수도 있다. 그러나 설문 조사가 아니라 실제 데이터를 분석한 최근 한 연구만 보더라도 환경에 관심이 없는 사람들이 환경 보호에 적극적인 사람들보다 아이를 가질 확률이 60퍼센트나 높았다.[5] 물론 환경 보호에 적극적인 사람들이 단지 '기후 변화에서 비롯될 위기' 때문에 아이를 갖지 않을 것이라고 말할 수는 없다. 다만 이러한 통계를 통해 '요즘 아이 낳기가 두려워졌다'는 말이 결코 허풍이 아니라는 것만큼은 분명하게 알 수 있다. 아이를 갖기가 망설여진다는 말이 거짓이 아니라면, 미래에 대한 절망과 불안 역시 거짓이 아닐 것이다.

나는 이러한 심정이 진심이라는 것을 알고 있다. 예전의 나도 그랬기 때문이다. 나 역시 우리에게는 미래가 없다고 확신한 적이 있었다.

지금은 위기가 아니라 미래를 바꿀 수 있는 기회다

나는 대부분의 시간을 지구의 환경 문제를 고민하며 보낸다. 그것이 나의 직업이고 관심사이기 때문이다. 하지만 나도 포기할 뻔한 적이 있었다.

2010년 나는 환경지질과학 전공으로 에든버러대학교에 입학했다. 어린 티를 채 벗지 못한 열여섯 살의 나는 전 세계가 맞닥뜨린 가장 시급한 문제를 해결할 방법에 관해서라면 무엇이든 배울 준비가 되어 있었다. 그러나 4년이 지나도 답을 찾기는커녕 해결할 길이 보이지 않는 수많은 문제에 짓눌리기만 했다. 학부 시절 4년은 인류

오늘날 청년들은 기후 변화로 세상이 멸망할 것이라고 생각한다

다음 그래프는 각국 16~25세 청년들이 기후 변화와 인류 미래에 관한 해당 진술에 동의하는 비율을 나타냈다.

- 인류는 멸망할 것이다

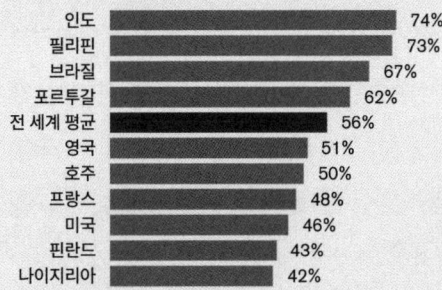

- 미래가 두렵다

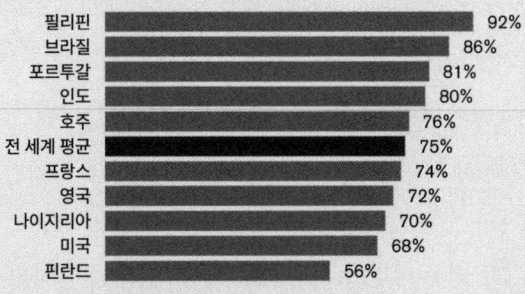

- 아이 낳기가 꺼려진다

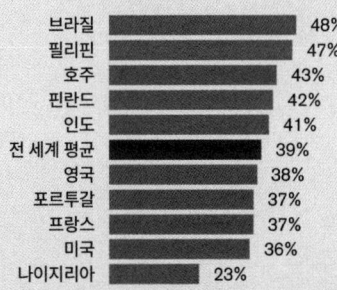

가 이 지구를 얼마나 파괴했는지 매일매일 깨닫는 시간이었다. 지구 온난화, 해수면 상승, 해양 산성화, 사라지고 있는 산호초와 북극곰, 삼림 파괴, 산성비, 대기오염, 어류 남획, 해상 기름 유출, 생태계 파괴 등 온통 부정적인 이야기만을 들었다.

대학 학부 시절 나는 최신 뉴스를 섭렵하기 위해 의식적으로 노력했다. 지구의 현재 상태를 정확히 알아야 했기 때문이다. 세계 곳곳에서 자연재해와 가뭄, 기근이 발생하고 있었다. 죽는 사람, 빈곤에 허덕이는 사람, 배를 곯는 아이들이 그 어느 때보다 많은 것 같았다. 나는 내가 인류 역사상 가장 끔찍한 시대를 살아가고 있다고 확신했다.

그러나 앞에서 그래프로 정리한 설문 조사에 나와 있는 가정은 모두 틀렸다. 사실 거의 모든 분야에서 이 세상은 정반대로 변화하는 중이다. 세계적인 명문대학교에서 4년 동안 공부한다면 그런 기초적인 오해쯤은 해소될 것이라 생각할지도 모르겠다. 하지만 현실은 그렇지 않았다. 오히려 강의를 들을 때마다 인류가 생태계에 저지른 해악에 대한 죄책감이 깊어지면서 오해도 따라서 짙어졌다.

그러는 동안 나는 무력감을 느꼈다. 학위를 따기 위해 치열하게 공부했지만, 언제든 나를 짓누르는 강박에서 벗어나 새로운 경력을 찾아 떠날 준비를 하고 있었다. 나는 환경과학과 전혀 관련이 없는 곳에 지원하기 시작했다. 그러던 어느 날 저녁, 텔레비전에서 한 남성이 버블 차트를 좇으며 열변을 토하는 모습을 본 순간 모든 것이 달라졌다.

"저는 지금껏 살아오면서 과거 식민지였던 국가들이 독립하고 점점 번창하는 것을 지켜봤습니다. 그들이 발전한 모습을 보세요! 아시아와 라틴 아메리카 국가들이 서구를 따라잡기 시작했습니다." 그래프 위 빨간색과 초록색의 원들은 서로 포개져 마치 홀로그램처럼 보였다. 그는 팔을 요란하게 흔들며 원들을 화면 이리저리 밀어내고 끌어다 놓았다. 그가 흥분해 말하는 통에 악센트를 정확히 파악하기 어려웠지만, 스웨덴 사람인 듯했다. "자, 이제 아프리카를 보시죠!" 그가 소리쳤다.

그의 이름은 한스 로슬링Hans Rosling이다. 그를 이미 아는 독자라면 그를 처음 알게 된 순간을 절대로 잊지 못할 것이다. 만약 그의 이름을 처음 듣는 독자라면, 조금은 부럽다. 이제 마법과도 같은 그의 강연들을 찾아볼 수 있는 기회가 생겼기 때문이다. 로슬링은 스웨덴 출신의 의사이자 통계학자이며 대중 강연자다. "한스 로슬링과 3분만 이야기를 나눠 보면 당신의 세계관이 바뀔 것이다"[6]라는 《네이처Nature》의 비평이 그를 잘 설명한다. 그는 정말로 내 세계관을 바꿔 놓았다.

나는 이 세상을 잘못 이해하고 있었다. 조금 틀린 정도가 아니었다. 나는 모든 문제가 점점 더 악화하고 있다고 믿고 있었다. 그러다 로슬링을 알게 된 것이다. 그는 연단을 연신 뛰어다니며 신뢰할 만한 데이터를 바탕으로 사실을 보여줬다. 그의 말에 따르면 나는 완전히 정반대로 알고 있었다. 그러나 그는 내가 자책하지 않도록 설명해 줬다.

내가 오해하고 있는 것은 당연했다. 다른 사람들도 마찬가지였다. 그래서 로슬링은 이를 주요 활동으로 삼아 TED와 구글 및 세계은행에서 학자들, 경영자들, 과학자들 심지어 세계적 보건 전문가들을 모아 놓고 그들이 이 세계에 대한 가장 기본적인 사실조차 모르고 있다는 것을 알려줬다. 모두가 열광했다. 그의 강연 영상을 보면 청중이 자신들의 무지에 아랑곳하지 않고 터뜨리는 웃음을 들을 수 있다. 로슬링은 누구도 따라할 수 없는, '교사'로서의 포용력을 지니고 있었다.

로슬링은 여러 강연을 통해 극빈층 비율, 아동 사망률, 여아 진학률, 아동 백신 접종률과 같은 데이터들이 가장 기본적인 인간 복지 지표에서 정확히 어떤 의미를 가지고 있는지를 설명했다. 우리는 전 지구적 발전 과정에서 일어난 이러한 변화와 관련된 데이터를 거의 들여다보지 않는다. 그저 매일 뉴스에 나오는 기사 제목들을 통해 이 세상을 바라보고 판단한다. 이래서는 세상을 이해하는 데 전혀 도움이 되지 않는다. 뉴스는 독특한 이야기, 흔치 않은 사건, 최근 일어난 재해와 같은 새로운 소식을 전하도록 고안된 것이다. 우리는 그런 소식들을 너무 자주 접하면서 실제로 우리 주변에서 일어날 가능성이 낮은 사건들도 꽤 있음직한 일처럼 느끼게 된다. 하지만 대개는 그렇지 않다. 희귀하고 특수한 사건이기에 뉴스가 되고 사람들의 관심을 사로잡는 것이다.

흔치 않은 사건들과 이야기는 중요하며 나름의 의미도 있다. 그러나 독특한 사건을 다루는 뉴스만으로 세계를 파악하기에는 한계가 있다. 이 세상에 심대한 영향을 미치는 많은 변화는 희귀하거나 자극적이거나 신문 1면을 장식할 만한 사건들에서 비롯되지 않는다. 그러한 변화는 수십 년이 지나 세상이 몰라볼 정도로 달라질 때까지 매일, 매년 꾸준하게 일어나는 일들이 축적된 결과다.

우리가 이런 변화를 인지하는 방법은 한걸음 물러나 장기적인 데이터를 분석하는 길밖에 없다. 바로 한스 로슬링이 사회 문제를 다룰 때 취했던 방식이다. 현재 인류가 처한 환경 문제도 마찬가지다. 나는 지금까지 약 10년 동안 이런 지구적 동향을 연구하고, 논문을 쓰고, 적극적으로 알리고 있다. 나는 옥스퍼드대학교에 기반을 둔 연구단체 《아워 월드 인 데이터Our World in Data》의 연구 책임자다. 우리 단체는 빈곤, 보건, 전쟁, 기후 변화에 이르기까지 인류가 직면한 시급한 문제를 모두 다룬다. 나는 옥스퍼드대학교의 괴짜 연구자이기도 하다. 나를 비롯한 단체 구성원들이 '괴짜'라고 불리는 이유는 사람들이 학계에 기대하는 일과 정반대되는 일을 하기 때문이다. 일반적으로 학자는 문제를 최대한 자세히 들여다보고 세세히 분석하지만, 우리는 한발 물러서서 문제를 넓은 시각으로 바라본다.

내가 하는 일은 독창적이거나 획기적인 연구가 아니다. '우리가 이미 알고 있는 것' 또는 우리가 가진 정보를 적절하게 연구했다면 알 수도 있었던 사실을 정확하게 이해하는 것이다. 그런 다음 신문기사, 라디오, 텔레비전, 정부 기관을 통해 널리 알림으로써 문제를 해결하는 데 그 정보들을 활용할 수 있도록 돕는 것이다.

한스 로슬링이 뉴스 머리기사에 나오는 소식들이 세계 빈곤, 교육, 보건 문제의 전부가 아님을 보여준 것처럼, 나 역시 최근 발생한 산불이나 허리케인을 근거로 환경 문제를 논의하려는 시도가 전혀 도움이 되지 않는다는 사실을 깨달았다. 세계 에너지 시스템을 이해하고 해결책을 찾으려는 데 최신 뉴스들은 별 도움이 되지 않는다.

명확하게 이해하려면 문제를 큰 틀 안으로 가져와야 한다. 문제를 한발 물러나서 생각해야 한다는 의미다. 거리를 두고 문제를 바라보면 매우 근본적이고 획기적이며 희망적인 사실을 깨달을 수 있다. 바로 현재 인류가 지속 가능한 세상을 이룩하는 데 유례없이 좋은 위치에 있다는 사실이다.

비관적인 전망이 비극적인 미래를 만든다

"사람들이 각성해야 한다! 사람들이 정신을 차려야 한다!"

많은 사람들이 환경 파괴로 인류가 종말을 맞이할 것이라는 이야기가 더 널리 전파되어야 하는 이유라면서 이렇게 주장한다. 사실 그들은 인류 멸망이 기정사실이라고 주장한다. 이해는 간다. 인류는 오랫동안 수많은 환경 문제에 아무런 관심을 기울이지 않았고, 계속해서 실천을 미뤄왔다. 그도 그럴 것이 환경 문제가 인류에게 영향을 미치려면 수십 년도 더 걸리기 때문이었다. 그렇게 수십 년이 흘러 오늘에 이르렀고, 그 영향들이 이제 드러나기 시작했다.

이 논의에 앞서 먼저 한 가지를 명확히 밝히고자 한다. 나는 절대로 기후 변화를 부정하거나 그 영향을 축소하려는 사람이 아니다. 나는 환경 문제를 연구하고 그에 관한 글을 쓰며 해결책을 찾기 위해 골몰하는 일에 일생을 바치고 있다. 지금까지 세계는 당장 행동에 나서야 한다는 절박함을 느끼지 못했다. 이러한 현실을 바꾸기 위해서는 반드시 모두에게 기후 변화가 지구에 미칠 영향이 얼마나 심각한지에 대한 관심을 불러일으켜야 한다. 그러나 아이들에게 '너희 미래는 끝났다'고 말하는 것은 결코 좋은 방법이 아니다.

일단 인류 멸망이 억측이라고 가정하자. 그렇다면 과연 이러한 억측이 정말 해로울까? 그렇게라도 사람들이 환경 문제를 진지하게 받아들이게 된다면 결과적으로는 괜찮은 일이다. 실제로 이런 주장을 하는 사람들은 기후 변화 문제의 중요성을 축소하려는 사람들에 맞서 균형을 맞추는 역할을 하기도 한다. 그러나 나는 그보다 더 효과적이고 긍정적이며 정직한 해결 방법이 있다고 믿는다.

인류 종말에 바탕을 둔 메시지가 도움보다 해가 된다고 생각하는 데에는 몇 가지 이유가 있다. 첫째, 인류 멸망 서사의 내용은 대체로 사실이 아니다. 독자들이 당장 내 말을 믿을 것이라고 기대하지는 않지만, 이 책을 덮을 때쯤이면 환경 문제가 심각하고 시급하기는 하지만 해결할 수 있다는 믿음을 갖게 될 것이라고 기대한다. 우리는 계속 살아갈 것이다. 여기서 '우리'란 종種으로서의 인류를 말한다. 물론 인류 멸망 서사에 바탕을 둔 경고처럼 실제로 많은 사람이 심각한 피해를 입을 수도 있고, 미래를 빼앗길 수도 있다. 그러나 얼마나 많은 사람이 그렇게 될지는 우리가 문제에 맞서 어떤 대응을 하느냐에 달려 있다. 사람들이 진실을 알 권리가 있다고 믿는다면 이러한 과장된 인류 멸망 서사에 맞서야 한다.

둘째, 그런 서사는 학자들을 바보로 만든다. 멸망론자들이 펼치는 무시무시하고 대담한 주장들은 하나같이 결국 거짓임이 드러나고 만다. 이런 일이 발생할 때마다 학계에 대한 대중의 신뢰는 조금씩 깎여 나간다. 이러한 흐름은 기후 변화를 부정하는 사람들에게 유리하게 이용된다. 10년 안에 세상이 멸망하지 않으면 기후 변화 부정론자들은 기세등등해져 이렇게 말할 것이다. "그것 봐. 정신 나간 과학자들이 또 틀렸지. 그들의 말을 왜 들어야 하는 거야?" 나는 앞으로 이 책의 모든 장에서 완벽하게 거짓이라고 밝혀진 지구 멸망론자의 주장들을 소개할 예정이다.

마지막이자 무엇보다 가장 중요한 이유는, 인류 최후의 날이 임박했다는 주장이 우리에게 심각한 무력감을 주기 때문이다. 인류가 이미 끝장난 운명이라면 노력이 무슨 소용이겠는가? 그런 주장은 우리가 더 분발해 세상을 바꿀 수 있도록 돕기는커녕, 노력할 의지마저 사그라지게 만든다. 이 분야에서 완전히 떠날 뻔했던 암울했던 시기를 겪으면서 얻은 깨달음이다. 장담하건대 이 세상을 다른 시각으로 바라보기 시작한 후 나는 현실을 바꾸는 데 훨씬 더 많이 기여해 왔다. 기후 변화에 관한 한 종말론적 태도는 기후 변화를 부정하는 태도보다 나을 것이 없다.

무엇보다 이 '포기'라는 선택지는 특권을 가진 사람들에게만 가능한 것이다. 온 인류가 노력을 포기하고 기온이 1~2도 더 상승해 파리기후변화협정에서 설정했던 한계치를 훨씬 초과했다고 가정해 보자. 부유한 국가에 사는 사람이라면 아마도 별 문제 없을 것이다. 아주 쉽고 간단하지는 않더라도 돈을 써서 심각한 위험에서 벗어날 수 있을 것이다. 그러나 많은 저개발 국가 사람들의 사정은 다르다. 부유하지 않은 국가에 속한 사람들은 스스로를 보호할 만한 여력이 없다. 기후 변화를 막을 방법이 없다고 말하는 것은 변명의 여지가 없을 만큼 이기적인 태도다.

기후 변화를 연구하는 학자들은 가망이 없다고 말하지 않는다. 내가 아는 대부분의 기후학자는 아이를 키운다. 그들은 기후 변화에 대해 매일 연구하고 고민한다. 분명한 사실은 그들은 인류가 100년 안에 기후 변화로 종말을 맞이할 것이라고 체념하지 않았다는 것이다. 그들은 아이들에게 살 만한 미래를 만들어 줄 수 있는 시간이 아직 남았다고 믿는다. 케이트 마블Kate Marvel 미국 항공우주국 박사의 말처럼 "나는 아이들의 미래가 암울할 것이라는 의견에 단호하게 반대하며, 과학적으로도 개인적으로도 믿지 않는다".[7]

그들이 기후 변화의 영향이 걱정할 만한 수준이 아니라고 생각해서 이렇게 말하는 것이 아니다. 걱정하지 않았다면 기후 변화를 연구하지도 않았을 것이다. 또한 그들은 전 세계가 기후 변화를 저지하기 위해 충분히 노력하고 있지 않다고 생각한다. 그래서 사람들에게 수십 년째 애원하고 있지 않은가. 거의 모든 기후학자들이 우리의 조치가 너무 지지부진하며, 하루빨리 정신 차리지 않으면 상황이 훨씬 더 악화할 것이라고 경고하고 있다.

그렇다면 그들은 왜 여전히 우리의 미래에 가능성이 남아 있다고 낙관하는 것일까? 여기에는 몇 가지 이유가 있다. 첫째는 우리가 1.5도, 2도 상승 억제라는 기후 목표의 정확한 의미에 대해 오해하고 있기 때문이다. 이 숫자를 최대 한계치라고 여기고 1.5도를 넘는 순간 큰일이 벌어질 것이라고 믿는 것은 착각이다. 그러한 믿음은 사실이 아니다. 1.5도라는 수치에는 특별한 의미가 담겨 있지 않다. 1.499도 상승할 때까지는 살 만하다가 1.501도를 넘는 순간 인간이 살 수 없는 환경으로 지구가 변하는 것이 아니다.

일단 기온 상승이 1.5~2도 범위에 들어서면 임계점에 다다르고 기후 변화가 세계에 미치는 영향이 걷잡을 수 없는 수준에 이를 위험성이 증가하는 것은 사실이다. 그러나 그렇다고 해서 1.5도가 절대적인 임계치란 의미는 아니다. 사실 그 범위 안에 들어서는 순간 매 0.1도가 훨씬 더 중요해진다. 다른 점이라면 많은 기후학자는 매 0.1도를 모두 '목표'로 본다는 사실이다. 목표를 달성하면 정말 좋겠지만, 달성하지 못한다고 해도 노력은 계속되어야 한다.

지나치게 원칙적이고 사소한 요소에 얽매인 것처럼 보일 수 있지만, 이는 기후 변화에 대처하는 데 있어 중요한 핵심이다. 실제로 지구 온도가 1.5도 상승할 것이라는 점은 기정사실에 가깝다. 학자들 대부분이 그렇게 예측한다. 그러니 사람들이 이 수치를 지구 멸망의 임계치로 받아들였다면, 인류의 미래에 희망이 없다고 여기는 것은 당연한 일이다.

둘째, 일부 과학자들이 상대적으로 비관적이지 않은 또 다른 이유는 여전히 변화를 이뤄낼 수 있다고 믿기 때문이다. 그들은 지난 수십 년간 힘든 싸움을 해 왔다. 세상은 그들의 경고에 거의 귀를 기울이지 않았고, 도리어 인류 멸종이라는 공포를 조장한다는 누명을 썼다. 그러나 마침내 세상은 기후 변화가 현실임을 깨달았고 사람들이 행동하기 시작했다. 기후학자들은 그런 변화를 눈으로 직접 확인했으므로 현실이 개선될 수 있다고 믿는다. 오랜 역경에도 불구하고 이런 변화를 가져온 데에는 그들의 공이 크다.

지금 지구에게 필요한 것은 낙관적 절박함이다

한때 낙관주의자들은 순진하고 비관주의자들은 똑똑하다고 생각한 적이 있었다. 과학의 기본이란 모든 결과를 의심하고 이론들을 해체해 무엇이 사실로 입증되는지 확인하는 것이기 때문에 비관주의를 과학자라면 누구나 갖추어야 할 소양처럼 생각했다. 그리고 냉소주의가 그 기반이 되는 원칙이라고 생각했다.

이런 생각이 반드시 틀렸다고 볼 수는 없다. 그러나 과학에는 본질적으로 낙관적인 특성도 있다. 그렇지 않다면 성공 확률이 희박하다는 것을 알면서도 실험을 거듭하는 마음을 어떻게 설명할 수 있겠는가? 연구 과정은 때로 답답하기 짝이 없다. 세상에서 가장 훌륭한 학자들도 하나의 문제를 해결하는 데 평생을 바치고도 아무런 답을 얻지 못하기도 한다. 그럼에도 그들이 연구하는 이유는 머지않아 획기적인 발견을 할지 모른다는 기대 때문이다. 그들이 정말 어마어마한 사실을 발견할 가능성은 그리 크지 않지만, 그래도 가능성은 있다. 그 가능성이 0이 되는 순간은 그들이 포기하는 때뿐이다.

그렇기는 해도 비관주의는 지적인 것 같고 낙관주의는 어리석어 보이는 것이 사실이다. 나는 스스로를 낙관주의자라고 인정하는 것이 부끄러울 때가 많다. 이것 때문에 사람들이 나를 별것 아닌 사람으로 평가할지 모른다는 생각이 들기 때문이다. 그러나 이 세상에는 더 많은 낙관주의가 절실하다. 문제는 사람들이 낙관주의를 아무런 근거도 없이 그저 모든 것이 나아지리라 믿는 '맹목적 낙관주의'와 혼동한다는 점이다. 맹목적 낙관주의는 정말 멍청한 생각이며 위험하기까지 하다. 우리가 수수방관하며 아무것도 하지 않는다면 지금 우리가 처한 상황은 전혀 개선되지 않을 것이다. 내가 말하는 낙관주의는 그런 것이 아니다.

낙관주의란 우리 앞에 펼쳐진 문제를 개선의 기회로 여기는 것이다. 또 변화를 불러오는 데 우리가 할 수 있는 일이 있다고 믿는 것이다. 우리 스스로 미래를 만들 수 있다고, 우리가 원하면 더욱 멋진 미래를 만들 수 있다고 믿는 것이다. 이와 관련해 경제학자 폴 로머 Paul Romer는 '자기만족적 낙관주의'와 '조건적 낙관주의'를 명확하게 구분하며 다음과 같이 설명한다.[8]

자기만족적 낙관주의는 선물을 기다리는 아이의 심정이다. 조건적 낙관주의는 나무 위에 집을 짓는 상상을 하는 아이의 심정이다. '나무와 못을 준비하고 친구들에게 도와달라고 하면 정말 멋진 집을 지을 수 있을 거야.'

이 '조건적', 실천적 낙관주의는 '절박한 낙관주의', '실용적 낙관주의', '현실적 낙관주의', '간절한 낙관주의' 등의 다양한 용어로도 불린다. 모두 영감과 실천에 입각한 말들이다.

비관주의자들이 똑똑한 것처럼 보이는 이유는 자기 자신에게 유리한 쪽으로 조건을 변경해 '틀리는 것'을 회피하기 때문이다. 멸망론자들은 5년 뒤에 지구가 끝날 것이라 예견하고서는 훗날 자신의 예견이 빗나가면 간단히 날짜만 바꾼다. 1968년 출간된《인구 폭탄The Population Bomb》의 저자인 미국의 생물학자 폴 R. 에얼릭Paul R. Ehrlich이 수십 년째 그렇게 하고 있다.[9] 에얼릭은(면역학 연구에 대한 공헌으로 노벨상을 수상한 파울 에를리히와는 동명이인이다) 1970년 "향후 15년 안에 종말이 찾아올 것이다. 여기서 내가 말하는 '종말'이란 지구가 인류의 터전이 될 수 있는 능력을 완전히 상실함을 의미한다"라고 주장했다. 물론 터무니없는 예측이었다. 그는 "2000년이 되면 영국은 존재하지 않을 것이다"라고 주장하기도 했다. 물론 이 또한 틀렸다. 에얼릭은 이 날짜를 매번 수정할 것이다. 비관주의자들의 견해는 위험 부담이 낮은 안전한 입장일 뿐이다.

다만 비판을 비관주의로 오해해서는 안 된다. 비판은 실천적 낙관주의자들에게 필수적인 덕목이다. 가장 가능성이 큰 방법을 찾기 위해서는 여러 이론을 면밀히 검토해야 하기 때문이다. 세상을 바꾼 혁신가들은 대부분 낙관적인 사람들이었다. 그들이 낙관주의자로 분류되지는 않더라도 말이다. 동시에 그들은 치열하게 비판하는 사람들이었다. 토머스 에디슨Thomas Edison, 알렉산더 플레밍Alexander Fleming,, 마리 퀴리Marie Curie, 노먼 볼로그Norman Borlaug는 자신의 이론에 누구보다 비판적이었다.

진정으로 지구 환경 문제를 해결하고 싶다면 우리는 더 낙관적이어야 한다. 환경 문제를 해결할 수 있다고 믿어야 한다. 앞으로 이어질 논의에서 확인할 테지만, 이는 허황된 꿈이 아니다. 실제로 변화는 일어나고 있고 우리는 서둘러 이 변화의 속도를 높여야 한다.

우리는 마지막 세대가 아니라
첫 번째 세대가 될 수 있다

독일의 환경운동 단체 '마지막 세대Letzte Generation'의 이름은 지구의 지속 불가능성unsustainability으로 인해 인류가 멸종으로 내몰리고 있음을 암시한다. 2021년 일부 활동가들이 정부가 행동에 나서도록 압박하기 위해 한 달간 단식 투쟁에 들어갔다. 몇몇이 병원으로 실려 갔던 데에서 확인할 수 있듯이 결코 흉내만 낸 단식이 아니었다. 절박함을 느낀 사람은 그들만이 아니다. 세계적인 환경 단체인 '멸종 저항Extinction Rebellion' 역시 이런 정서에 바탕을 두고 설립되었다. 앞서 언급했던 설문 조사 결과만 보더라도 우리가 '마지막 세대'가 될 것이라는 견해는 많은 젊은이의 생각과 크게 다르지 않다.

하지만 나는 정반대의 관점을 취하고자 한다. 나는 우리가 마지막 세대가 될 것이라 생각하지 않는다. 많은 증거가 오히려 그 반대를 가리키고 있다. 나는 우리가 '첫 번째' 세대가 될 수 있다고 생각한다. 우리에게는 자연을 지금보다 훨씬 더 나은 상태로 되돌려놓는 첫 번째 세대, 인류 역사상 최초로 지속 가능성을 달성하는 첫 세대가 될 기회가 주어졌다. 믿기 힘든 이야기인 줄 안다. 앞으로 그 이유에 대해 자세히 설명할 것이다.

여기서 내가 쓰는 '세대'라는 용어는 다소 느슨한 의미를 가지고 있다. 나는 환경 문제로 규정되는 세대다. 내가 어릴 적 기후 변화가 사회적 이슈로 떠오르기 시작했고, 성년기 내내 에너지 전환 시대를 지날 것이다. 오로지 화석 연료에만 의지하던 세계는 이제 탈화석연료로의 전환 과정에 있다. 많은 국가가 탄소 중립을 달성하기로 약속한 '기한'인 2050년이 되면 나는 57세가 된다. 이 책을 쓰고 있자니 내가 이 세계가 변화하기를 바라는 젊은 세대를 대변하고 있다는 생각도 든다.

물론 이런 변화를 달성하는 데에는 여러 세대의 참여가 필요하다. 위로는 내 부모 세대와 조부모 세대가 있고, 아래로는 내 자녀 세대, 어쩌면 내 손주 세대까지 있다. 중장년층과 청년들은 대개 서로를 힐난한다. 젊은 세대는 기성세대가 지구를 훼손했다고 비난하고,

기성세대는 젊은 세대가 과하게 반응하며 화를 낸다고 말한다. 그러나 궁극적으로 우리는 대부분 세상이 더 나아지기를 바라며, 그 세상에서 우리 아이들과 손주들이 번영하며 살아갈 수 있기를 바란다. 그러므로 우리는 함께 힘을 모아야 하며, 이 세상을 바꾸는 데 모두가 참여해야 한다.

이 책에서 나는 왜 우리가 지속 가능성을 달성하는 첫 세대가 될 수 있는지 설명할 것이다. 먼저 현재 우리가 처한 환경 문제를 하나씩 자세히 논의하면서 그 문제의 기원과 전개 과정, 현재 상태, 더 나은 미래로 나아가기 위한 방법에 대해 살펴볼 것이다. 이 책의 각 장은 어디서 많이 들어본 듯한, 자극적이면서도 위험한 제목으로 시작할 것이다. 그리고 그 이야기가 왜 틀렸는지 설명할 것이다. 우리는 그동안 '지구 환경을 지키기 위해 우리가 하지 말아야 하는 것'에 관한 주의 사항만 버거울 정도로 많이 들어왔다. 그래서 나는 환경 문제를 해결하는 데 있어 실제로 큰 변화를 이끌어내는 중요한 것들은 무엇인지, 우리 모두가 중점을 둬야 하는 일은 무엇이며, 반대로 오해하고 있는 부분은 무엇인지 설명할 것이다.

환경 문제에 관한 논의는 대기에서 시작해 아래로 내려오는 순서를 취할 것이다. 그러면서 지속 가능성을 달성하기 위해서 반드시 해결해야 할 일곱 가지 환경 문제를 하나씩 다룰 것이다. 가장 먼저 대기오염을 논의하고 기후 변화를 살펴본 다음 지상의 문제로 넘어가 삼림 파괴와 식량 문제, 다른 생물들이 처한 문제를 논의할 것이다. 그런 다음 해양 오염으로 옮겨가 해양 플라스틱 쓰레기 문제를 검토한 후 마지막으로 해양 생물의 현 상태를 논의할 것이다.

우리가 처한 환경 문제들은 서로 중첩되는 부분이 많다. 우리가 먹는 음식은 기후 변화와 삼림 파괴, 지구상에 있는 다른 종들의 삶에 큰 영향을 끼친다. 우리가 지상에서 기르는 작물과 가축에서 식량을 더 많이 얻을수록 바다 생물에 미치는 영향이 줄어든다. 화석 연료를 때는 일은 기후 변화를 초래할 뿐만 아니라 공기를 오염시켜 인간의 건강을 해친다.

어떤 환경 문제도 다른 문제와 무관한 것이 없다. 나는 독자들이 이 책을 덮을 때쯤 여러 환경 문제들이 동떨어진 것이 아니라 서로 연결되어 있으며, 따라서 우리가 시도할 수 있는 몇몇 해결책들이 여러 문제를 단번에 아울러 해결할 수 있다는 사실을 알게 되리라 기대한다. 나아가 이러한 사실이 우리 미래에 얼마나 중요한지 이해할 수 있게 되기를 바란다.

환경 문제를 바라볼 때 필요한 여섯 가지 주의사항

우리가 살펴볼 문제들은 복잡하다. 그리고 불편하다. 불행히도 내가 제시할 주장이나 데이터 가운데 일부는 악의적으로 오용될 가능성이 있다. 이 책을 읽을 때에는 다음에 나오는 여섯 가지 사항을 유념하며 읽어야 한다.

첫째, 우리는 지금 중대한 환경 문제와 마주하고 있다

의외로 여러 환경 문제의 동향 가운데 일부는 올바른 방향으로 나아가고 있다. 하지만 이런 긍정적인 변화들은 무책임한 사람들에 의해 기후 변화가 별것 아니라는 식으로 악용되는 경우가 많다.

이는 나의 입장과 다르다. 지금 인류가 처한 환경 문제는 위중하고 심각하다. 이 문제를 해결하지 않는다면 인류는 처참한 결과를, 특히 가난한 이들에게 혹독한 미래를 맞게 될 것이다. 우리는 반드시 행동에 나서야 한다. 그리고 그 행동은 대규모로, 또 과거 어느 때보다 더욱 신속하게 이뤄져야 한다.

둘째, 환경 문제는 지금 당장 해결해야 한다

나는 기후 변화를 비롯해 어떤 환경 문제도 인류를 멸종시킬 것이라고 생각하지 않는다. 핵전쟁이나 전 지구적 전염병의 유행 또는 인공지능의 잘못된 발전이 인류에게 실질적인 위협이 될 가능성이 훨씬 크다. 혹자는 이러한 사실을 바탕으로 기후 변화에 신경 쓸 필요가 없다고 주장해 왔다. 위험한 병원균과 핵전쟁의 위협에 집중해야 할 때 왜 기후 변화 해결에까지 나서야 하느냐는 것이다.

터무니없는 발상이다. 80억 명에 달하는 우리 인류는 여러 가지 문제를 얼마든지 동시에 처리할 수 있다. 또한 기후 변화가 다른 실존적 문제들의 위협을 더 악화시킨다고도 할 수 있다. 즉 기후 변화가 불러 올 피해를 줄이면 다른 문제들로 맞게 될 위험도 함께 줄일 수 있다. 더욱이 언제부터 인간의 실존을 위협하는 문제만 해결해야 한다는 법이 있었던가? 환경 훼손이 초래하는 위협은 수십억 명에게 피해를 줄 만큼 위중하고 심각하다. 그리고 그 정도 규모의 인구에 영향을 미친다면 그 또한 실존적 위협이라고 할 수 있다.

셋째, 위기를 해결하기 위해서는 다각적이고 복합적인 사고가 필요하다

다각적이고 복합적인 사고는 이 세상을 더욱 명확하게 보고 진정한 변화를 만들어 낼 수 있는 해결책을 마련하는 데 반드시 필요하다. 상황이 개선되고 있다고 해서 우리가 해야 할 일을 다 마쳤다는 의미는 아니다.

예를 들어 1990년 이래 연간 아동 사망률은 절반 이상 감소했다. 이는 엄청난 성과다. 하지만 이런 사실을 온라인 커뮤니티에 올리면 이런 답글이 달린다. "그래서 매년 500만 명의 아이들이 죽는 현실이 괜찮다는 말인가?"

당연히 아니다. 여전히 많은 아이가 죽는다는 사실은 국제 사회의 심각한 문제 중 하나다. 하지만 이 두 사실은 상충하지 않는다. 우리는 놀라운 진보를 이뤘으나 여전히 갈 길이 멀 뿐이다. 나의 동료이기도 한 맥스 로저Max Roser 옥스퍼드대 교수가 말한 것처럼 "세상은 더 살기 좋은 곳이 되었지만, 여전히 끔찍한 곳이기도 하다. 그러나 분명 더 나아질 수 있다".[10] 세 진술 모두 엄연한 사실이다.

이 세 가지 진술은 서로 어긋나지 않는다

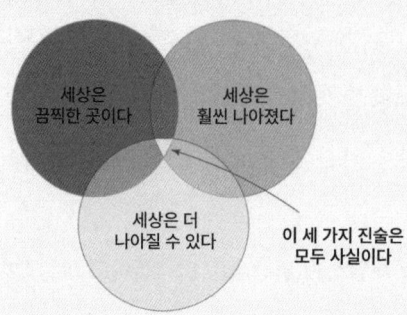

우리가 진보했다는 첫 번째 사실을 부인하면 우리는 앞으로 계속 나아가는 방법에 관한 중요한 교훈을 놓치게 된다. 이 사실을 부정하면 변화가 가능하다는 희망도 잃게 된다.

내가 모든 긍정적인 추세마다 '모든 것이 완벽하다는 말이 아니다'라는 단서를 붙여야 한다면, 이 책은 피곤하고 장황한 글이 되고 말 것이다. 내가 '상황이 개선되고 있다'고 말하는 것은 이대로 괜찮다는 의미가 아니다. 이 점을 늘 염두에 두길 바란다.

넷째, 아무것도 장담할 수 없지만, 그래도 변화는 가능하다

이 책에서 나는 환경 문제의 변천 과정은 물론 우리가 어쩌다 오늘날에 이르게 되었는지에 관한 이야기뿐만 아니라 장차 우리가 나아가야 할 방향을 제시할 것이다. 이러한 나의 제안은 예측이 아니라

가능성이다.

이런 구별은 중요하다. 나는 미래에 어떤 일이 벌어질지 모른다. 미래가 어떤 모습일지는 우리가 얼마나 환경 문제에 신속하게 대응할지, 얼마나 현명한 판단을 내릴지에 달려 있다. 내가 할 수 있는 일은 내가 생각하기에 가장 효과적인 방법을 제시하는 것뿐이다. 우리가 최선의 해결책을 선택하는 데 이 책이 작은 힘이라도 보탤 수 있기를 바란다.

다섯째, 우리는 환경 문제에서 마음을 놓고 있을 겨를이 없다

방심이라는 덫은 결코 멀리 있지 않다. 당장의 문제가 발생하면 환경 문제는 급할 것 없다고 여유를 부리며 미루거나 관심에서 멀어지기 쉽다. 그러나 그런 일이 발생하도록 방치해서는 안 된다.

2022년 러시아가 우크라이나를 침략하자 많은 국가가 러시아로부터 에너지 수입을 중단하면서 에너지 가격이 급등했고, 이에 따라 세계 경제가 휘청거렸다. 여러 국가가 다른 에너지 공급원을 찾기 위해 고군분투했으나, 일부 국가는 화석 연료를 사용하던 시절로 돌아가 구식 발전소를 재가동해야 했다.

기후 변화 대응의 측면에서 보자면 실망스러운 퇴보였다. 하지만 다행히도 이는 일시적인 현상인 것처럼 보인다. 몇 달간 이산화탄소 배출량이 증가했으나 유럽의 화석 소비량은 다시 감소했고 재생 에너지로의 전환은 어느 때보다 빠르게 이뤄지고 있다. 러시아의 우크라이나 침공으로 인해 여러 국가의 정부가 화석 연료에서 벗어나 직접 통제할 수 있는 저탄소 에너지에 투자하는 데 더욱 박차를 가하게 되었다.

여기에는 두 가지 중요한 교훈이 있다. 첫째, 지속 가능한 세계로 나아가는 과정에서 우리는 분명 일시적인 문제와 맞닥뜨리게 될 것이다. 그로 인해 불거진 여러 상황들로 인해 어쩔 수 없이 기후 변화 문제를 해결하는 데 지지부진해지고, 때로는 퇴행하는 일도 있을 것이다. 우리는 이런 일을 예상하고 실제 우려했던 상황이 발생할 때 허둥대지 말아야 한다. 우리가 목표로 삼은 기후 변화 대응의 결과는 향후 수십 년에 걸친 노력으로 결정되는 것이지 석 달 안에 결판나는 것이 아니다.

둘째, 우리의 관심을 기후 변화 대응으로부터 멀어지게 만들 국제적인 사건과 맞닥뜨려도 빠르게 이겨낼 수 있는 제도를 개발할 필요가 있다. 세계 경제가 화석 연료에 의해 움직이면 우리는 그 생산자들의 손아귀에 놓이게 된다.

여섯째, 우리는 혼자가 아니다

나는 할 수만 있다면 과거로 돌아가 어린 시절의 나를 안아주고 싶다. 그때 나는 오랫동안 환경 문제와 싸우면서 외로움에 시달리고 있었다. 앞으로 나아가려 할수록 맞바람은 점점 더 거세졌다.

지금 여러분도 그렇게 느낀다면, 이 책은 내가 여러분에게 내미는 도움의 손길이다. 이 여정에서 당신은 혼자가 아니라고, 많은 사람이 더 나은 미래를 만들기 위해 함께 노력하고 있다는 사실을 알려 주고 싶다. 어떤 사람들은 크게 주목을 받지만, 대부분은 드러나지 않는 곳에 있다. 그들은 회의실에서 회사 전략을 바꾸기 위해 싸우거나, 정부 부처에서 정책을 마련하기 위해 고군분투하거나, 실험실에서 태양 전지판과 터빈 및 배터리를 설계하거나, 밭에서 지속 가능한 방식으로 식량을 재배하기 위해 애쓰고 있다.

주변을 둘러보면 지역 사회에 속한 개인부터 세계 지도자에 이르기까지 각계각층의 사람들 모두가 중요한 결정을 내리고 수많은 장해물과 싸우며 앞으로 나아가고 있다. 많은 사람이 근심 속에서도 결의에 차 있다. 그들은 오늘의 노력이 미래에 변화를 가져올 것이라고 믿는다.

이 책을 집필하기 시작했을 때 나는 어릴 적 사진 한 장을 컴퓨터 옆에 붙여 놓았다. 《나는 이 빌어먹을 지구를 살려보기로 했다》는 10년 전의 나에게 필요했던 책이다. 이 책은 내가 지구 환경 문제를 더욱 명확하게 이해할 수 있도록 해 주고 새로운 관점을 통해 나를 어둠에서 꺼내준 근 10년간의 연구와, 그 연구를 통해 수집한 데이터의 총체다. 과거의 나와 같은 고민을 하는 사람이 있다면, 이 책이 출구를 제시해 주는 계기가 될 수 있기를 바란다.

차례

서문 아직 세상은 끝나지 않았다 · 6

1장 지속 가능한 최초의 시대
왜 사람과 환경이 대립한다고 생각할까?

이 세상은 지속 가능했던 적이 한 번도 없었다   39
역사상 지금보다 살기 좋은 때는 없었다   43
인류가 최초로 해결할 수 있는 일곱 가지 문제들   54
문제 해결에 전혀 도움이 되지 않는 두 가지 관념   60

2장 대기오염
깨끗한 공기를 찾을 수 있는 진짜 방법

베이징은 어떻게 푸른 하늘을 되찾았는가?   71
대기오염의 역사: 땔감의 발견부터 오존의 복구까지   74
대기오염 실태: 여전히 치명적인 그러나 꾸준하게 나아지는   87
대기오염을 막는 여섯 가지 방법: 당장 태우는 일을 멈춘다   98
환경 운동의 시작은 지구를 지킨다는 착각에 속지 않는 것이다   111

3장 기후 변화
'지구 온도 낮추기'는 아직 늦지 않았다

기후 변화가 사실인지 따지는 논쟁은 이미 끝났다	**117**
인류의 에너지 발전 역사: 숲에서 화석 연료까지	**128**
전 세계 탄소 배출 실태: 지금 가장 큰 책임은 누구에게 있는가?	**131**
기후 변화에 어떻게 대응할 것인가?: 에너지원 전환부터 탄소세까지	**149**
기후 변화에 어떻게 적응할 것인가?: 취약자부터 올라가는 사다리	**181**
종이책 대신 전자책을 읽는다고 지구가 나아지지는 않는다	**186**

4장 삼림 파괴
나무를 구하려면 숲을 봐야 한다

아마존은 지구의 허파가 아니다	**193**
삼림 파괴의 역사: 오래된 파괴, 여전한 위기	**196**
삼림 파괴 실태: 무엇이 숲을 망치는가?	**203**
삼림 파괴를 막는 네 가지 방법: '반대가 아닌 지원'을	**221**
삼림 파괴에 관한 오해들: 채식하는 도시인에게는 잘못이 없다	**232**

5장 식량 문제
지구를 훼손하지 않고 잘 먹고 잘사는 법

누가 인류는 굶주릴 것이라는 거짓말을 하는가?	239
식량 체계의 역사: 인류는 더 많은 인구를 감당할 수 있다	245
세계 식량 실태: 넘쳐나는 음식, 굶주리는 사람들	258
지구를 훼손하지 않고 모두가 배부를 수 있는 일곱 가지 방법	274
식량에 관한 오해들: '어떻게 생산하느냐'에서 '무엇을 먹는가'로	299
이 모든 일을 실천하면 어떤 세상이 찾아올까?	311

6장 생물다양성 훼손
야생동물과 지구를 함께 쓴다는 것

숫자는 야생동물의 현실을 모두 담아내지 못한다	317
생물다양성 손실의 역사: 또는 인간이 지구에 남긴 무서운 흔적	326
생물다양성 실태: 인간은 얼마나 다양한 생물종이 사는지 모른다	335
6차 대멸종을 막는 방법: 대체하려 하지 말고 공존하라	357
더 집중해야 할 일들: 기부가 아닌 실천으로	361

7장 해양 플라스틱 쓰레기
인간의 흔적에 잠긴 바다

플라스틱 없이 지구 환경을 보호할 수 있을까?	365
플라스틱의 역사: 셀락에서 베이클라이트까지	372
플라스틱 소비 실태: 플라스틱이 마지막으로 도달하는 곳	374
해양 오염을 막는 일곱 가지 방법: 재활용으로는 구하지 못한다	397
이미 플라스틱으로 오염된 바다, 어떻게 되돌릴 것인가?	406
쓰레기를 덜어내려면 플라스틱 사용에 대한 죄책감부터 덜어내라	411

8장 어류 남획
약탈되는 지구, 텅 빈 바다

바다는 마르고, 물고기는 사라질 것이다?	419
수산업의 역사: 바다를 파괴하고 복구한 과정	429
어업과 수산 자원 실태: 어류는 자원일까, 동물일까?	436
지속 가능한 수준으로 유지되는 어종들	444
해양 파괴를 막기 위해 당장 해야 하는 다섯 가지 실천	454
어류 자원에 관한 몇 가지 오해: '자연적'이지 않아도 괜찮다	466

결론 그래서 우리는 이 지구를 살릴 것이다 · 470
감사의 글 · 491
주 · 496

1장

지속 가능한 최초의 시대

왜 사람과 환경이
대립한다고 생각할까?

우리에게 선택권이 주어진 시기는 얼마 되지 않았다.
그리고 우리는 그 짧은 기간 많은 것을 개선했다.

이 세상은 지속 가능했던 적이
한 번도 없었다

오늘날 우리가 직면한 환경 문제를 논의하기 전에, 많은 사람이 잘 모르고 있는 사실 하나를 밝혀야 한다. 바로 이 세상은 단 한 번도 지속 가능한 적이 없었다는 사실이다. 우리가 지금 이루고자 하는 일은 역사상 단 한 번도 성공한 적이 없었다. 그 이유를 이해하려면 지속 가능성의 의미를 먼저 살펴봐야 한다.

대표적인 지속 가능성의 정의는 유엔의 세계환경개발위원회에서 발표한 한 획기적인 보고서에서 유래한다. 1987년, 유엔은 해당 보고서에서 지속 가능한 발전을 '미래 세대가 자신의 요구를 충족할 수 있는 여건을 훼손하지 않는 범위에서 현재 세대의 요구를 충족하는 발전'이라고 정의했다.

이러한 정의는 두 가지 측면의 내용을 포함한다. 하나는 오늘날의 세계, 다시 말해 현재 세대가 편안하고 건강한 삶을 누릴 수 있어야 한다는 것이다. 다른 하나는 현재 세대가 미래 세대를 위해 환경을 훼손하지 않는 방식으로 삶을 영위해야 한다는 것으로, 환경을 파괴해 후손들이 편안하고 건강하게 살아갈 기회를 빼앗지 말아야 한다는 뜻이다.

이러한 관점에 논란이 없는 것은 아니다. 지속 가능성에 대한 일부 정의는 오직 환경적 요소에만 집중되어 있다.《옥스퍼드 영어 사전》에 나온 풀이에 따르면 지속 가능성이란 '환경 측면에서 지속 가능한 속성. 어떤 과정이나 활동이 천연자원을 장기적으로 고갈하지 않고 유지되거나 지속될 수 있는 정도'를 의미한다. 즉 '지금 하는 활동으로 미래 환경을 파괴하지 않도록 하라'는 내용을 고급스럽게 표현한 말이다.

지속 가능성에 대한 어떤 정의에 따르면 인간의 요구까지 반드시 충족할 필요는 없다고 말한다. 나 역시 환경학자로서 두 번째 측면, 지구를 훼손하지 않는 일에 보다 더 주목하는 편이다. 그러나 윤리적인 측면에서 첫 번째 이야기도 무시할 수 없다. 예방할 수 있는 인간의 고통이 넘쳐나는 세상은 우리가 정의한 지속 가능성에 어긋나기 때문이다.

이러한 정의에 대해 여전히 논란이 많은 이유는 첫 번째 측면과 두 번째 측면 사이에 피할 수 없는 모순이 존재하기 때문이다. 바로 '인간 복지냐 아니면 환경 보호냐'의 문제다. 이는 한쪽이 반드시 다른 한쪽보다 우선해야 한다는 의미로, '지속 가능성'에 관한 한 항상 이기는 쪽은 환경이다. 이런 모순은 과거에도 존재했다. 그러나 이 책 전반에 걸쳐 내가 전개하는 주장의 핵심은 이런 모순이 미래에는 존재할 필요가 없다는 것이다. 이 두 가지를 동시에 이룰 수 있는 방법은 분명히 존재한다. 그리고 이는 지속 가능성에 대한 여러 정의가 점점 일치하게 될 것임을 의미한다. 그럼에도 여전히 환경에만 초점을 맞춘 정의를 따르고 싶다면, 인류 번영은 일종의 기분 좋은 덤이라고 생각하자.

지구가 지금껏 지속 가능한 적이 없었던 까닭은 인류가 이 두 가지를 동시에 충족한 적이 없었기 때문이다. 두 번째 측면에만 치중한다면 이 세계는 이산화탄소 배출, 에너지 사용, 해산물 남획이 가속화된 최근에 이미 지속 불가능한 상태에 빠졌다고 볼 수 있다. 우리는 흔히 과거 지구는 지속 가능했는데 인류가 환경을 파괴하면서 많은 것이 불균형해졌다고 생각한다.

그러나 이는 잘못된 생각이다. 수천 년 동안, 특히 농업 혁명 이후나 어쩌면 그 이전부터 인류는 환경 측면에서 지속 가능했던 적이 없었다. 인간의 조상들은 수백 종의 대형 동물들이 멸종될 때까지 사냥했고, 나무, 폐작물, 숯을 태워 공기를 오염시켰으며, 연료와 경작지를 얻기 위해 어마어마한 양의 숲을 베어 없앴다.[1~3]

물론 다른 종이나 주변 자연환경과 어우러지며 살았던 시기도 있었고, 환경과 조화로운 균형을 맞춘 사회 또한 존재했었다. 예를 들어 많은 원주민 집단이 이러한 방식으로 살아가면서 생물다양성과 생태계를 보호해 왔다.[4-5] 그들이 지켜 왔던 원칙의 핵심에는 지구에 대한 존중이 자리한다. 미국 원주민들의 속담에 '필요한 것만 취하고 땅은 원래 모습 그대로 두어라'라는 말이 있다. 마찬가지로, 케냐의 옛 속담에도 '지구를 조심히 다루어라. 그것은 네 부모로부터 받은 것이 아니라 네 아이들에게서 빌린 것이다'라는 말이 있다. 지속 가능성에 대한 이해는 여기에서 출발한다. 오늘날 지속 가능성에 대한 정의는 이런 아름다운 속담들을 학술적이고 고지식하게 풀어놓은 것에 지나지 않는다.

그러나 인류 역사상 환경적 지속 가능성을 이룬 사회들은 언제나 소규모였다. 유아 사망률이 높아 아이들이 일찍 죽으면서 인구가 늘지 않았기 때문이다. 어린아이의 절반이 사망하는 세계는 '현재 세대의 요구'를 충족하지 못하는 세계이고, 따라서 지속 가능하지 않은 세계다.

이것이 우리가 직면한 문제다. 우리는 이 세상의 모든 사람이 편안한 삶을 누리고 동시에 환경 훼손을 줄여서 미래 세대도 번영할 수 있도록 해야 한다. 이는 인류가 한 번도 가 보지 못한 영역이다. 과거 어떤 세대도 이 둘을 동시에 성취하는 데 필요한 지식, 기술, 정치 제도, 국제 협력 체계를 갖췄던 적이 없었다. 지금이야말로 우리가 지속 가능성을 달성하는 첫 번째 세대가 될 기회다. 이 기회를 놓치지 말자.

역사상 지금보다
살기 좋은 때는 없었다

한때 나는 인류 역사상 가장 불행한 시기를 살고 있다고 생각했지만, 지금은 가장 좋은 시기를 살고 있다고 믿는다. 지금처럼 살기 좋은 때는 없었다. 8년 전에 누군가 내게 이렇게 말했다면 코웃음을 쳤을 것이다. 실제로 한스 로슬링이 이 이야기를 하는 영상을 처음 봤을 때, '혼자만 다른 별에 사는가 보다'라는 생각이 들면서 하마터면 그 영상을 끌 뻔했다.

그러나 지금 내가 한 말은 사실이다. 이제부터 내가 제시하는 데이터와 인류 복지의 핵심 척도 일곱 가지를 보고 독자들의 마음도 바뀌기를 바란다.

급격히 감소한 유아 사망률

유아 사망률의 감소는 인간이 이뤄낸 가장 위대한 성취다. 우리는 대개 죽음에는 자연스러운 순서가 있어 어린이가 아니라 늙은이부터 죽음을 맞는다고 생각한다. 그러나 이러한 순서는 상당히 최근에야 나타난 현상이다. 아이가 자기 부모보다 나중에 죽을 것이라는 기대는 전혀 '당연한' 일이 아니다. 이는 인류가 오랫동안 싸워서 쟁취한 것이다.

인류 역사 이래 아주 오랜 세월 동안 인간이 성인기에 이를 때까지 생존할 확률은 50 대 50이었다. 유아의 약 25퍼센트가 한 살이 되기 전에 사망했고, 나머지의 25퍼센트가 사춘기가 되기 전에 죽었다.[6] 여기에 예외는 없었다. 아이가 죽는 일은 어떤 대륙, 세기를 막론하고 일상다반사였다.[7] 제아무리 상류층이라 해도 아이가 성인이 될 때까지 살아남는 것을 돈으로 살 수는 없었다. 로마 황제 마르쿠스 아우렐리우스Marcus Aurelius는 자식이 열넷이었는데 그가 죽기 전에 아홉이 먼저 세상을 떠났다. 찰스 다윈Charles Darwin도 아이 셋을 잃었다.

이런 높은 유아 사망률은 수렵채집 사회에서도 확인할 수 있다. 근대 수렵채집 민족에 관한 20건의 연구에 나타난 사망률과 고고학 자료들을 분석한 연구자들은 인구의 최소 4분의 1이 유아기에 죽었고 절반이 사춘기에 이르기 전에 죽었다는 사실을 발견했다.[8]

불과 몇백 년 전까지만 해도 아이들의 죽음을 예방할 방법은 존재하지 않았다. 유아 사망률이 급락하기 시작한 시기는 깨끗한 물을 마실 수 있게 되고, 적절한 하수 시설이 생겨나고, 백신이 발명되고, 영양 섭취가 개선되는 등 보건 영역에서 여러 가지 발전이 있고 난 후였다. 1800년대만 하더라도 전 세계 아동의 약 43퍼센트가 다섯 살이 되기 전에 죽었다.[9] 반면 오늘날 다섯 살이 되기 전에 사망하는 아동의 수는 4퍼센트로, 여전히 높지만 이전과 비교하면 10배 이상 감소했다.

유아 사망률 급감 현상이 부유한 국가만의 일이라고 생각한다면 착각이다. 지난 50년 동안 전 세계 모든 국가가 이 부문에서 엄청

인류가 최근에야 성취한 유아 사망률 감소

다음은 전 세계 아동 중 5세 이전의 유아 사망률을 그래프로 나타낸 것이다.

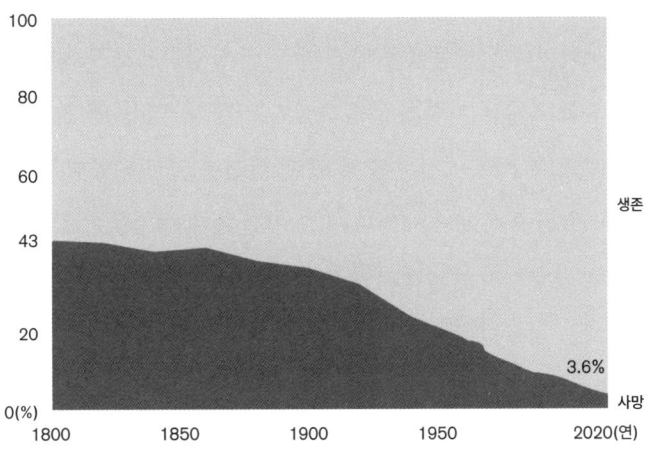

난 진전을 이뤘다. 1950년대에 말리는 43퍼센트의 신생아가 다섯 살이 되기 전에 사망했지만, 지금은 유아 사망률이 10퍼센트로 감소했다. 인도와 방글라데시의 유아 사망률도 3분의 1에서 30분의 1로 급감했다.

감소한 것은 단순히 '비율'만이 아니다. 사망 아동의 '수' 역시 큰 폭으로 줄었다. 내가 태어난 해인 1993년에 사망한 5세 이하 아동의 수는 약 1200만 명이었다. 이후 그 숫자는 절반 이상 줄어들었다. 물론 여전히 갈 길은 멀다. 매년 500만 명의 아동이 숨지는 것은 분명히 비극이다. 하지만 우리는 우리 조상들이 상상조차 할 수 없었던 세상, 어린아이의 죽음이 아주 드문 세상을 이룩해냈다.

점점 더 낮아지는 산모 사망률

"내가 애 낳던 시절이었다면 너는 진작 죽었을 게다."

내 어머니가 남동생을 낳을 때 임신 합병증으로 고생했는데, 당시 외증조모께서 이렇게 말씀하셨다고 한다. 몇십 년 만에 임신은 몇십 배, 일부 국가에서는 몇백 배 더 안전한 일이 되었다.[10]

국가 평균 통계가 어머니나 그 이전 세대 여성들이 겪었던 위험을 모두 반영하지는 않겠지만, 적어도 당시 상황이 어땠을지 가늠하는 데에는 참고할 만한 기준이 된다. 당시 영국의 통계 자료에 따르면 어머니가 출산 중에 사망할 확률은 약 1만 분의 1이었다. 같은 자료에 따르면 할머니 세대에서 여성이 출산 중 사망할 확률은 그보다

산모 사망은 최근 몇백 년 사이 급격히 감소했다

다음은 정상 출생아 10만 명당 임신 또는 출산으로 사망한 여성의 수를 나타낸 것이다.

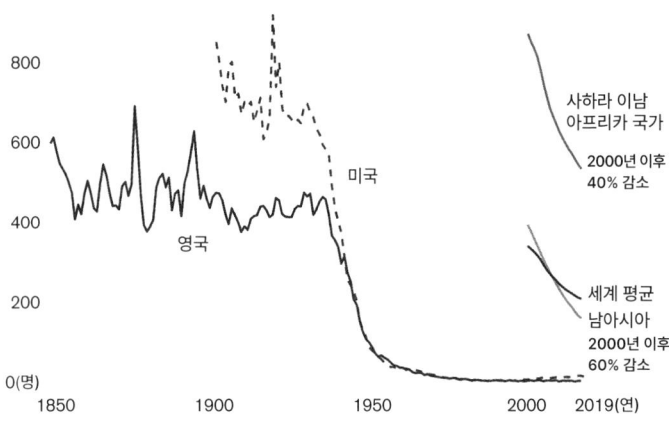

두 배가 높았고, 어머니의 할머니 세대는 무려 30배가 높았다. 하지만 오늘날 대부분의 나라에서 여성이 임신 관련 원인으로 사망할 가능성은 매우 낮다.

200년 사이 두 배 늘어난 기대 수명

기대 수명은 한 사람이 앞으로 생존할 것으로 예상되는 생존 연수를 의미한다. 흔히 쓰이는 기대 수명을 산출하는 방법은 두 가지다. 하나는 코호트 기대 수명Cohort life expectancy으로, 같은 해에 태어난 집단의 평균 수명을 나타낸다. 같은 해에 태어난 인구 집단을 추적해 그들이 각각 사망한 정확한 날짜를 추적하면 이 연령 집단의 기대 수명을 얻을 수 있다. 다만 이 측정법은 그 해에 태어난 모든 개인을 사망일까지 추적해야 하므로 결과를 얻기가 까다롭다.

    더 흔히 사용되는 방법은 기간 기대 수명으로, 한 인구 집단이 태어나서 사망할 때까지 특정 해에 관측된 사망률을 적용해 생존 수명을 추산하는 방법이다. 기간 기대 수명은 향후 기대 수명의 변화를 고려하지 않는다. 이 책에서 앞으로 이야기할 기대 수명은 이 기간 기대 수명을 가리킨다.

    19세기까지 영국의 기대 수명은 평균 30~40세였다.[11] 20세기에 막 들어섰을 때도 고작 50세에 불과했으며, 20세기 중반이 되어서야 70세에 이르렀다. 평균 기대 수명 80세를 처음으로 넘긴 시기는 2019년에 이르러서였다. 200년 동안 기대 수명이 두 배 증가한

전 세계 기대 수명이 점점 높아지고 있다

'0세 기대여명'이란 특정 연령 사망률이 현재 수준으로 유지된다고 가정했을 때 신생아가 살 것으로 기대되는 평균 생존 연수를 가리킨다.

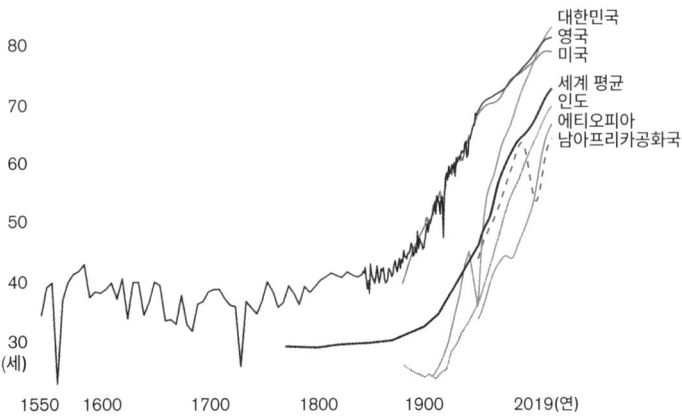

것이다. 이러한 발전이 가능했던 까닭은 아동 사망률이 감소해서뿐만 아니라, 모든 연령대에서 사망률이 줄었기 때문이다.

다시 말하지만 이와 같은 진보는 세계 곳곳에서 관찰되었다. 20세기 초 약 30세에 불과했던 세계 평균 수명은 이제 70세를 넘겼다. 세계 최빈국의 기대 수명도 상당히 증가해서 현재 케냐, 에티오피아, 가봉의 기대 수명은 67세다. 사하라 이남 아프리카 국가의 평균 기대 수명 또한 63세다.

근절을 눈앞에 둔 기아와 식량난

인류가 존재한 이래 우리 조상들에게는 하루하루가 가족을 먹여 살리는 투쟁의 연속이었다. 작물 수확량이 적어 식량 공급은 늘 빠듯했다. 가뭄, 홍수, 해충으로 농사를 한 철만 망쳐도 모두가 굶어 죽을 위험에 처했다.

식량난과 기근은 흔한 일이었다. 우리가 모를 뿐, 농경 사회로 전환되기 이전에 존재했던 많은 부족과 사회에서는 식량이 넉넉했을 수도 있다. 다만 우리가 알고 있는 사실은 농경 사회가 도래한 후 소규모 집단들이 마을로 확대되면서 식량 공급이 예측 불가능해졌다는 것뿐이다. 거둬 먹일 식구의 수는 더 많아졌고 식량을 찾기 위해 나설 수 있는 영역은 줄어들었으며 농작물 수확량은 대개 그해 날씨에 좌우되었다. 기근과 기아를 막을 방법은 없어 보였다.

이러한 현실이 급변한 것은 20세기 후반에 들어서다. 심각한 기근이 몇 차례 있었으나 농업 기술의 발전으로 곡물 생산량이 급증하면서 사람들은 근근이 연명하던 삶으로부터 벗어날 수 있게 되었다. 1970년대만 하더라도 개발도상국 국민의 약 35퍼센트는 충분한 열량을 섭취하지 못했다. 그러나 2015년에 이 수치는 거의 3분의 2가량이 줄어 13퍼센트까지 감소했다.

물론 여전히 많은 사람이 열악한 삶을 살고 있다. 2021년 기준 전 세계 인구 77억 명 중 약 10분의 1이 식량 부족을 겪고 있다.[12] 하지만 우리는 이 문제를 개선할 수 있다. 오늘날 세계는 필요한 것보다 훨씬 많은 양의 식량을 생산한다. 많은 국가가 기아 근절을 눈앞에 두고 있다. 반드시 모든 국가가 그렇게 하도록 해야 한다.

점점 가까워지는 필수 자원에 대한 접근권

인류 역사가 시작된 이래 오랜 세월 동안 인간은 강, 개울, 호수에서 물을 얻었다. 그 물이 깨끗한지 더러운지는 순전히 운에 달려 있었다. 질병이 만연했고, 아이들은 설사병이나 감염으로 목숨을 잃었다. 지금도 많은 저소득 국가들이 이러한 사정에서 완전히 벗어나지 못하고 있지만, 그럼에도 전 지구적 관점에서 보자면 인류는 이전보다 쉽게 깨끗한 물을 구할 수 있게 되었고 공중위생 시설도 마련함에 따라 해마다 최소 수천만 명이 목숨을 건지고 있다.

2020년 깨끗하고 안전한 물을 구할 수 있는 인구는 전 세계의 75퍼센트에 달한다. 이는 2000년 60퍼센트에서 15퍼센트나 상승한 수치다.[13] 전기를 사용할 수 있는 인구 비율은 90퍼센트에 이른다.[14] 전기를 두고 천연자원을 불필요하게 소진하는 사치품쯤으로 여기는 사람들도 있지만, 이제 전기는 건강하고 생산적인 삶을 영위하기 위해 필수적인 요소가 되었다. 백신과 같은 의약품을 냉장 보관하고, 병원의 의료기기를 작동시키려면 전기가 필요하다. 종일 가사에 매달리지 않고도 요리와 빨래를 하고, 음식을 상하지 않도록 신선하게 보관하며, 아이들이 밤에도 공부할 수 있도록 불을 밝히고, 거리를 안전하게 만드는 데에도 전기가 필요하다.

위생 설비와 깨끗한 연료에 대한 접근권은 상대적으로 진보가 더디다. 이런 자원은 반드시 모두가 이용할 수 있어야 하는데, 전 세계 인구의 54퍼센트만이 안전한 화장실을 이용하고, 60퍼센트만이 깨끗한 연료를 사용한다. 다행스러운 점은 어떤 기준을 적용해도 이 수치가 꾸준하게 상승 중이라는 것이다. 처음 전기를 이용하거나 깨끗한 물을 마시게 된 사람들의 수는 매일 각각 30만 명씩 증가하고 있다. 이 추세는 지난 10년간 하루도 빠짐없이 지속되어 왔다.

누구에게나 당연해진 기본 교육

내가 학교를 마칠 수 있었던 것은 정말 운이 좋았기 때문이다. 여성임을 생각하면 더욱 그렇다. 서구인들은 오늘날 자신의 처지가 행운의 결과라는 사실을 알아야 한다. 우리가 세우려는 세상은 의료 보건 및 과학 기술과 사회 연결망이 개선되고 획기적인 혁신을 이루는 사회인데, 이는 교육과 학습의 힘에 달려 있다.

1820년만 하더라도 기초적인 읽기 능력을 갖춘 성인 인구는 전 세계에서 10퍼센트에 불과했다.[15] 20세기에 급격한 변화가 일면서 1950년 무렵에는 글을 읽을 줄 아는 인구가 글을 읽을 줄 모르는 인구보다 많아졌다. 오늘날 전 세계 문해율은 90퍼센트에 달한다.

2014년 TED 강연에서 한스 로슬링이 던진 질문에 청중은 크게 당황했다. "전 세계 모든 저소득 국가에서 여자아이들이 초등교육을 끝내는 비율은 얼마나 될까요?" 청중 대부분은 20퍼센트가량일 것이라 생각했다. 정답은 60퍼센트다. 2020년에 이 수치는 64퍼센트까지 증가했다. 저소득 국가의 남자아이들이 초등교육을 마치는 비율은 그보다 높은 69퍼센트였다. 이제 전 세계 국가 대부분은 심지어 대부분의 최빈국에서도 여자아이가 초등학교를 마치고 기본 교육을 받는 경우가 그렇지 않은 경우보다 많다.

물론 이것이 유일한 교육 평가 기준은 아니다. 단순히 학교에서 보내는 시간뿐만 아니라 수업과 학습의 질도 따져야 한다. 우려스러운 데이터도 있다. 최빈국의 아이들 다수가 학업을 마쳐도 읽을 줄도, 쓸 줄도 모른다는 사실이다.[16]

아이들이 학교에 간다는 사실이 반드시 많은 것을 배운다는 것을 의미하지는 않는다. 이는 여성에게 국한된 문제가 아니라 전반적인 현상이다. 기초 교육을 받을 수 있다는 것은 시작에 불과하다. 아이들은 일단 학교에 다녀야 한다. 그런 다음 그들이 질 좋은 교육을 받을 수 있도록 하는 방법을 찾아야 한다.

점점 더 낮아지는 절대 빈곤율

빈곤은 하나로 정의할 수 없다. 일반적으로 빈곤선은 해당 국가 국민의 소득 수준과 관련이 있어서, 부유한 국가와 가난한 국가는 각각 아주 다른 빈곤선을 적용해 빈곤을 측정한다. 예를 들어 미국은 하루 생계비가 22.5달러 이하인 경우를 빈곤으로 보는 반면, 에티오피아의 빈곤선은 1.75달러다. 지금부터 말하고자 하는 빈곤은 국제 빈곤선, 즉 전 세계 최빈국의 사정을 반영한 빈곤선을 적용한 것이다.

오늘날 절대적 빈곤에 시달리는 사람이라면 누구나 빈곤에서 벗어나고 싶어 한다. 유엔은 하루 2.15달러라는 국제 빈곤선을 기준으로 '절대적 빈곤'을 정의한다. 전 세계 물가 차이를 감안해 조정되는 이 수치는 미국의 물가 수준으로 환산했을 때 하루 2.15달러에 못 미치는 삶을 살아간다는 것을 의미한다. '절대적 빈곤'이란 명칭에서도 알 수 있듯이, 이 기준은 빈곤의 최저선으로 누가 가장 궁핍한 처지에 있는지 파악하는 데 사용된다.

인류가 시작된 이래 아주 오랜 시간 동안 인간은 대개 극심한 빈곤 속에서 살았다. 1820년만 하더라도 전 세계 인구의 4분의 3 이상이 이 빈곤선에 상응하는 기준 이하의 삶을 살았다.[17] 하지만 오늘날 이 수치는 10퍼센트도 되지 않는다.

어떤 사람들은 비율은 감소하고 있지만 절대적 빈곤 속에 사는 사람은 증가하고 있다고 주장한다. 이는 사실이 아니다. 1990년에 국제 빈곤선에 해당하는 소득으로 사는 사람의 수는 20억 명이었으나, 2019년에는 그 수가 6억 4800만 명으로 절반 이상이 감소했다. 참고로 이 전 지구적 발전이 중국의 빈곤 감소 덕분이라고 생각한다면, 틀렸다. 중국을 통계에서 제외하더라도 절대적 빈곤율은 급격하게 감소했다. 이런 발전 상황을 정확히 이해할 수 있도록 설명하자면, 지난 25년간 매일 이런 헤드라인이 뉴스를 장식할 수 있었다고 보면 된다. '절대적 빈곤 인구, 어제보다 12만 8000명 감소.'

우리는 현재 2.15달러인 빈곤선보다 훨씬 더 높은 포부를 가져

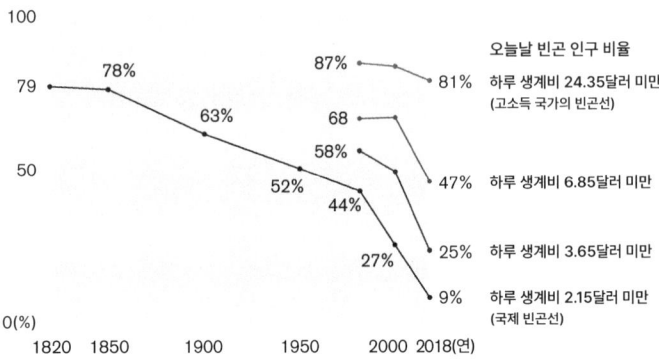

전 세계 빈곤 인구 비율

데이터는 시간에 따른 물가 변화와 국가별 물가 차이를 고려해 조정되었다.

야 한다. 물론 긍정적인 소식도 있다. 하루 3.65달러, 6.85달러, 24달러 등 더 높은 빈곤선을 넘어서는 사람들도 점점 늘고 있다는 사실이다. 과거 빈곤은 언제나 기본값이었다. 하지만 우리는 빈곤이 예외인 미래를 만들 수 있다.

인류가 최초로 해결할 수 있는 일곱 가지 문제들

지금까지 전 세계 수십억의 삶을 바꾼 일곱 가지 진보를 살펴봤다. 하지만 이러한 인류 문명의 발전은 심각한 환경 파괴를 대가로 이뤄진 것이다. 지속 가능성이라는 복잡한 문제에 필요한 요소 절반은 극적으로 개선되었으나 나머지 절반은 명백히 악화되었다.

이런 사실은 앞으로 이 책에서 논의할 일곱 가지 중대한 환경 문제로 연결된다. 어떻게 하면 지속 가능성의 환경적 측면도 조화롭게 고려할 수 있을지 이해하려면 우리가 어떤 발전을 어떻게 이뤘는지에 대해서도 알 필요가 있다. 그것을 이해하고 나면 지속 가능한 세계라는 꿈을 실현하기 위해 앞으로 우리가 해야 할 일이 무엇인지 깨닫게 될 것이다. 각각의 문제를 자세히 논의하기 전에 먼저 거시적인 시각에서 일곱 가지 문제를 개괄하고자 한다.

1. 대기오염

오늘날 대기오염은 전 세계적으로 가장 큰 사망 원인 가운데 하나다. 연구자들은 대기오염으로 매년 사망하는 사람이 최소 900만 명에 이를 것으로 추정한다. 자연재해로 인한 사망자 수보다 450배나 많은 셈이다. 하지만 대기오염은 현대에 발생한 문제가 아니다. 대기오염은 인류가 불을 발견한 때로 거슬러 올라간다. 인간이 무언가를 태울 때마다 공기는 오염된다. 나무를 태우든, 석탄을 태우든, 차의 기름을 태우든 마찬가지다. 대기오염 문제 해결의 성패에는 많은 것이 걸려 있다.

하지만 우리는 그 문제를 해결할 수 있다는 것을 알고 있다. 오늘날 대다수 선진국의 대기는 과거 어느 때보다 깨끗하다. 이런 노력이 앞으로 전 세계 곳곳에서 실현된다면 매년 수백만의 생명을 구할 수 있다.

2. 기후 변화

지구의 기온이 상승하고 있다. 해수면이 높아지고 대륙 빙하가 녹고 있다. 생물들은 변화하는 기후에 적응하는 데 어려움을 겪고 있다. 인간에게는 홍수, 가뭄, 산불, 생명을 위협하는 혹서 등 여러 가지 문제들이 물밀듯이 밀려들고 있다. 농부들은 흉작의 위험에 직면해 있고, 도시는 물속에 잠길 가능성이 있다.

 이 모든 문제의 가장 큰 원흉은 하나다. 바로 인간이 내뿜는 온실가스다. 인간은 그동안 에너지와 식량을 얻기 위해 화석 연료를 태우고 나무를 베고 가축을 길렀다. 이는 확실히 인류의 진보를 위해 중요한 활동이었지만, 이제 우리는 심각한 기후 변화라는 대가를 지불하는 중이다. 시간에 따른 이산화탄소 배출량의 변화만 보면 개선의 여지가 전혀 없다고도 생각할 수 있다.

 그러나 지난 몇 년간, 그것도 꽤 짧은 시간에 우리는 상당한 진전을 이뤘다. 머지않아 충분한 에너지를 확보하는 일과 탄소발자국을 줄이는 일 사이에서 어느 한쪽을 선택할 필요가 없는 날이 오리라는 희망이 있다. 기후 변화를 겪지 않아도 풍요로운 삶을 살 수 있게 될지 모른다는 희망 말이다.

3. 삼림 파괴

지난 만 년 동안 인간은 식량 재배를 위해 경작지를 지속적으로 확대하면서 전 세계 삼림의 3분의 1을 파괴했다. 이중 절반은 20세기에 베어낸 것이다. 나무를 벌채하면 수백, 수천 년 동안 나무 안에 저장되어 있던 탄소가 방출된다.

삼림 파괴는 기후 변화만 불러오지 않는다. 숲은 다양한 지구 생태계의 보금자리이기도 하다. 생태계는 다양한 동물, 식물, 박테리아가 수천 년 동안 구축해 온 복잡한 상호연계 네트워크다. 숲을 벌채하는 일은 이런 아름다운 서식지를 파괴하는 것이다.

인류의 삼림 파괴가 현재 정점에 도달한 것처럼 보이지만 앞으로 더욱 악화될 수도 있다. 하지만 지난 수십 년간 우리는 삼림 파괴 문제에서 큰 발전을 이뤘고, 이제 이 문제에 종지부를 찍는 세대가 될 수 있는 실질적인 기회를 맞았다.

4. 식량 문제

삼림 파괴는 대개 식량과 관련이 있는데, 이것이 바로 우리가 직면한 또 다른 문제다. 기아 문제는 지난 50년간 급속도로 개선되었지만, 늘어난 식량 생산량은 현재 인류가 직면한 거의 모든 환경 문제의 원인 가운데 하나로 꼽힌다. 전 세계 온실가스 배출의 4분의 1은 식량 생산과 관련이 있다. 식량 생산은 전 세계에서 인간이 거주할 수 있는 땅의 절반을 사용하고, 담수의 70퍼센트를 끌어다 쓰며, 생물다양성을 파괴하는 주요 원인이다.

식량을 넉넉하게 생산하는 일이 문제가 아니다. 문제의 핵심은 어떻게 식량을 더 현명하게 재배하고 이용하느냐에 있다. 우리가 더욱 현명한 결정을 내린다면 지구의 기온을 올리지 않고도 100억에 가까운 인구를 먹여 살릴 수 있다.

5. 생물다양성 훼손

우리가 우려해야 할 문제에 가축만 있는 것은 아니다. 야생 동물 역시 심각한 위기에 처해 있다. 우리가 이 책에서 다루고 있는 문제 대부분이 생물다양성 상실을 초래하는 원인이다. 기후 변화, 삼림 벌채, 농지 확장으로 인한 서식지 파괴, 육류 획득을 위한 밀렵, 플라스틱 오염, 어류 남획 등으로 많은 생물종이 큰 피해를 입고 있다.

인간과 다른 동물 간의 갈등은 수백만 년 동안 계속된 일로 전혀 새로울 것이 없다. 그러나 지난 20세기에 여러 생물의 멸종이 가속화되면서 지구가 여섯 번째 대멸종의 시대를 관통하고 있는 것이 아닌가 하는 의문이 제기되고 있다.

인류 역사가 시작된 이래, 인간은 언제나 야생 동물들과 대립해 왔다. 하지만 이제는 인간과 야생 동물이 모두 번영할 수 있는 길이 우리 앞에 펼쳐져 있다.

6. 해양 플라스틱 오염

플라스틱 오염은 우리가 이 책에서 다룰 주제 가운데 가장 '최근'에 일어난 문제다. 플라스틱은 기적의 물질이기도 하지만 환경에는 재앙에 가깝다. 사실 너무 마법과도 같은 물질이기에 환경에 끔찍하게 해로운 것이다. 플라스틱은 값싸고, 가볍고, 쓰임이 다양할 뿐만 아니라 생명을 구하는 데 쓰이는 백신의 전달부터 음식물 쓰레기 예방까지 인간에게 아주 많은 이점을 제공해 준다(한국어에서는 플라스틱과 비닐을 구분해 말하지만, 영어에서 'plastic'은 둘 모두를 가리킨다_옮긴이). 그러나 매년 수백만 톤의 플라스틱이 강에서 바다로 쏟아져 들어가 수십, 수백 년 동안 지워지지 않을 흔적을 남긴다.

일반적으로 사람들은 플라스틱 오염을 막기 위해 플라스틱 사용을 완전히 금지해야 한다고 생각한다. 그러나 그러한 해결책은 현실 가능성도 없을뿐더러 바람직하지도 않다. 다행히 우리는 이 문제를 해결하는 데 필요한 수단을 가지고 있다. 그리고 이미 많은 국가에서 그것을 이행하고 있다.

7. 어류 남획

마지막으로 살펴볼 주제는 깊은 바다 속에서 일어나고 있는 문제, 바로 어류 남획이다. 관련 신문 기사나 다큐멘터리를 찾아보면 해양 실태에 관한 섬뜩한 이야기들로 가득하다. 그중에서도 가장 자주 들리는 이야기는 21세기 중반 무렵이 되면 바다 생물이 모두 사라질 것이라는 주장이다. 하지만 이는 사실이 아니다.

어류 남획이 문제가 아니라는 말이 아니다. 전 세계 많은 수산 자원이 아주 빠른 속도로 고갈되고 있는 것은 엄연한 사실이다. 고래의 개체 수는 과거에 비하면 극소수밖에 남지 않았고 가장 다양한 생태계를 품고 있던 산호초는 백화 현상으로 죽어가고 있다.

그러나 이러한 문제들도 얼마든지 해결 가능하다. 실제로 멸종 위기 동물의 상징이었던 몇몇 어류와 고래 일부 종들이 지난 몇십 년간 인상적인 증가세를 보이고 있다.

문제 해결에 전혀 도움이 되지 않는 두 가지 관념

첫 번째 주제인 대기오염 문제에 대한 본격적인 논의에 들어가기에 앞서 이런 문제를 모두 관통하는 몇 가지 주장을 살펴봐야 한다. 바로 인간이 집단으로서 환경에 미치는 영향은 모든 사람의 개별적 영향에 인구 수를 곱하면 간단하게 계산된다는 주장이다. 이런 식으로 설명하기 시작하면 두 가지 원대한 해결책이 등장한다. 하나는 지구상의 인구를 줄이는 것이고, 다른 하나는 의도적으로 경제를 축소시켜 환경에 미치는 개인의 영향력을 줄이는 방법이다.

이런 관념을 인구 과소화와 탈성장이라고 부르는데, 환경 관련 논쟁에서 목소리가 큰 운동가들이 이와 같은 주장을 편다. 하지만 이 두 가지 방법은 모두 실현 가능성이 없다. 인구를 줄이거나 경제를 축소시키는 것으로는 지속 가능성을 이룰 수 없다. 나는 앞으로 그 이유에 대해 아주 상세히 논의할 것이다. 그러나 먼저 이 두 가지 주장에 대해 독자들이 알아야 할 것이 있다.

첫 번째, "환경을 위해 사람을 더 줄여야 한다"

세계 인구가 여전히 급속하게 증가하고 있다고 우려하는 사람이 많다. 그들은 인구가 기하급수적으로 늘어나 인류의 통제를 벗어났다고 믿는다. 하지만 이는 사실이 아니다. 전 세계 인구 증가율(전년 대비 변화율)은 정점을 찍은 지 오래다. 1960년대에 매년 2퍼센트 이상 증가했던[18] 세계 인구는 이후 증가율이 절반 아래로 감소하면서 2022년에는 0.8퍼센트의 증가율을 보였다. 그리고 앞으로도 몇십 년은 계속해서 감소할 것이다. 인구가 '기하급수적'으로 증가한다고 말하려면 인구 증가율이 매년 2퍼센트를 유지해야 한다.

이런 인구 증가율 감소 추세의 가장 큰 원인은 출산율이 과거보다 현저하게 줄었기 때문이다. 인류 역사가 시작된 이래 오랜 세월 동안 대여섯 명의 아이를 낳는 일은 결코 드문 일이 아니었다. 그럼에도 인구 증가로 이어지지 않았던 까닭은 그만큼 많은 아이가 일찍 죽었기 때문이다. 1950년대, 1960년대까지도 세계 평균 출산율은 크게 변함이 없어서 여성들은 평균 다섯 명의 아이를 낳았다.[19] 다행

전 세계적으로 급격히 감소하고 있는 출산율

출산율은 여성 한 명이 평생 출산하는 아이 수의 평균치를 나타내는데, 이때 여성이 가임기가 완결되는 나이까지 생존해 있다는 것을 전제로 한다.

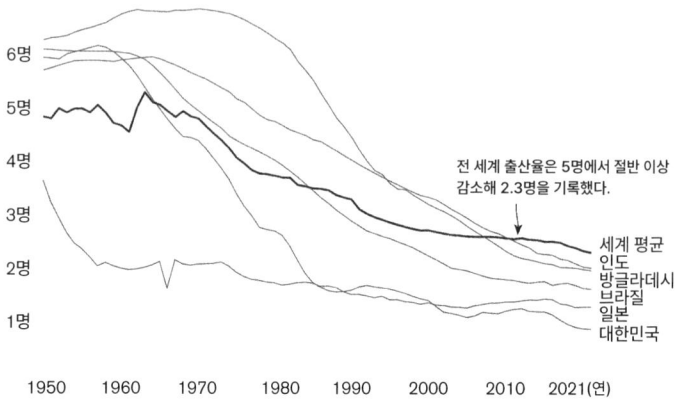

히 죽지 않고 살아남는 아이들의 수가 크게 늘면서 인구도 급격하게 증가하기 시작했다. 그러나 그 이후로 전 세계 출산율은 절반 이상으로 감소했고 이제는 두 명이 약간 넘는 출산율을 보이고 있다.

그러므로 전 세계는 이미 '출산율'의 정점을 지났다. 유엔 통계에 따르면 5세 이하 아동 인구 수는 2017년에 최고점을 찍고 하향세에 들어섰다. 15세 이하 인구로 따져도 전 세계 아동 인구 수는 정점을 이미 지났다. 유엔의 중기 추계에 따르면 전 세계 15세 이하 인구는 2021년에 최고점을 찍었다. 이것이 무엇을 의미하는지 잠시 생각해 보자. 이제 전 세계에 2017년보다 아동 인구가 더 많아지는 때는 없을 것이라는 뜻이다. 세계 인구 증가가 정점을 기록하는 시점은 이 아이들이 노인이 되는 때가 될 것이다. 유엔은 2080년대가 바로 그때일 것이며 이때 전 세계 인구는 100억~110억이 될 것이라고 예상한다.[20] 또 이 시점부터 세계 인구가 감소하기 시작할 것이라고 예측한다.

그러므로 급격한 인구 증가는 이미 과거의 일이며, 세계는 걷잡을 수 없는 '인구 폭발' 국면에 있지 않다. 그러나 누군가는 이 정도로는 충분하지 않다고 말한다. 그들은 적극적으로 세계 인구를 '줄여야' 한다고 주장한다. 《인구 폭탄》에서 에얼릭은 최적의 세계 인구 수는 10억가량이라고 주장했다. 그는 지금도 같은 주장을 편다. 문제는 바로 여기에 있다. 우리가 설사 10억이 최적의 인구임을 인정하더라도 오늘날 환경 문제를 해결하는 데 도움이 될 만큼 신속하게 인구를 줄이는 일은 불가능하다. 가능하다고 주장하는 이가 있다면, 그는 인구 변화가 어떻게 일어나는지 모르는 사람이다.

일부 국가들에서 한 자녀 정책을 시행해 앞으로 전 세계 출생률이 1.5명 수준으로 크게 감소한다 하더라도, 2100년 인구는 여전히 지금과 유사한 수준인 70억~80억가량이 될 것이다. 세계 인구가 10억에서 20억, 또는 30억 근처에 이르려면 수십억 명의 사람을 죽이거나 출산 자체를 금지시켜야 한다. 이것이 실현 가능하다거나 윤리적인 해결책이라고 생각하는 사람에게 나는 딱히 할 말은 없다. 그런 방법이 존재하는지 모르겠지만 인간적인 방법으로 인구를 '억제'하려는 노력은 인구 감소에 조금 도움이 될 수는 있지만 큰 변화를 불러오지는 못한다. 우리가 추구하는 지속 가능한 세계를 위한 해결책에는 수십억 명에 대한 확장성이 있어야 한다. 만약 80억 명까지 확장이 가능하다면 100억 명도 충분히 가능하다.

우리가 추구하는 최종 목표는 환경에 미치는 1인당 영향을 0으로 줄이는 것, 적어도 0에 가깝게 줄이는 것이다. 앞으로 지속 가능한 세계를 구축하려면 우리는 우리의 발자국을 최대한 남기지 말아야 한다. 그것이 바로 이 책의 핵심이다. 다시 말해 '과연 우리가 지구에 우리의 발자국을 남기지 않는 것이 가능한지, 그럴 수 있다면 그 방법은 무엇인지 살펴보는 것'이다.

1인당 환경 영향력이 0에 가까운 세계가 도래한다면 또는 영향력이 마이너스가 되어 과거에 훼손된 자연을 복구할 수 있다면, 전 세계 인구가 10억인지, 70억인지, 100억인지는 중요하지 않게 된다. 이런 세상에서는 개인이 환경에 미치는 영향력의 총합도 여전히 0일 것이기 때문이다. 이런 날이 온다면 지속 가능성이라는 과제의 절반은 해결되는 것이다.

두 번째, "환경을 위해 성장을 멈춰야 한다"

그렇다면 경제를 축소시키는 '탈성장'은 어떠한가? 이 주장은 경제적 성장이 그동안 자원 집약적인 생활양식과 깊은 관련이 있었다는 사실에 기반을 둔다. 우리가 풍요로워질수록 더 많은 화석 연료 에너지를 사용하고, 더 많은 탄소발자국을 남기며, 더 많은 땅을 사용하고, 더 많은 고기를 섭취한 것은 사실이다. 기술 발전 없이는 화석 연료, 휘발유 자동차, 비효율적인 냉난방 시스템에서 벗어나지 못한다는 것도 사실이다.

그러나 앞으로 설명하겠지만 신기술 덕분에 이제 환경을 훼손하지 않으면서도 윤택하고 편안한 삶을 누리는 일이 가능해졌다. 우리가 지속 가능한 세상을 만드는 첫 번째 세대가 될 수 있다는 주장도 여기에서 비롯된 것이다. 부유한 나라들이 '점점 더 부유해지는 가운데에서도' 탄소 배출, 에너지 사용, 삼림 벌채, 화학비료 사용, 어류 남획, 플라스틱 오염, 대기오염, 수질 오염은 모두 감소하고 있다. 이 국가들이 덜 부유했을 때가 환경적인 측면에서 더 지속 가능했다는 인식은 전혀 사실이 아니다.

이 이야기를 듣고 '부유한 나라들이 그렇게 할 수 있었던 까닭은 모든 환경오염 물질을 가난한 나라에 팔아버렸기 때문이잖아'라고 반문할 수도 있을 것이다. 물론 일부 국가에서 환경오염 물질을 다른 나라에 수출한 것이 사실이지만, 그 점을 감안하더라도 선진국의 탄소 발자국은 점점 감소하고 있다.

탈성장이 지속 가능한 미래를 가져오지 않을 것이라고 보는 데에는 또다른 중요한 이유가 있다. '탈성장'이라는 관념에 따르자면 부유한 나라에서 가난한 나라로 부를 재분배하면 모든 사람에게 높은 생활 수준이 보장되고 자원도 마음껏 쓸 수 있게 된다. 그러나 이는 산술적으로 맞지 않는다.[21] 오늘날 재분배만으로 모두에게 높은 생활 수준을 보장하기에는 전 세계 부의 수준이 턱없이 낮다.

이는 간단한 사고 실험으로도 확인해 볼 수 있다. 전 세계 모든 국가가 덴마크처럼 된다고 상상해 보자. 덴마크는 거의 모든 인구가 대부분의 선진국에서 채택하고 있는 30달러 빈곤선보다 높은 수준의 삶을 살고 세계에서 가장 평등한 나라 가운데 하나다.[22] 세상 사람 모두가 대체로 평등한 사회에서 가난 없이 넉넉하게 사는 것, 바로 이것이 나의 바람이기도 하다.

이 시나리오대로 전 지구적 재분배가 이뤄진다면, 덴마크보다 부유한 국가는 평균 소득 수준이 낮아질 것이고, 세계 인구의 85퍼센트를 차지하는 덴마크보다 가난한 모든 나라의 소득 수준은 높아질 것이다. 국가 간 불평등도 사라지고 국가 내에서도 불평등은 크게 줄어들 것이다. 그런데 단순히 전 세계 부를 재분배하는 것으로 이러한 성취를 거둘 수 있을까?

불가능하다. 이러한 재분배가 가능하려면 세계 경제 규모가 지금보다 적어도 다섯 배는 더 커져야 한다. 다시 말해 전 세계 모든 사람이 빈곤에서 벗어나고 덴마크와 같은 수준의 평등을 이루려면, 세계 경제는 지금보다 다섯 배 더 성장해야 한다. 가난하든 부유하든 세상 모든 사람이 똑같이 하루 최저 생계비 30달러 수준으로 생활하고 불평등이 '전혀 없는' 사회를 만들려면 세계 경제는 그 두 배가 되어야 한다.

경제 성장이 없다면 세상은 심각한 빈곤 상태로 남아 있을 것이다. 부유한 국가의 성장은 모르겠지만, 데이터가 분명하게 증명하는 점은 상당한 규모의 재분배가 이뤄지더라도 빈곤을 퇴치하기 위해서는 전 지구적 규모의 강력한 경제 성장이 필요하다는 사실이다.

과거에 국가들은 화석 연료를 비롯한 여러 자원을 이용해 부를 쌓았다. 이러한 역사는 오늘날 많은 사람이 성장을 '나쁜 것'이라고 여기는 생각의 근거가 되었다. 그러나 앞으로도 계속 그와 같은 방식으로 부를 축적할 이유는 없다. 저렴하고 탄소 배출이 적은 에너지원으로 이 세상에 에너지를 공급하는 데 선도적인 역할을 하는 국가 혹은 개인이 있다면, 그들이 그러한 수단을 통해 부자가 되더라도 나는 더할 나위 없이 기쁠 것이다. 그리고 그들은 실제로 그렇게 부자가 될 수 있다.

우리는 성장과 환경 모두를 포기하지 않을 것이다

오늘날 우리가 직면한 환경 문제는 해결책이 대체로 전무한 상태다. 이 영역에 일찌감치 뛰어드는 국가나 집단은 인류가 안고 있는 문제를 해결함과 동시에 풍요로운 경제를 구축할 수 있다. 국가들은 환경을 훼손하는 기술을 그저 이기적으로 이용하는 것이 아니라 '좋은' 기술 개발을 선도함으로써 '성장'할 수 있다.

이는 또 다른 주장으로 연결된다. 바로 돈이 있으면 선택의 여지가 생긴다는 사실이다. 오늘날 환경 문제를 해결하는 데 필요한 해결책과 기술들은 지금으로부터 겨우 몇십 년 전에 실현 가능해졌다. 태양열 에너지, 전기자동차와 같은 기술은 최근 몇십 년 사이에 개발된 것이다. 이전에는 존재하지 않았거나 비용이 지나치게 많이 들었던 이런 기술들은 오랜 세월 투자와 개발을 통해 경쟁력을 갖추게 되었고, 여기에는 정부와 기업의 많은 자금이 투입되었다.

수십만 년 동안 우리 조상들이 열과 빛을 얻기 위해 이용한 '통제 가능한' 에너지원은 나무로 불을 때는 것이 유일했다. 이후 수백 년 전부터 여기에 두 가지 방식이 추가되었으니, 바로 고래 기름과 석탄이다. 우리에게 진정한 선택권이 주어지기 시작한 시기는 불과 몇 년밖에 되지 않는다.

경제 성장은 인간이 환경에 미치는 영향을 줄이는 노력과 얼마든지 양립할 수 있다. 이 책에서 나는 환경에 대한 인간의 영향을 줄이고 지금껏 우리가 파괴한 환경을 복구하면서도 인간이 번영할 수 있다는 사실을 증명할 것이다. 여기서 중요한 질문은 우리가 이 두 가지를 충분히 신속하게 분리할 수 있느냐다. 이에 대한 답은 지금 우리가 어떤 행동을 취하느냐에 달려 있다.

우리는 지금까지 지속 가능성이라는 복잡한 문제의 첫 번째 측면, 즉 환경과 관련해 상황이 엄청나게 개선되었음을 확인했다. 그리고 많은 사람이 옹호하는 인구 과소화나 탈성장이 지속 가능성이라는 문제의 또 다른 측면을 해결할 방법이 아니라는 사실도 확인했다. 실제로 인구 과소화나 탈성장은 지속 가능성의 두 가지 측면을 모두 더 악화시킬 수 있다. 그렇다면 우리는 무엇을 해야 할까?

이제부터 일곱 가지 환경 문제를 하나씩 자세히 들여다보고, 그 문제를 풀기 위해 우리가 해야 할 일은 무엇일지 알아보겠다.

2장

대기오염

깨끗한 공기를
찾을 수 있는
진짜 방법

공해로 "사람이 거의 살 수 없게 된" 도시,
베이징의 '에어포칼립스' 르포
《가디언The Guardian》(2014)[1]

베이징은 어떻게 푸른 하늘을 되찾았는가?

꽤 오랫동안 중국의 베이징은 '세계에서 가장 대기오염이 심각한 도시' 가운데 하나였다. 특히 서구권 언론에서 베이징은 세계 대기오염의 상징과 같은 존재였다. 공해가 얼마나 심각했으면 '공기air'와 '대재앙pocalypse'을 합쳐 '에어포칼립스airpocalypse라는 이름까지 붙였겠는가.

베이징의 대기질 문제는 베이징이 2008년 하계 올림픽을 개최하면서 언론에 집중 조명되었다. 올림픽 준비 기간 동안 중국 정부가 본격적으로 조치에 나서면서 대기오염도는 눈에 띄게 낮아졌다.[2-3] 베이징에 등록된 차량 절반이 운행 금지되었고 공장도 임시 폐쇄되었으며 건설 활동도 보류되었다.

이와 같이 대기질을 개선하고자 노력했음에도 베이징 올림픽은 역사상 가장 공해가 심한 올림픽이었다. 언론들은 선수들과 관중의 건강에 미칠 영향을 우려했다. 그러나 이는 핵심을 놓친 비판이었다. 올림픽 참가자들이 단 며칠 동안 들이마신 공기는 베이징 시민들이 평소 마시던 공기에 비하면 아주 깨끗했기 때문이다.

베이징은 2022년에 다시 동계 올림픽을 개최했는데, 하계 올림픽을 개최한 14년 전과는 상황이 완전히 달라졌다. 대기질은 지난 10년간 급격하게 개선되었다. 한때 베이징을 '사람이 거의 살 수 없는 도시'라 불렀던 언론들은 이제 베이징의 파란 하늘과 스모그 없는 공기에 관해 이야기했다.[4] 베이징은 이미 세계에서 가장 공해가 심한 200개 도시 명단에서도 사라진 지 오래였다. 이번 변화는 과거와는 달랐다. 해외 방문객들을 위한 일시적인 보여주기가 아니라, 베이징 시민들이 직접 요구하고 성취해 낸 영구적인 변화였다. 이러한 변화는 어떻게 가능했을까?

2008년 올림픽이 끝난 후, 베이징의 대기질은 계속해서 나빠졌다. 이후 2013년, 대중의 분노가 끓어올랐고 베이징 시민들은 제대로 된 대기질 추적 관찰과 데이터를 요구했다. 중국 관영 언론들도 끔찍한 대기오염이 베이징을 비롯한 전국 곳곳의 도시를 집어삼켰다고 보도했다.[5] 이에 대한 응답으로 중국 정부는 2014년에 '공해와의 전쟁'을 선포했다. 중국 정부는 신속하게 움직이며 매연을 배출하는 공장에 대해 강력한 규제를 도입했다. 오래된 차량의 운행을 금지했고, 도시 인근의 화석 발전소들은 가동을 중단시켰으며, 석탄 보일러를 공해가 덜한 가스 보일러로 교체했다(다만 그 교체와 전환이 적절하고 매끄럽게 진행되지만은 않아 한 해 동안 난방 없이 지낸 가정이 많았다).

2013년부터 2020년까지 베이징의 대기오염 수준은 55퍼센트나 감소했다.[6] 중국 전체를 놓고 봐도 40퍼센트나 감소했다. 이런 변화는 베이징 시민의 평균 기대 수명이 4.6세나 늘어나는 엄청난 건강상의 이로움도 가져왔다.

2022년 동계 올림픽이 시작될 무렵 환경과 관련된 중국의 이미지는 완전히 바뀌어 있었다. 언론들은 이제 스모그가 아니라 스키점프 경기장의 독특한 배경에 주목했다. 그곳에는 '공해와의 전쟁'의 희생물이라 할 수 있는 폐쇄된 제철소가 하나 있었다. 선수들이 점프할 때마다 뒤로 보이는 제철소는 대기질 개선을 향한 중국의 최근 노력과 베이징 시민들의 수명을 갉아먹었던 오염된 산업 도시에서 벗어났다는 사실을 상기시켰다.

중국의 대기질을 최상의 상태라고 할 수는 없다. 여전히 세계보건기구의 지침 수준을 훨씬 상회할 뿐만 아니라 미국이나 유럽의 여느 도시보다 몇 배나 오염 수준이 나쁘다. 아직 갈 길이 멀다. 하지만 이러한 중국의 사례는 목적 달성을 위한 수단, 즉 변화를 요구하는 시민과 예산 및 정치적 의지가 결합할 때 우리가 얼마나 신속하게 행동에 나설 수 있는지에 관한 중요한 교훈을 준다.

대기오염의 역사:
땔감의 발견부터 오존의 복구까지

우리는 대기오염을 근대화나 산업화와 연관 짓는다. 그러나 대기오염은 근대에 들어와 갑자기 생긴 문제가 아니다. 오히려 오늘날 전 세계 공기는 지난 수천 년간 가장 깨끗하다고 할 수 있다.

1세기 로마의 철학자 세네카Lucius Annaeus Seneca는 거의 모든 일에 대해 인내심이 강했지만 고대 로마의 공기가 너무 더러워서 자신의 건강이 나빠지고 있다고 생각했다. 한번은 생애 대부분을 보낸 로마를 벗어나면서 이런 글을 남겼을 정도였다.[7-8] "로마의 불쾌하고 답답한 공기, 음식을 조리할 때 나오는 찌는 듯한 열기와 그을음을 뿜어내며 악취를 풍기는 끔찍한 부엌 냄새에서 탈출하자마자, 내 건강이 벌써 회복되는 것이 느껴졌다."

그보다 훨씬 오래전인 기원전 400년, 히포크라테스Hippocrates는 《공기, 물, 장소에 관하여Peri aeron, hydaton, topon》에서 공해의 폐해에 관해 썼다.[9] 10세기 아랍의 지리학자인 알 마수디는 중앙아시아의 실크로드를 여행하며 공해에 대한 글을 남겼다.[10] 중국 송宋 시대(960년~1279년)의 몇몇 문인들도 석탄을 때는 일에 대한 우려를 기록으로 남겼다.

우리가 대기오염이 인간에 미치는 영향을 제대로 이해하기 시작한 때는 불과 200년 전인 19세기에 들어서다. 하지만 오늘날 우리는 현대적 해결책을 통해 대기오염 문제를 곧 과거사로 만들 수 있는 특별한 지점에 서 있다.

    대기오염은 매우 단순한 원리, 즉 무언가를 태우는 행위에서 비롯된다. 나무든, 곡식이든, 석탄이든, 기름이든 무언가를 태우면 달갑지 않은 작은 입자들이 생성되는데 이것이 바로 대기오염의 근원이며 해결의 핵심이다.

불의 발견과 대기오염의 시작

어릴 적 가장 좋아했던 일은 가족들과 캠핑을 가는 것이었다. 스코틀랜드의 기후를 떠올려 보면 짐작이 되겠지만 자주 찾아오는 기회가 아니었다. 잠시나마 하늘이 맑게 갠 날이면 아버지와 사촌들, 삼촌들은 짐을 챙겨 외딴 숲으로 캠핑을 떠났다. 우리는 장작을 모아 불을 땠고, 나는 그 앞에 몇 시간이고 앉아 있곤 했다. 뜨겁게 타오르는 불을 보고 있으면 마음이 편안해졌고, 따뜻한 온기를 느끼며 사색에 잠기기도 했다. 지금도 나는 야외에서 피우는 모닥불을 아주 좋아한다.

    한때 내게 호사이자 즐거움이었던 이 행위는 인류를 가장 많이 사망에 이르게 한 소리 없는 살인마였고, 지금도 마찬가지다. 인간이 처음으로 나무를 태워 불을 피우기 시작한 시기는 최소 150만 년 전이다.[11] 불을 피워 얻은 열로 요리를 했고, 빛으로 어둠을 밝혔다. 그렇지만 동시에 나무를 태움으로써 발생한 공해에 노출되면서 인간의 건강은 나빠졌다.

나무를 태울 때 생겨나는 작은 입자들은 우리 폐에 깊이 박혀 여러 호흡기 및 심혈관 질환을 일으킬 수 있다. 여기에는 심장병과 암도 포함된다. 수십만 년 전 초기 인류의 화석을 보면 그들이 이런 오염 물질에 노출되었다는 사실을 알 수 있다. 이스라엘의 케셈Qesem 동굴에서 발견된 40만 년 전 수렵 채집인들의 화석을 연구한 학자들은 그들의 치아에서 숯 성분을 검출했다.[12] 이 물질은 원시 인류가 고기를 구워 먹기 위해 실내에서 불을 피웠음을 알려 준다.

연구자들은 이집트 미라의 폐 조직에서도 대기오염의 증거를 발견했다. 귀족, 사제 등 신분이 다른 미라 15구의 폐를 연구한 과학자 로저 몽고메리Roger Montgomerie는 미라의 폐에서 미세한 입자들과 상처를 발견했는데 대기오염과 폐렴이 원인인 것으로 밝혀졌다.[13] 몽고메리는 화석 연료, 자동차 매연 등 우리에게서 배출되는 다양한 공해로 오염된 오늘날 대기의 수준과 수천 년 전 대기오염의 수준이 크게 다르지 않다고 믿었다.

어쩌다 한 번씩 숲에서 피우는 모닥불이야 건강에 그리 큰 해를 끼치지 않겠지만, 이제 우리는 나무를 비롯한 생물 유기체를 태울 때 발생하는 입자에 장시간 노출되면 건강에 매우 해롭다는 사실을 잘 알고 있다. 특히 사방이 막힌 공간에서 화로 주변으로 여러 사람이 다닥다닥 모여 음식을 만들거나 몸을 데울 때가 더욱 해롭다.

그러나 나무를 태우는 것은 추정컨대 약 백만 년 동안 인류 조상들이 에너지를 얻을 수 있는 유일한 방법이었다. 자신들이 마시는 공기가 건강에 어떤 영향을 미치는지에 대해 그들이 인지하고 있었는지는 알 길이 없지만, 나무 태우기를 포기하는 일은 너무나 많은 것을 포기하는 선택이었다. 음식을 만들고 집을 따뜻하게 하고, 불을 밝히고, 안전을 확보하는 데에는 연료가 필요했기 때문이다. 어쩌면 호흡기 질환이나 심혈관 질환, 폐암에 걸려 일찍 죽는 것이 더욱 안락한 삶을 살기 위해 감수할 만한 일이었을지 모른다. 오늘날에도 수십억 명의 사람들이 여전히 이와 같은 선택의 기로에 놓여 있다. 그리고 그 갈림길에서 우선적으로 선택되는 것은 결국 에너지원을 얻는 일이다.

최악의 물질이자 획기적인 연료, 석탄의 등장

석탄은 가장 지저분한 화석 연료다. 태울 때 가장 많은 오염 물질이 발생하는 것은 물론 기후 변화를 촉진하는 최악의 물질이다. 그러나 나무에서 석탄으로의 전환은 인류 역사에서 일종의 큰 도약이었다. 석탄은 나무보다 킬로그램당 두 배나 많은 에너지를 제공한다. 게다가 에너지 공급을 위해 나무를 벨 필요도 없다.

15~16세기 무렵 대부분의 부유한 국가에서는 빠른 속도로 숲이 사라져 갔다. 영국과 프랑스는 숲의 4분의 3이 잘려 나간 상태였기 때문에[14] 남은 산림을 보호하는 것이 급선무가 되었다. 많은 국가가 요리와 난방을 위해 가정에서 석탄을 태우기 시작했다. 도시들이 생겨났고 가정집은 언제나 석탄 난로에서 나오는 연기로 가득했다. 집집마다 창문과 문에서 연기가 새어 나오는 통에 거리도 연기로 자

욱했다. 집에 있든 길거리에 있든 공기 중엔 늘 스모그가 짙게 끼어 올라 있었다. 조용히 사람들의 목숨을 앗아가는 이 말 없는 살인마는 진보를 위해서라면 불가피하게 치러야 할 대가처럼 보였다.

지금보다 과거의 하늘이 더 탁했다

태어나서 지금까지 대기오염으로 악명 높은 도시 두 곳에서 살았다. 200~300년 전 에든버러의 중심지였던 노르 로크Nor' Loch는 에든버러의 폐수 처리장이 있었던 곳이자 시신을 처리하던 곳으로 역겨운 악취가 진동했다. 도시 전역의 굴뚝과 석탄불에서 배출되는 유독 가스 때문에 문제는 더 심각했다. 도시가 늘 짙은 안개로 뒤덮여 있어 낡고 악취 난다는 뜻을 가진 '올드 리키Auld Reekie', 또는 오래되고 연기가 자욱하다는 의미로 '올드 스모크Old Smoke'라고 불렸다.

에든버러가 '올드 스모크'라면, 런던은 '빅 스모크Big Smoke'였다. 18세기에서 19세기에 걸쳐 런던의 대기오염도가 얼마나 심했는지는 말로 다 설명할 수가 없다. 런던은 거의 일 년 내내 짙은 스모그가 드리워져 있었고, 이에 따라 범죄의 온상이 되었다. 석탄을 때우면서 뿜어져 나오는 연기로 앞이 잘 보이지 않아 범죄자들이 몸을 숨기기가 쉬웠기 때문이다. 당시에는 사람들이 밖을 오갈 수 없을 정도로 스모그가 심한 날도 많았다.

대기오염이 사람들의 건강에 미치는 영향은 명확했다. 숨을 쉬는 여상한 일조차 언제 터질지 모르는 시한폭탄 같았다. 1840년부터 1890년까지 50년 동안 기관지염으로 사망한 사람이 12배나 증가했는데, 이는 350명 중 한 명이 기관지염으로 사망한다는 의미였다.[15] 이와 같은 현상이 오늘날까지 계속되었다면, 런던에서는 매년 2만 6000명이 대기오염으로 목숨을 잃었을 것이다.

하지만 1952년 12월에 런던을 덮쳤던 끔찍한 스모그에는 비할 바가 못 된다. 당시 런던의 대기오염은 한창 개선되는 중이었으나 하필이면 추위와 바람 한 점 없는 날씨가 이어지면서 오염 물질이 대기 중에 평소보다 오래 머물러 있었다. 이에 따라 온 도시가 서서히 마비되었고, 런던 사람들은 사실상 앞을 볼 수 없는 상태가 되었다. 거리를 돌아다니려면 도로의 연석이나 장애물을 인지하기 위해 발을 질질 끌면서 걸어야 했다. 구급차조차 운행을 멈췄으며 바깥 공기가 실내로 새어 들어왔기 때문에 모든 연극과 음악회도 취소되었다. 추정에 따르면 고작 나흘간 지속된 이 런던의 '그레이트 스모그'로 만 명가량의 사람들이 사망했고 10만 명의 사람들이 심각한 호흡기 질환을 앓았다.

오늘날 인도의 델리가 대기오염이 심각한 곳 중에서도 최악의 도시로 꼽히지만, 부유 미세물질 수준으로 따지자면 18세기~19세기 런던이 단연 델리를 앞선다.

그렇다고 해서 현재 우리가 직면한 대기오염이 심각하지 않다는 의미는 아니다. 절대 그렇지 않다. 오염된 공기는 여전히 전 세계적으로 가장 큰 사망 원인 가운데 하나다. 나는 델리와 베이징이 짙은 미세먼지로 뒤덮인 사진을 볼 때마다 놀라서 움찔한다.

과거 런던의 공기가 현재 델리의 공기보다 심각했다

다음은 부유 미세먼지의 평균 농도를 나타낸 것이다(측정 단위 ㎍/㎥).

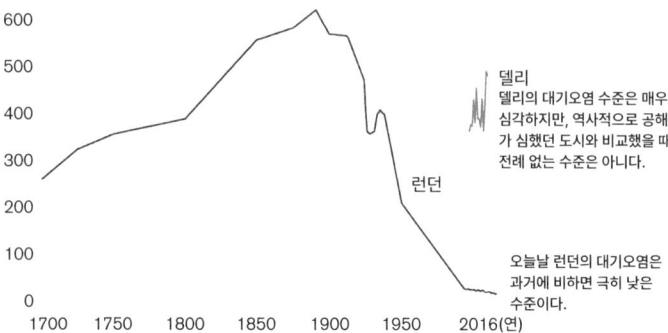

다만 내가 전하고자 하는 말은 이런 현대 대기오염 수준이 전대미문의 일처럼 보일 수 있지만, 사실은 그렇지 않다는 것이다. 미증유의 문제를 맞닥뜨리는 것만큼 두려운 일은 없으니, 이는 분명 안도할 만한 일이다. 과거 대도시의 대기오염이 놀랄 만한 수준이었다는 사실은 오늘날 대기오염 문제를 낙관하는 근거가 된다. 이는 곧 우리가 역사를 통해 해결 방법을 찾았고 대기오염을 해결하는 데 성공한 경험이 있다는 뜻이기 때문이다.

동상마저 녹이는 산성비는 어떻게 사라졌는가?

런던이 대기오염을 극적으로 개선한 일은 훌륭한 국지적 성공 사례다. 그러나 여기서 언급할 만한 가치가 있는 중요한 성공 사례가 두 가지 더 있다. 하나는 지역적 차원의 국가 간 협력이 필요했던 산성비 사례고, 다른 하나는 전 세계가 머리를 맞대고 해결책을 찾은 오존층 문제다.

20세기 후반, 동상과 기념비가 녹는 일들이 벌어졌다. 여왕과 왕들의 얼굴은 형체를 잃었고, 강과 호수는 산성화되어 물고기들이 떼죽음을 당했다. 담수성 곤충들이 점점 사라졌고, 초목을 잃고 헐벗은 삼림은 죽어가고 있었다.

범인은 산성비였다. 산성비는 황산화물과 질소산화물이 배출된 결과로, 이런 혼합물이 수증기를 만나면 황산과 질산으로 변한다. 비는 물론이고 비가 새어 들어간 나무, 땅, 강, 호수는 모두 더 강한 산성을 띠게 된다. 황산화물과 질소산화물은 주로 화석 연료, 산업 활동, 일부 농업 방식으로 인해 발생한다. 이를테면 석탄은 황을 다량 함유하고 있어 연소할 때 이산화황(SO_2)이 분출되는데, 이 분자가 빗물에 용해되면서 비를 산성으로 만든다.

1980년대에 이르자 산성비는 당대 가장 중요한 환경 문제가 되었다. 한 가지 분명한 사실은 개별 국가의 힘으로는 해결할 수 없는 문제라는 것이었다. 영국에서 배출된 이산화황이 스칸디나비아 반도로 흘러가 노르웨이의 삼림을 파괴하고, 미국에서 배출된 이산화황이 바람을 타고 캐나다로 넘어가 천혜의 담수호를 오염시켰기 때문에 한 나라에 국한되는 문제가 아니었다. 강한 저항 끝에 결국 미국과 다수의 유럽 국가들이 강력한 규제를 도입했다.

효과는 거의 즉각적이었다. 미국의 이산화황 배출량은 최고조

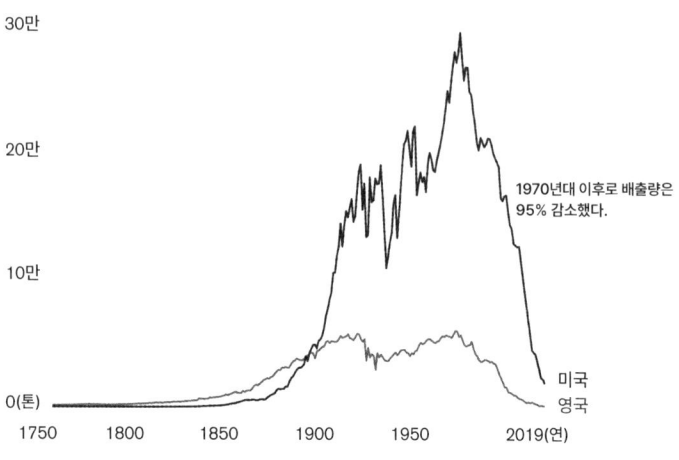

에 달했던 1970년대와 비교해 거의 95퍼센트 감소했고,[16] 유럽은 84퍼센트, 영국은 98퍼센트가 감소했다. 해결책은 퍽 간단했다. 공장 굴뚝에 반응 물질을 첨가해 이산화황을 제거함으로써 대기 중에 배출되지 않도록 한 것이다.

산성비는 북미와 유럽 지역 전역에서 거의 사라졌다. 다른 여러 국가에서도 빠른 개선이 이뤄지고 있다. 중국이 좋은 예다. 중국의 이산화황 배출량은 불과 10년 만에 3분의 2나 감소했다. 석탄 사용량이 두 배 이상 증가한 기간에 일어난 일이다.

산성비는 우리가 해결 방법을 알고 있고, 간단한 기술만 있으면 된다. 문제를 해결하고자 하는 국가의 올바른 정치적 의지와 적절한 투자만 있다면 놀라울 정도로 신속하게 해결할 수 있다.

세계는 오존층 문제를 어떻게 해결했는가?

과거 오존층 파괴는 오늘날 기후 변화처럼 뉴스의 헤드라인을 장악한 환경 이슈였고 한 국가의 힘만으로는 해결할 수 없는 문제였다. 그러나 이제는 거의 언급조차 되지 않는다.

1960년대에 들어서면서 과학자들은 초고층 대기의 광화학을 결정하는 반응의 비밀을 풀기 시작했다. 오존(O_3)은 지구의 대기 상층부에 존재하는 기체다. 지상에서도 찾아볼 수 있으나 지상에서는 흡입하면 호흡기 계통의 문제를 일으킬 수 있는 유독 물질 형태로 존재한다. 하지만 지금 우리가 이야기하는 오존은 지표면 15~35킬로미터 상공의 성층권에서 관찰되는 공기층이다.

이는 이른바 '좋은 오존'이다. 오존층은 태양에서 방출되는 위험한 자외선을 흡수하는 데 중요한 역할을 한다. 이렇게 자외선을 차단하는 오존층은 피부암을 비롯해 햇빛에 의해 화상을 입거나 실명하는 것을 예방해 주고 다른 생명체들 또한 보호해 준다. 지상의 오존은 유해할지 몰라도 성층권에 있는 오존은 지구 생명체들에게 절대 없어서는 안 되는 물질이다.

과학자 삼인방 파울 크뤼천Paul Crutzen, 프랭크 셔우드 롤런드 Frank Sherwood Rowland, 마리오 몰리나Mario Molina는 인간이 배출하는 염소 물질이 성층권의 오존층을 파괴할 수 있음을 밝혀냈고, 그 공로로 훗날 노벨화학상을 수상했다.[17] 이들은 오존 구멍이 커지고 있는 현상을 발견하거나 파괴 과정을 직접 기록하지는 않았지만, 화학

이론을 바탕으로 오존층 파괴에 대한 가설을 세울 수 있었다.

염화 플루오린화 탄소(CFCs)로 알려진 이 물질은 냉장고, 냉동고, 에어컨, 에어로졸 스프레이와 다양한 제조업에 사용되고 있었다. 세 과학자는 하층 대기에 분포하는 염소 분자의 농도를 측정해 이 기체가 분해되지 않고 더 높은 상층 대기로 상승한다는 사실을 발견했다.[18] 그곳에서 자외선이 염화 플루오린화 탄소 분자를 분해해 염소 원자를 방출하고, 이것들이 오존과 반응하면서 오존을 파괴한다는 것이었다.

1974년에 이 가설이 알려진 후 상당히 신속하게 학계는 오존층이 감소하고 있다는 데 합의했고, 1985년에 이를 뒷받침하는 중대한 보고서를 발표했다.[19] 나아가 학계 상황을 완전히 뒤바꿔 놓은 사건이 있었는데, 바로 남극 대륙에서 오존 구멍이 발견된 것이다. 염화 플루오린화 탄소는 배출되면 상층 대기 전역에 걸쳐 고루 퍼지는 경향이 있다. 직접적인 배출이 없는 지역에도 퍼지기에 당연히 남극까지 흘러 들어간다. 낮은 기온은 이 반응을 촉진하는 핵심 요소이기에 오존 파괴는 극 지역에서 특히 심각하다.

그전까지만 해도 크뤼천, 롤런드, 몰리나는 산업계와 정치인들의 강한 부인과 저항에 부딪혔었다.[20] 염화 플루오린화 탄소를 가장 많이 생산하던 세계적 기업 듀폰의 회장은 세 사람의 이론을 '공상 과학 소설과 다를 바 없는 말도 안 되는 이야기이자 터무니없는 헛소리'라고 평했다. 주요 염화 플루오린화 탄소 생산 기업들은 '책임 있는 CFC 연합'이라는 단체를 설립하고 조직적으로 오존 파괴 이론의 신빙성을 공격하는 홍보 운동을 격렬하게 펼쳤다. 미국 환경 보호청의 첫 여성 국장인 앤 고서치Anne Gorsuch는 오존 파괴를 환경에 대한 근거 없는 불안에 불과하다고 일축했다.[21] 그러나 오존 구멍이 점점 커지는 현상을 각인시켜 주는 영상 자료가 공개되면서 더 이상 못 본 체하기 어려웠던 정부와 산업 주체들은 결국 압박에 못 이겨 어쩔 수 없이 문제 해결에 나섰다.

1987년에 43개 나라가 '오존층 파괴물질에 관한 몬트리올 의정서Montreal Protocol on Substances that Delete the Ozone Layer'에 서명하면서 1989년부터 오존 파괴 물질 생산을 단계적으로 금지하기로 합의했다. 가장 먼저 행동에 나선 국가들은 미국, 캐나다, 일본, 대부분의 유럽 국가, 뉴질랜드 등 대개 주요 산업국인 선진국이었다. 그들의 목표는 1999년까지 전 세계 염화 플루오린화 탄소 생산량을 절반으로 줄이고 이후 완전히 생산을 중지해 나가는 것이었다.[22-23]

오존 파괴의 증거가 추가로 발견될 때마다 규제는 더욱 엄격해졌다. 오존층 파괴 물질에 대한 전면 생산의 금지 기한이 앞당겨졌고, 2000년대 초가 되자 서명국은 전 세계 정식 국가 및 소수 독립 정부까지 대부분 포함된 174개 국으로 증가했다. 2009년, 마침내 몬트리올 의정서는 환경 분야뿐만 아니라 전 영역을 통틀어 세계 모든 국가가 비준한 최초의 국제 협약이 되었다.

국제 사회의 노력이 거둔 성공은 놀라웠다. 1989년 1차 의정서 직후 감축은 신속하게 이뤄졌다. 1년 만에 오존 파괴 물질 사용이 1986년 수준보다 25퍼센트나 감소했다. 10년 후에는 약 80퍼센트

국제 사회의 대응으로 오존 파괴 물질 배출은 99% 이상 줄었다

국제사회는 1987년 오존 파괴 물질 감축을 위한 몬트리올 의정서를 채택했다. 다음 그래프는 1989년 이후 관련 물질의 전 세계 배출 감소량을 나타낸 것이다.

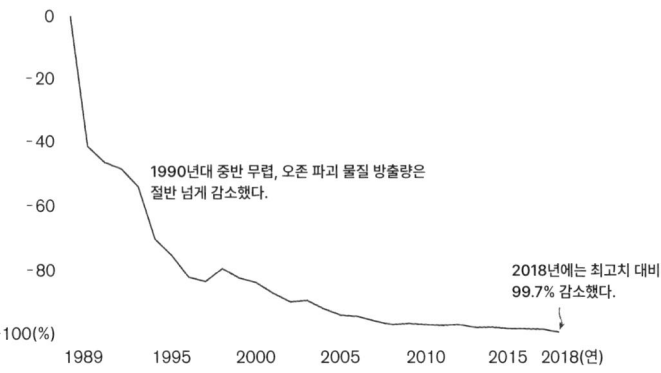

까지 감소했는데, 이는 첫 목표였던 50퍼센트 감축보다 훨씬 빠른 속도였다. 현재 시점 기준에서 오존 파괴 물질 사용은 99.7퍼센트까지 감소한 상태다.

성층권의 오존 농도는 1980년대 거의 절반으로 줄어들었는데, 1990년대에는 유사한 수준을 유지했다. 오존층이 복구되는 데에는 오랜 시간이 걸릴 것이다. 지구의 오존 농도는 21세기 중반은 되어야 1960년대 수준으로 회복되고,[24] 남극 대륙의 오존 수치는 21세기 말이나 되어야 본래 수준으로 돌아갈 것이다. 그러나 우리가 꾸준히 오존 파괴 물질의 단계적 감축 및 전폐 계획을 이행한다면 오존 구멍은 계속 작아질 것이다. 행동에 옮겼으니 이제 우리가 할 일은 기다리는 일뿐이다.

기후 변화를 비롯해 이 책에서 다룰 몇 가지 문제들은 해결하기가 더 까다로울 것이다. 그래도 산성비와 오존층 파괴 문제를 해결한 경험에서 배울 수 있는 중요한 교훈이 있다. 바로 인류가 실제로 닥친 지구적 차원의 문제를 해결할 수 있다는 사실이다. 모든 국가에게 문제 해결에 참여할 수 있는 기회가 주어졌고, 또 우리가 궁지에 몰리면 재빠르게 행동에 나선다는 사실도 깨달았다. 이는 협력을 통해 전 지구적 문제를 해결할 수 있는 능력이 우리 인간에게 있음을 상기시켜 준다.

앞으로 이 책을 읽어 나갈 독자들도 이러한 사실을 잊지 말기를 바란다. 누구나 회의적인 생각이 들 수 있다. 나도 그랬다. 그러나 꿈쩍도 하지 않을 것 같은 장애물도 치우지 못하리라는 법은 없다. 또 다른 수많은 크뤼천, 롤런드, 몰리나가 보이지 않는 곳에서 지칠 줄 모르고 연구에 매진하고 있으니 말이다.

대기오염 실태:
여전히 치명적인 그러나 꾸준하게 나아지는

가장 깨끗한 공기를 마시고 있는 현대인들

내가 어릴 적 마셨던 공기는 부모님의 어린 시절보다 훨씬 깨끗했고, 나의 조부모 때와 비교하면 이루 말할 수 없을 만큼 더 깨끗했다.

지금 우리는 수백 년 역사상 가장 깨끗한 공기를 마시고 있다. 하지만 이런 성공 사례는 이야깃거리가 되지 않는다.

영국에서 배출이 줄어든 대기오염 물질은 아황산가스만이 아니다. 오늘날 영국 지역의 대기오염 물질 방출량은 과거에 비하면 극히 낮은 수준이다. 아산화질소는 최고치 대비 76퍼센트가 감소했고, 블랙 카본은 94퍼센트, 휘발성 유기화합물은 73퍼센트, 일산화탄소는 90퍼센트가 감소했다.

영국에만 국한된 현상이 아니다. 전 세계 선진국 대부분이 비슷하다. 미국, 캐나다, 프랑스, 독일의 배출량 감축 성과도 꽤 인상적이다. 이러한 성공은 환경 규제를 성공적으로 도입하고 이행한 결과라 할 수 있다. 영국은 1952년 런던 그레이트 스모그를 겪은 후 1956년에 처음으로 '청정대기법Clean Air Act'을 제정했다. 10년이 지날 때마다 이 법규는 점점 더 엄격해졌다. 이에 대한 대응으로 기업들은 오염 물질 저감 기술을 개발해야 했다. 영국은 석탄 연소 시 황을 제거하는 방법을 발견했다. 유연 휘발유 사용을 금지했고 과거보다 배출가스를 파격적으로 줄인 자동차와 트럭을 만드는 방법도 알게 되었다. 1970년에 '연방청정대기법Clear Air Act'을 도입한 미국도 마찬가지로 훌륭한 성과를 거뒀다.[25]

환경법은 경제 성장과 대척점에 있는 것처럼 그려지는 경우가 많다. '기후 행동이냐 아니면 경제 성장이냐', '대기오염 해결이냐 아니면 시장 활성화냐'라고 물으며 이분법적 사고를 강요한다. 하지만 이는 전적으로 틀렸다. 세계 여러 국가는 경제 성장을 도모함과 동

영국의 대기오염 물질 배출 변천사

다음 도표는 대기오염 물질의 연간 배출량을 톤 단위로 나타낸 것이다. 지속적으로 상승한 끝에 정점을 찍고선 급격히 하락하는 이 패턴은 대부분의 선진국에서 유사하게 나타난다.

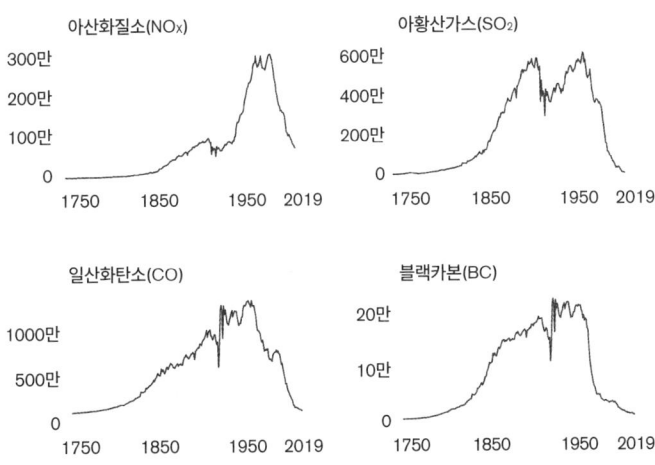

시에 대기오염을 개선했다. 공해는 적고 건강에는 더 이로우며 더 탄탄한 경제는 어떤가? 내게는 매우 구미가 당기는 말이다.

개발도상국에서도 줄고 있는 대기오염

대부분의 나라가 경험하는 발전 과정은 쉽게 예측이 가능하다. 국가가 빈곤에서 벗어나기 시작하면 대기질이 악화되기 시작한다. 이 단계에서는 에너지를 이용하는 일이 최우선으로 여겨진다. 엄격한 기준이나 규제 없이 석탄, 휘발유, 가스를 태운다. 오염 물질 저감 장치가 설치된 최신식 발전소나, 미립자 필터를 장착한 신형 자동차 엔진을 요구하는 목소리는 없다. 점점 더 많은 사람이 전기를 소비하고 자동차를 몰고 집에서 냉난방을 이용할 수 있게 되면서 대기오염은 계속 악화된다. 이어서 산업화가 호황기에 들어선다. 사람들은 부유해지고 삶은 윤택해진다. 이제 공해가 달갑지 않지만, 깨끗한 공기와 맞바꾼 윤택함은 그만한 가치가 있어 보인다.

그러나 사람들은 번영의 길목에서 결정적 전환점에 다다른다. 삶이 편안해지면 사람은 주변 환경에 관심을 돌리기 마련이다. 삶의 우선순위가 변하고 사람들은 더 이상 더러운 공기를 참지 못하게 된다. 그러면 정부도 하는 수 없이 변해야 한다. 정부는 어쩔 수 없이 대책을 마련해 대기오염을 개선한다. 대기오염 곡선은 최고점을 찍고 하락하기 시작한다.[26]

이 과정을 흔히 '환경 쿠즈네츠 곡선'이라고 부른다. 본래 쿠즈네츠 곡선은 경제학자 사이먼 쿠즈네츠 Simon Smith Kuznets가 제시한 가설로, 산업화가 진행되면서 불평등이 악화되다가 더 부유한 국가로 발전하면 다시 개선된다는 내용을 담고 있다. 환경오염과 소득의 상관관계를 그린 환경 쿠즈네츠 곡선은 뒤집힌 'U'자 모양을 띤다. 즉 가난할 때는 환경오염 정도가 낮았다가 점점 상승해 중간 소득이 되면 최고점을 찍고, 부유해지면 다시 떨어지는 형태다.

환경오염 문제들 가운데에는 이 쿠즈네츠 곡선이 제대로 적용되지 않는 경우도 많지만, 대기오염에는 잘 들어맞는다. 다시 말해 공기가 얼마나 오염되는지 나타내는 곡선을 그려보는 것만으로도

이제 막 '대기오염 절정기'를 지난 중국

오늘날 대기오염은 다수의 중상위 소득 국가에서 빠른 속도로 개선되고 있다. 다음 그래프는 중국의 오염 물질 연간 배출량을 톤 단위로 나타낸 것이다.

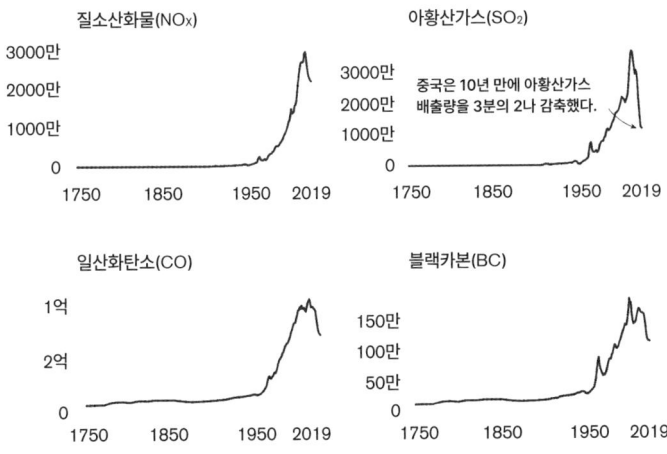

한 나라의 경제 발전 단계를 알아볼 수 있다. 이를테면 오늘날 인도의 경우 대기오염의 정점을 찍기 직전으로, 이제야 전환점에 다가서고 있다. 앞서 보았던 것처럼 중국은 인도보다 훨씬 앞서 이제 막 정점을 지났다.

영국이나 미국과 같은 나라들은 대기오염의 상승과 하락을 지나는 데 200년이 걸렸다. 신기술 덕분에 오늘날 국가들은 이 전환기를 4배나 빠르게 지나는 중이다. 더 반가운 소식은 개발이 가장 늦은 몇몇 국가들은 이 곡선의 패턴을 완전히 비껴갈지도 모른다는 것이다.

여전히 매년 수백만 명을 죽이는 대기오염

많은 나라에서 개선되고는 있지만 대기오염은 여전히 전 세계 사망 원인의 최상위권을 차지한다. 오염된 공기는 호흡기 질환, 뇌졸중, 심혈관 질환, 폐암의 위험을 증가시킨다.

그중에서도 특히 우리 건강을 해치는 것은 눈에 보이지 않는 미세먼지다. 과학자들은 이것을 $PM_{2.5}$라고 부르는데, 분자의 지름이 2.5㎛ 이하이기 때문이다. 즉 육안으로는 식별할 수 없다. 문제는 이 작은 먼지가 폐와 호흡기 계통에 깊이 침투한다는 사실이다. 해변에 갔다가 신발 안으로 들어온 작은 모래알들 때문에 며칠이고 성가셨던 경험이 한번쯤 있을 것이다. 분명 다 털어낸 것 같지만, 아주 작은 모래알들은 신발 속 눈에 보이지도 않은 작은 틈에 숨어 있다. 대기 속 미세먼지도 이와 비슷하다.

2020년 영국에서 세계 최초로 '대기오염'을 사인으로 인정받은 사례가 나왔다. 2013년 엘라 아두키시데브라Ella Adoo-Kissi-Debrah는 아홉 살의 나이로 세상을 떠났는데, 2020년 런던의 검시 법원에서 엘라를 사망에 이르게 한 주요 원인이 천식이 아닌 대기오염이라고 결론 내렸다. 이런 일은 흔치 않다. 세계적으로 대기오염 때문에 많은 사람이 목숨을 잃지만, 대기오염이 사인으로 적시되는 경우는 거의 없다. 대신 연구자들은 대기 중의 오염 물질을 측정해 이러한 오염 물질과 치명적인 질병 증가의 인과 관계를 바탕으로 조기 사망을 추정한다.

대기오염으로 인한 사망자 추정치는 연구자들마다 의견이 다르다. 그러나 그들이 동의하는 한 가지 사실은 안타깝게도 수백만 명에 이를 정도로 대기오염으로 인해 사망하는 사람들의 수가 많다는 것이다. 세계보건기구는 한 해 대기오염으로 인한 사망자 수가 700만 명에 이른다고 추정한다. 그중 야외 대기오염으로 인한 사망자를 420만 명, 땔감이나 목탄과 같은 연료에 의한 실내공기 오염 사망자를 380만 명가량으로 본다. 글로벌 보건 연구 기관인 보건계량분석연구소Institute for Health Metrics and Evaluation가 내놓는 추정치도 약 670만 명으로 유사하다. 과학자 중에는 이보다 훨씬 더 높은 수치를 예상하는 이들도 있다. 최근 가장 널리 인용되는 연구들에서는 매년 대기오염으로 인한 사망자 수가 최소 900만 명은 넘을 것이라고 추정한다.[27-28]

이해를 돕기 위해 비교하자면 이는 흡연으로 인한 사망자 수인 800만 명과 비슷하다.[29] 매년 교통사고로 사망하는 130만 명보다는 6~7배 높은 수치이며, 테러나 전쟁으로 죽는 사람보다도 수백 배가 많다. 대기오염은 이렇게 해마다 조용히 수많은 사람의 목숨을 앗아가지만 언론에서는 크게 주목하지 않는다. 홍수나 허리케인만큼 충격적인 이미지를 제공하지 않기 때문이다. 하지만 매년 대기오염으로 인한 사망자 수는 모든 자연재해로 인한 사망자 수를 합한 것보다 대개 500배가량이나 높다(다만 이 비교 수치는 그해 강력한 지진의 발생 여부에 따라 크게 달라질 수 있다).

그럼에도 감소 중인 대기오염으로 인한 사망률

대기오염으로 인해 여전히 그렇게 많은 사람이 죽는다는 사실은 절망적이다. 그러나 이 책에서 내가 제시하는 다른 많은 사례와 마찬가지로 이러한 사실이 전부는 아니다. 대기오염으로 인한 사망자 수는 여전히 끔찍할 만큼 높지만, 희망적인 데이터도 있다. 바로 현재 대기오염으로 인한 사망이 정점에 달했을 수도 있다는 사실이다. 실제로 인류는 '대기오염으로 인한 사망의 최고점'에 근접해 있을 가능성이 높다. 암울한 이야기처럼 들릴지 모르지만, 이는 이제 최악을 지났다는 뜻이기도 하다.

 내가 대기오염으로 인한 전 세계 사망자 수가 정점에 가까워졌

**가장 대기오염이 심각한 국가에서도
대기오염으로 인한 사망자 수는 감소하고 있다**

다음은 실내외 공기 오염에 의한 사망률을 나타낸 그래프다(10만 명당 조기 사망자 수).

다고 생각하는 이유는 간단하다. 전 세계적으로 대기오염으로 인한 사망자 수가 몇십 년째 거의 그대로이기 때문이다. 전 세계 인구가 늘었고 특히 뇌졸중, 심혈관 질환, 암으로 사망할 위험이 높은 노인 인구가 늘었는데도 이 숫자는 크게 변하지 않았다. 이러한 통계는 대기오염으로 인한 사망률, 즉 대기오염이 보통 사람에게 미치는 위험이 점점 감소해 왔음을 보여준다. 약간 감소한 것도 아니다. 일부 추정치에 의하면 1990년 이래 절반으로 줄었다.[30]

세계 인구가 증가하는 속도가 완만해지고 대기오염이 개선되면, 인류는 곧 대기오염으로 인한 사망의 정점을 통과하게 될 것이다. 하향세는 과거의 상향세보다 훨씬 가파를 수도 있다. 여러 대기오염 처리 기술이 출시되면 대기오염으로 인한 사망자 수는 몇 십 년 안에 아주 급격히 감소할 것이다.

대기오염을 해결하는 방법: 진짜 배출원을 줄이기

대기오염을 개선하기 위해 해야 할 일이 무엇인지 파악하려면 그 원인을 먼저 알아야 한다.

인도 델리의 평균 초미세먼지($PM_{2.5}$) 농도는 세계보건기구 기준의 20배가 넘는다. 겨울이 되면 더욱 심해지는데 바람이 잠잠해지면서 오염 물질이 대기에 그대로 쌓이기 때문이다. 겨울철 델리에서는 초미세먼지 수치가 세계보건기구 기준의 100배를 초과하는 날이 흔하다.

2016년 1월, 시 정부가 임시방편을 내놓았다. 차량 번호판 끝자리가 홀수인 차량은 홀수인 날에만 운행하고 짝수인 차량은 짝수인 날에만 운행할 수 있는 '짝홀수 제도'를 시행해 델리 시내 운행 차량을 절반으로 줄이기로 한 것이다. 차량 번호판 끝자리와 날짜의 짝홀수가 맞지 않는 날에는 대중교통을 이용하거나 해당 숫자를 가진 사람의 차를 얻어 타야 했다. 규정을 어기는 사람에게는 벌금이 부과되었다.

엄청난 효과가 있었을 것 같지만, 연구자들의 추정에 따르면 2016년 이 제도로 인한 대기오염 개선 효과는 5퍼센트에 불과했다. 2019년 12월에 다시 시행해 조금 더 좋은 효과를 봤으나 이번에도 개선율은 약 13퍼센트에 그쳤다.

정부에서 대대적으로 시행한 조치의 효과가 왜 그렇게 미미했을까? 델리의 대기오염이 주로 어디에서 발생하는지 들여다보면 답은 간단히 나온다. 델리 대기오염의 원인은 차가 아니다. 실제로 델리의 $PM_{2.5}$ 오염에서 교통수단이 차지하는 비중은 약 23퍼센트에 불과한데, 그중에서도 승용차의 비중은 4퍼센트밖에 되지 않고 대부분은 트럭이 차지한다.[31] 그런데도 트럭, 버스, 오토바이는 짝홀수제 적용 대상에 포함되지 않았다.

그렇다고 모든 승용차가 포함된 것도 아니었다. 여성 운전자가 모는 차량은 면제되었고, 저공해연료 차량, 택시, 정부 관료나 판사 및 대사관 직원들을 태우는 VIP 차량도 제외되었다. 다시 말해 짝홀수 제도는 일반 남성이 운전하는 개인 휘발유 또는 경유 차량에만 적용되었던 것이다.

그래도 짝홀수 제도에 효용이 전혀 없지는 않았다. 일단 교통 정체가 상당히 해소되었다. 다만 델리의 대기오염 원인을 조사해 본 사람이라면 이 제도만으로는 델리의 대기오염을 해결할 수 없다는 사실을 분명히 알고 있었을 것이다. 델리의 대기오염을 해결하려면 차보다 더욱 문제가 되는 오염원부터 해결해야 한다. 그중 하나가 바로 겨울에 벼 수확 이후 남은 그루터기를 태워 밀 파종을 위한 밭을 준비하는 작물 잔사 소각이다. 도시의 공장 매연, 주변 지역에서 불어오는 황사, 디젤 발전기, 가정에서 때는 석탄과 나무도 주요 오염원이다.[32]

전 세계 온실가스의 배출원은 몇 가지뿐이다. 먼저 연료를 얻기 위해 태우는 나무와 숯 그리고 작물 소각이 있다. 이것들은 저소득 국가에서 발생되는 가장 흔한 오염원 가운데 하나로 실내외 오염에 큰 영향을 준다. 농업도 온실가스를 배출한다. 거름과 비료에서 암모니아와 질소 가스가 나오기 때문이다. 또 에너지를 얻기 위해 화석 연료를 태울 때 발생하는 연기와 화학, 철강 및 직물 공장 등에서 발생하는 공장 매연도 있다. 마지막으로 꼽는 온실가스의 원인은 우리가 운전하는 승용차, 전 세계로 물자를 실어 나르는 트럭, 선박, 비행기 등의 교통수단이 내뿜는 배기가스다.

전 세계적으로 대기오염을 줄이려면 이런 배출원들을 하나씩 해결해 나가야 한다.

대기오염을 막는 여섯 가지 방법:
당장 태우는 일을 멈춘다

대기오염을 해결하는 데 필요한 규칙은 하나다. 무엇인가를 태우는 일을 그만두는 것이다. 우리는 무언가를 태우지 않고도 에너지를 생산할 수 있는 방법을 찾아야 한다. 꼭 태워야 한다면 연소로 발생하는 분진을 안전하게 포집해 대기 중에 방출되지 않도록 해야 한다. 많은 나라가 이미 이 단계에 가까이 와 있다. 최빈국들이 뒤처져 있기는 하지만, 이미 대체 연료를 찾아 사용할 만큼 발전하고 있다.

1. 누구나 무공해 연료를 이용할 수 있도록 한다

모든 연료가 같은 양의 오염물질을 발생시키는 것은 아니다. 나무보다는 석탄이, 석탄보다는 석유가, 석유보다는 가스가 오염 물질을 덜 배출한다.

  이렇게 한 형태의 에너지에서 다른 형태로 전환하는 과정을 '에너지 사다리'를 올라간다고 표현한다. 주요하거나 또는 유일한 에너지원으로 여전히 나무에 의존하는 최빈국들은 이 사다리의 가장 아래층에 자리한다. 소득이 조금 늘어나면 숯을 사용하기 시작하고 조금 더 지나면 석탄을 사용한다. 그렇지만 이런 고체 연료는 공기를 심하게 오염시키며, 매일 이 배출 가스를 흡입하는 사람들에게도 매우 유해하다. 충격적이게도 이것이 전 세계 인구의 약 40퍼센트, 즉

에너지 사다리

소득 수준에 따른 주요 요리 및 난방용 에너지원.

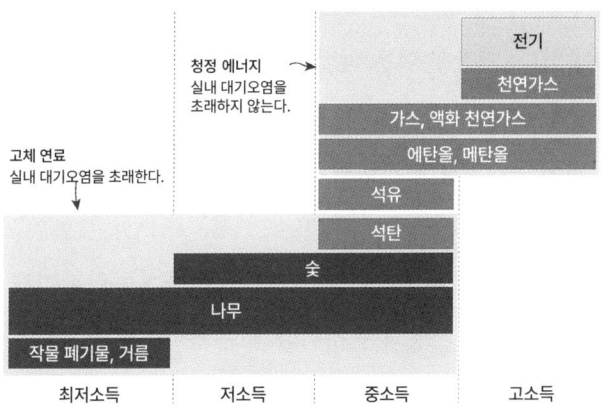

30억 명이 넘는 사람들의 현실이다.

이런 에너지 사다리 최하층에는 아무도 존재해서는 안 된다. 사람은 누구나 요리나 난방에 쓸 무공해 연료를 이용할 수 있어야 한다. 수십억 인구가 여전히 이런 연료를 이용할 수 없다는 것은 이것이 환경 운동의 최우선 과제가 되어야 한다는 뜻이다. 대기오염을 막는 첫 번째 단계는 이미 검증된 방법을 실천하는 것, 다시 말해 빈곤을 감소시켜 재래식 연료를 사용하는 사람이 없도록 하는 것이다.

2. 겨울 작물의 잔사 소각을 금지시킨다

작물 소각은 인도의 계절 대기오염원이다.[33~34] 10월과 11월은 농부들에게 겨울 작물 재배를 위해 개간하는 달로 벼를 수확한 뒤 밀 파종을 준비하는 시기다. 파종이 가능한 시기는 11월 첫째에서 둘째 주로 매우 짧다. 즉 농부들은 벼농사 후 밭에 남은 지푸라기를 빨리 제거해야 한다. 가장 손쉬운 방법은 태우는 것이다. 다만 소각은 농부들에게는 용이하지만 국가 차원에서는 비용이 많이 든다. 모든 농부가 동시에 농작물을 소각하면 주변 도시의 대기를 심각하게 오염시키기 때문이다.

이에 대한 몇 가지 해결책이 있다. 농업 잔재물을 수거해 동물 사료나 다른 용도로 사용하는 것이다. 또는 농부들에게 윤작을 달리 할 것을 권장하는 방법도 있다. 기술적인 접근법도 있다. 트랙터와 유사하게 생긴 '해피 시더Happy Seeder'는 볏짚을 베어 들어 올린 뒤 그 아래에 밀을 파종하고 볏짚을 다시 덮어 천연비료로 작용하게 만드는 기계다. 인도 정부는 농부들에게 보조금을 지급하며 해피 시더를 구매하도록 지원해 왔다. 연구에 따르면 이런 유형의 기술은 농부들에게 유익할 수 있다.[35] 그럼에도 선뜻 이용하기 힘든 까닭은 선 투자금이 비싼 데다 기껏해야 1년에 15일만 사용하는 장비치고 유지비용이 높기 때문이다.

작물 소각이 실질적으로 감소되었다고 할 수 있는 규모에 이르려면 이를 지원하는 인도 정부의 예산을 상당한 수준으로 올려야 한다. 하지만 이러한 조치가 주는 경제적, 환경적 측면의 이익은 엄청날 것이다. 우리는 어떤 조치를 취하는 것에 대한 대가를 따져볼 때 아무런 투자도 하지 않는 대안과 비교하는 경향이 있다. 그것은 잘못된 생각이다. 고려했어야 할 조치를 취하지 않아 발생하는 사회적 비용도 있다. 수억 달러를 쓰는 것이 비싸다는 생각은 문제를 해결하지 않아 발생하는 비용을 무시하는 데에서 나오는 착각이다.

대기오염의 금전적 비용이 얼마인지에 대한 추정치는 제각각이다. 건강 악화와 조기 사망에 어떤 '가격'을 매기느냐에 따라 달라지기 때문이다. 그러나 대부분의 연구 결과는 매년 전 세계적으로 건강 악화, 병가, 생산성 감소, 작황 손실 및 기타 '보이지 않는' 영향으로 초래되는 경제적 손실 규모가 대체로 수조 원에 이른다고 추정한다.[36] 세계은행이 발표한 2022년 보고서에 따르면 이 수치는 8조 1000억 달러로 전 세계 GDP의 6퍼센트에 달한다.[37] 인도의 경우 2019년 대기오염이 초래한 비용은 인도 GDP의 10퍼센트인 3500억 달러에 이르는 것으로 조사되었다. 이런 사회적 비용이 존재하지 않는 척 외면할 수도 있겠지만, 이 문제를 해결할 때까지 손실 비용은 계속 늘어만 갈 것이다.

3. 화석 연료에서 배출되는 황을 제거한다

석탄은 결국 역사 속으로 사라지게 될 것이다. 하지만 전 세계가 석탄 사용을 완전히 중단하려면 상당한 시간이 걸릴 것이다. 그때까지 화석 원료에서 비롯된 대기오염으로 계속해서 목숨을 잃는 사람이 발생할 것이기에 우리는 이를 최소화하기 위해 할 수 있는 일을 모두 시도해야 한다.

델리와 뭄바이 하늘에 걸려 있는 유황 연무는 충분히 제거할 수 있다. 화력발전소에서 나오는 이산화황을 포집하는 해결 방법이 이미 존재하기 때문이다. 화력발전소는 굴뚝에 '스크러버scrubber'라는 장치만 부착하면 되는데, 이를테면 석회질을 첨가하면 배출 가스에 포함된 이산화황이 반응해 고체로 변하면서 포집할 수 있게 된다.

스크러버로 이산화황의 최소 90퍼센트를 제거할 수 있게 되면서 지난 50년간 많은 나라에서 대기오염이 급감했다. 물론 이 기술을 장착한 발전소는 장착하지 않은 발전소에 비해 비용이 많이 든다. 모든 부유한 국가의 발전소에는 이 기술이 설치되어 있지만 가난한 나라의 발전소에는 갖춰지지 않은 것도 이 때문이다. 그러나 중국의 경우에서 확인한 것처럼, 어떤 나라든 언젠가 '티핑포인트'에 도달할 것이다. 티핑포인트에 도달하면 해결책은 이미 준비되어 있다. 그냥 스크러버로 황을 제거하기만 하면 된다.

4. 화석 연료 자동차를 시장에서 퇴출시킨다

사람들은 '도시의 대기오염'이라고 하면 꽉 막힌 도로의 교통 체증을 떠올린다. 대기오염을 다루는 뉴스에 거의 항상 자동차 배기 장치가 배기가스를 내뿜는 영상이 자료화면으로 나오기 때문이다. 그래서 우리는 대개 차에서 내뿜는 오염 물질이 건강에 해롭다는 사실을 알고 있다.

2015년 영국에서는 이 배기가스에 관한 대중의 관심이 급증한 일이 있었는데, 바로 언론을 떠들썩하게 했던 '디젤게이트'다. 차량 배기가스는 많은 나라가 엄격하게 규제하고 있어서 해당 국가의 시장에 자동차를 판매하기 위해서는 관련 기준을 충족해야 한다. 그런데 2015년에 세계 최대 자동차 제조회사 가운데 하나인 폭스바겐에서 그동안 배기가스를 조작해 왔다는 사실이 발각되었다. 폭스바겐은 다수의 자사 디젤차량의 엔진 배기가스 저감 장치를 주행시험 때에만 작동하도록 조작했다. 주행시험에서는 정상적으로 작동시켜 환경 기준을 충족했지만, 시판된 후부터는 작동시키지 않았다. 이렇게 조작된 소프트웨어를 장착한 차량이 내뿜는 배기가스는 법적 기준치를 훨씬 초과했다. 이 사건으로 폭스바겐은 명성에 일시적인 타격을 입었고, 우리가 타고 다니는 차에서 분출되는 배기가스도 집중 조명을 받게 되었다.

일부 국가에서는 소비자들에게 디젤차 구매를 권장했다. 휘발유차보다 1킬로미터당 이산화탄소 배출량이 적기 때문에 환경 보호에 더 도움이 된다는 이유에서였다. 하지만 계획대로 되지 않았고, 대부분의 국가들은 정책을 선회했다. 한편으로는 디젤게이트 때문이었지만, 디젤차에서 폐 손상을 일으키는 국지성 오염 물질이 휘발유차보다 훨씬 더 많이 나온다는 사실이 드러난 탓도 있었다.

각국 정부는 기후 변화와 건강을 해치는 국지적 오염 가운데 무엇이 더 중요한지 결정해야 하는 딜레마에 봉착했다. 이에 더해 실제로는 디젤차가 휘발유차보다 이산화탄소를 적게 배출한다는 것도 사실이 아님이 밝혀졌다. 결국 디젤차에게는 국지성 오염 물질을 저감하는 기술이 필요한데, 이는 에너지 비용을 초래한다. 이와 같은 추가 비용은 기후 변화에 이롭다는 장점도 상쇄시킨다. 게다가 디젤차가 국지적 오염은 물론 기후 변화에도 더 좋지 않다는 연구 결과도 있다.[38]

미국에는 디젤차가 드물어서 미국 소비자들은 휘발유차와 디젤차 사이의 딜레마를 겪지 않아도 되었다. 그렇다면 다른 나라의 소비자들에게는 무엇이 올바른 선택일까? 사실 휘발유와 디젤에는 큰 차이가 없다. 이산화탄소 배출로 인한 대기오염에서 연료보다 더 큰 요인을 차지하는 요소는 차의 노후화 정도다. 생산된 지 얼마 되지 않은 휘발유차와 디젤차는 오래된 차량보다 이산화탄소 배출량이 훨씬 적다. 과거보다 배기가스 기준이 훨씬 엄격해졌고 필터 기술도 훨씬 개선되었기 때문이다.

'휘발유차 대 디젤차'에 대한 논쟁은 어느새 해묵은 이야기가 되어가고 있다. 화석 연료를 사용하는 자동차가 시장에서 퇴출되고 있기 때문이다. 전기차와 자동차 없는 생활이 새로운 지평을 열고 있다. 오래된 기술은 버려야 하며, 그 전환은 최대한 신속해야 한다. 그래야 매년 수천 명의 생명을 더 구할 수 있다.

5. 자가용보다는 자전거나 도보, 대중교통을 이용한다

어떤 연료로 굴러가는 차가 대기오염을 가장 적게 일으키는지에 대해 논쟁할 수는 있지만, 여기에 몰두하다가 모든 선택지를 압도할 수 있는 해법을 놓칠 수도 있다. 그 해법이란 바로 운전 자체를 하지 않는 것이다. 할 수 있다면 차를 두고 자전거를 타거나 걷는 것이 개인이 대기오염과 기후 변화를 줄일 수 있는 가장 좋은 방법이다. 도로 위 옴짝달싹 못한 채 배기가스만 내뿜으며 길게 늘어선 자동차 사이를 자전거 탄 사람들이 줄지어 지나가는 모습을 보면 자전거가 교통 체증과 대기오염 개선에 어떤 도움을 주는지는 자명해진다.

이는 개인의 책임이자 사회의 책임이다. 우리는 대부분 자전거를 타거나 걸어서 갈 수 있는 곳을 갈 때 집에 차를 두고 나오는 선택을 할 수 있다. 안전하게 다닐 수 있는 길이 있고, 걷거나 자전거를 탈 만큼 건강하기 때문이다. 물론 그렇게 하지 않는 것 또한 개인의 선택이다. 걷기나 자전거 타기 다음으로 가장 좋은 선택은 대중교통을 이용하는 것이다.

하지만 어떤 사람들에게는 이런 선택권 자체가 없다. 직장이 너무 멀다거나 자전거 전용 도로가 없다거나 안심하고 걸어 다닐 만한 인도가 없을 수도 있다. 대중교통이 너무 낡았을 수도 있고, 버스나 기차가 자주 늦어 안심할 수 없거나, 온다고 하더라도 겨우 몇 시간에 한 번 오는 지역일 수도 있다. 대중교통 인프라가 제대로 갖춰지지 않은 곳에 사는 사람들은 어쩔 수 없이 차를 몰아야 한다.

우리는 20년 뒤, 30년 뒤 우리가 사는 도시와 마을 그리고 우리가 이용하는 대중교통의 모습을 더욱 대담하게 상상할 필요가 있다. 아마도 차가 아닌 보행자와 자전거를 탄 사람들이 중심을 이루는 도시가 될 터다. 내가 꿈꾸는 세상은 차를 소유할 필요가 없는 세상이다. 특히 하루 대부분의 시간 동안 차를 세워두기만 할 것이라면 더욱 그렇다. 최신 네트워크 기술이 적용된 저탄소 자율주행 택시가 도시를 돌아다니며 사람을 실어 나르는 세상, 차가 필요할 때 스마트폰 앱을 열고 버튼을 누르기만 하면 자동화된 무공해 자율주행 차량이 데리러 오는 세상을 꿈꾼다. 정부와 도시계획자들이 면밀하게 고민한다면, 이는 또 다른 형태의 대중교통이 될 수도 있다. 이것이 우리의 건강과 경제에 가져다주는 이익은 엄청날 것이다.

6. 화석 연료가 아닌 재생 에너지와 핵 발전을 이용한다

화력발전소를 퇴출하고 자동차에 필터 기술을 장착하면서 우리는 대기질 개선에서 상당한 진전을 이뤄 냈다. 이러한 조치 덕분에 대기오염은 과거에 비해 크게 개선되었다.

그러나 이것으로는 부족하다. 세계에서 가장 부유한 나라의 대기질도 여전히 건강에 해로운 경우가 많다. 이런 대기질은 아동의 집중력과 학습 능력에도 악영향을 미칠 수 있다. 과거보다 나아졌다고 해서 현재 상황에 안주해도 된다는 말은 아니다. 인간은 더 나은 환경을 누릴 자격이 있다. 대기오염 문제를 완전히 끝내려면 화석 연료 사용을 중단해야 한다.

반가운 소식은 기후 변화에 대응하기 위해서는 어쨌거나 화석 연료로부터 벗어나야 한다는 점이다. 이는 두 가지 심각한 문제를 동시에 해결할 수 있다는 것을 의미한다. 실제로 각 정부에 대기오염 해결을 요구하는 것은 기후 행동을 촉진하는 중요한 수단이 될 수 있다. 베이징이나 델리 같은 도시가 짙은 연무로 뒤덮였을 때 사람들이 절대로 그냥 두고 보지 못했던 것처럼 말이다.

그렇다면 우리는 화석 연료 대신 어떤 에너지원을 사용해야 할까? 이 문제에 있어서 나는 어떤 이슈보다 중립적인 입장이다. 화석 연료를 대체할 에너지원을 놓고 환경 운동계는 두 진영으로 나뉘는데, 한쪽은 핵 발전 찬성론자들이고 다른 한쪽은 재생 에너지 찬성론자들이다. 이 두 진영은 놀라울 만큼 첨예하게 대립한다. 하지만 나는 이 둘의 갈등이 답답할 뿐만 아니라 환경 문제를 해결하는 데 있어 역효과를 낳는다고 생각한다.

핵 에너지와 태양 에너지, 수력 및 풍력 에너지와 같은 재생 에너지는 모두 저탄소 에너지원이다. 이것들의 실질적인 탄소 배출량이 '0'이 아닌 이유는 여기에 필요한 패널과 터빈을 만드는 데 에너지와 재료가 들어가기 때문이다. 하지만 화석 연료와 비교하면 이들의 이산화탄소 배출량은 극히 적다. 화석 연료에서 이런 에너지원들로 전환하는 일은 기후 변화에 대응하는 데 있어 분명 효과적인 전략이며, 대기오염으로 인한 사망을 예방하는 길이기도 하다. 따라서 전 세계 보건에도 유리한 일이다.

이와 관련한 흔한 오해 가운데 하나는 핵 발전이 위험하다는 관념이다. 사실 핵은 가장 안전한 에너지원 가운데 하나다. 지난 60년간 핵 발전과 관련한 대형 사고는 1986년 우크라이나 체르노빌과 2011년 일본 후쿠시마까지 두 차례밖에 없었다. 핵발전을 생각하면

이 두 사고가 가장 먼저 떠오른다. 주변 친구들에게 이들 원전 사고로 사망한 피해자들의 수를 물으면 대부분 수십만 명이라고 답한다. 하지만 실제 피해자 수는 그보다 훨씬 적다.[39] 폭발에 의한 직접 사망자와 방사능 누출로 인한 잠재적 암 발병 사망자를 합하면 체르노빌 원전 사고의 사망자 수는 최대 400명가량으로 추정된다.[40-41]

모든 죽음은 비극이다. 하지만 실제 희생자 수는 우리 예상보다 훨씬 적다. 특히 그 사고가 역사상 최악의 원전 사고였으며 반복될 가능성이 적다는 사실을 고려하면 더욱 그렇다. 체르노빌 발전소의 원자로는 노후한 데다 안전 기준을 따르지 않은 구조로 건설되었으며, 당시 소련은 비밀주의가 지배하고 있었기에 사고 대응도 매우 지지부진했다.

2011년 일본 역사상 최대 규모의 지진으로 발생한 해일이 후쿠시마 제1원자력 발전소를 덮쳤다. 다행히 이 사고로 인한 직접적인 사망자는 없었다. 몇 년 후 일본 정부는 이 사고와 연관성이 있는 폐암 환자 한 명이 사망했다고 밝혔다. 원자력 발전소 폭발 사고로 인한 사망자가 한 명이라는 것은 실로 놀라운 사실이다. 그러나 일본 정부는 사고 이후 수년간 계속된 대피 생활에서 비롯된 스트레스와 혼란으로 조기 사망한 사람의 수를 2700여 명이라고 추산한다. 즉 체르노빌과 후쿠시마 사고 사망자 수를 합하면 지금까지 원자력 발전으로 사망한 피해자의 수는 수천 명으로 추정된다.

이것으로 핵 발전이 다른 에너지원보다 더 안전하다거나 더 위험하다고 말할 수 있을까? 전기 생산량 단위를 기준으로 측정하면,

사망률은 핵, 태양광, 풍력 발전 모두 매우 낮고[42] 에너지원 종류 간의 차이도 그리 크지 않다. 1975년 중국 반차오댐板橋水庫이 붕괴되는 단 한 건의 사고로 17만 1000명이 목숨을 잃어 사망률이 높게 집

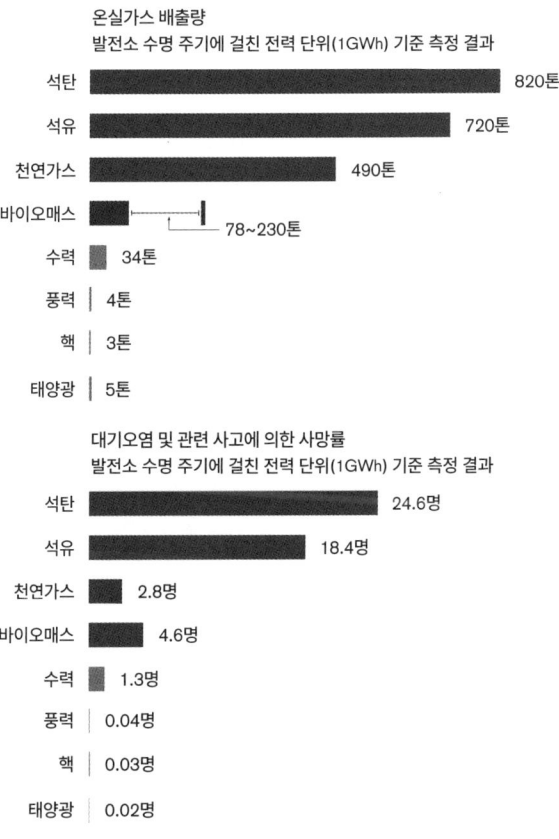

재생 및 핵 에너지는 생각보다 안전하고 깨끗하다

화석 연료에 의한 사망자는 매년 수백만 명에 이르며 전력 단위당 온실가스 배출량도 훨씬 많다.

계되기는 하지만 수력 발전도 상당히 안전하다.

앞에서(109쪽) 나온 그래프는 화석 연료와 대안 에너지들을 비교한 것이다. 석탄에 의한 대기오염 사망자 수는 에너지 생산량 단위를 기준으로 다른 에너지원들에 비해 수천 배 높고, 석유 에너지로 인한 사망자 역시 핵 에너지나 재생 에너지보다 수천 배 높다.

원전 사고 사망률이 태양광 발전보다 조금 더 높다느니 낮다느니 따지거나, 아니면 태양광 발전이 풍력 발전보다 사망자 수가 많지 않느냐고 문제 제기를 한다면 핵심을 완전히 놓치는 것이다. 이것들을 구분 짓는 일은 미세한 차이에 지나치게 집착하는 것밖에 되지 않는다. 앞에서 나온 도표에서 확인할 수 있는 내용의 핵심은 이런 에너지원들이 모두 화석 연료보다 사망률이 훨씬 낮다는 사실이다. 화석 연료로 인한 사망자 수는 연간 수백만 명으로 360만 명에서 870만 명 정도로 추산한다. 그중에 100만~250만 명은 전기로 인한 사고, 나머지는 화력 발전으로 인한 사망자다.[43] 핵과 재생 에너지가 수천 배까지는 아니더라도 수백 배는 더 안전하다. 무엇보다 중요한 사실은 두 에너지원 모두 탄소 배출량이 극히 미미해서 기후에도 훨씬 유익하다는 것이다.

사망률을 낮추는 일이라면 어떤 저탄소 에너지원으로 전환하든 상관없다. 어떻게 해서든 화석 연료 사용을 중단하는 것이 중요하다. 기존 핵 발전소는 그대로 유지하고 가동해야 한다. 그리고 핵 발전이 저렴하고 기술적 전문성을 갖춘 국가에서는 신규 원전을 더 건설해야 한다. 건물에는 태양광 패널을 설치하고, 황무지에는 태양광과 풍력 발전소를 세워야 한다.

대기오염의 주범을 몰아내려면 저탄소 에너지로의 전환이 필요하다. 우리가 타는 승용차는 전기차로 대체되어야 한다. 얼마 전까지만 해도 배터리, 태양광 패널, 전기차가 지나치게 비쌌기 때문에 이런 변화는 불가능해 보였다. 하지만 이미 변화는 시작되었고, 빠르게 변화되고 있다.

환경 운동의 시작은
지구를 지킨다는 착각에 속지 않는 것이다

나는 매일 같이 환경 보호에 의욕적이고 최선을 다해 동참하는 사려 깊은 사람들을 만난다. 그들은 일상에서 자신이 내리는 결정이 환경에 미치는 영향에 대해 고민하거나, 엄청난 변화를 가져온다고 믿는 몇 가지 일에 온 힘을 쏟는다. 가슴 아픈 점은 이런 노력과 압박감이 허사로 돌아가는 경우가 많다는 사실이다. 그들이 기울이는 노력은 큰 영향력이 없을뿐더러, 때로는 상황을 악화시킨다.

앞서 우리가 크게 신경 쓰지 않아도 되는 일들이 무엇인지 분명하게 알고 있다고 말했다. 하지만 이 장에서는 그것을 일일이 설명하지 않을 것이다. 우리가 조금 '더' 관심을 기울여야 할 두 가지 문제가 있기 때문이다. 대기오염이 그중 하나이며, 다른 하나는 생물다양성 감소다.

우리는 기후 변화와 기후 변화로 인해 장차 많은 사람이 죽을 수 있다는 사실에 대해 매우 우려한다. 하지만 대기오염은 이미 오랫동안 매년 수백만 명의 목숨을 앗아갔으며 지금도 앗아가고 있다. 당장 화석 연료 사용을 끝내야만 직접적인 효과를 볼 수 있다. 그래야 불필요한 죽음을 막을 수 있고, 델리와 라호르 그리고 다카와 같은 대기오염이 심각한 도시에 사는 사람들이 즉각적인 변화를 경험할 수 있으며, 다시 마음 놓고 숨 쉴 수도 있다. 대기오염을 개선하는 일은 사람들의 죽음을 막을 수 있는 가장 효과적인 방법이다. 이것이야말로 우리가 훨씬 '더' 많이 고민하고 신경 써야 할 일이다.

걷고, 자전거를 타고, 대중교통과 전기차를 이용하는 것 외에 개인이 할 수 있는 일에는 또 무엇이 있을까? 가장 확실한 방법은 목소리를 높이는 것이다. 예를 들어 시민들이 나서서 정부가 대기오염 문제 개선을 정책의 최우선 순위에 두도록 요구하는 것이다. 이 장 첫 부분에서 베이징 사례를 통해 우리는 시민들의 요구가 어떤 결과를 가져오는지 확인했다. 시민들의 목소리에 중국 정부가 관심을 기울였고 어쩔 수 없이 조치를 취했다. 우리는 이미 대기오염을 줄일 수 있는 기술과 지식을 갖추고 있다. 부족한 것은 예산과, 실천에 옮기려는 정치적 의지다. 바로 여기가 바로 시민들이 영향력을 행사할 수 있는 부분이다.

두 번째는 환경친화적인 것 같지만 실제로는 그렇지 않은 행위로 돌아가려는 유혹에 빠지지 않는 것이다. 내가 이 책을 쓰고 있는 현재 영국은 야외에서 불을 피우거나 난로를 사용하는 인구가 급증하고 있다. 인간이 화석 연료를 사용하기 전에 이렇게 난방을 해 왔기 때문에 이것이 '자연스럽고' '시원적인' 방법처럼 느껴진다. 그러나 나무로 불을 때는 것은 오늘날 다수의 최빈국이 사용하는 난방 방식으로, 심각한 실내 대기오염을 야기하는 데다 외부의 공기도 오염시킨다. 가스나 전기보다 훨씬 나쁘다. 이런 고체 연료를 태우는 일이 예전에는 심각했으나 이제는 해결된 문제다. 이런 진보를 거스르려는 유혹을 뿌리치자. 이런 행동은 환경에 이로운 것처럼 느껴질 뿐, 데이터에 따르면 실제로는 그렇지 않다.

3장

기후 변화

'지구 온도 낮추기'는
아직 늦지 않았다

"과학자들은 2100년까지
기온이 6도 상승할 수 있다며 각국의 행동을 촉구했다."
《인디펜던트 The Independent》(2015)[1]

기후 변화가 사실인지
따지는 논쟁은 이미 끝났다

기온이 2도 넘게 오를지라도 미래를 낙관하는 이유

지구의 기온이 현재보다 6도 상승하면 끔찍한 현실이 펼쳐질 것이다. 6도는 단지 평균일 뿐임을 기억하자. 일부 국가, 특히 극지방은 기온이 그보다 훨씬 높아질 것이다. 작황이 나빠져 많은 사람이 영양실조에 걸릴 것이다. 삼림은 모조리 베여 나가 사바나 지대처럼 변할 것이다. 섬나라들은 완전히 매몰되고, 해수면 상승으로 도시 대부분이 사라질 것이다. 기후 난민이 발생할 것이다. 많은 나라의

'정상' 기온은 참을 수 없는 수준이 될 것이다. 세상에서 가장 부유한 국가들, 가장 온화한 기후를 자랑하던 나라들도 겨울에는 끔찍한 홍수, 여름에는 살인적인 더위를 경험할 것이다. 빙하가 녹으면서 태양빛의 반사량이 줄어들고, 영구 동토층이 녹으면서 해저에 묻힌 메탄가스가 방출되고, 삼림이 파괴되어 대기 중의 탄소를 흡수하지 못하는 악순환이 반복될 가능성이 매우 높다. 6도 더워진 지구는 얼마 가지 않아 순식간에 8도, 10도 그 이상으로 기온이 상승할 것이다. 그리고 이는 인류에게 어마어마한 재앙이 될 것이다.

불과 몇 년 전까지만 해도 나는 이것이 인류의 미래라고 생각했다. '1.5도, 2도는 무슨. 기온은 4도, 5도, 6도, 계속 상승할 것이고 우리가 할 수 있는 건 아무것도 없다'라고 생각했다. 여전히 이러한 전망이 인류에게 정해진 미래라고 생각하는 사람이 많다. 그러나 다행히도, 이는 사실이 아니다.

2015년 나는 파리에서 열린 제21차 유엔기후변화협약 당사국총회에 참석했다. 각국의 대표들과 정책 결정자들이 오랜 시간 논의해 온 새로운 기후 협정을 확정 짓기 위해 모이는 자리였다. 기존 기후협약의 목표는 지구의 평균 온도 상승을 2100년까지 2도 아래로 유지하는 것이었다. 이 때문에 파리 회의에서 1.5도 이하 유지를 목표로 논의가 진행된다는 소문을 들었을 때 믿기 힘들었다. '이 사람들이 미쳤나?' 당시 나는 2도 이하 상승을 유지한다는 목표에 대해서도 이미 포기한 상태였다. 너무 가능성이 먼 이야기였다. 우리가 지구의 기온 상승을 1.5도 이하로 막을 수 있다는 생각 자체가 망상처럼 느껴졌다.

그러나 이 목표는 최종 협약에 포함되었다. 일종의 포부와 다름 없었지만 어쨌거나 포함된 것은 사실이었다. 세계 각국은 "온도 상승을 산업화 이전 대비 2도보다 '훨씬 아래'로 억제하기로 약속하면서, 가능하다면 1.5도 상승을 넘지 않는 것을 '목표'로 노력하자"라고 결정했다.

1.5도 이하 상승 억제라는 목표에 대한 나의 관점은 이후에도 크게 변하지 않았다. 예상치 못한 엄청난 기술 혁명이 있지 않는 이상, 1.5도를 초과할 것은 자명하다. 내가 아는 거의 모든 기후과학자가 이에 동의한다. 그들도 당연히 지구 온난화를 1.5도 이내로 막기를 바라지만, 그것이 가능하다고 생각하는 사람은 거의 없다. 그렇다고 그들이 노력하지 않는 것은 아니다. 과학자들은 매 0.1도가 중요하고 싸워볼 가치가 있음을 잘 알고 있다.

한편 2도 이내 억제에 대한 나의 견해는 바뀌었다. 이제 나는 우리가 그 목표에 근접할 것이라고 조심스럽게 낙관한다. 십중팔구 2도를 넘겠지만, 그래도 크게 초과하지는 않을 것이다. 그러니 우리가 적극적으로 해결에 나선다면 온도 상승을 2도 이하로 억제할 가능성은 여전히 꽤 남아 있다.

내 생각이 완전히 바뀐 시점은 뉴스 기사가 아니라 데이터를 분석해 보고 나서다. 나는 현재가 아니라 지난 몇 년간 이뤄진 변화의 '속도'에 주목했다. 그리고 이것이 앞으로 어떤 의미를 갖는지 분석했다. '기후 행동 추적Climate Action Tracker'은 모든 국가의 기후 정책

앞으로 지구는 얼마나 더워질까?

다양한 기후 정책 시나리오를 바탕으로 예측한 산업화 이전 대비 2100년 기후 상승 정도.

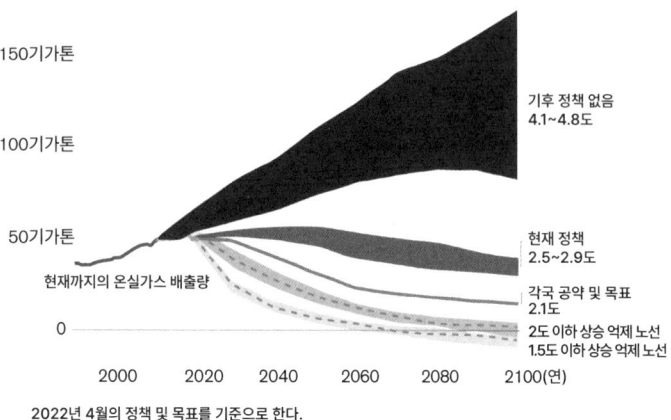

2022년 4월의 정책 및 목표를 기준으로 한다.

과 공약, 목표를 추적하고 평가하는 단체다. 이 단체는 모든 국가의 기후 정책을 종합적으로 분석해 앞으로 기후가 어떻게 변할지 예측한다. 나는《아워 월드 인 데이터》에서 이 기후 변화 진행 과정을 간단히 설명하고 매년 갱신한다. 그 예측에 따르면 매년 우리는 2도 이하 상승 억제로 가는 길에 점점 가까워지고 있다.

현재 각국에서 펼치고 있는 정책을 고수한다면 전 세계 기온 상승은 2.5~2.9도에 이를 것으로 분석된다.[2] 분명히 말하지만, 이 수치는 무시무시한 수준으로 인류는 이 상황을 반드시 피해야 한다. 하지만 세계 각국은 이것보다 훨씬 더 적극적인 대응을 약속했다. 각국 정부는 더 야심 찬 정책을 시행하기 위해 노력해 왔다. 모든 국가가 자국의 기후 공약을 성실히 이행한다면 2100년까지 지구 온도는 2.1도 상승할 것으로 예측된다.

가장 희망적인 부분은 세월이 흐르면서 세계 각국의 대응이 변해 왔다는 사실이다. 기후 정책이 없다면 지구의 평균 기온은 최고 4~5도까지 상승할 것이다. 여전히 많은 사람이 그렇게 될 것이라고 생각한다. 만약 이러한 예상이 현실이 된다면 정말로 끔찍한 세상이 도래할 것이다. 하지만 다행히도 시간이 지나면서 각국은 적극적으로 정책을 약속하고 이행해 왔다. 오존층 파괴 문제에 대응했던 사례에서도 확인했듯이, 더 크고 높은 포부를 가지고 임한다면 큰 변화를 이뤄낼 수 있다.

또 다른 중요한 변화는 지속 가능한 저탄소 경제로의 전환을 과거만큼 손해 보는 일로 여기지 않는다는 사실이다. 과거 화석 연료는 재생 에너지원보다 훨씬 저렴했고, 전기차는 엄청나게 비쌌다. 하지만 오늘날 저탄소 기술의 가격 경쟁력은 점점 높아지고 있다. 이제는 기후 친화적인 길을 택하는 것이 금전적인 측면에서도 합리적인 선택이 되었다. 각국 지도자들은 이런 상황 변화를 더욱 낙관적으로 보고 있다.

물론 2도 이하 상승 억제 목표를 이루려면 여전히 갈 길이 멀다. 우리는 더욱 적극적으로, 그리고 신속하게 대응해야 한다. 그러나 점점 더 현실적인 목표가 되어가고 있다는 사실에 나는 우리가 계속해서 목표 실현에 더 가까이 다가갈 수 있다고 믿는다.

우리는 기후 위기를 바라보며 어떻게 위기의식을 낭비했는가?

10대 초반에 나는 인류 대부분이 기후 변화로 사라질 것이라고 생각했다. 학교 친구들에게도 이것을 납득시키려고 애썼다. 영어 구두시험 때는 21세기 말에 이르렀을 때 해수면 아래로 가라앉을 도시와 해안 지역을 표시한 지도를 준비해 갔고, 전 세계를 집어삼킬 산불을 예측한 위성사진도 보여줬다. 친구들의 관심을 불러일으키기 위해 내면의 불안에 불을 지핀 셈이었다.

    에든버러대학교에 입학했을 때 나는 매일 절망적이고 우울한 영상과 사진들에 파묻혀 살았다. 그중 일부는 강의에서 본 것들인데 내가 지구과학을 전공으로 선택했다는 사실을 감안하면 당연한 일이었다. 그러나 더 중요한 점은, 기후 변화 관련 보도를 더 빈번히 접할수록 환경과학에 대한 나의 집착도 커지고 있다는 사실이었다. 새로운 정보를 놓치지 않아야겠다고 다짐할수록 새로운 소식을 더 빠르게 접할 수 있었고 그만큼 엄청난 양의 영상도 함께 보게 되었다. 직접 보고 들을 수 있었기에 피해자들의 고통을 짐작할 필요도 없었다. 책임 있는 한 사람의 시민으로서 나는 어떤 일이 일어나고 있는지 모두 알고 싶었고 가장 최근에 어떤 재해가 벌어졌는지 알아야 했다. 이런 일에 신경을 쓰지 않는 태도는 목숨을 잃은 사람들에 대한 배신이나 다름없다고 생각했다.

    재해에 대한 소식을 더 자주 접하다 보니 상황이 점점 더 악화되고 있다는 생각이 들었다. 기후 변화로 인해 재해가 더 강력해지고 과거 어느 때보다 더 많은 사람이 죽는 것 같았다. 적어도 나는 그렇게 생각했다. 문제는 재해에 관한 보도가 점점 잦아지는 상황을 곧 재해가 더 자주 일어나는 것이라고 오해했다는 것이다. 당시 나는 안타까운 소식을 점점 더 자주 접하면서 전 세계 사람들의 고통이 더 극심해지고 있다고 착각했다. 하지만 실제로 나는 어떤 일이 벌어지고 있는지 전혀 알지 못했다. 재해는 정말 더 심각해지고 있을까? 정말 매년 재해가 늘고 있을까? 정말 과거 어느 때보다 사망자가 증가하고 있을까?

극심한 빈곤과 아동 사망률이 감소하고 있고 교육률과 기대 수명이 높아지고 있다는 한스 로슬링의 이야기를 들은 후, 내 고정관념으로 인해 잘못 알고 있는 분야가 있는지 알아봤다. 먼저 '자연' 재해 데이터를 뒤지기 시작했다. 나는 100년 전보다 오늘날 재해로 죽는 사람이 더 많다고 장담했었다. 그러나 내 예상은 완전히 빗나갔다. 실제로 20세기 전반 이후 재해로 인한 사망률은 줄어들었다. 조금 줄어든 것도 아니고, 대략 10배나 감소했다.[3~4]

이쯤에서 한 가지 분명히 짚고 넘어갈 것이 있다. 방금 한 말 가운데 어떤 부분에서도 나는 기후 변화를 부인하지 않았다. 재해로 인한 사망률이 감소하고 있다고 해서 재해의 강도가 약해졌다거나 빈도가 낮아졌다는 말은 아니다. 기후 변화를 부정하는 사람들은 이 데이터를 악용해 기후 변화의 실재나 위험성을 과소평가한다. 하지만 그것은 이 데이터가 의미하는 바가 절대 아니다.

과거 자연재해는 매년 수백만 명의 목숨을 앗아가는 경우가 많

과거보다 자연재해로 죽는 사람의 수는 훨씬 줄었다

다음은 10년 단위, 10만 명당 '자연' 재해로 인한 사망률을 정리한 그래프다. 사망률이 감소한 이유는 자연재해 빈도가 감소했다거나 강도가 덜해서가 아니라, 인프라나 관측 시스템, 대응 체계가 훨씬 발전했기 때문이다.

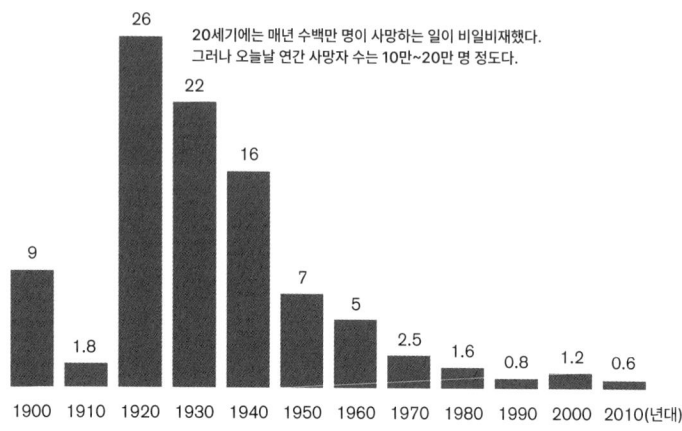

았다. 1920년대, 1930년대, 1940년대가 특히 심각했다. 중국, 일본, 파키스탄, 터키, 이탈리아에서 대형 지진이 발생해 심각한 인명피해를 내고 수만 명이 목숨을 잃었다. 그중에서도 가장 파괴력이 컸던 지진은 1920년 중국에서 발생한 간쑤성 대지진甘肅省 大地震으로 사망자만 18만 명으로 추정된다. 그러나 더 많은 사망자를 낸 재해는 가뭄과 홍수였다. 중국은 1920년대와 1930년대를 거치면서 대홍수와 가뭄을 수차례 겪었는데, 전국적인 기근으로 이어지는 일이 잦아 한 번에 수백만 명이 사망하곤 했다.

오늘날 재해로 인한 전 세계 연간 사망자 수는 대개 10만 명에서 20만 명 사이로 훨씬 줄어들었다. 물론 특별히 심각한 재해가 발생해 사망자가 훨씬 더 많이 발생하는 때도 있다. 아이티 지진으로 연간 사망자 수가 30만 명이 넘은 2010년이 대표적인 사례다.

이런 경향을 거시적으로 바라보니 내가 어리석게 느껴졌다. 이 세상에 대해 가르쳐 줬어야 할 교육 제도에 속았다는 기분도 들었다. 나는 성실한 학생이었다. 지구 물질부터 퇴적학, 대기 과학부터 해양학에 이르기까지 모든 과목에서 우수한 성적을 거뒀고, 복잡한 단층 다이어그램을 그릴 수 있었으며, 몇 페이지나 되는 화학식을 암송할 수 있었다. 그런데 누군가 당시 내게 재해로 인한 사망률 변화 그래프를 그리라고 했다면 난 완전히 거꾸로 뒤집힌 그래프를 그렸을 터였다.

기후 위기에서 우리는 무엇을 해야 하는가?

나만 무지했던 것이 아니었다. 2017년 스웨덴의 통계분석 서비스인 갭마인더 미스콘셉션 스터디Gapminder Misconception Study에서 14개국 대중을 상대로 12개 문항의 설문 조사를 실시했다. 그중 한 문항은 다음과 같았다.

　지난 100년간 자연재해로 인한 사망자 수는 어떻게 변했을까?
　A. 2배 이상 증가
　B. 큰 변화 없음

C. 절반으로 감소

정답 C를 맞춘 응답자는 10퍼센트에 불과했고 가장 많은 48퍼센트의 응답자가 A라고 답했다.

이런 사람들의 인식과 실제의 부조화가 그 이후로도 계속 악화되지 않았을까 우려된다. 기후 변화는 점점 더 많은 사람의 관심을 받고 있으며 마땅히 그래야만 한다. 그러나 기후 관련 보도는 점점 더 거침없어졌다. 일부 언론사는 심지어 보도 빈도 수를 주요 성과 지표로 사용하기도 한다. 《가디언》 웹사이트 첫 화면에는 '환경 기사를 세 시간에 한 번씩 보도하는 《가디언》은 지구의 환경을 지키기 위한 싸움에서 첨병 역할을 하고 있다'라고 적힌 큰 배너가 걸려 있다.[5] 다르게 표현하자면 《가디언》은 참담한 소식을 최대한 많이, 빨리 보도하고 싶어 한다는 말이다. 더 신속하게 이야기를 전할수록 '지구의 환경을 지키는 일'을 더 열심히 하고 있다고 믿기 때문이다. 하지만 이런 보도는 불안만 부추기는 뉴스이며, 결국 사람들이 상황이 점점 더 나빠지고 있다고 생각하게 만든다.

물론 사망률이 감소하고 있다고 해서 기후 변화의 위험성을 과소평가해서는 안 된다. 하지만 자연재해로 인한 사망률이 감소하고 있다는 사실은 우리 인류에게 기후 문제를 해결할 수 있는 능력이 있음을 시사한다. 100년 전만 해도 가뭄과 홍수는 심각한 기근을 불러일으켜 수백만 명이 목숨을 앗아갔다.[6] 식량 불안은 여전히 중요한 문제지만 심각한 기근은 이제 과거의 일이 되었다. 오늘날 사회

기간 시설은 내진 설계가 잘 되어 있다. 허리케인을 예측하고 추적할 수 있어서 늦기 전에 대피할 수 있다. 재해 대응 체계도 빨라졌다. 나라 안으로는 비상 대피소를 구축하고 커뮤니티를 재건하며, 나라 밖으로는 국제 지원 네트워크를 활성화해 세계에서 가장 유능한 전문가와 생필품을 급파한다.

회복력 제고와 재난 예측 및 대응에는 비용이 든다. 재난의 피해를 줄이려면 정보와 과학적 지식이 확대되어야 한다. 기상학자들은 허리케인 추적 모델을 만들 수 있고, 엔지니어들은 지진학자들과 협력해 강진에도 버틸 수 있는 건물을 설계할 수 있다. 농업 혁신이 이뤄지면 재난의 충격으로부터 빨리 회복할 수 있는 식량 체계가 마련될 것이다.

그러나 이런 일은 아주 많은 자본을 필요로 한다. 이런 복잡한 네트워크와 기간 시설을 구축하는 데에는 돈이 필요하다. 아무도 살 수 없다면 내진 설계가 된 건물을 지어 봐야 아무 소용이 없다. 차가 다닐 수 있는 도로가 없다면 대피 경로를 계획한들 쓸데가 없다. 농부들이 종자와 비료를 살 여력이 되지 않는다면 새로운 농업 기술을 발명해도 무의미한 일이 될 뿐이다. 재해로 죽는 사람이 점점 감소하는 이유는 세계가 더 잘살게 되었기 때문이다.

하지만 모든 사람이 더 잘살게 되지는 않았다. 이것이 바로 오늘날 우리가 안고 있는 기후 변화 문제에서 가장 우려되는 지점이다. 게다가 재해로 인한 사망률이 지금처럼 계속 감소한다는 보장도 없다. 기후 변화가 이 추세를 뒤집어 버릴 가능성도 상당하다. 하지만 우리가 기후 변화를 늦추고 끝내 막을 수 있다면, 미래가 그렇게 흘러가지는 않을 것이다.

이제부터는 기후 변화를 해결하기 위해 우리가 할 수 있는 일에는 무엇이 있는지 알아볼 것이다. 이에 대해 알아보기 위해서는 먼저 다음의 두 가지 사실, 기후 변화는 실제로 일어나고 있다는 것과 인간의 온실가스 배출이 그 원인이라는 것을 인정해야 한다.

우선 나는 여기서 기후 변화의 실재 여부에 대해 논의하지 않을 것이다. 시간도 없을뿐더러 지면도 부족하고, 이미 많은 사람이 이야기했기 때문이다. 무엇보다 '우리'에게는 시간이 없다. 여기서 '우리'는 인류라는 집단을 의미한다. 기후 변화가 실제 일어나고 있는지에 대한 논쟁은 이미 끝났다. 이제 그 문제에서 벗어나 우리가 무슨 일을 해야 하는지에 대한 논의로 나아가야 한다.

인류의 에너지 발전 역사: 숲에서 화석 연료까지

탄소 배출은 산업 혁명 이후 급속도로 증가하기 시작했다. 하지만 인간은 수만 년 동안 대기 조성의 균형을 깨뜨려 왔다. 인간이 내뿜는 이산화탄소의 원인은 주로 두 가지, 화석 연료를 태우는 일과 토지 용도를 바꾸는 일이다. 벌목은 대기 중에 탄소를 방출시킨다. 다음 장에서 논의하겠지만 삼림 벌채는 절대 최근에 벌어진 현상이 아니다. 인간은 수천 년 동안이나 지구 지형을 바꾸면서 지속적으로 탄소를 방출해 왔다.

인류가 지난 10만 년 동안 삼림 벌채와 농지 개간으로 방출해 온 탄소량을 어림잡아 계산해 보면 대략 1억 4000억 톤에 달한다.[7] 우리 조상들은 우리가 지하에서 화석 연료를 캐내기도 전에 수천 년 동안 지구의 온도 조절 장치를 서서히 망가뜨려 왔다.

1700년대까지 인간은 오직 세 가지 에너지원에 의존해 살았다. 바로 가축, 숲의 나무 그리고 인간의 노동력이었다. 그러나 이런 에너지원은 필요에 따라 증가하지 않는다는 특징이 있다. 나무가 무제한으로 자라는 숲은 없으며 인간의 노동력에도 한계가 있다. 일정하게 증가하는 에너지원이 없어 정체되어 있던 인간의 진보는 석탄의 발견으로 새로운 전기를 맞았다.

산업 혁명의 발상지 영국의 석탄 소비량은 18세기를 거쳐 19세기 초까지 서서히 증가하다가[8] 19세기 중반에 이르러서부터는 급격히 증가하기 시작했다. 다른 유럽 국가와 미국도 마찬가지였다. 1900년 무렵 영국의 탄소 배출량은 1인당 10톤이었고,[9] 미국은 무려 14톤에 달했다. 오늘날 중국의 배출량이 5톤, 인도가 1톤인 것과 비교해 보면, 선진국이 석탄 사용을 멈추라고 제안할 때 많은 개발도상국이 화를 내는 이유를 어렵지 않게 이해할 수 있다.

20세기 중반 무렵 세계는 석유에 이어 천연가스까지 사용하게 되었다. 이를 통해 전기만 생산한 것이 아니라 운송 수단을 확대하고 보다 깨끗한 방법으로 난방을 할 수 있게 되었다.

**현재 1인당 석탄 발전 탄소 배출량은
과거 선진국의 탄소 배출량에 비하면 극히 적은 수준이다**

다음은 1인당 탄소 배출량을 측정한 결과다. 중국과 인도는 오늘날 가장 배출량이 많은 나라지만, 과거 영국과 미국에 비하면 극히 적은 수준이다.

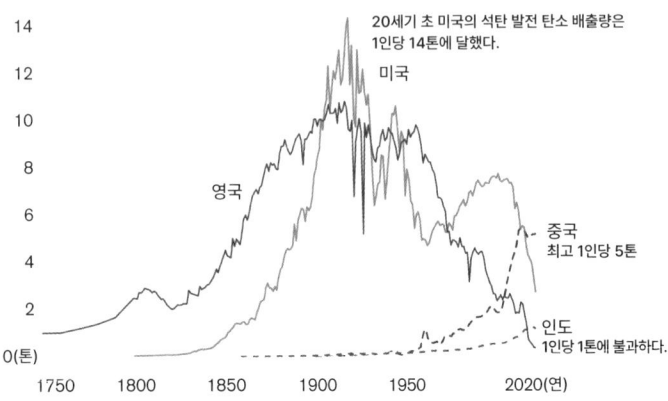

세계 인구는 급격히 증가했고, 사람들은 점점 부유해졌다. 화석 연료는 진보를 의미했다. 1950년대 사람들이 '석탄과 석유 중심의 에너지 체계를 고수해 미래 세대에게 엿이나 먹여야지'라고 생각하지는 않았을 것이다. 화석 연료는 더 윤택한 삶을 위한 길이었다.

역사적으로 보았을 때 부유한 국가일수록 더 많은 이산화탄소를 배출했고, 세계 탄소 배출의 주범은 대개 선진국들이었다. 이러한 상황이 변한 시기는 20세기 후반 신흥 경제국들이 대두하면서부터다. 중국, 인도, 인도네시아, 말레이시아, 태국, 남아프리카공화국의 부상은 인류의 쾌거다. 이로써 어마어마한 규모의 빈곤과 그에 따른 고난이 해소되었다. 그러나 이들의 발전은 화석 연료의 힘을 입은 것으로, 수천억 톤의 이산화탄소가 이들의 부상과 함께 대기 중에 방출되었다. 한편 많은 선진국은 점점 더 부유해지는 가운데에서도 탄소 배출량을 줄이기 시작했다. 중위 및 저소득 국가에서는 증가하고 고소득 국가에서는 감소하면서, 각국의 1인당 탄소 배출량은 비슷한 수준에 이르기 시작했다.

전 세계 탄소 배출 실태: 지금 가장 큰 책임은 누구에게 있는가?

여전히 상승 중인 총 배출량, 이제 감소 중인 1인당 배출량

전 세계는 이미 10년 전에 '1인당' 탄소 배출량의 최고점을 지났다. 사람들은 대부분 이런 사실을 잘 모른다.

 2012년, 세계는 1인당 탄소 배출량이 4.9톤을 기록하며 최고점을 찍었다.[10] 이후 1인당 탄소 배출량은 서서히 감소하고 있다. 우리가 기대한 만큼 빠른 속도는 아니지만 분명하게 감소 중이다. 이는 '1인당 탄소 배출량'이 아닌 총 탄소 배출량 또한 최고점에 이르렀다는 신호다. 인구가 꾸준하게 증가하는 세계에서 어떤 측정법으로 계산해도 이는 사실이다. 1인당 탄소 배출량이 정점을 찍고 나면, 이제 문제는 1인당 환경에 미치는 영향력이 과연 인구 증가 속도보다 더

전 세계 1인당 이산화탄소 배출량은 이미 최고점을 지났다. 총 배출량도 곧 최고점에 도달할 것이다

다음은 화석 연료 및 산업 이산화탄소 배출량을 나타낸 그래프다. 여기서 토지 전용으로 인한 배출량은 포함되지 않았다.

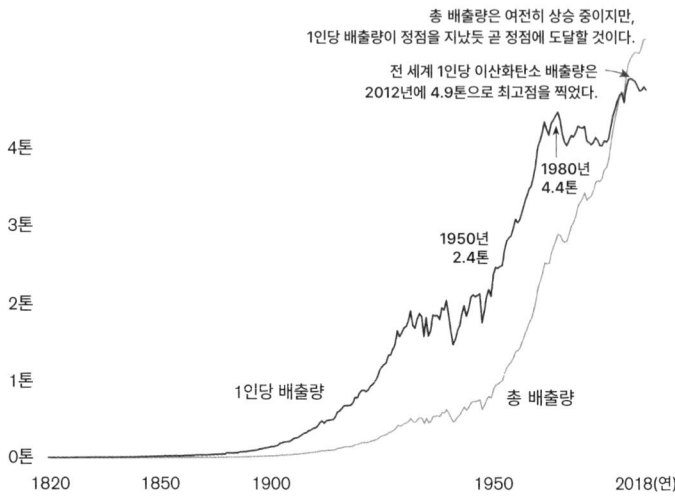

빠르게 감소할 것인지에 달려 있다.

  우리는 이러한 추세에 매우 근접해 있다. 1960년대와 1970년대에 탄소 배출량은 가파르게 증가했다. 이후 1990년대와 2000년대 초반에도 급격한 증가세를 보였다. 그러나 최근 몇 년간 이 증가세는 눈에 띄게 둔화했다. 2018년과 2019년 사이에는 거의 늘지 않았고, 2020년에는 코로나19 팬데믹의 영향으로 배출량이 실제 감소했다. 나는 전 세계 탄소 배출량이 2020년대에 정점을 찍고 감소하기 시작할 것이라고 낙관한다.

기후 변화에서 가장 책임이 큰 나라는 어디인가?

탄소 배출이 정점을 찍고 하락하는 것을 보려면 탄소 배출의 진원지를 알아야 한다. '탄소 배출에는 누구의 책임이 가장 큰가?' 단순한 질문처럼 보이지만 답은 간단치 않다. 탄소 배출 관련 데이터를 두고 계산한다고 해서 답이 나오는 문제가 아니기 때문이다. 모든 수치와 통계는 이미 나와 있다. 문제는 '책임'의 정확한 의미에 대해 합의를 이끌어내는 것이다.

그러나 국가 간 탄소 배출 정도를 비교할 때 사용할 수 있는 기준법이 너무나 많아서 어떤 방법으로 따져야 최선일지에 대해서는 의견이 분분하다. 각 국가의 연간 배출량이나 1인당 배출량을 놓고 비교해야 할까? 그렇다면 역사적 책임은 어떻게 할 것인가? 아니면 수백 년간의 배출량을 모두 합해야 할까?

게다가 교역과 관련된 자료를 포함시키면 문제는 더욱 까다로워진다. 영국이 중국에서 제조된 물건을 수입하는 경우, 여기에서 나오는 탄소 배출량은 중국에 속하는 것일까 아니면 영국에 속하는 것일까? 결국 단 하나의 '정답'은 없다. 그래도 이 수치들을 다루는 데 있어 합리적인 관점이 필요하니 여러 국가와 지역이 어떻게 다른지 비교해 보자.

먼저 중국은 최대 탄소 배출국이다. 세계에서 인구가 가장 많은 나라이니 놀랍지는 않다. 중국은 세계 탄소 배출량의 약 29퍼센트를 차지한다. 2위는 미국으로 14퍼센트를 차지한다. 다음으로는 유럽연합이 8퍼센트, 인도 7퍼센트, 러시아 5퍼센트 순이다.

자료를 확인하자마자 바로 불평등이 드러난다. 인도의 배출량은 전 세계 배출량의 7퍼센트에 불과하지만, 인도의 인구는 전 세계 인구의 18퍼센트를 차지한다. 반면 미국은 전 세계 배출량의 14퍼센트를 차지하지만, 인구는 전 세계 인구의 4퍼센트에 불과하다. 아프리카 대륙 전체를 보면 이 불평등이 더욱 두드러지는데, 전 세계 인구의 17퍼센트를 차지하는 아프리카가 배출하는 탄소량은 전 세계 배출량의 4퍼센트밖에 되지 않는다. 개별 국가와 국가별 1인당 배출량을 자세히 들여다보면 이 불평등은 더욱 분명하게 나타난다.

과거 배출량도 불평등하기는 마찬가지다. 이것을 따져 보려면 각국의 1750년 이후 배출량을 모두 합해야 한다. 이 분야에서는 미국이 압도적 1위로 전 세계 배출량의 25퍼센트를 차지한다. 2위는 유럽연합으로 17퍼센트다. 3위인 중국은 미국 배출량의 절반에 불과하다. 인도는 그보다 더 아래로, 고작 3퍼센트에 지나지 않는다.

이러한 관점은 문제를 파악하는 데 꽤 도움이 될 수 있다. 하지만 기후 변화를 책임 전가의 문제로 돌리기 시작하면 헤어 나올 길이 없다. 사람들은 탄소 배출에 대한 책임을 따질 때 단순히 자료에 나오는 수치 때문이 아니라 어떤 자료를 사용할지를 두고 싸운다. 이에 대한 합의가 없으면 이 다툼은 무용지물이 된다. 이와 같은 갈등 때문에 수십 년 동안 국제 기후 협약이 난항을 겪었다. 미국과 유럽연합은 중국과 인도를 비난하고, 중국과 인도는 매우 합리적인 다른 측정 기준을 동원해 반격한다.

기후 변화에서 책임이 가장 큰 나라는 어디인가?

화석 연료와 산업 부문의 이산화탄소 배출량

여기서는 이산화탄소 배출의 90퍼센트 이상을 차지하는 화석 연료와 산업 부문에서의 배출량만 살펴본다. 토지 전용에 의한 배출량은 매년 수치가 달라지기에 포함하지 않았다.

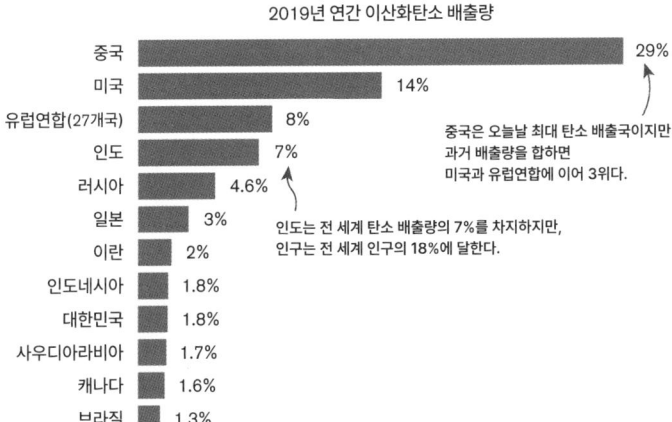

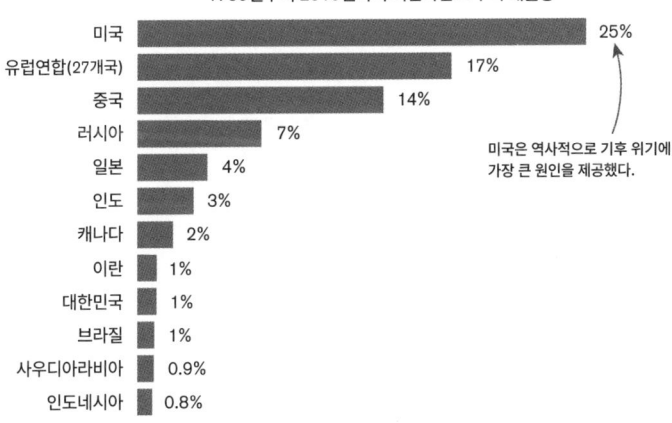

기후에 비싼 값을 치러야만 잘사는 것은 아니다

사하라 이남 아프리카 지역 일부 국가가 전 세계 탄소 배출량에 미치는 영향은 거의 없다. 차드의 연간 1인당 이산화탄소 배출량은 0.06톤이다. 차드 국민이 1년 동안 배출하는 탄소량은 미국인 평균이 1.5일 동안 배출하는 양과 같다. 화석 연료, 전기, 차를 이용할 수 없고 산업이 부재한 나라는 탄소발자국이 매우 낮을 수밖에 없다.

삶이 윤택해지면 화석 연료, 전기, 차를 이용할 수 있게 되고, 이에 따라 탄소 배출량도 늘어난다. 하지만 이것이 다가 아니다. 선진국 간에도 배출량에 큰 차이가 있다. 문화, 교통 인프라, 에너지원 선

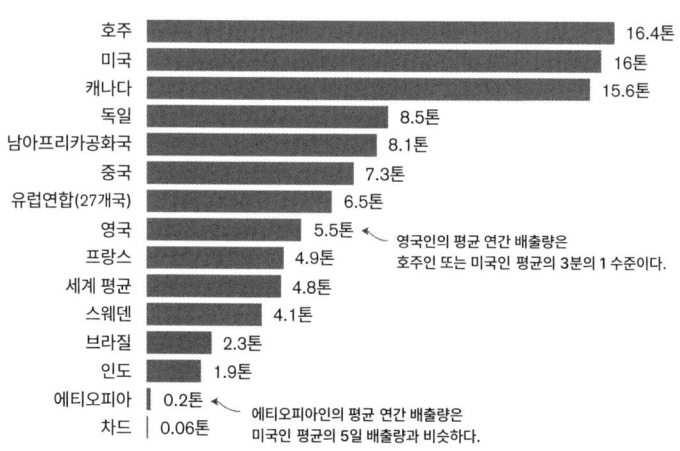

선진국 사이에서도 1인당 탄소 배출량에 큰 차이가 있다

화석 연료와 산업 부문의 이산화탄소 배출량(연간 톤, 토지 전용에 의한 배출량은 포함되지 않는다).

- 호주: 16.4톤
- 미국: 16톤
- 캐나다: 15.6톤
- 독일: 8.5톤
- 남아프리카공화국: 8.1톤
- 중국: 7.3톤
- 유럽연합(27개국): 6.5톤
- 영국: 5.5톤 ← 영국인의 평균 연간 배출량은 호주인 또는 미국인 평균의 3분의 1 수준이다.
- 프랑스: 4.9톤
- 세계 평균: 4.8톤
- 스웨덴: 4.1톤
- 브라질: 2.3톤
- 인도: 1.9톤
- 에티오피아: 0.2톤 ← 에티오피아인의 평균 연간 배출량은 미국인 평균의 5일 배출량과 비슷하다.
- 차드: 0.06톤

택이 이러한 차이에 큰 영향을 미친다. 스웨덴의 생활 수준은 미국의 생활 수준보다 높으면 높았지 결코 낮지 않다. 하지만 스웨덴 사람의 평균 탄소 배출량은 미국인 평균의 4분의 1, 독일인 평균의 절반에 불과하다. 한편 중국, 남아프리카공화국과 같은 중위 소득 국가들의 1인당 탄소 배출량은 상대적으로 부유한 유럽 국가들의 배출량을 넘어섰다. 이러한 현상이 선진국들에서 자국 탄소 배출량을 다른 나라로 수출했기 때문에 벌어진 것만은 아니다.

핵 발전과 수력 발전이 많은 스웨덴과 프랑스는 발전 체계의 탄소 배출량이 매우 낮다. 운송 수단에 의한 배출량도 미국만큼 어마어마하지 않다. 기후에 비싼 값을 치러야만 잘살 수 있는 것은 아니라는 의미다.

많은 국가가 이미 탄소 배출량을 감축했다

내 삶에서 소박하지만 큰 기쁨을 느끼는 일 가운데 하나는 할머니의 이메일을 받는 것이다. 80대 중반인 할머니는 아이패드를 어느 정도 다룰 줄 안다. 여기서 '다룰 줄 안다'란 기본적인 일들, 예를 들어 사진을 본다거나 이메일을 보낼 줄 안다는 의미다. 할머니에게는 아이폰도, 노트북도, 스마트워치도 없다. 할아버지는 텔레비전을 제외한 모든 현대 문물을 거부한다. 두 분의 삶은 수십 년 전 그들이 보냈던 삶과 상당히 유사하다.

이런 사실은 기후 변화를 향한 세대 간 분열을 초래했다. 많은 사람이 젊은이들의 생활양식에 문제가 있다고 생각한다. 오늘날 기후 위기는 우리가 에너지를 많이 잡아먹는 전자 기기를 하루 종일 사용하고, 정원이나 녹지라고는 찾아볼 수 없는 인구밀도 높은 도시에 모여 살아서라고 한다. 소비가 심한 데다 굳이 물건을 고쳐 쓰려고 하지 않고, 음식을 아낄 줄 모르며 너무 많이 버려서라고도 한다.

하지만 나의 탄소발자국은 우리 할머니, 할아버지가 내 나이였을 시절의 절반도 되지 않는다. 우리 할머니, 할아버지가 20대였을 때 영국의 일인 평균 연간 이산화탄소 배출량은 11톤이었다. 현재 우리가 배출하는 양은 일인당 5톤도 되지 않는다. 나와 내 부모님의 탄소발자국에도 큰 차이가 난다. 1950년대부터 1990년대까지 영국의 탄소 배출량은 크게 변하지 않았다. 배출량이 급감한 것은 겨우 1990년대 이후부터다.

언뜻 믿기 힘들 것이다. 어떻게 요즘 젊은이들의 생활양식이 1950년대보다 환경에 덜 해로울 수 있다는 것일까? 감히 우리 할머니, 할아버지보다 내가 더 검소하다고 우길 생각은 없다. 나는 분명 두 분보다 낭비가 심하다. 난방을 더 쉽게 틀고, 전기를 많이 소비하는 전자 기기를 몇 시간씩 사용한다. 그런데도 할머니, 할아버지의 젊은 시절보다 에너지 소비량도, 탄소 배출량도 적다.

이것이 가능한 이유는 기술 때문이다. 1900년대 영국의 에너지원은 거의 다 석탄이었고, 1950년까지도 90퍼센트 이상을 석탄에 의존했다. 그러나 오늘날 석탄을 이용한 발전은 2퍼센트도 되지 않으며, 영국 정부는 2025년까지 단계적으로 완전한 탈석탄을 이루겠

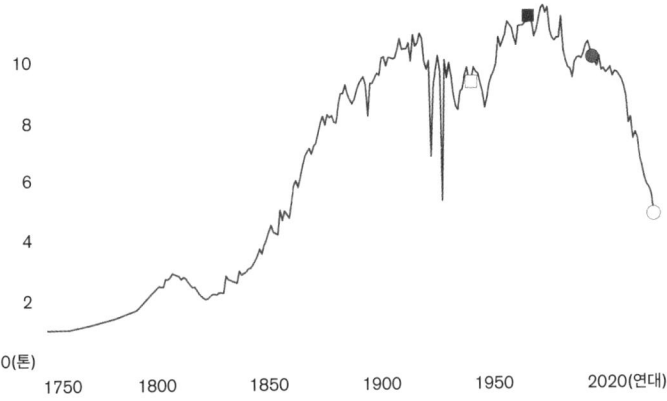

내 탄소발자국은 내 조부모 탄소발자국의 절반 수준이다

영국인의 1인당 평균 탄소 배출량.

□ 1938년: 1인당 9.3톤(나의 조부모님이 태어난 해다)
■ 1965년: 1인당 11.5톤(나의 부모님이 태어난 해이자 조부모님이 내 나이였을 때다)
● 1993년: 1인당 10톤(내가 태어난 해로, 부모님이 내 나이였을 때다)
○ 2019년: 1인당 5.5톤(1859년 수준으로, 내 5대조 할머니, 할아버지 때의 배출량과 같다)

다고 공약했다. 석탄은 이제 원래 있던 곳에 그대로 묻혀 거의 폐기되었으며, 천연가스, 핵, 풍력, 태양광을 비롯한 여러 재생 에너지에 그 자리를 내주고 있다. 즉 우리가 소비하는 에너지 단위별 탄소 배출량이 감소했다.

변한 것은 이뿐이 아니다. 전반적인 에너지 소비량 자체도 훨씬 줄어들었다. 1인당 에너지 소비량은 1960년대 이후로 25퍼센트가량 감소했다. 해마다 에너지 효율을 높이는 장치들이 우리 삶 속에 들어왔기 때문이다. 처음에는 대형 가전제품의 에너지 등급이 개선되었고, 이후 에너지 효율이 좋은 전구로 교체되었으며, 이중 유리창과 가정용 단열재 사용으로 실내의 열이 외부로 새어 나가지 않게 된 덕분이다. 어릴 적 딱 한 대밖에 없었던 우리집 텔레비전은 엄청나게 크고 과장 좀 보태자면 두께가 2미터쯤 되었다. 반면 화면은 매우 작아서 방송을 제대로 보려면 아주 가까이 앉아야 했다. 우리집 자동차는 기름 먹는 하마였다. 요즘 SUV처럼 연비가 나빠서가 아니었다. 우리 부모님은 그런 차를 산 적이 없다. 우리집 차는 시동을 걸면 소리부터 요란한 말 그대로 '고물차'였다. 에너지 효율이 너무 낮아서 엔진이 굉음을 내고 과열되기 일쑤였으며, 연비는 말할 것도 없이 최악이었다.

이처럼 기술이 장족의 발전을 이루면서 오늘날 에너지 소비량은 과거에 비해 훨씬 줄어들었다. 언뜻 보기에는 우리가 에너지를 낭비하는, 에너지 집약적인 삶을 사는 것처럼 보이지만 말이다. 저탄소 시대로 전환하기 위해 에너지를 쓰지 않고 살아야 한다는 생각은 완전히 틀렸다. 현재 영국의 1인당 탄소 배출량은 1850년대로 돌아갔다. 내가 누리는 생활 수준은 그때보다 비교할 수 없을 만큼 높지만, 내가 방출하는 탄소량은 나의 5대조 할아버지, 할머니의 탄소 배출량과 비슷한 수준인 것이다.

대부분의 선진국에서도 탄소 배출량이 급감하고 있다. 미국과 독일의 1인당 배출량은 1970년대 이후로 3분의 1이 감소했다. 프랑스는 절반 이상 감소했고, 스웨덴은 무려 3분의 2나 줄었다.

그럼에도 여전히 탄소 배출량이 줄어들고 있다는 사실을 아는 사람은 많지 않다. 얼마 전 내 동료이기도 한 기후과학자 조너선 폴리Jonathan Foley는 트위터에서 팔로워들을 대상으로 설문 조사를 진행하면서 '지난 15년간 미국의 탄소 배출량이 어떻게 변화했는가'를 물었다.[11] 보기는 다음과 같다.

A. 20퍼센트 초과 증가
B. 10퍼센트 증가
C. 변함없음
D. 20퍼센트 감소

설문에 답한 사람은 수천 명이었는데 3분의 2가 A나 B라고 대답했다. 정답 D를 고른 사람은 19퍼센트에 불과했다. 왜 사람들이 인류가 끝장났다고 생각하는지 알 만하다.

많은 국가가 경제 성장과 동시에 탄소 배출량도 줄여 왔다

선진국들의 탄소 배출량이 줄어들고 있다고 하면 사람들은 흔히 '정말로 감축한 것이 아니라 해외로 이전시키기 때문이다'라고 말한다. 이산화탄소 배출량은 보통 이산화탄소가 발생하는 국가를 기준으로 집계되기 때문에, 선진국들이 눈가림하는 방법으로 자국의 배출량을 적어 보이도록 만들 수는 있다. 중국이나 인도, 인도네시아, 방글라데시에 상품 생산을 위탁하면 자국 탄소 배출량에 포함되지 않기 때문이다. 이런 방식은 선진국이 기후 변화에 잘 대응하는 것처럼 보이게 만들 수는 있지만 실제로는 조금도 도움이 되지 않는다. 탄소가 영국에서 배출되든 중국에서 배출되든 지구적 차원에서 총량은 달라지지 않기 때문이다.

배출량 '해외 이전'이 우려되는 사안이기는 하지만 다행히 이것이 전부는 아니다. 연구자들은 전 세계 무역 데이터를 사용해 수출 또는 수입되는 상품의 생산에서 배출된 탄소량의 조정값을 산출할 수 있다.[12~13] 이런 무역품들을 계산해 얻은 것을 '소비 기반 배출량'이라고 한다. 영국의 경우 이 수치는 영국 역내에서 생산되는 탄소 배출뿐만 아니라 국외로부터 수입하는 상품과 관련된 배출량도 포

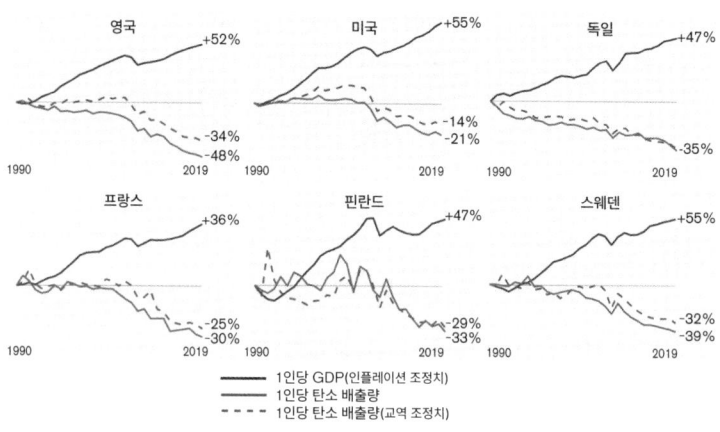

많은 국가가 경제 성장과 탄소 배출을 분리하는 데 성공했다

다음은 1990년부터 2019년까지 각국의 GDP와 1인당 탄소 배출량의 변화를 나타낸 것이다. 탄소 배출량은 생산 기반 국내 배출량과 국제 교역 및 해외 이전을 감안한 배출량을 구분했다.

함한다.

인플레이션을 감안해 보자면 영국의 1인당 GDP는 1990년대 이후로 약 50퍼센트가 증가했다. 반면 국내 탄소 배출량은 절반 감소했고, '교역으로 이전되는 양'을 고려한 소비 기반 배출량은 3분의 1이 줄어들었다. 영국이 자국의 탄소 배출을 모두 해외에 전가했다는 말은 사실이 아니다. 국내 배출량이든 교역으로 인해 이전된 양이든 영국의 탄소 배출 저감은 사실이다.

다른 대부분의 선진국도 마찬가지다. 독일은 국내 배출량과 소비 기반 배출량 모두가 3분의 1이 감소한 반면, 일인당 GDP는 50퍼센트가량 증가했다. 프랑스는 소비 기반 배출량이 4분의 1이 감소한 데 비해 일인당 GDP는 3분의 1 정도 증가했다. 미국은 2005년 이래 국내 배출량, 교역 조정 배출량 모두에서 4분의 1이 감소했다.

이런 이야기는 언론에 거의 보도되지 않는다. 오히려 경제 성장과 탄소 배출 감소는 양립할 수 없는 것처럼 소개되는 경우가 많다. 그러나 앞서 살폈듯 여러 국가에서 두 가지를 동시에 달성할 수 있음을 증명하고 있다.

그렇다고 해서 선진국들이 이상적일 만큼 신속하게 감축하고 있다는 의미는 아니다. 그들은 더 빠르게 탄소 배출을 줄일 수 있고 또 그렇게 해야 한다. 그래도 탄소 저감이 가능하다는 사실, 또 탄소 저감이 경제 위축으로 이어지지 않다는 사실은 증명된 셈이다.

점점 더 저렴해지는 저탄소 기술

나는 상황이 얼마나 빠르게 변할 수 있는지에 대해 과소평가하는 버릇이 있다. 과거 사람들은 재생 에너지에 대해 대체로 매우 회의적이었다. 심지어 전문가들도 그랬다. 내가 기온 상승 2도 이내 억지 달성 가능성이 적다고 생각한 데에는 저탄소 에너지가 매우 빠르게 성장할 수 없다고 단정했던 이유도 있었다. 역사적으로 봤을 때 에너지 전환은 매우 느리게 이뤄졌다. 환경과학자 바츨라프 스밀Vaclav Smil은 자신의 연구를 통해 이 사실을 여러 번 증명해 왔다.[14~16] 에너지 체계를 전면 개편해 하나의 에너지원에서 다른 에너지원으로 전환하는 일은, 그것이 나무에서 석탄이 되었든 석탄에서 석유가 되었든 지금까지 짧아 봤자 수십 년에 걸쳐 이뤄졌다. 게다가 석탄, 석유, 천연가스는 특히나 화석 연료 보조금 때문에 태양열이나 풍력보다 훨씬 저렴했다.

    2009년으로 시간을 돌려 보자. 당신은 저소득 국가의 대통령이며, 새로운 발전소를 건설하려고 한다. 인구의 25퍼센트가 전기를 이용하지 못하는 실정이고, 전기를 이용할 수 있는 국민의 대다수도 아주 조금밖에 쓰지 못한다. 수억 명이 에너지 빈곤 속에 살고 있다. 당신은 지도자로서 국민의 삶을 개선할 의무를 지고 있다.

    이제 어떤 발전소를 지을지 결정해야 한다. 당연히 비용은 아주 중요한 고려 요소다. '균등화 발전비용levelized cost of energy'(LCOE)이라고 불리는 기준에 근거해 에너지원을 비교해 볼 것이다. LCOE가 발전소의 수명 주기에 걸쳐 손해를 보지 않으려면 사용자가 최소 얼마를 지불해야 하는가에 대한 답을 내려 준다고 생각하면 된다. 여기에는 발전소를 짓는 비용, 연료비, 운전 유지비가 모두 포함된다.

다음은 당신이 선택할 수 있는 에너지원과 각 에너지원의 전력 단위당 비용이다.[17-18]

A. 태양광(PV): 359달러

B. 태양열: 168달러

C. 육상 풍력: 135달러

D. 핵: 123달러

E. 석탄: 111달러

F. 천연가스: 83달러

당신이라면 무엇을 선택하겠는가? 기후 변화가 걱정된다면 태양광이나 태양열, 풍력, 핵 발전을 선택할 것이다. 하지만 태양광 발전의 전력 단위당 비용은 석탄의 3배가 넘는다. 이는 주어진 예산을 고려했을 때 발전량이 3배 적다는 말이 된다. 인구의 25퍼센트가 전기가 전혀 들어오지 않는 곳에서 생활하고 국민 대부분도 전기를 조금밖에 쓰지 못하는 나라에서 태양광을 주된 에너지원으로 선택한다면 시민들이 저렴한 에너지를 이용할 기회를 박탈하는 꼴이 된다. 이는 대중의 지지를 받을 만한 선택이 아니다. 대부분의 나라가 이런 선택에 직면했고 예상대로 석탄이나 천연가스를 선택했다. 그동안 기후 변화 대응에 나서도록 국가들을 설득하기가 굉장히 어려웠다는 사실은 전혀 놀랄 일이 아니다.

이런 상황은 10년 만에 완전히 바뀌었다. 2019년, 당신은 같은 사안을 두고 다시 결정을 내려야 한다. 이제 각 에너지원의 비용은 다음과 같다.

A. 핵: 155달러
B. 태양열: 141달러
C. 석탄: 109달러
D. 천연가스: 56달러
E. 육상 풍력: 41달러
F. 태양광: 40달러

태양광과 풍력 발전은 10년 만에 가장 비싼 에너지원에서 가장 값싼 에너지원으로 탈바꿈했다. 태양광 발전 단가는 89퍼센트나 줄었고 육상 풍력 발전 단가도 70퍼센트가 감소했다. 이 두 에너지원의 전력 단위당 비용은 이제 석탄보다 저렴하다. 각국의 지도자들은 더 이상 기후 변화 대응과 에너지 공급 사이에서 어려운 선택을 하지 않아도 된다. 저탄소 에너지원이 갑자기 경제적인 선택이 되었기 때문이다. 이런 변화가 얼마나 짧은 시간에 이뤄졌는지를 돌아보면 경이로울 지경이다.

이제 환경을 위해 일상을 포기하지 않아도 된다

태양광과 풍력 에너지의 비용이 어떻게 이렇게 빨리 감소할 수 있었을까? 화석 연료와 핵 에너지의 가격은 연료 즉 석탄, 석유, 가스 또는 우라늄의 단가 그리고 발전소의 운영 유지비에 의해 결정된다. 그런 면에서 재생 에너지에는 차별점이 있다. 햇빛과 바람은 공짜다. 대신 태양광과 풍력의 비용은 전자 부품과 태양 전지 모듈과 같은 기술 자체에서 발생한다.

1960년대였다면 태양 에너지는 주류가 될 수 없었을 것이다. 내 동료인 맥스 로저 옥스퍼드대 교수는 1956년에 태양광 패널 한 개의 가격이 현재 화폐 가치로 59만 6800달러는 족히 되었을 것으로 추정한다. 상상을 초월할 만큼 고가였음에도 불구하고 태양광 패널이 사멸하지 않은 까닭은 우주에서 필요했기 때문이다. 1950년대에 태양광 패널은 위성의 전력원으로 사용되었는데, 점점 기술이 발전하면서 1970년대 무렵에는 우주가 아닌 지구에서도 사용되기 시작했다. 하지만 등대, 원양 항해, 백신 보관 등 여느 전력망을 사용하기 힘들어 비용이 많이 드는 환경에서만 사용되었다.

지난 몇십 년간 태양광과 풍력 발전은 이용률이 늘면서 비용도 점점 저렴해졌는데, 이것을 '학습 곡선'이라고 부른다. 기술의 활용 빈도와 규모가 늘수록 그 기술을 더욱 효율적으로 만드는 법을 터득한다는 개념이다. 이를테면 태양광 패널 이용이 점점 늘면 가격은 하락하고, 가격이 하락하면 수요가 늘면서 더욱 널리 이용되듯이, 기술은 선순환을 이루게 된다. 태양광 패널의 '학습 곡선'은 20퍼센트다. 태양광 패널 설비 용량이 두 배 증가할 때마다 가격이 20퍼센트씩 하락한다는 의미다(이러한 기술 활용과 가격 하락 사이의 관계를 흔히 '무어의 법칙'이라고 부른다). 육상 및 해상 풍력 발전도 태양광 에너지와 유사한 패턴을 보인다.

이러한 학습 곡선은 재생에너지원에 국한된 이야기가 아니다. 예를 들어 재생 에너지의 간헐성을 관리하고 전기차와 같은 기술의 잠재력을 이끌어 내려면 대용량의 저렴한 배터리가 필요하다. 우리는 배터리 기술에서도 똑같은 현상을 목도했다. 지난 30년간 리튬이온 배터리의 가격은 98퍼센트 이상 하락했고,[19-20] 불과 몇 년 사이 전기차에 사용할 정도로 저렴해졌다. 이에 대해서는 뒤에서 자세히 논의할 것이다.

학습 곡선을 따르지 않은 에너지원도 있는데 바로 석탄과 같은 화석 연료다. 화력 발전소는 지금보다 훨씬 더 효율적으로 만들기 힘들다. 석탄 덩어리에서 얻는 에너지 양과 버려지는 열에너지 양은 바꾸기가 어렵다. 게다가 석탄 발전의 가격은 연료 비용의 영향을 받는다. 이 가격은 오르내리지만, 석탄을 땅에서 파내는 비용은 고정비이며 고가이기도 하다. 다시 말해 새로운 저탄소 기술은 점점 더 저렴해질 테지만, 화석 연료는 그럴 일이 없다는 뜻이다.

이런 최신 기술 발전이 결정적인 역할을 하면서 국가들이 새로운 저탄소 에너지를 저렴하게 이용할 수 있는 길을 열어줬다. 이는 가난한 국가들이 에너지원 사용에서 화석 연료에 편중되며 환경을 파괴했던 선진국의 전철을 밟지 않아도 된다는 의미다. 그들은 선진국들이 수백 년에 걸쳐 지나온 여정을 건너뛰고 새롭게 도약할 수 있다. 건강이나 에너지를 이용할 권리를 희생시킬 필요도 없다. 실제로 이런 신기술을 채택하면 더 많은 사람이 저렴한 에너지를 이용할 수 있다.

기후 변화에 어떻게 대응할 것인가?: 에너지원 전환부터 탄소세까지

기후 변화 대응에 있어 우리는 올바른 방향으로 나아가기 시작했다. 바꿔야 할 것에 대한 기본 원칙을 마련했으니, 이제 그것들을 하나씩 실천해 가면 된다. 대신 신속하게 움직여야 한다.

지금까지 탄소 중립을 공약한 국가는 127개국이다(최근 공약 내용은 이곳에서 확인할 수 있다: http://zerotracker.net). 이는 상당한 위업이다. 이로써 전 세계 에너지 시스템을 재설계하고 재편할 수밖에 없기 때문이다. 우리의 먹거리, 먹는 방식, 생활 방식, 이동 방식, 건축 방식을 모두 바꿔야 한다. 단, 변화의 방향은 미래를 향한 전진이어야 하지 과거로의 후퇴여서는 안 된다.

에너지 사용을 아주 낮은 수준으로 줄이려는 해결책은 도움이 되지 않는다. 인간이 편안하고 건강한 삶을 누리려면 에너지가 필요하다. 의료와 교육에도 필요하고 세탁기와 주방 가전을 돌리는 데에도 필요하다. 그래야 우리가 일하고 놀고 배울 시간이 마련된다. 기후 변화에 적응하며 살기 위해서도 에너지가 필요하다.

그렇다면 어떻게 탄소 배출을 줄일 수 있을까? 또 탄소 중립은 어떻게 달성할 수 있을까? 안타깝지만 딱히 묘책은 없다. 문제의 심각성을 이해하고 배출의 근원지를 찾아야 한다. 탄소 배출원은 크게 두 가지 범주로 나뉘는데 온실가스의 약 4분의 3은 에너지 체계와 산업 부문에서 나오고, 나머지 4분의 1은 식량 시스템에서 비롯된다.[21~23]

각각의 산업 부문을 더 자세히 들여다보면 제조에 소비되는 에너지가 탄소 배출의 4분의 1을 차지한다는 사실을 알 수 있다.[24~25]

온실가스는 어디에서 나오는가?

전 세계 탄소 배출의 약 4분의 1은 우리의 식량 체계에서 발생하고, 4분의 3은 에너지와 산업 부문에서 발생한다.

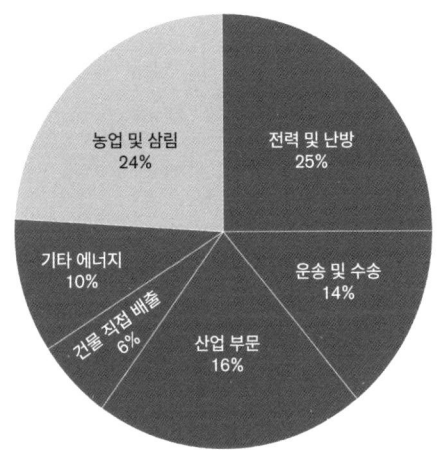

운송 및 수송이 약 6분의 1을 차지하고, 가정과 사무실의 에너지 사용으로 인한 배출도 이와 비슷하다. 해결하기 매우 까다로운 산업 배출도 있는데, 바로 우리 주변에서 흔히 보는 물건들의 기초가 되는 시멘트와 화학 물질에서 나오는 온실가스다.

이와 같은 분야들을 하나씩 해결하지 않고는 기후 변화를 해결할 수 없다. 그렇다면 이런 문제들은 어떻게 풀어 나갈 수 있을까?

에너지: 화석 연료 없이도 늘어나는 수요를 감당할 수 있다

화석 연료는 퇴출되어야 하며, 재생 에너지와 핵이 훌륭한 대체제가 될 수 있다. 이 두 에너지원은 이산화탄소 배출이 매우 적어 대기오염을 거의 일으키지 않으며 훨씬 안전하다. 문제는 '저탄소 에너지냐 또는 화석 연료냐'지, 핵에너지와 재생 에너지를 견주는 것이 아니다. 우리는 핵 발전 논쟁에 너무 많은 힘을 소모하고 있다.

우리는 이미 영국에서 석탄이 얼마나 빨리 사라졌는지 확인했다. 석탄은 다른 나라에서도 퇴출되고 있다. 30년 전만 해도 영국은 전력의 약 3분의 2를 석탄 발전으로 얻었지만, 이제는 2퍼센트도 되지 않는다. 미국 또한 같은 시기 전력의 55퍼센트를 석탄 발전이 차지했지만, 지금은 20퍼센트 이하로 떨어졌다. 30년 전 90퍼센트에 달했던 덴마크의 석탄 발전은 오늘날 10퍼센트에 불과하다. 전 세계 에너지 체계는 완전히 바뀌었다.

그동안 재생 에너지는 석탄을 대체하기 위해 놀라운 속도로 성

전 세계적으로 퇴출되고 있는 석탄

다음은 석탄 발전 비율을 나타낸 그래프다.

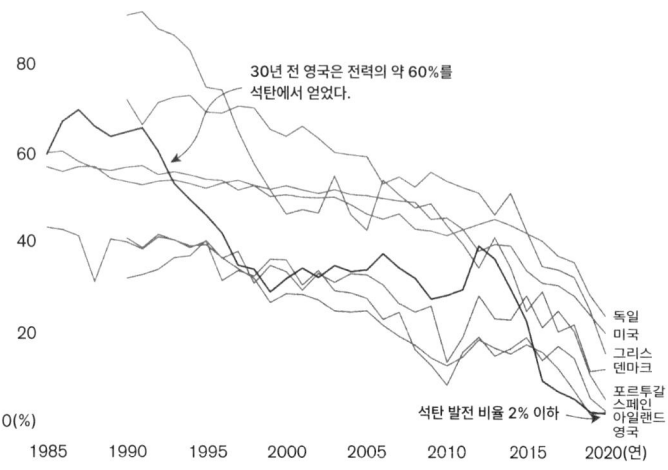

장했다. 선진국만 그런 것이 아니라 의외의 국가들도 본보기를 보여주고 있다. 우루과이는 2014년에 5퍼센트에 불과했던 풍력 발전율을 현재 50퍼센트까지 끌어올렸다. 같은 시기 태양광 발전이 전혀 존재하지 않았던 칠레는 이제 전력의 13퍼센트를 태양 에너지에서 얻는다. 다른 많은 국가도 이들과 같은 길을 걸을 것이다. 재생 에너지 기술과 배터리의 비용이 계속해서 급락하면 이런 선택은 기본값이 될 것이다.

이처럼 배터리와 에너지 저장 장치를 이용해 재생 에너지로 전환하는 길이 전력 시스템을 탈탄소화하는 방법이다. 그러나 운송 및 수송, 난방, 산업과 같은 다른 부문에서의 에너지 사용에서도 탈탄소화를 이뤄야 한다. 이러한 변화는 더욱 까다로운 문제다. 석유나 경유를 간단히 대체할 수 있는 환경친화적인 액체 연료가 없기 때문이다. 이 문제를 해결하기 위해 가장 흔하게 내세우는 주장은 '모든 것을 전기화하자'는 것이다. 자동차, 공장, 난방 동력을 모두 전기에서 얻을 수 있다면 전력을 공급할 수 있는 핵에너지와 재생 에너지를 더 늘리기만 하면 되기 때문이다.

저탄소 에너지원 전환은 얼마든지 가능하다

이처럼 태양광, 풍력 등의 재생 에너지를 더 생산하기만 하면 된다니 간단한 문제인 것처럼 보인다. 하지만 다른 고려 사항은 없을까? 이를테면 땅은 충분히 있을까? 발전소와 발전 장치를 지을 재료는 충분할까?

기후 회의론자들은 세계 곳곳이 태양광 패널로 넘쳐날 것이라고 말하곤 한다. 그들은 이러한 논리를 바탕으로 이른바 녹색 기술이 땅을 얼마나 많이 차지하고 환경을 훼손하는지 '증명'하려 한다. 그러나 계산을 해 보면 놀라운 결과가 나온다. 재생 에너지, 특히 핵에너지로 전환한다고 해서 땅을 더 많이 쓰는 것이 아니다. 오히려 더 적게 사용한다.

에너지원별 토지 이용을 비교할 때 발전소 자체가 차지하는 공간, 즉 화력 발전소나 태양광 패널이 물리적으로 차지하는 공간 외에도 고려해야 할 사항이 몇 가지 더 있다. 원료를 채굴하고, 연료를 추출하고, 마지막에 폐기물을 처리하는 땅도 포함해야 한다. 유엔

유럽경제위원회가 대대적인 조사를 진행해 전력 공급의 모든 단계를 고려할 때 각 에너지원에 따라 기준 단위의 전력을 생산하는 데 필요한 땅의 면적을 측정했다.[26]

발전에 있어 토지 효율성이 가장 높은 에너지원은 핵이었다. 생산 전력 단위당 핵발전에 필요한 땅은 화력 발전의 50분의 1, 지상 태양광 발전의 18~27분의 1이었다.[27] 두 번째로 토지 효율성이 높은 에너지원은 천연가스였다.

태양광 에너지의 토지 효율성은 어떤 광물을 사용하느냐에 따라 다르다. 패널을 실리콘으로 만들고 지붕이 아닌 지상에 설치하는 경우 토지 이용률은 석탄 발전보다 근소하게 높다. 그러나 카드뮴으로 만든 패널을 사용하면 석탄 화력 발전보다 땅을 더 적게 사용할 수 있다. 물론 이 방식 외에도 태양광 패널을 지붕에 설치하는 방식도 있다. 태양광 패널을 지붕 위로 올리면 굳이 땅을 차지할 필요가 없기에 토지 효율성이 천연가스 발전과 비슷해지고 석탄 발전보다는 훨씬 높아진다.

태양 및 풍력 에너지를 농업과 같은 기존의 토지 용도와 결합하는 것도 한 방법이다. '영농형 태양광 발전' 시스템이 토지 공유의 훌륭한 사례가 될 수 있다는 증거도 있다. 일정한 조건을 충족시킨다면 태양광 발전을 병행하는 농지의 수확량이 전통적 영농 방식의 생산량보다 많을 수 있다는 사실이 최근 여러 연구를 통해 밝혀졌다. 온도를 낮추는 것은 물론 물 수지water balance와 증발산량이 더 좋기 때문이다. 풍력 발전도 마찬가지다. 이미 많은 농가에서 풍력 발전에 땅을 대주고 부수입을 올리고 있다. 터빈이 농지에 해가 되는 일은 거의 없다.

결론은 청정에너지 기술로 전환한다고 해서 지금 우리가 화석 연료 발전에 사용하고 있는 땅보다 훨씬 더 많은 땅이 필요하지는 않는다는 것이다. 핵 에너지를 어느 정도 사용하고, 지붕에 태양광 패널을 설치하고, 농업과 병행한다면 지금보다 토지 이용률이 줄어들 수 있다.

사람과 지구를 착취하지 않는 새로운 에너지

지금까지 다양한 에너지원의 토지 효율성을 살펴봤다. 하지만 발전에 이용되는 토지가 애초에 큰 문제가 되는지는 한번 생각해 볼 만하다. 우리는 에너지 발전에 얼마만큼의 땅을 사용하고 있을까? 지구 면적의 5퍼센트? 10퍼센트? 아니면 50퍼센트? 추정컨대 우리가 전력 생산에 사용하는 땅은 전 세계에서 빙하로 덮여 있지 않은 부동不凍 지역 가운데 약 0.2퍼센트에 불과하다. 그것도 대부분은 화석 연료를 채굴하는 데 이용된다. 전 세계 부동 지역의 50퍼센트를 농축산에 사용한다는 사실을 고려하면 이는 매우 적은 면적이다. 저탄소 발전으로 전환된 세상에서는 이 수치가 더 줄어들 것이다. 100퍼센트 핵 에너지로 전기를 만들어 내는 세상이 되면 전 세계 면적의 0.01퍼센트만 필요하고, 100퍼센트 지붕 태양광 패널로 전력 발전이 이뤄지는 세상이 오면 발전에 이용되는 토지는 전체의 0.02~0.06퍼센트밖에 되지 않을 것이다.

머지않아 세계는 훨씬 더 많은 양의 전력을 필요로 하게 될 것이다. 저소득 국가의 사람들도 풍족하게 에너지를 사용할 수 있어야 하고, 전기차를 충전하고 난방을 하려면 더 많은 전기가 필요할 것이다. 그래도 토지 이용은 심각한 문제가 되지 않는다. 지금보다 두세 배가 늘어난다 한들 여전히 우리가 전력 발전에 사용하는 땅은 전 세계 토지의 1퍼센트도 되지 않을 만큼 적다.

마지막으로 우려되는 점은 태양광 패널, 풍력 터빈, 배터리를 필요한 만큼 만들 수 있는 광물이 충분하느냐는 것이다. 이러한 기술을 구현하기 위해서는 리튬, 코발트, 구리, 은, 니켈 등 다양한 광물이 필요한데, 채굴량이 어마어마해서 곧 바닥나고 말 것이라는 경고를 심심치 않게 듣는다.

그러나 저탄소 에너지가 광물을 지나치게 많이 사용한다고 주장하기에 앞서 오늘날 화석 연료 채굴량을 살펴볼 필요가 있다. 전 세계 화석, 석유, 천연가스의 연간 채굴량은 약 150억 톤에 달한다. 국제에너지기구는 에너지 전환이 최고조에 달할 2040년에 저탄소 기술에 사용될 광물의 양이 2800만~4000만 톤가량 될 것이라고 추정한다.[28] 이는 화석 연료에 쓰이는 광물의 1퍼센트에서 0.1퍼센트 수준이다.

물론 암석은 순수하게 광물로만 구성되어 있지 않다. 광물 함량이 낮은 경우가 많아서 채굴해야 하는 암석의 총량은 훨씬 많은 것이 일반적이다. 하지만 이러한 사정은 화석 연료 채굴도 마찬가지다. 150억 톤의 연료를 얻기 위해서는 그보다 훨씬 많은 암석을 파내야 한다. 간단히 정리해서 저탄소 기술로의 전환은 채굴량을 줄이면 줄였지 더 늘리지는 않는다.

여러 연구로 증명된 것이 또 하나 있다. 리튬, 니켈과 같은 광물의 양은 충분하다는 사실이다.[29] 이런 광물은 고갈되지 않는다. 재활용의 가능성을 고려하면 더욱 그렇다. 태양광 패널, 풍력 터빈, 배터리에 사용된 광물 대부분은 새로운 제품을 만들 때 다시 사용될 수 있다. 이와 같은 방식으로 광물의 수요를 늘리지 않는 대신 지속적으로 재사용하는 순환 경제를 구축할 수 있다.

물론 이러한 광물을 어디서 얻고 얼마나 추출할 것인지에 대해서는 신중하게 검토할 필요가 있다. 광맥이 생태학적 이유로 보호해야 하는 지역에 묻혀 있거나 원주민의 땅과 겹치는 경우도 있기 때문이다. 그럴 때에는 반드시 다른 광상鑛床을 찾아야 하며, 채굴은 공정하고 안전한 노동 환경에서 이뤄져야 한다. 화석 연료의 시대는 사람과 지구를 모두 착취하는 시대였다. 지금 우리가 만들어 가려는 저탄소 세계에서 절대로 그런 일이 있어서는 안 된다.

운송 및 수송: 결국 전기차가 옳았다

겨우 몇 시간 만에 국경을 넘을 수 있다는 것은 현대인의 호사이며, 몇 시간 안에 세계를 횡단할 수 있다는 사실은 현대 사회의 기적이다.

이동이라는 흥미로운 세계는 향후 수십 년간 수십억 명에게 기회의 문을 열어줄 것이다. 이 세상에는 전기나 요리에 필요한 깨끗한 연료와 같은 기본적인 에너지에 대한 편익을 이제 막 누릴 수 있게 된 사람들이 많다. 이들의 다음 순서는 오토바이를 타거나 자동차를 모는 일이 될 것이다. 나아가 첫 비행기도 타게 될 것이다. 선진국들은 탄소 배출, 대기오염, 교통 체증과 같이 운송 수단이 가져다주는 부작용을 이미 지긋지긋하게 경험했다. 그러나 이러한 문제점에도 불구하고 운송 수단은 전 세계를 연결하고 수십억 인구의 경험과 관점을 확장해 줄 잠재력을 지닌다. 그러므로 우리는 절충안을 찾아야 한다.

전 세계 온실가스의 6분의 1은 운송 및 수송 부문에서 나온다. 세계 여러 나라가 부유해질수록 운송 수단으로 인한 탄소 배출은 증가할 것이다. 그렇다면 우리는 어떻게 탄소 배출을 줄이면서도 이동이라는 기회의 문은 활짝 열린 미래를 구축할 수 있을까?

운송 및 수송 부문에서 배출되는 탄소의 대부분은 도로 차량에서 발생하는 것이며, 이는 전 세계 운송 및 수송 탄소 배출량의 74퍼센트를 차지한다.[30~31]

운송 및 수송 수단 탄소 배출 비율

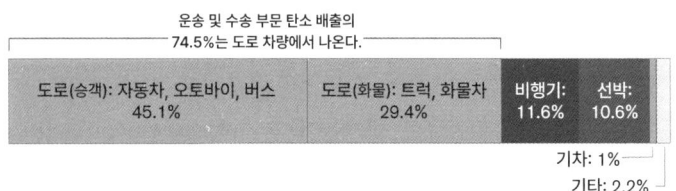

오늘날 자동차는 1975년에 생산된 자동차들보다 탄소 효율성이 두 배나 높다.[32] 이런 기술의 발전은 놀라운 성과이며, 탄소 배출을 억지하는 데 중요한 역할을 해 왔다. 그럼에도 운수송 부문의 탄소 배출은 계속 증가하고 있다. 사람들의 이동이 점점 증가하는 데다 화석 연료로 움직이는 자동차의 효율성에는 한계가 있기 때문이다. 석유나 경유로는 운송 수단의 탈탄소화를 이룰 수 없다.

어떤 사람들은 바이오 연료로 대체하자고 주장한다. 다시 말하지만 그러한 방식으로는 어림도 없다. 여러 연구 결과에 따르면 바이오 연료에서 배출하는 탄소의 양이 석유에서보다 더 많을 가능성이 있다. 특히 토지 이용도를 고려하면 더욱 그렇다.[33-34]

뒷장에서 논의하겠지만, 사람이 먹을 수 있는 곡물을 차 연료로 사용하는 것은 좋은 방법이 아니다. 도로 운송 수단에 의한 탄소 배출을 실질적으로 줄이려면 휘발유나 곡물이 아니라 전기를 자동차 연료로 써야 한다.

전기차는 정말 환경친화적일까?

내 동생은 우리 가족 중에 가장 환경에 관심이 없는데도 누구보다 먼저 전기차를 샀다. 동생이 전기차를 산 이유는 친환경적인 장점 때문이 아니라, 그저 전기차를 모는 것이 멋있게 보였기 때문이다. 바로 여기가 환경 운동에서 중요한 지점이다. 저탄소 생활을 추구하라고 사람들을 설득하려면 일단 그러한 방식이 멋있고, 더 나은 삶을 가져다줄 것이라는 생각이 들도록 만들어야 한다.

그렇다면 동생이 내린 것과 같은 결정이 정말 환경에 유익할까? 아니면 그저 친환경이라는 탈을 쓴 일종의 사기에 속은 것일까? 많은 사람이 배터리 생산이나 운행에 필요한 전기를 생각하면 전기차가 적어도 휘발유차만큼 탄소를 배출한다고 생각한다. 일단 데이터를 먼저 살펴보자.

동생이 새로 나온 전기차를 살지 새로 나온 휘발유차를 살지 고민하다가 처음으로 전기차를 샀을 당시에는 전기차가 휘발유차보다 탄소 배출량이 더 많았다. 당시 전기차 배터리는 내연 기관보다 제조하는 데 에너지가 더 많이 필요했었다. 따라서 전기차 '생산'에는 휘발유차보다 실제로 탄소가 더 많이 배출된다. 그러나 일단 주행을 시작하면 상황은 역전된다.

전기차를 운전하기 시작하면 휘발유차나 경유차를 몰 때보다 탄소가 훨씬 덜 배출된다. 그 차이는 전기를 얼마나 깨끗한 에너지원으로 만드느냐에 따라 달라진다. 영국의 경우 전력량의 절반 이상을 저탄소 에너지원에서 얻는 데다 이제는 석탄 발전소를 운행하지 않는다고 해도 과언이 아닌 상황이다(현재 개발 중인 광산 또한 전력 발전 용도는 아니다). 프랑스나 스웨덴, 브라질의 전기차는 영국보다 탄소 배출량이 훨씬 적고, 여전히 석탄 발전이 많은 중국이나 인도에서 모는 전기차의 경우에는 상대적으로 차이가 덜할 것이다. 하지만 전력을 일으키는 데 화석 연료 사용의 비중이 높은 나라에서 운행하는 전기차도 휘발유차보다는 탄소 저감에 효과적이다.

전기차를 이용하는 쪽이 더 적게 탄소를 배출한다는 말은 곧 생

전기차가 더 환경친화적이다

영국 일반 차량을 기준으로, 전기차 제조 시에는 온실가스 배출량이 더 많지만 2년만 지나면 역전된다.

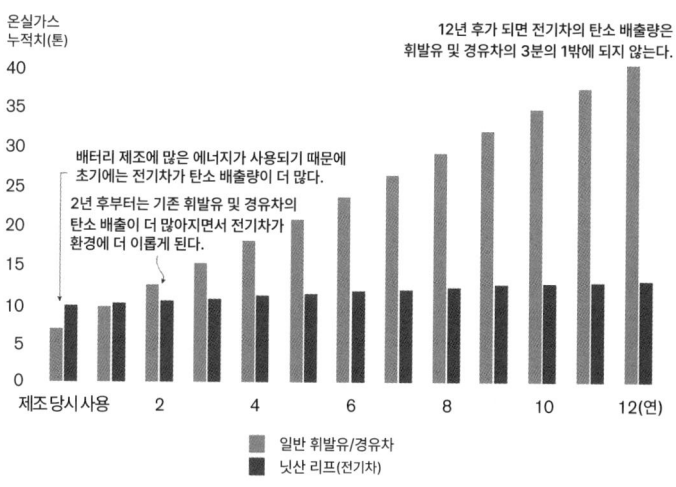

산 시 높은 탄소 배출량을 금방 '보상'한다는 의미다. 영국의 경우 이 보상 기간은 2년이 되지 않는다.[35] 그러므로 2년 후에는 전기차가 환경에 더 이롭고, 10년 후가 되면 전기차가 배출하는 탄소의 양은 휘발유차의 3분의 1밖에 되지 않는다.

그나마 이것은 비관적인 시각에서 본 전망이다. 전기차의 탄소 배출은 훨씬 줄어들 가능성이 있다. 전기차 기술은 등장한 지 얼마 되지 않았기 때문에 개선의 여지가 아주 많다. 게다가 전기차의 연료가 될 전력망이 앞으로 점점 더 깨끗한 에너지원으로 구축될 것이라는 전망 또한 현실이 될 가능성이 높다.

그렇다면 부모님이 타는 오래된 휘발유차보다 동생이 새로 산 전기차가 더 환경 친화적일까? 다음 자료를 보면 4년간 기존 휘발유 차량을 몬 경우 새 전기차보다 더 많은 탄소를 배출하게 된다는 것을 알 수 있다. 그러니 동생이 옳은 것이 맞다.

2022년 기준, 전기차는 전 세계 판매 차량의 14퍼센트를 차지했다.[36] 얼마 안 되는 비중 같지만 시간에 따른 변화를 살펴보면 놀라운 성장세다. 2년 전만 해도 전기차는 4퍼센트에 불과했고, 3년 전인 2019년엔 고작 2퍼센트였다. 전기차 판매는 폭발적으로 늘고 있으며, 일부 국가에서는 자동차 시장을 장악하고 있다. 노르웨이의 경우 2022년 판매된 자동차의 88퍼센트가 전기차였고, 스웨덴은 54퍼센트, 영국은 23퍼센트였다. 미국은 상대적으로 뒤처져 있어 전기차 비율이 신차의 8퍼센트밖에 되지 않는다. 2022년 중국은 신차 판매의 3분의 1에 가까운 29퍼센트가 전기차였다. 이는 6퍼센트에 불과했던 2020년과 비교하면 엄청나게 증가한 수치다.

리튬이온 배터리의 가격은 지난 30년간 98퍼센트 넘게 떨어졌고, 이로써 전기차 시대가 열렸다. 현재 테슬라 차에 장착되는 배터리의 가격은 1만 2000달러가량이다. 닛산 리프의 배터리는 그보다 저렴한 6000달러 수준이다. 1990년대였다면 이 배터리들은 50만 달러에서 100만 달러를 호가했을 것이다.[37] 당시에는 '저렴한' 전기차라는 것은 상상할 수도 없었다.

이렇게 전기차 시장이 성장했다는 사실은 세계가 이미 휘발유차의 정점을 지났음을 의미한다. 휘발유차량 신차 판매는 2017년에

신차 중 전기차 비율

내연 기관 신차 판매는 2017년에 최고점을 찍었다.

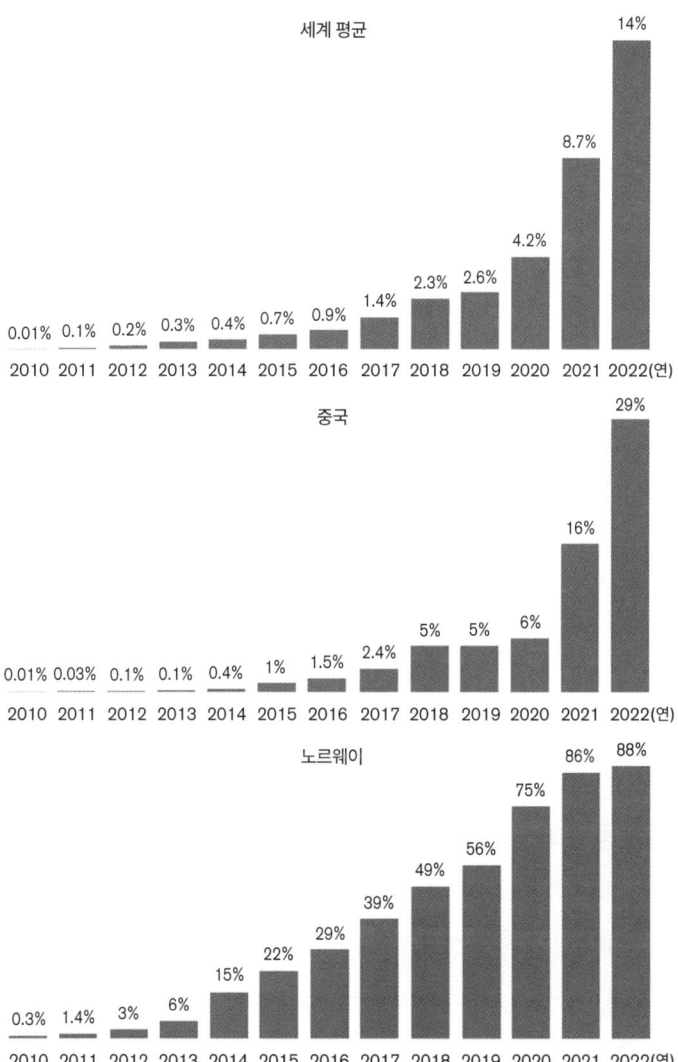

3장 기후 변화: '지구 온도 낮추기'는 아직 늦지 않았다

최고치를 기록했다.[38] 일반적으로 사람들이 차를 구입하고 10년가량 운행한다는 사실을 감안하면 도로 위를 주행하는 휘발유차가 '정점'peak fleet에 도달하려면 몇 년 더 지나야 하겠지만, 중대한 변화는 서서히 다가오고 있다.

'전기차 대 휘발유차'에서 '전기차 대 차가 없는 삶'으로

전기차의 가격이 저렴해지면 운송과 수송에서 변혁을 몰고 올 것이다. 그러나 이러한 기술의 가격은 우리가 기후 위기 목표를 달성하는 데 필요한 만큼 빠르게 내려가지 않을 수도 있다. 그래서 이 문제는 정치적 행동과 결합해서 해결해야 한다. 이미 많은 나라가 휘발유 및 경유 차량의 신차 판매를 금지하는 정책적 조치를 단행하고 있다. 영국에서는 2030년부터 휘발유와 경유 차량의 판매를 금지시켰고, 점점 더 많은 국가가 2030년, 늦어도 2040년까지는 휘발유 및 경유 차량 판매의 단계적 중단을 약속하고 있다. 중국과 미국은 이 시기를 2035년으로 잡았다. 저소득 국가들도 강경책을 취하고 있고, 가나와 케냐는 2040년까지 달성하기로 약속했다. 이렇게 가격 하락과 정치적 행동이 결합하면 더 큰 성과를 거둘 수 있다. 그렇게 되면 휘발유차는 한때 우리가 예상했던 시기보다 훨씬 빨리 사라질 것이다.

하지만 운송 수단에서 배출되는 탄소 양을 줄이는 데 있어 휘발유차를 전기차로 바꾸는 것보다 훨씬 환경친화적인 방법이 있다. 바로 차 자체를 소유하지 않는 것이다. 내가 사는 런던에서 차를 소유하는 것은 필요 이상으로 성가신 일이다. 지하철을 이용하면 꽉 막힌 도로에서 운전하는 것보다 더 빠르게 런던 시내를 다닐 수 있으며 탄소도 거의 배출되지 않는다.

내 가족들에게는 이러한 삶의 방식이 불가능하다. 그들은 대중교통체계가 잘 갖춰지지 않은 작은 도시에 산다. 가장 가까운 가게가 몇 킬로미터나 떨어져 있는 시골의 작은 마을에 사는 친척들은 더 말할 것도 없다. 사람들은 흔히 시골에서의 삶이 환경친화적일 것이라고 생각한다. 시골에서 농작물을 재배하며 사는 것은 환경친화적이고, 높은 인구밀도에 에너지를 엄청나게 소비하는 도시에서 사는 것은 지구를 훼손하는 일이라고 여긴다. 그러나 현실은 반대다. 환경적 측면에서 도시에게는 명확한 이점이 있는데, 바로 교통의 효율성과 연결성이 높다는 점이다.[39] 중소도시와 대도시의 교통부문 탄소 배출량을 살펴보면 인구밀도가 높은 도시일수록 탄소 배출량도 적은 경향이 분명하게 드러난다.[40]

운송 및 수송 부문에서 탄소 배출을 감축하려면 우리가 사는 공간에 대한 재고가 필요하다. 이와 관련해 유럽의 많은 도시들에서는 차가 아니라 보행자와 자전거 이용자가 중심이 되는 공간으로 도시를 탈바꿈하는 인상적인 진전이 이뤄지고 있다. 도시는 이전보다 덜 부산스럽고 공기도 깨끗해졌을 뿐만 아니라 훨씬 더 효율적인 곳이 되어가고 있다. 자동차로 꽉 막힌 도로처럼 비효율적인 공간은 없다. 잘 설계된 자전거와 보행자 도로가 고속 대중교통과 결합하면 도시의 이미지와 효율성을 완전히 바꿔 놓을 수 있다. 당연히 탄소 배출도 줄고 공기도 더 맑아진다.

2000년대와 2010년대 사람들이 고민하던 딜레마가 '경유차를 살 것인가 휘발유차를 살 것인가'였다면, 2020년대 이후의 딜레마는 '전기차를 살 것인가 아예 차를 사지 않을 것인가'가 되어야 한다.

장거리 운송에도 저탄소 에너지 운행이 가능한가?

트럭이나 화물차, 장거리 운송 수단을 생각하면 이야기가 복잡해진다. 배터리의 문제는 무겁다는 것이다. 차체가 무거울수록 배터리는 더 많은 에너지를 저장해야 하기 때문에 배터리의 용량 또한 늘어나 무거워질 수밖에 없다. 자동차의 경우 그 크기에 따라 배터리의 용량을 조율하는 것이 가능하지만, 트럭이나 비행기는 기본적으로 커도 너무 크다.

이러한 문제 또한 전기차나 배터리 기술이 계속 발전함에 따라 그 해결책에도 점점 가까워질 수 있다. 단거리 운송 수단에서는 이미 발전이 이뤄졌고,[41] 전기 동력 항공기 비행에도 성공했다. 물론 이 항공기들은 아직 소형이라 전 세계 곳곳으로 우리를 실어 나르는 점보제트기와는 거리가 한참 멀다. 이런 해법들이 우리가 필요로 하는 수준까지 발전할지, 또 필요로 하는 만큼 빠르게 발전할지에 대해서는 의견이 분분하다.

이런 상황에서 우리는 다른 방법들도 시도해 봐야 한다. 비행하는 동안 태양 에너지를 모아서 작은 배터리 저장장치로도 날 수 있는 태양광 항공기가 한 가지 해결책이 될 수 있다. 개발 중인 또 다른 기술로는 수소 에너지가 있다. 수소 연료는 물 분자(H_2O)가 수소 가스(H_2)와 산소로 분리되면서 생산된다. 이 형태의 수소는 기체 형태의 저장 에너지이기 때문에 아주 이상적이다. 수소는 휘발유나 경유처럼 연소될 때까지 이 에너지를 유지한다. 게다가 기준 단위당 3배나 많은 에너지를 저장 및 방출할 수 있다는 점에서 휘발유나 경유보다 훨씬 낫다.

수소는 에너지 판도를 완전히 뒤집을 수 있다. 한 가지 문제는 물 분자를 쪼개는 데 에너지가 필요하다는 사실이다. 이 에너지를 저탄소 전기를 사용해 생산하면 저탄소 연료가 되지만, 화석 연료를 사용한다면 또다시 환경에 악영향을 미친다는 사실은 자명하다. 수소가 미래의 연료가 되려면 수소 생성의 효율성을 개선함과 동시에 우리가 지금 생산하는 저탄소 전력량을 늘려야 한다.

혹자는 내가 왜 비행기를 절대 타지 말자고 말하지 않는지 의아해 할 수도 있다. '비행기를 타기가 부끄럽다'는 뜻의 '플뤼그스캄Flygskam' 운동은 2018년 스웨덴에서 태동했다. 그러나 내가 기억하는 한 사람들은 늘 비행기 여행을 자제하자고 이야기해 왔다. 그것이 가장 합리적인 자세다. 전 세계 사람들 대부분은 단 한 번도 비행기 여행을 한 적이 없다. 항공기를 통한 이동은 아주 소수만 누려온 호사다. 어떤 사람들은 단 한 시간짜리 회의에 참석하는 데에도 비행기를 이용하는 데 익숙해졌다. 코로나19 팬데믹이 우리에게 준 교훈 가운데 하나는 대부분의 회의가 화상으로도 충분히 가능하다는 사실이다. 비행기를 자주 타는 사람들이 비행을 줄여야 한다는 것은 누구나 이해할 법한 이야기다.

그러나 비행기 여행을 절대 하지 말아야 한다고 잘라 말하기에 비행기는 이 세계에 너무 많은 혜택을 준다. 사람들이 다른 나라로 이민을 갈 수 있는 기회를 주고, 가족을 만나러 돌아올 수 있도록 도와준다. 일자리를 창출하고 새로운 기술 혁신을 주도한다. 우리 사회를 더욱 다양한 문화가 공존하는 곳으로 만들고 다른 나라의 아름다움을 느낄 수 있도록 도와준다. 이런 경험이야말로 전 세계 모든 사람이 누릴 수 있어야 하는 것이다.

물론 다른 사람들과 만나기 위해 꼭 지구 반 바퀴를 날아갈 필요는 없다. 다른 여행 방법을 찾을 수도 있고, 온라인으로도 얼마든지 다른 사람들을 만날 수 있다. 그럼에도 비행기 여행을 부끄럽게 만드는 일은 한걸음 퇴보하는 것이다. 비행기를 특별한 경우에만 이용하는 것으로 만들려면 사람들이 그것을 감사히 여기도록 해야 하지 속죄의 대상으로 느끼게 만들어서는 안 된다.

식량: 무엇을 먹고, 무엇을 줄여야 할 것인가?

넷플릭스 다큐멘터리 〈소에 관한 음모Cowspiracy〉를 보고 그 내용을 믿은 사람이라면 채식이 기후 위기를 해결해 주리라고 생각할 것이다. 이 영화는 전 세계 온실가스의 절반 이상이 축산에서 배출된다고 주장한다. 말도 안 되는 소리다. 실제 축산에 의한 온실가스 배출은 20퍼센트를 밑돈다.[42]

우리가 먹는 것을 바꾼다고 해서 기후 변화를 막을 수는 없다. 기후 변화를 막을 수 있는 길은 화석 연료 사용을 멈추는 것이다. 물론 에너지 체계만 바꾸고 식량 체계의 변화에 대해서는 외면한다면 그 또한 기후 위기를 제대로 해결할 수는 없는 방식이다. 과학자들이 향후 몇십 년 동안 우리가 지금과 같은 식단을 유지할 경우 식량 체계가 배출하는 온실가스 양을 추정했는데, 결과는 그리 긍정적이지 않았다. 우리가 목표로 삼았던 1.5~2도 기온 상승을 훌쩍 넘기고 말 것이라는 결과가 나왔기 때문이다.

2020년부터 2100년까지 식량 생산에서 배출될 온실가스의 양은 약 1조 3600만 톤으로 추정된다.[43] 지구 온난화를 1.5도 상승 이내로 억지하려면 5000억 톤 이상을 배출해서는 안 된다.[44]

게다가 이 수치는 식량 부문 온실가스뿐만 아니라 식량, 전기, 운송, 산업 등 모든 분야에서 배출되는 온실가스의 총량이다. 식량 분야에서 배출되는 온실가스의 양만으로도 이미 1.5도 이내 상승이라는 목표를 달성하기 위해 허용되는 양의 3배 가까이 된다. 나아가 2도 목표 한정치도 식량 부문 온실가스가 온전히 차지하는 셈이 된다. 이렇듯 데이터는 기후 위기를 해결하려면 식량 생산 체계의 변화 또한 결코 무시해서는 안 된다는 사실을 분명하게 보여준다.

좋은 소식은 해결 방법이 있다는 점이다. 많은 방법이 있지만 대개는 우리가 무엇을 먹어야 하고 또 먹지 말아야 하는지와 식량 생산 효율성에 관한 몇 가지 변화로 귀결된다. 식량에 관해서는 4장과 5장에서 좀 더 자세히 논의할 것이다.

여기서는 우리가 먹는 음식이 기후에 미치는 영향을 줄이기 위해 해야 할 일에 대해 이야기하고자 한다. 미디어는 매일 같이 환경에 해로운 음식을 거론하며 '이것을 먹지 마라, 저것을 먹지 마라'라고 떠들어대면서 죄책감을 부추긴다. 뉴스에 오르내리는 모든 음식을 식단에서 제외한다면 우리가 먹을 수 있는 것은 아무것도 남지 않을 것이다. 다행히도 그렇게 지적당한 먹거리들 가운데 기후 변화를 억지하는 데 진짜 도움이 되는 것은 몇 가지가 되지 않는다. 그중에서 우리가 반드시 신경 써야 할 다섯 가지 음식을 소개한다.

1. 고기를 이전보다 조금만 덜 먹는다

가장 큰 변화를 불러올 수 있는 먹거리는 육류와 유제품이다. 이들의 섭취를 줄이면 탄소발자국을 가장 효과적으로 줄일 수 있다. 식품군은 환경에 미치는 영향의 정도에 따라 순위를 나눌 수 있다. 이 가운데 독보적으로 가장 큰 영향을 미치는 음식이 바로 소고기다. 소고기에서 100그램의 단백질을 생산할 때 배출되는 이산화탄소는 약 50킬로그램에 달한다.[45] 양고기는 약 20킬로그램이 배출된다. 다음이 유제품, 돼지고기, 닭고기 순이다. 이처럼 동물성 식품은 소고기처럼 가장 영향력이 큰 식품부터 닭고기나 생선처럼 가장 적은 식품으로 순위가 분명하게 나뉘는데, 그 구체적인 이유에 대해서는 5장에서 살펴볼 것이다.

콩류와 렌틸, 곡물, 견과류 등의 식물성 식품은 대부분 이 순위표에서 가장 낮은 위치를 차지한다. 이들은 동물성 식품보다 탄소발

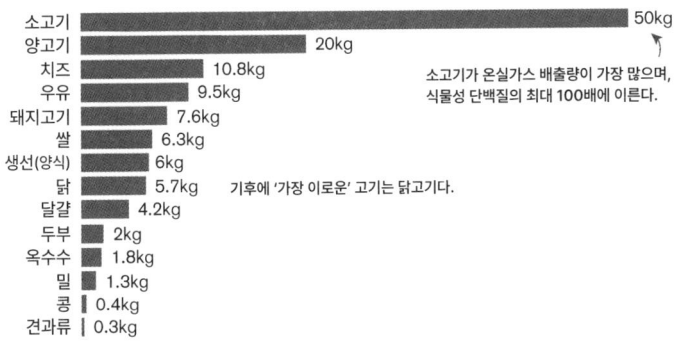

자국을 훨씬 적게 남긴다. 이러한 사실이 가리키는 핵심은 단순하다. 탄소발자국을 줄이려면 식물성 식품을 더 많이 먹어야 한다. 채식주의자가 되어야 한다는 의미가 아니다. 일 년에 동물성 단백질을 고작 몇 킬로그램밖에 먹지 못하는 사람들은 굳이 고기 섭취를 자제할 필요가 없다. 이는 일 년에 육류를 50킬로그램 이상 소비하는 사람들이 섭취를 줄여야 효과가 있다는 뜻이다. 소고기를 닭고기로 대체하기만 해도, 예를 들어 햄버거 대신 치킨 샌드위치를 선택하기만 해도 효과가 클 수 있다.

과학자들은 전 세계 모든 사람이 식단에서 식물성 식품의 비중을 늘리면 식량 생산에서 발생되는 온실가스의 양을 절반으로 줄일 수 있다고 추정한다. 식물성 위주의 식단은 고기와 유제품을 완전히 금지하는 것이 아니다.[46] 하루에 베이컨 한 조각, 얇게 썬 닭고기 네

조각, 우유 한 잔 정도면 된다. 며칠에 한 번은 달걀 한 개와 생선 한 토막 정도도 괜찮다. 이는 대부분의 부유한 국가 사람들이 먹는 양보다 훨씬 적지만 가난한 국가의 사람들이 섭취하는 것보다는 많은 양이다.

2. 생산적이고 효율적인 축산 방식을 사용한다

앞에서 살펴본 통계 자료는 전 세계 농장 수천 곳을 조사해 얻은 평균치다. 하지만 축산 방식은 환경에 따라 매우 다양하다. 뉴질랜드나 미국에서 효율적으로 소고기를 생산하는 농장의 탄소발자국의 크기는 소를 키우려면 아마존의 열대우림 일부를 베어내야 하는 브라질 농장의 탄소발자국과 다를 것이다.

바로 이것이 내가 고기를 덜 섭취하는 것이, 특히 소고기를 덜 먹는 것이 탄소발자국을 줄이는 가장 효과적인 방법이라고 말할 때마다 많이 듣는 이야기다. 사람들은 자신이 소비하는, 이를테면 영국 현지 농장에서 생산하는 소고기가 세계 평균보다 탄소발자국이 훨씬 적다고 주장한다. 아마도 그럴 것이다. 하지만 여전히 식물성 식품보다는 훨씬 더 많은 탄소를 배출하는 것 또한 사실이다.

세계 평균치를 넘어 각 식품군의 탄소발자국 분포를 보더라도 우리가 전달받는 정보의 본질은 달라지지 않는다. 바로 탄소를 가장 많이 배출하는 식물성 식품이 가장 친환경적으로 생산되는 소고기와 양고기보다 여전히 탄소 배출량이 적다는 것이다.

이처럼 소고기와 양고기를 덜 섭취하는 것이 탄소발자국을 줄

탄소 배출량이 가장 낮은 육류도 탄소 배출량이 가장 많은 식물성 단백질보다 탄소를 많이 배출한다

다음은 119개국의 상업성 있는 농가 3만 9,000곳을 대상으로 단백질 100g당 탄소 배출량 (단위 kg)을 측정해 얻은 데이터에 기초한 자료다.

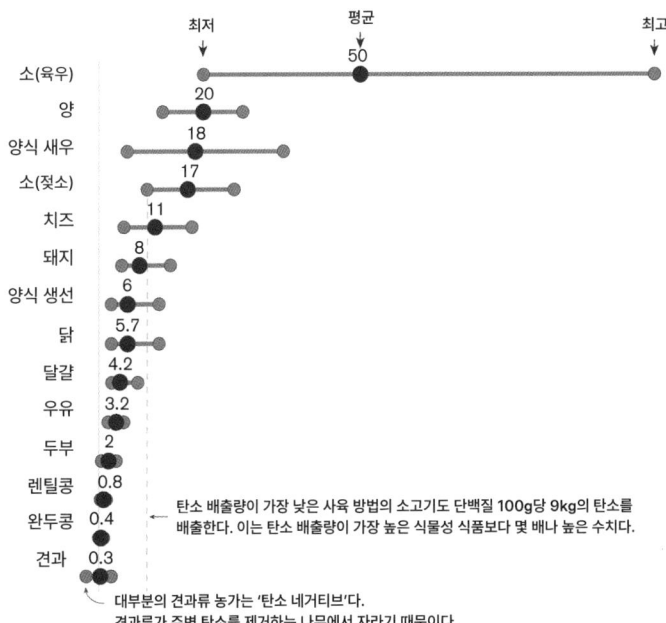

이는 가장 효과적인 방법이지만, 현실적으로 동일 식품의 축산 방식들에서 벌어지는 차이 또한 무시할 수는 없다. 어느 정도의 소고기, 양고기, 유제품, 돼지고기는 앞으로도 계속해서 소비될 것이기 때문이다. 따라서 우리는 이것들을 가장 효율적이고 탄소 중립적인 방식으로 생산하는 농가에서 조달할 필요가 있다.

3. 기울어진 식량 소비를 바로잡는다

오늘날 세계 식량 생산량은 전 세계 인구의 두 배를 감당할 수 있을 만큼 충분하다. 이 주제에 대해서는 5장에서 자세히 설명하겠다. 안타깝게도 여기에는 엄청난 불평등이 존재한다. 전 세계 인구 10퍼센트는 충분한 열량을 섭취하지 못하고 있고, 40퍼센트는 지나치게 많이 섭취해 과체중 상태다. 우리는 대개 이런 이야기를 꺼내기를 주저하지만, 식량 과소비를 줄이려면 애초에 생산을 줄여야 한다는 것은 명백한 사실이다.

4. 유통 과정에서 낭비되는 식량을 줄인다

생산자에서 판매자로 넘어가는 과정에서 음식이 상하지 않도록 하고, 소비자가 음식을 구매한 뒤 버리는 일이 없도록 해야 한다. 이렇게 하면 음식물 쓰레기를 완전히 예방하지는 못하더라도 최소 절반으로 줄이는 것은 가능하다.

5. 각국의 작물 수확량 격차를 좁힌다

20세기에 세계는 불가능할 것 같았던 어마어마한 농작물 수확량 증대를 이뤄냈다. 대부분의 나라가 서너 배가 넘는 생산량 증대를 경험했다. 이는 우리가 더 많은 땅을 이용하지 않아도, 더 넓게 삼림을 개발하지 않아도 식량을 훨씬 더 많이 생산할 수 있다는 사실을 의미한다. 그러나 이러한 흐름에 뒤처진 나라도 여전히 존재한다. 이러한 작물 수확량의 격차를 좁힐 수 있다면 많은 숲이 잘려 나

식량 생산에서 배출되는 온실가스를 어떻게 줄일 것인가?

다음은 2020년부터 2100년까지 지금과 같은 식량 체계를 유지하는 경우 배출될 탄소량을 추정하고, 이를 줄일 수 있는 다섯 가지 방안을 정리한 그래프다.

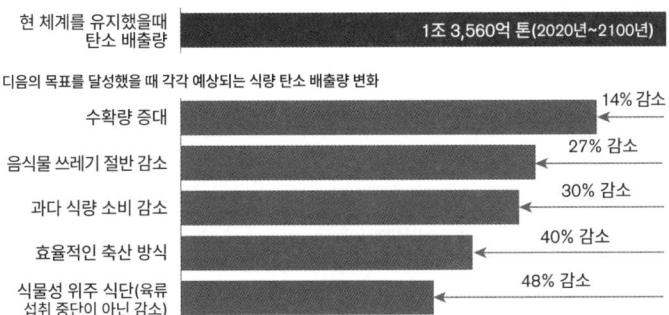

가는 것도 막을 수 있다.

우리가 착각하고 있었던 세 가지 노력들

위에서 언급한 다섯 가지만 지켜도 우리는 저탄소 식량 체계를 구축할 수 있다. 위에서 제시한 그래프는 이 가운데 하나라도 이행했을 경우 나타날 결과를 보여주고 있다. 이런 행위들은 큰 변화를 불러올 수 있다. 게다가 모두 지켜진다면 우리는 식량 부문에서 탄소 순 배출량을 '0'까지 감축할 수 있을 것이다.

물론 그것이 곧 탄소 배출이 0이 되리라는 뜻은 아니다. 비료나 소규모 가축에서 배출되는 탄소는 여전히 존재할 것이다. 하지만 이와 같은 탄소 배출량은 더 이상 경작지로 사용되지 않는 모든 땅과, 다시 나무로 채워진 숲, 복원된 목초지들에 의해 상쇄될 것이다.

각각의 목표를 절반만 성공하더라도, 예를 들어 음식물 쓰레기를 절반까지는 아니어도 4분의 1로 줄인다거나 과다 섭취를 지금의 절반만이라도 줄인다면 탄소 배출량을 3분의 2나 감축할 수 있다. 그렇게 된다면 우리에게 주어진 탄소 한정치에서 상당 부분 여유를 갖게 될 것이고, 에너지를 비롯한 다른 부문에서 탄소 중립을 달성하는 데 필요한 시간도 확보될 것이다.

식량과 관련해 우리가 생각하는 것보다 효과가 별로 없는 조치들도 몇 가지 있다. 현지 농산물 소비는 우리가 막연하게 알고 있던 것만큼 큰 변화를 불러오지 못한다. 유기농 식품 섭취도 마찬가지다. 사실 이 두 가지 행동 모두 다른 기후나 조건에 더 적합한 식량을 재배하려 한다면 도리어 탄소 배출을 늘릴 가능성이 있다. 음식의 플라스틱 포장 역시 탄소발자국에 크게 중요하지 않다. 이 세 가지 오해에 대해서는 5장에서 자세히 논의할 것이다.

건설: 탄소를 가둬 놓는 공법과 저탄소 자재 사용

어릴 적 나의 아버지는 종종 중국 출장을 가곤 했다. 당시는 2000년대 초반이었는데, 10년도 더 지나 최근 중국을 다녀온 아버지는 집들 사이사이로 새로운 건물이 끊임없이 들어서고 있는 중국의 변화에 놀라움을 금치 못했다.

이렇듯 그동안 중국은 믿기 어려울 정도의 속도로 발전해 갔다. 시멘트, 철강, 철제 등 건설 자재가 많이 든 변혁이었다. 중국이 삼년간 쓰는 시멘트가 미국이 20세기 통틀어 쓴 시멘트 양보다 많다는 이야기를 자주 하는데, 사실이다. 내가 직접 계산해 봐서 잘 안다.

급격하게 발전하고 있는 곳은 중국만이 아니다. 사람들은 시골에서 도시로 빠르게 이동하고 있다. 이는 인간 개발human development에 있어서는 긍정적인 단계지만, '어떻게 도시를 지속 가능한 방법으로 설계할 것인가'라는 문제가 뒤따른다. 화석 연료와 산업 부문에서 비롯되는 탄소 배출의 약 5퍼센트는 시멘트 생산과 관련이 있다. 얼마 안 되는 것처럼 보일 수 있지만, 앞으로 수십억 인구가 크고 작은 도시로 이주하면 이 비율은 늘어날 것이다.

에너지와 관련해서는 이미 많은 해결책이 존재한다. 하지만 건설 부문의 탈탄소화 작업은 조금 더 까다로울 것이다. 시멘트를 만드는 데에는 에너지가 들지만, 이 자체가 장벽은 아니다. 저탄소 에너지원으로 에너지를 만들 수 있다면 문제될 것이 없다. 탄소 배출에서 시멘트가 가지고 있는 진짜 문제는 그것을 제조하는 화학 공정에서도 이산화탄소가 발생한다는 사실이다. 구체적으로 시멘트의 주원료인 클링커는 석회암($CaCO_3$)을 고온 가열하는 방법으로 생산하는데, 이 과정에서 석회(CaO)와 함께 이산화탄소도 발생한다. 공정을 조정하면 탄소 배출을 약간 줄일 수 있지만, 탄소 제로 시멘트를 만들기에는 한참 부족하다.[47]

우리가 해야 할 일은 이산화탄소를 포집해 다른 데 이용하는 것이다.[48] 지하에 저장해 대기로 빠져나오지 못하게 할 수도 있고, 제조 공정에서 다시 주입한 다음 화학 반응을 통해 시멘트의 일부가 되게 하는 방법도 있다. 그러면 시멘트에 이산화탄소를 영구히 '가둬 놓을' 수 있다. 이미 많은 기업에서 이 복잡한 문제를 해결할 방책을 연구하고 있다.

그렇다면 시멘트를 버리고 건설에 다른 재료를 사용하는 것은 어떨까? 여기에는 무엇보다 비용과 규모의 문제가 따른다. 개발도상국은 성장 속도가 매우 가쁘기 때문에 저렴한 건설 자재가 언제든 차질 없이 공급되어야 한다. 중국과 같은 나라에서 시멘트는 최적의 재료였다. 목재는 짧은 시간에 많은 양을 생산하기가 어렵고, 비용도 더 많이 든다. 전 세계의 땅을 활용하는 방식에 큰 변화가 있지 않고서는 불가능하다는 것은 말할 것도 없다. 많은 나라가 원시림, 자연림을 베어버리고 목재용 조림지를 조성해야 한다.

아주 장기적인 관점에서 보면 숲을 가꾸고 개발하고 다시 가꾸는 과정을 통해 탄소 배출 자체는 줄어들 수 있지만, 생물다양성 손실이라는 큰 대가가 따를 것이다. 다음 장에서 논의하겠지만 목재 생산을 위한 조림지는 전 세계적으로 삼림 파괴를 촉진하는 가장 큰 원인 가운데 하나다. 지역적인 수준의 지속 가능한 프로젝트는 감당할 수 있을지 모르지만, 우리가 필요로 하는 건설 자재의 규모나 속도를 고려하면 절대로 전 지구적 해결책은 될 수 없다.

그러므로 현실적으로는 시멘트와 철강과 같은 자재에 저탄소 혁신이 필요하다. 도시가 세계 곳곳에서 확장하고 있으므로 해법은 빨리 찾을수록 좋다.

최대한 고통 없이 탄소에 가격 매기기

우리가 경제 탈탄소화를 위해 마지막으로 해야 할 일은 특정 부문에 국한되지 않는다. 이는 모든 방법의 기반이 되는 조치다.

그동안 여러 경제학자에게 기후 변화 해결을 위해 우리가 무엇을 해야 하는지 질문했는데 탄소에 가격을 매겨야 한다는 한결 같은 답을 받았다. 아마도 모든 경제학자가 동의하는 문제는 '탄소에 가격 매기기'가 유일할 것이다.

탄소에 가격을 매긴다는 말은, 우리가 구매하는 모든 물건에 제조 당시 발생하는 온실가스 양에 따라 탄소세를 부과하는 것을 의미한다. 요컨대 석탄이나 석유 또는 천연가스와 같이 탄소 배출이 많은 연료를 사용하면 높은 탄소세를 부과하고, 핵이나 태양광, 풍력과 같은 저탄소 연료를 사용하는 경우 아주 낮은 탄소세를 부과하는 것이다. 만약 이러한 조치가 적용된다면 탄소를 적게 배출하며 생산한 물건은 상대적으로 훨씬 저렴한 상품이 될 것이다.

탄소세를 옹호하는 쪽에서는 현재 우리가 지불하는 물건들의 가격이 실제 비용을 정확하게 반영하지 않는다는 사실을 근거로 제시한다. 즉 시장에 반영되지 않은 화석 연료 연소에 대한 가격을 제대로 매겨 지불하자는 것이다. 여기에는 미래 세대도 지불해야 하는 기후 변화에 대한 비용과 매년 수백만 명의 목숨을 앗아가는 대기오염과 같은 다른 피해 비용이 포함된다. 탄소세의 목적은 공정한 경쟁의 장을 만들고 시장을 재정립해 마땅히 지불해야 하는 몫을 지불하자는 데 있다.[49]

탄소세가 도입되면 소비자의 결정과 선택에 영향을 줄 것이다. 많은 연료를 소모하는 SUV의 시장가는 청정에너지를 사용하는 전기차 '닛산 리프'에 비해 훨씬 비싸질 테고, 소고기 패티로 만든 햄버거는 콩고기로 유명한 '임파서블 버거'보다 비싼 음식이 될 것이다. 이렇게 되면 모든 사람들이 저탄소 에너지로 만든 상품을 선택할 수밖에 없게 되고, 제조 기업들 또한 그에 따라 전략을 바꾸게 될 것이다. 탄소 배출량이 많은 상품은 터무니없는 가격표가 매겨질 테니 기업들은 경쟁사와의 치열한 시장 경쟁에서 살아남기 위해 가격을 낮춰야 할 것이고, 가격을 낮추려면 탄소발자국을 줄여야 할 것이다.

탄소세는 대단히 효과적인 조치가 될 수 있다. 기후 변화를 강력하게 부정하는 사람들조차 환경에 이로운 선택을 할 수밖에 없다. 비록 지구를 위해서가 아니라 본인의 경제적 이익을 위해 선택하는 것일지라도, 도널드 트럼프와 같은 사람들조차 석탄 에너지 대신 태양광과 풍력 에너지를 선택할 것이다. 우리 경제를 탈탄소화하는 작업의 핵심은 최대한 고통 없이 하는 것이다. 방법은 쉬워야 하고 상품은 저렴해야 한다.

다만 우려되는 점은 탄소세가 가장 가난한 이들에게 가장 부정적인 영향을 미칠지 모른다는 것이다. 당장 석유 가격이 두 배로 뛴다면 람보르기니 다섯 대를 소유한 부자는 약간의 타격을 입을지언정 큰 문제는 겪지 않을 것이다. 람보르기니 다섯 대 중 하나를 팔거나 전용기 대신 항공기 일등석을 타야 할 수도 있겠지만 잘 헤쳐 나갈 것이다. 하지만 입에 겨우 풀칠만 하며 사는 사람들은 집에 난방도 제대로 하지 못할 것이고, 전기차를 구매할 여유가 없을 테니 아이들을 학교에 데려다 주는 일상에도 어려움을 겪을 것이다.

　탄소세 정책에는 저소득 가구가 에너지 비용 증가분을 보전받을 수 있는 지원책이 함께 마련되어야 한다. 이는 탄소세 세수를 저소득층에 직접 투입함으로써 실현할 수 있다. 탄소세로 거둬들인 돈을 긍정적으로 사용할 수 있는 방법은 그밖에도 많다. 저탄소 기술 개발, 청정에너지, 육류 생산 기술 등의 혁신에 투자하거나 지속 가능한 도시 설계, 삼림 벌채 근절, 삼림 복구에 투자할 수도 있다.

　가장 많은 탄소세를 내는 나라는 가장 많은 탄소를 배출하는 선진국이어야 한다. 어떤 종류의 탄소세 정책이든 선진국이 가장 많은 비용을 지불하는 방향으로 설계되어야 한다.

기후 변화에 어떻게 적응할 것인가?: 취약자부터 올라가는 사다리

전 세계에서 가장 가난한 나라들은 기후 위기에 일조한 바가 거의 없다. 지금까지 그들이 배출한 온실가스는 전체 양의 0.01퍼센트도 되지 않는다. 그럼에도 기후 변화로 가장 고된 시련을 겪을 이들은 최빈국의 시민들이며, 이들에게는 기후 변화에 적응하는 데 필요한 자원도 매우 부족하다. 찌는 듯한 더위 아래에서는 에어컨을 하루 종일 가동해야 견딜 만하다. 적절한 관개 시설과 물이 있어야 농작물도 재배할 수 있다. 수해에 대비한 인프라에 투자하는 여유가 있고 물이 빠진 뒤 복구할 수 있어야 홍수 피해를 막을 수 있다. 하루 벌어 하루 먹고 사는 사람에게 흉작은 절대 있어서는 안 되는 일이다. 이것이 바로 기후 변화의 가혹함이다.

우리는 이미 닥쳤으며 또한 앞으로도 다가올 기후 변화에 적응할 방법을 찾아야 한다. 어떤 사람들은 이러한 적응을 강조하는 일이 온실가스 배출 감축에 집중하는 것을 방해한다고 주장한다. 그렇지 않다. 전 세계 온실가스 배출을 신속하게 줄여야 한다는 점은 틀림없는 사실이다. 그러나 우리가 얼마나 빨리 온실가스를 저감하는 데 성공할지와 무관하게 일부 기후 변화 현상은 피할 수 없다. 우리가 기적적으로 기온 상승을 1.5도 이내로 억지하는 데 성공한다고 해도 지구의 기온은 지금보다 상승할 것이고, 우리는 여기에 적응해야 한다. 전 세계 많은 사람에게는 이 사실을 간과하는 것이 용납되지 않는다.

2022년 기후 변화에 관한 정부 간 협의체Intergovernmental Panel on Climate Change(IPCC)에서 기후 변화의 영향과 적응에 관한 3675페이지짜리 보고서를 발표했다.[50] 보고서에 정리된 각 국가가 기후 변화에 적응하기 위해 해야 할 일들을 여기서 세세하게 밝힐 수는 없지만, 세 가지 보편적 기본 원칙은 다음과 같다.

1. 기후 변화에 그대로 노출된 빈민층의 구제

빈민층 구제는 기후 변화에 적응하는 데 있어 가장 중요한 일이다. 가난하면 기후 변화로 인한 갖가지 피해들에 속수무책으로 당할 수밖에 없다. 꼭 기후 변화가 아니라도 빈곤하면 거의 모든 사고와 위기에 취약해진다. 빈곤선 근처에 놓인 사람들은 단 한 번의 사고로도 빈곤선 아래로 떨어질 수 있다. 이미 빈곤선 아래에 놓인 사람들은 아주 작은 사건으로도 한계에 다다를 수 있다는 스트레스를 끊임없이 느끼며 살아야 한다. 너무나 참담한 처지지만, 이것이 전 세계 수십억 명이 겪는 현실이다.

20세기를 지나면서 자연재해로 인한 사망이 90퍼센트 가까이 감소했으나, 기후 변화로 인해 재해의 빈도와 강도는 더 악화될 것으로 예상된다. 앞서 언급했듯 자연재해로 죽는 사람은 점점 줄고 있다. 그동안 우리가 자연재해로부터 스스로를 보호하는 방법을 터득해 왔기 때문이다. 재해 극복이 점점 쉬워진 이유에는 빈곤이 개선된 덕이 크다. 이제 우리는 기상 이변을 일찌감치 예측할 수 있지만, 이것이 제대로 가능하려면 나라 전역에 소식을 전해 사람들이 대비할 수 있도록 하는 견고한 네트워크 연결망을 갖춰야 하고 홍수나 태풍을 견딜 수 있는 주택과 인프라가 있어야만 한다.

2. 이상 기후에도 잘 견딜 수 있는 작물 육종

내가 기후 변화와 관련해 가장 우려하는 바는 기온 상승이 식량 안보에 미칠 영향이다. 농작물은 대개 특정한 기후 조건에 적응하는데, 기후 조건이 변하면 농작물의 대응도 달라진다. 어떤 때는 작황이 더 좋을 수 있겠지만 대개는 산출량이 떨어지고 때로는 흉작이 찾아올 수 있다. 이와 관련해 우리는 환경 변화에 대한 회복력이 좋거나, 새로운 기후에 더 적합한 작물을 개발할 수 있는 높은 잠재력을 갖고 있다. 이러한 낙관이 가능하다고 말하는 까닭은 과거에도 경험이 있기 때문이다. 영양제, 살충제, 관개 시설을 이용해 생산량을 증대시킬 수도 있지만, 질병과 해충에 내성이 있는 종자를 개발하는 방법도 있다.

환경 분야에서는 부정적으로 바라보지만, 육종Genetic breeding은 전 세계적으로 농작물 생산 증대에 지대한 공헌을 해 왔으며, 변화하는 기후에 맞춘 효율적인 농법을 개발하는 데에도 중요한 역할을 담당할 수 있다. 육종 개량은 농가에 높고 안정된 생산량을 보장해 줄 뿐만 아니라 농업에서 비료와 농약을 덜 쓰게 해 줄 수 있다.

작물 육종을 반대하는 진영에 대해 가장 실망스러운 부분은, 이 문제에서도 가장 큰 타격을 받는 쪽은 가장 가난한 사람들이라는 사실을 반영하지 않는다는 점이다. 가난한 사람들은 흉작이 발생하고 식량 공급이 무너지면 가장 큰 피해를 입는다. 이 피해를 줄일 수 있는 길을 가로막는 것은 정당하지 못한 일이다.

3. 불볕더위를 견딜 수 있는 생활환경 조성

앞으로 기상 이변은 점점 더 비일비재해질 것이다. 그러므로 더위를 피하는 방법에 관한 공중 보건 지침부터 폭염 피해를 입은 사람들을 치료하는 의료 시설의 수용력을 증대하는 등 다양한 조치가 필요할 것이다. 빈곤 개선의 중요성에 관해 다시 말하지만, 기후 변화에 가장 취약한 처지에 놓인 이들은 에어컨도 갖추지 못하고 폭염을 피할 곳이 없거나 찌는 듯한 더위에도 밖에서 일을 해야 하는 사람들이다. 21세기에는 필요할 때 냉방 시설을 모든 사람이 이용할 수 있어야 한다.

이런 주장은 환경 담론에서 논란을 일으킬 만하다. 냉방 시설은 에너지가 많이 들기 때문이다. 그러나 내 생각에는 변함이 없다. 모든 사람에게 쾌적한 미래를 만들려면 누구든 불볕더위에 고통받는 일이 벌어지지 않도록 해야 한다.

국제 기후 협약의 주요 난제 가운데 하나는 '기후 적응 관련 사업 자금을 어떻게 조달할 것이냐'다. 기후 적응이 가장 시급한 국가는 다름 아닌 기후 변화에 대한 책임이 가장 적으면서 자원이 부족한 국가들이다. 선진국들에게는 이들의 기후 적응 비용을 지원할 책임이 있다. 그동안 선진국들이 지원금을 약속해 왔지만, 실질적인 예산과 지원책은 기대에 못 미치고 있다. 이에 대한 변화와 개선이 신속히 이뤄져야 한다.

종이책 대신 전자책을 읽는다고
지구가 나아지지는 않는다

기후 데이터 전문가로서 어딜 가나 듣는 질문이 있다. 의사들은 모임에만 가면 죽을병에 걸린 것은 아닌지 근심하는 사람들의 질문을 받는다던데, 나는 '이런 게 정말 환경에 나쁜가요?'라던가 'A와 B 중에서 어떤 게 환경에 더 안 좋은가요?'라는 질문을 많이 받는다. 사람들의 질문은 대개 매우 구체적이어서 이산화탄소를 단 몇 그램밖에 배출하지 않는 행위까지 나오곤 한다.

나는 이런 질문에 기꺼이 대답하는데, 무엇보다 모든 관련 수치를 신나게 읊어댈 수 있기 때문이다. 나는 한동안 마이크 버너스리의 책 《거의 모든 것의 탄소발자국 How Bad Are Bananas?》을 성서처럼 여기며 늘 들고 다녔다.[51] 나는 필사적으로 내 탄소발자국을 아주 세세하게 파악하고 최적화하고자 노력했다. 손 건조기와 페이퍼 타올 중에 무엇을 써야 하는지도 알아봤고, 독서와 텔레비전 시청 중에는 무엇이 더 환경에 유익한지도 따져 봤으며, 식기세척기를 돌려야 하는지 아니면 그냥 설거지가 나은지에 대해서도 고민하곤 했다. 참고로 정답은 한 장만 쓴다는 가정 하에서 페이퍼 타올, 독서, 찬물로 설거지하는 것이 아니라면 식기 세척기가 환경에 더 유익하다.

이런 비교는 재미있으면서도 지적인 행위다. 하지만 득보다는 실이 더 많을 수도 있다. 내가 이런 데 시간을 들이는 이유는 그것이 직업이기 때문이다. 하지만 일반인들은 이렇게 사소한 결정 하나하나에 스트레스를 받을 필요가 전혀 없다. 환경 운동을 지나치게 부담스러운 일처럼 느끼게 될 수도 있고, 기후 변화를 해결하는 일이 우리 삶을 잠식하는 엄청난 희생처럼 느껴질 수도 있다. 이런 행동들이 모두 실질적인 변화를 불러올 수 있다면 괜찮겠지만, 실제로는 그렇지 않다. 괜한 수고이자 스트레스이며, 때로는 기후 변화 해결에 진정으로 필요한 중요한 행동을 희생시키기도 한다.

이와 관련해 '도덕적 허가moral licensing'라는 개념이 있다. 자신이 어디에선가 선행을 했다고 여기고선 다른 행동에 대해서는 자신을 정당화하는 심리적 현상을 가리킨다. 플라스틱 포장 용기를 재활용할 테니 스테이크를 주문해도 된다고 생각하거나, 세탁기를 '친환경' 모드로 설정하고 빨래했으니 자전거 대신 차를 끌고 시내에 나가도 괜찮을 것이라고 여기는 사고가 바로 여기에 해당한다.

'자신의 탄소발자국을 줄일 수 있는 가장 효과적인 방법'에 대한 질문을 받는다면 사람들은 재활용하기, 에너지 효율이 높은 전구 사용하기, 텔레비전을 대기 상태에 두지 않기, 빨래 자연 건조하기 등과 같이 실제로는 효과가 가장 적은 일들을 답하는 경우가 많다.[52] 육류 섭취의 비중을 줄이기, 전기차로 바꾸기, 비행기 덜 타기, 집 단열 처리하기 그리고 저탄소 에너지에 투자하기 등과 같이 실제로 효과적인 일들에 대해서는 대개 간과한다.[53]

그래서 여러 가지 수치를 아는 것이 중요하다. 넷플릭스를 시청할 때 배출되는 탄소량이 얼마인지 강조하기 위해서가 아니라 기후 변화에 정말로 도움이 되는 몇 안 되는 방법이 무엇인지 사람들에게 알리기 위해서다.

그렇다면 기후 변화와 관련해 우리가 잘못 알고 있는 일에는 무엇이 있을까?

다음은 흔히 사람들이 자신의 탄소발자국을 줄이는 데 큰 효과가 있을 것이라고 생각하지만 실제로는 큰 영향을 미치지 못하는 일들을 특별한 순서 없이 적어둔 것이다. 물론 원한다면 계속해도 무방하지만, 정작 중요한 일은 놓치면서 이런 일들을 실행하는 것으로 위안을 얻어서는 안 된다.

- 플라스틱병 재활용하기(7장 참고)
- 오래된 전구를 에너지 효율이 높은 전구로 교체하기
- 텔레비전 시청, 영화 스트리밍, 인터넷 사용 자제하기
- 종이책 대신 전자책 읽기(전자책이나 오디오북을 이용하든 종이책을 읽든 환경에 미치는 영향은 크게 다르지 않다)
- 식기세척기 사용 줄이기
- 국내산 농수산물 먹기(5장 참고)
- 유기농 식품만 섭취하기(오히려 탄소발자국에는 더 악영향을 끼칠 수 있다. 5장 참고)
- 텔레비전이나 컴퓨터를 대기 상태로 두지 않기
- 충전이 다 되었다면 바로 스마트폰을 충전기에서 분리하기
- 비닐봉투 대신 종이봉투를 쓰기(실제로는 비닐봉투의 탄소발자국이 더 적은데, 크게 중요한 사실은 아니다)

우리가 탄소발자국을 줄이는 데 효과가 있다고 착각하는 것들

자동차를 소유하지 않는 것, 식물성 식품을 더 많이 먹는 것, 비행기를 덜 타거나 휘발유차를 전기차로 바꾸는 것이 개인의 탄소발자국을 줄이는 데 가장 효과적인 방법이다. 그러나 30개국 2만 1,000명의 성인을 대상으로 한 설문 조사 결과를 보면 사람들은 재활용이나 전구 교체와 같은 행위가 가장 효과적이라고 생각한다는 것을 알 수 있다.

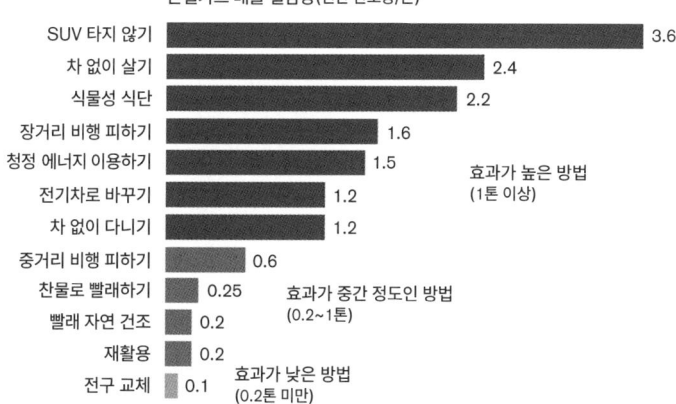

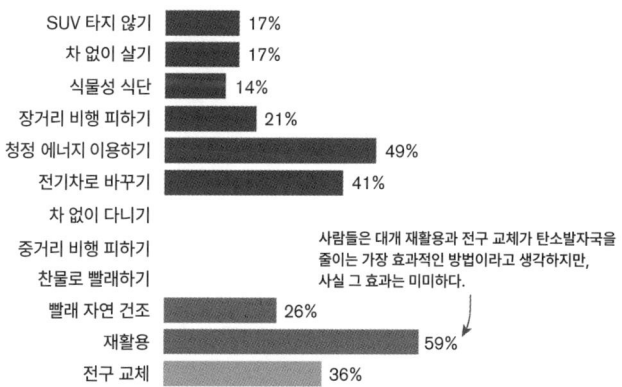

3장 기후 변화: '지구 온도 낮추기'는 아직 늦지 않았다

앞에서(189쪽) 제시한 그래프는 와인즈와 니콜라스의 연구(2017)와 입소스(2021) 설문 조사 데이터의 탄소 감축 추정치를 통합한 것이다. 식물성 식단을 실천했을 시 감축량을 제외한 탄소 절감에 관한 수치는 모두 와인즈와 니콜라스의 연구에서 나왔다.

식물성 식단을 실천했을 때의 추정치는 푸어와 네메체크(2018) 연구의 자료를 가져왔다. 여기에는 식이 변화로 줄일 수 있는 탄소량을 비롯해 토지의 탄소 기회비용과 같이 농지 이용 감축으로 격리된 탄소가 포함되어 있다. 다만 이 자료에는 '아이 한 명 덜 출산하기'가 제외되어 있다. 이는 기초 데이터가 시간에 따른 사람들의 탄소발자국 변화를 고려하지 않았기 때문이다. 내 아이의 탄소발자국은 나의 탄소발자국과는 달라야 한다. 향후 몇십 년 이내에 탈탄소화를 이뤄 한 사람의 탄소 배출량이 큰 폭으로 줄고, 마침내 탄소 제로에 도달하기를 희망한다.

4장

삼림 파괴

나무를 구하려면
숲을 봐야 한다

"전 세계 산소의 20퍼센트를 생산하는 지구의 허파,
아마존 열대우림이 불타고 있다."
프랑스 에마뉘엘 마크롱 대통령(2019)[1]

아마존은 지구의 허파가 아니다

아마존 우림은 흔히 '지구의 허파'라고 불린다. 아마존 우림이 지구 산소의 20퍼센트를 생산한다고 주장하는 사람은 마크롱만이 아니다. 리어나도 디캐프리오, 카멀라 해리스, 크리스티아누 호날두를 비롯한 많은 사람이 비슷한 주장을 폈다.[2~3] 전 미국항공우주국 우주비행사인 스콧 켈리Scott Kelly는 소셜미디어 플랫폼인 엑스에서 이 수치를 언급하며 '우리에게는 숨 쉴 산소가 필요하다!'라는 글을 올리기도 했다.[4]

 이들의 주장에는 아마존의 황폐화가 지구 산소 공급에 큰 지장을 줄 것이라는 예상이 전제되어 있다. 아마존 우림이 유실되고 있다는 소식이 심심치 않게 들리는 터라 이런 주장은 섬뜩하다. 《뉴욕 타임스》에는 "열대우림이 파괴되고 복구되지 않는다면, 그 지역은 사바나가 된다. 사바나는 열대우림만큼 탄소를 저장하지 못하므로 열대우림이 파괴되었다는 말은 곧 지구 '허파의 용량'이 줄어든다는 의미가 된다"라는 기사가 실리기도 했다.[5]

아마존이 '티핑포인트'에 다다르고 있다는 실질적인 우려가 존재한다. 그러나 이러한 우려는 산소 공급에 관한 것이 아니다. 아마존은 전 세계 산소의 20퍼센트를 생산하지 않는다. 아마존은 산소를 생산한 만큼 소비하기에 전 세계 산소 공급에 기여하는 바는 0에 가깝다.

아마존이 엄청난 양의 산소를 생산하는 것은 사실이다. 광합성을 통해 이산화탄소를 흡수하고 산소를 배출한다. 그래도 20퍼센트라는 추정치는 너무 높고, 실제로는 6퍼센트에서 9퍼센트 정도로 추정된다.[6-7] 그러나 이 수치들은 핵심을 벗어난 것이다. 아마존은 많은 양의 산소를 생산하지만 그만큼 소비하기도 한다. 해가 지고 나면 나무들은 광합성을 하지 못하기 때문에 이산화탄소 대신 산소를 소비하면서 당을 에너지로 변환한다. 숲의 지표면에서 사는 박테리아도 나무 위에서 떨어진 유기물을 분해할 때 산소를 빨아들인다. 아마존의 산소 '소비'량은 아마존의 산소 생산량과 거의 일치한다. 생산과 소비가 서로를 상쇄하므로 아마존이 지구 대기에 공급하는 산소는 거의 없다고 볼 수 있다.

아마존만 그런 것이 아니다. 전 세계 어떤 숲이나 식생도 특별히 산소 공급에 큰 지분을 차지하지 않는다. 지질학자 섀넌 피터스Shanan Peters가 추정한 것처럼 '인간을 제외한 지구상 모든 생물체가 연소되더라도 산소 농도는 고작 20.9퍼센트에서 20.4퍼센트로 감소할 것이다.'[8]

게다가 지구상의 산소가 현저하게 감소하려면 수백만 년은 걸릴 것이다. 우리 대기 중의 산소는 수억 년 전 바다의 식물 플랑크톤으로부터 생성된 것이다. 그 이전에는 지구 대기에 아무것도 존재하지 않았다. 당시 미생물들은 혐기성, 즉 산소 없는 조건에서 생육하거나 황과 같은 원소로부터 연료를 공급받는 극한의 환경에서 서식하는 생물들extremophiles이었다. 그러던 중 약 25억 년 전 지구에 '산소 급증 사건Great Oxidation Event'이 일어나면서 지구 역사상 최초의 광합성 유기체인 남세균이 이산화탄소를 산소로 전환하기 시작했다. 오늘날 지구의 산소는 거의 이때 만들어진 것으로, 이 균형을 크게 무너뜨리기는 매우 어렵다.

그렇다고 해서 기후 행동을 멈춰서는 안 된다. 아마존을 비롯한 열대우림은 지구상에서 생물다양성이 가장 풍부한 곳이다. 이런 곳들이 지금 위험에 처해 있다. 나무를 벌목하면 수천 년, 수만 년 동안 나무속에 갇혀 있던 탄소가 방출되기 때문에 삼림 파괴는 기후에도 악영향을 미친다. 이미 현실은 나쁠 대로 나빠졌기 때문에 행동에 나서야 하는 이유는 차고 넘친다. 사람들의 관심을 끌기 위해 사실이 아닌 뉴스 헤드라인을 들먹일 필요도 없다. 진실이 공개되었을 때 과학자들에 대한 대중의 신뢰가 훼손되고 정작 중요한 이유에 대한 믿음만 퇴색되기 때문이다.

사실 우리가 삼림 파괴를 막을 수 있다고 조심스레 낙관하는 데에는 이유가 있다. '전 세계 산소의 20퍼센트'라는 수치를 제목으로 내세운 신문 기사들은 아마존의 삼림 파괴가 역사상 최고조에 이르렀다고도 주장한다. 하지만 이 역시 사실이 아니다. 아마존의 벌채율은 1990년대 말에 정점을 찍고 이후 감소했다.

삼림 파괴의 역사:
오래된 파괴, 여전한 위기

선진국들의 숲은 이미 오래전에 파괴되었다

전 세계 많은 국가들이 삼림이 사라지고 있다는 실질적인 위협에 처해 있었다. 약 천 년 전, 프랑스는 국토의 절반이 숲이었지만 19세기 무렵에는 13퍼센트밖에 남아 있지 않았다. 1000년부터 1300년 사이 프랑스 인구는 800만 명에서 1600만 명으로 두 배 증가했다. 당시는 전쟁이 없는 평화로운 시기였기 때문에 인구가 계속 증가할 수 있었다. 인구가 늘면 식량, 에너지, 건축 자재가 더 필요하기 마련이다. 이 말인즉슨 나무를 베어 난방을 하고 농경지를 만들었다는 뜻이다. 어떤 사람들은 이 시기를 '프랑스 시골의 대변혁 시기'라고 부르기도 했는데, 프랑스 삼림의 절반이 이때 잘려 나갔다.

이후 유럽에는 흑사병이라는 재앙이 닥쳤다. 이 역병은 박테리아에 의해 발생하고 벼룩에 의해 전파되었는데, 사람 사이에서는 비말과 에어로졸을 통해서도 전염되었다. 흑사병은 치사율이 매우 높았다. 유럽 대륙 인구 절반의 목숨을 앗아갔다. 프랑스도 큰 타격을 입으면서 1600만 명이었던 인구가 1000만 명가량으로 급감했다.

인구가 줄어들어 식량, 에너지, 자원의 수요가 감소하면서 버려지는 농지가 많아졌고 자연스레 숲이 복원되었다. 14세기에서 15세기를 지나오는 동안 프랑스는 삼림 지역이 거의 두 배로 늘었다. 흑사병 이후 이와 같은 자연 지형의 재생 현상은 유럽 전역에서 흔히 발견되었다. 복구된 삼림과 초원에서 채취한 꽃가루 표본을 보면 곡초의 번식 재료는 크게 줄고 다른 종류의 식물이 회귀했음을 확인할 수 있다.[9]

그러나 이렇게 숲이 복구된 것은 일시적이었다. 몇백 년이 걸리기는 했지만, 프랑스 인구는 결국 흑사병 이전보다 조금 더 많은 수준으로 회복되었다. 프랑스는 세계 강대국이 되었다. 토지, 연료, 목재 수요가 하늘로 치솟았다. 식민지 건설 경쟁에서 우위를 점하기 위해서는 배가 필요했기에, 목재가 고갈되는 것이 큰 걱정거리였다. 1600년대에 루이 14세는 '프랑스는 목재가 모자라 망할 것이다'라고 한탄하기도 했다.

또한 사람들도 잘 부양해야 했다. 작물 수확량이 오늘날에 비하면 극히 적었기에 더 많은 식량을 얻기 위한 유일한 방법은 숲을 농지로 만드는 것뿐이었다. 1700년대 프랑스 정부는 숲을 벌목하면

선진국의 삼림 소실 및 복구 추이

각국의 과거 삼림 면적 비율.

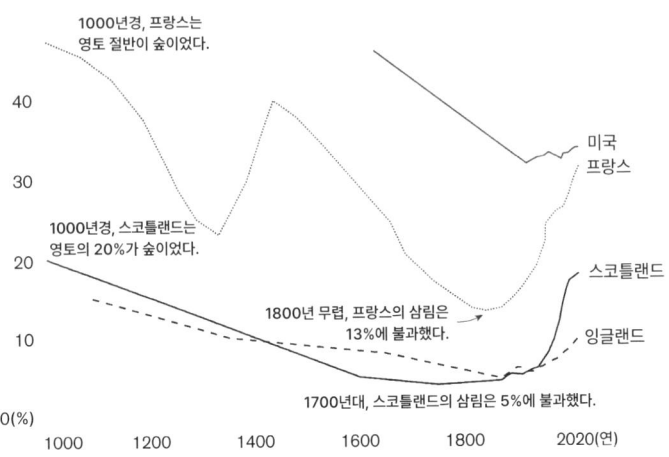

15년간 세금을 감면해 주는 등 이를 적극적으로 권장했다. 그에 더해 장작 수요도 높아졌다. 프랑스 전역의 도시가 급속하게 성장하면서 집을 난방하고 공장을 가동하는 데 땔감이 필요했다. 어마어마한 면적의 숲이 계속해서 사라져 갔다.

바다 건너 영국도 상황은 마찬가지였다. 1000년 전만 해도 스코틀랜드 영토의 20퍼센트, 잉글랜드의 15퍼센트가 숲이었으나,[10-11] 19세기 무렵이 되자 두 지역 모두 삼림 면적이 급감해 5퍼센트도 남지 않게 되었다.[12-13] 대서양 건너 미국에서도 숲이 급격히 빠른 속도로 베어져 나갔다. 17세기까지 미국 영토는 거의 절반이 숲으로 덮여 있었으나 200년 만에 30퍼센트로 줄어들었다.[14]

18세기 프랑스와 영국에 살았더라면 이런 변화는 계속되리라고 생각했을 것이다. 하지만 숲이 완전히 사라질 것 같았던 그때 여러 나라에서 아주 큰 변화가 일었다. 이러한 변화는 흑사병 이후와 같은 일시적인 현상이 아니었다. 이번에는 인구가 증가하는 중에도 숲이 점차 복원되었다는 특징이 있었다.

여기에는 여러 이유가 있다. 먼저 농업의 생산성이 높아지기 시작했다. 집약적 농업으로 작물 수확량이 증가하기 시작했고, 작물도 생산성이 더 좋은 것으로 바꿨다. 프랑스는 호밀을 버리고 평당 수확량이 더 높은 감자를 재배하기 시작했다. 정책도 변했다. 나무를 베는 사람들에게 혜택을 주는 대신 삼림 벌채를 엄격히 규제하고 농촌 사람들을 설득해 생산성이 나쁜 농지를 포기하도록 했다.

결정적으로 석탄이 급격하게 늘기 시작했다. 1815년 파리에서 보통사람이 평균적으로 일 년에 사용하는 장작의 양은 1.8세제곱미터였는데, 1860년경에는 0.45세제곱미터로 줄었고 1900년에 이르자 0.2세제곱미터까지 감소했다. 장작은 철 지난 연료가 되었고 석탄이 새로운 유행이 되었다.

이러한 변화는 당시 선진국들이 인구 증가, 즉 경제 발전에서 삼림 파괴라는 과정을 마침내 분리시킬 수 있게 되었음을 의미한다. 이러한 추세는 오늘날까지 계속되어 세계 곳곳에서 확인되는데, 보통 저개발 국가가 산업화하면서 이와 같은 과정을 따른다. 빈곤 국가의 경우 삼림 파괴와 개발이 매우 밀접하게 연관되어 있지만, 이 연관성은 결국 깨진다. 국가가 충분한 부를 축적하고 나면 대개 삼림은 제 모습을 찾는다.

마지막 빙하기 이후 삼림의 3분의 1을 잃은 지구

그렇다고 긍정적으로 포장하지는 말자. 오늘날 많은 나라의 상황이 좋아졌을지 모르나 전 세계적인 삼림 파괴의 대가는 혹독했다.

만여 년 전 마지막 빙하기가 끝난 이래 지구는 전체 삼림의 3분의 1을 잃었다.[15~16] 이는 미국 면적의 두 배 크기다. 이중 절반은 1900년 이전에 사라졌다. 20세기에도 엄청난 면적의 숲이 사라졌다. 삼림 벌채의 원인은 대개 농지의 확대였다. 경작지와 목초지는 거의 두 배로 늘었다. 현재 지구는 삼림으로 남은 땅보다 농사를 짓

인류는 작물 재배를 위해 지구 삼림의 3분의 1을 베었다

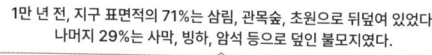

농축산은 역사적으로 삼림 파괴의 가장 큰 원인이었고, 오늘날도 마찬가지다.

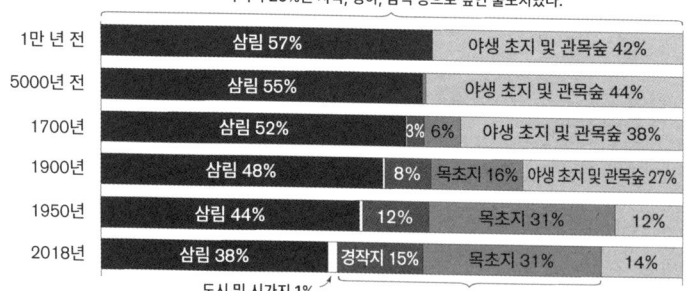

고 가축을 키우는 땅이 훨씬 많다. 농축산은 오랫동안 삼림 벌채의 주요 원인이었고 지금도 여전히 그렇다. 이런 경향이 가장 두드러지게 나타나는 곳이 바로 브라질이다.

자이르 보우소나루Jair Messias Bolsonaro 브라질 전 대통령은 삼림 벌채 문제를 해결하겠다는 약속으로 자주 연막을 쳤다. 2021년 글래스고에서 열린 유엔기후변화협약 당사국총회에서 보우소나루 정부는 2028년까지 불법 삼림 벌채를 근절하겠다고 공약했다. 이는 이전 합의보다 2년 앞당긴 것이었다.

다른 국가들도 협약에 합의하면서 세계는 환호했다. 브라질은 세계적으로 가장 큰 면적의 삼림이 소실되고 있는 나라이기에 브라질에서 삼림 벌채를 근절할 수 있다면 세계 어느 곳에서도 가능할 것이다. 당사국총회에서 보우소나루는 아마존의 삼림 벌채 근절에 사활을 건 사람처럼 이야기했다. 그러나 몇 달 지나지 않아 모든 나라가 속았다는 사실이 드러났다. 브라질의 국립우주연구소가 최신 삼림 파괴 보고서를 발표했는데, 2021년 벌채율이 15년 만에 최고치를 기록한 것이다.[17] 전 세계를 속였다는 사실을 부인할 수 없는 이 수치는 대대적으로 보도되었다. 같은 일은 2022년에도 일어났다. 전 세계 삼림 파괴율이 역대 최고 수준이고 점점 악화되고 있다는 사실은 쉽게 짐작할 수 있었다.

그러나 한발 물러나서 보면 이것이 진실의 전모는 아니라는 것을 알 수 있다. 전 세계가 많은 숲을 베어버렸다는 사실에는 의심의 여지가 없다. 그리고 지금도 놀라운 속도로 삼림이 소실되어가고 있다. 2020년 유엔 삼림 보고서에 따르면 2010년부터 2020년까지 10년간 소실된 숲의 크기는 스페인 면적의 두 배인 110만 제곱킬로미터에 달했다. 다행히 세계 곳곳에서 약 50만 제곱킬로미터 면적의 숲을 복원해 실제 소실된 크기는 그 절반가량이었다.

하지만 유엔 삼림 보고서는 전 세계 삼림 파괴가 1980년대에 정점을 찍은 이후 감소해 왔다는 사실도 함께 시사하고 있다. 유엔은 50년 넘게 전 세계 삼림 현황을 조사해 왔다. 2020년 자료에 따르면 삼림 파괴율은 1990년대 이래 약 26퍼센트 감소했다. 이전 보고서에 따르면 삼림 파괴율은 1980년대에 훨씬 높았다.

현재 삼림 파괴율에는 논쟁의 여지가 없지 않다. 과학자들은 무엇이 '삼림'인가라는 간단한 질문에도 합의하지 못한다. 삼림 파괴를 측정하는 방법은 아주 많다. 그러나 그 가운데 완벽한 방법은 하나도 없다. 최근 새롭게 떠오른 방법은 원격 감지와 위성을 사용하는 것이다. 2022년에 유엔은 이 원격 감지를 사용해 전면적인 평가를 시행했고, 전 세계 삼림 파괴율이 감소하고 있다는 과거 보고서와 일치하는 결과를 얻었다.

추정치가 다른 부분은 위성을 사용하는 방법이 대개 '수목 피복 손실'까지 포함한다는 것인데, 이는 삼림 파괴와는 다르다. 삼림 파괴는 숲이 '영구적'으로 목초지, 경작지, 도시 또는 도로와 같이 다른 토지 용도로 전환되는 것을 말한다. 수목 피복 손실은 삼림 파괴 외에도 산불, 혼농임업, 목재용 조림지의 정기 수확 등으로 인해 일시적으로 숲이 사라진 상태도 포함한다. 이런 숲은 나무가 다시 자라기 때문에 유엔이 말하는 '삼림 파괴'에 해당하지 않는다. 수목 피복 손실에 관한 일관성 있는 장기 데이터가 존재하지는 않지만, 최신 데이터를 보면 손실률이 여전히 매우 높고 일부 지역에서는 증가하고 있음을 알 수 있다.

데이터를 종합해 보면 삼림 파괴율은 여전히 우려될 정도로 높다. 불행하게도 삼림 파괴는 대부분 생물다양성이 가장 풍부한 열대 지방에서 일어나고 있다. 그러나 '전 세계적' 삼림 파괴는 수십 년 전에 정점을 찍은 것으로 판단된다. 게다가 앞으로 확인하겠지만, 적절한 수단과 정책만 있다면 각 국가가 삼림 파괴를 획기적으로 줄일 수 있음을 보여주는 다양한 사례도 있다.

삼림 파괴 실태: 무엇이 숲을 망치는가?

저절로 돌아오기를 기다리기만 하면 숲은 돌아오지 않는다

삼림 파괴의 기나긴 역사를 들여다보면 우리가 얼마나 많은 숲을 잃었고, 애초에 왜 숲을 베었는지 정확하게 파악할 수 있다. 삼림 파괴는 하루빨리 근절되어야 한다. 열대우림의 숲은 베어내고 온대 지역의 숲을 복원하는 것으로는 부족하다. 열대의 숲을 베어낼 때 잃는 것이 너무 많기 때문이다. 열대우림을 파괴하면 탄소만 문제되는 것이 아니라 숲이 수백 년, 수천 년 쌓아온 생태 균형이 깨진다. 열대 삼림은 독특한 야생 동식물이 가득한 곳이다. 이런 생태계는 설사 회복이 가능하더라도 복구하려면 아주 오랜 시간이 걸린다. 애초에 1만 제곱미터 면적의 삼림이 파괴되는 일을 예방하는 것이 1만 제곱미터 숲을 다시 심는 것보다 훨씬 낫다. 다른 탄소 저감 활동을 한답시고 여름휴가 비행기표 구매를 정당화하며 위안을 삼는 것과는 완전히 다른 문제다.

어떤 국가에서 숲이 사라지고 어떤 국가에서 숲이 복구되는지를 살펴보면 극명한 차이가 드러난다. 고소득 국가에서는 삼림이 복원되는 편이고, 중위 및 저소득 국가에서는 삼림이 사라지고 있다. 이는 우연이 아니다. 삼림 피복은 전형적인 U 모양의 곡선을 그리며 해당 국가의 발전 과정을 따른다. 삼림 분야에서는 이것을 두고 '삼림 변천' 모델이라고 부른다.[18~20] 이 곡선은 네 단계로 나뉘는데 이 단계를 결정하는 변수는 단 두 가지, 해당 국가의 산림 면적과 연별 변천 추이뿐이다.

1단계 '전 변천 시기'는 여전히 삼림이 많고 시간이 지나도 손실이 많지 않은 때다. 삼림 파괴율이 0은 아니더라도 매우 낮은 상태를 가리킨다.

2단계 '초기 변천 시기'에는 매우 빠른 속도로 숲이 사라지기 시작한다. 삼림 피복이 급감하고 연간 삼림 손실률이 높은 시기다.

3단계 '말기 변천 시기'에는 삼림 파괴가 다시 둔화하기 시작한다. 이 단계에서는 여전히 삼림 손실이 일어나지만, 이전보다는 속도가 느려진다. 이 단계가 끝나면 '변천 종착점'에 다가선다.

4단계 '변천 이후 시기'에는 삼림 손실에서 복구로의 전환기가 지나고, 숲이 자연적으로 다시 자라나는 시기다. 국가가 나무를 다시 심기도 한다. 초반에는 남아 있는 삼림이 얼마 되지 않을 수 있지만 점점 회복된다. 다행히 4단계 말이 되면 삼림 면적 일부가 복구되는 것은 물론 본래 피복 수준에 점점 가까워진다. 이때를 완전히 별도의 단계, 5단계로 구분할 수도 있다.

영국, 프랑스, 미국, 한국 등의 나라는 이러한 U 모양의 전형적인 패턴을 따랐다. 그런데 도대체 왜 그리고 어떻게 삼림 파괴가 경제 발전과 관련이 있다는 것일까? 사람들이 나무를 베는 이유를 다시 생각해 보자. 벌목하는 이유는 둘 중 하나다. 연료용, 건설용, 제지 생산용 등 산업 재료를 얻기 위해서거나 경작지를 확보하기 위해서다. 한 국가의 인구가 늘기 시작하거나 경제 성장이 시작되면, 이러한 재료와 경작지 확보에 대한 수요가 모두 증가한다. 요리를 위한 땔나무가 더 많이 필요하고 집도 더 많이 지어져야 하며 식량도 더 필요해진다. 이때가 바로 1단계에서 2단계로의 전환이 시작되는 시기다. 숲을 베어내기 시작하고 나무 수요가 증가하면서 벌목 속도는 점점 빨라진다.

그러나 국가가 점점 부유해지면 이 수요가 둔화한다. 연료로 나무 대신 화석 연료를 쓰기 시작하기 때문이다. 작물 수확량이 늘어나므로 농축산 용도의 토지가 줄어든다. 이때가 바로 3단계로 진입하는 시기다. 3단계가 되면 삼림 파괴가 눈에 띄게 줄어든다. 마침내 삼림 파괴가 끝나는 발전 단계에 들어서는 것이다. 농축산의 생산성이 매우 높아지고, 인구 증가도 둔화하며, 나무를 연료로 사용하는 사람도 없고, 건설에는 나무 대신 다른 재료가 사용된다. 4단계에 이르면 산림이 회복되기 시작한다.

전 세계 삼림 파괴의 95퍼센트는 열대 지방에서 발생하는데, 이는 중위 및 저소득 국가들이 대개 열대 또는 아열대에 위치해 있기 때문이다.[21] 슬픈 소식이 아닐 수 없다. 열대 삼림은 지구상에서 가장 풍부하고 다양한 생태계를 품고 있는 곳으로 세계 생물종 절반 이상이 이곳에 서식한다.[22] 또 열대의 삼림은 많은 양의 탄소를 저장하고 있어서 이곳에 대한 훼손은 곧 다량의 탄소 배출로 이어져 기후 변화에도 악영향을 끼친다.[23]

분명한 사실은 열대 지방의 삼림 파괴를 멈춰야 한다는 것이다. 한 나라의 삼림은 국가의 개발 경로에 따라 변화하기 때문에, 우리가 가만히 앉아서 아무것도 하지 않는다면 삼림 파괴는 저절로 일어날 것이다. 4단계는 국가가 부유해지고 나서야 이를 수 있는데, 그때까지 도달하기에는 너무 오랜 시간이 걸린다. 그때까지 마냥 기다리기만 하면 우리는 기후 변화를 해결할 수 있는 시기를 놓치게 되고 그 과정에서 너무 많은 야생동물을 잃을 것이다. 중위 및 저소득 국가가 선진국의 전철을 그대로 밟는다면 지구의 운명은 비극으로 흐르고 말 것이다.

다행인 점은 중위 및 저소득 국가들은 이제 그럴 필요가 없다는 사실이다. 그들의 처지는 200년 전 영국과는 다르다. 이제는 농축산의 생산성을 높이는 기술이 있고, 정책과 규제를 시행할 수 있는 제도도 있다. 전 세계 삼림 파괴를 추적하고 감시할 수 있는 위성이 있고, 나무를 대체할 연료도 있다. 그리고 상호 협력하고 정보를 공유할 수 있는 국제적 네트워크도 있다.

우리는 저소득 국가들이 이 변천 과정을 빠르게 통과할 수 있도록 지원해야 한다. 2단계와 3단계를 완전히 생략할 수 있다면 더 좋다. 우리에게는 이를 가능하게 할 도구가 있다. 문제는 우리에게 그 도구를 사용할 의지가 있느냐는 것이다.

아마존은 얼마나 사라졌고, 얼마나 빨리 사라지고 있는가?

아마존 열대우림의 면적은 전 세계 삼림에서 14퍼센트를 차지하지만, 기후 변화 논의에서 차지하는 비중은 그보다 훨씬 높다. 사람들은 아마존에서 일어나는 일을 통해 오늘날 기후 변화를 추정한다.

그러나 그렇게 수없이 많은 기사에 쏟아지는데도 아마존의 현실을 정확히 파악하기는 쉽지 않다. 아마존의 숲은 얼마나 소실되었을까? 얼마나 남아 있을까? 벌채율은 정말 역대 최고 수준일까?

아마존강 유역의 면적은 호주 크기와 맞먹는 700만 제곱킬로미터에 달한다. 실질적인 열대우림 지역은 550만 제곱킬로미터가량으로 영국 면적의 23배다. 그중 60퍼센트는 브라질에 있고, 나머지는 여러 남미 국가들에 분포해 있다.

삼림 벌채는 대개 브라질에서 일어났는데, 대부분이 20세기 말

30년 동안 벌어진 일이기 때문에 1970년을 삼림 파괴가 본격적으로 시작된 시점으로 잡는다. 1970년대 이전 브라질 아마존의 면적은 410만 제곱킬로미터에 달했는데, 현재는 330만 제곱킬로미터 정도만이 남았다. 즉 브라질 아마존의 약 20퍼센트가 사라졌다. 이웃 나라들에서는 벌채율이 조금 둔화했으므로 전체적으로 아마존 총면적은 약 11퍼센트가 소실되었다고 할 수 있다.[24]

그렇다면 지금은 얼마나 사라지고 있을까? 전 세계 삼림 벌채율은 1980년대에 최고점을 기록한 다음 내려갔지만, 아마존의 벌채율은 1990년대부터 2000년대 초반까지 계속 올라갔다. 실제로 이전까지 매년 1만 5000제곱킬로미터씩 사라지던 열대우림은 10년

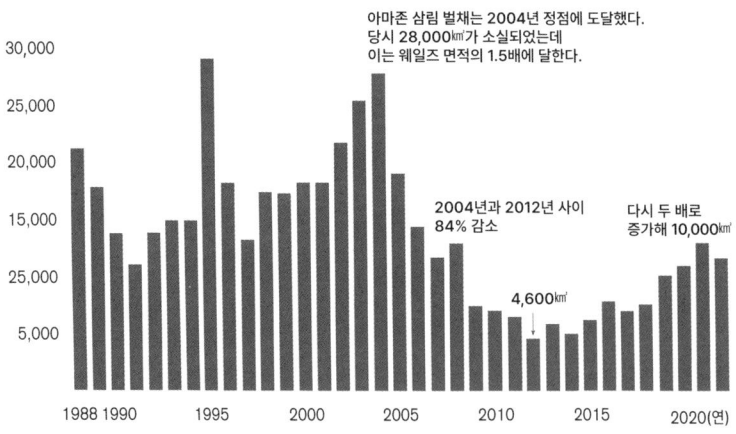

브라질 아마존의 삼림 벌채는 2000년대 초에 정점을 찍었다

삼림 벌채율 측정 단위(㎢)

만에 연간 3만 제곱킬로미터에 육박하는 속도로 사라져 갔다.

2003년 취임한 루이스 이나시우 룰라 다 시우바Luiz Inacio Lula da Silva 브라질 대통령은 이 문제를 개선하겠다고 약속했고, 그 약속을 지켰다. 그의 임기 말인 2010년 브라질의 삼림 파괴율은 80퍼센트 감소해 2만 5000제곱킬로미터였던 연간 소실 면적이 5000제곱킬로미터로 급감했다. 그렇게 안정을 찾은 브라질의 삼림 파괴율은 얼마 후 다시 오르기 시작했지만, 결코 21세기 초 무렵의 수준으로 돌아가지는 않았다.

오늘날 아마존의 삼림 파괴율은 2000년대 초반 수준의 절반도 되지 않는다. 하지만 가장 낮았던 수준과 비교하면 여전히 두 배가 넘는다. 이를 통해 분명하게 드러나는 몇 가지 사실이 있다. 첫째, 아마존의 삼림 파괴는 정점을 지났으며, 언론에서 말하는 '역대 최고치'는 사실이 아니다. 최근 몇 년간 다소 상승하기는 했지만, 과거에 비하면 아마존 삼림의 소실률은 훨씬 줄어들었다.

둘째, 삼림 파괴는 빠르게 개선할 수 있다. 브라질은 룰라 대통령 재임 당시 단 7년 만에 삼림 파괴율을 80퍼센트까지 줄이는 데 성공했다. 2022년 10월, 룰라가 재선에 성공하면서 한 줄기 희망이 내려오기 시작했다. 2030년까지 삼림 파괴를 근절할 수 없다고 말하는 이는 상황이 얼마나 빠르게 변할 수 있는지 모르는 사람이다.

셋째, 이러한 변화는 저절로 일어나지 않는다. 우리가 현실에 안주한다면 상황은 순식간에 과거로 뒷걸음질 치고 말 것이다.

팜유의 누명: 팜유를 끊으면 숲이 복원될까?

벤앤제리스 아이스크림 회사의 웹사이트 메인페이지 상단에는 다음과 같은 문구가 쓰여 있다. '벤앤제리스는 팜유가 들어간 아이스크림을 생산하지 않습니다.'[25]

2017년 벤앤제리스는 팜유가 함유된 마지막 몇 제품의 생산까지 모두 중단했다. 지속 가능성에 대한 책무를 다하겠다는 회사의 의지에 여론은 환호했다. 그간 벤앤제리스를 보이콧했던 소비자들도 다시 그들의 인기 제품인 초콜릿 칩 쿠키 도우를 냉장고에 쟁이기 시작했다. 일종의 홍보 전략이든 아니든, 벤앤제리스가 무팜유 제품임을 선언하고 싶은 이유는 분명했다. 팜유는 모든 사람이 싫어하는 식품 업계의 해악이었기 때문이다.

나 역시 팜유라면 질색하던 때가 있었다. 2018년 '영국 크리스마스 TV 광고 대회'가 시작한 시기였다. 어떤 유명 회사 광고가 전 국민에게 감동을 안기고 대상을 차지할지 관심이 모였다. 그해 영국의 대형 슈퍼마켓 체인인 아이슬란드Iceland가 선보인 광고는 환경단체 그린피스가 만화영화 형식으로 제작한 영상이었다. 광고에는 어린 소녀가 등장하고 오랑우탄 한 마리가 소녀 방을 휘젓고 다닌다. 오랑우탄은 소녀에게 초콜릿을 집어 던지거나 소녀가 쓰는 샴푸에 대고 소리를 지르며 방을 엉망진창으로 만든다. "내 방에는 오랑우탄 한 마리가 있는데 난 얘가 떠났으면 좋겠어. 그래서 이 고약한 오랑우탄에게 내 방에서 나가라고 말했어." 소녀의 목소리 연기는 배우 엠마 톰슨Emma Thompson이 맡았다.

이후 화면은 열대우림으로 넘어간다. 그리고 오랑우탄은 어린 소녀에게 이렇게 말한다. "우리 숲에는 인간이 하나 있어. 난 어찌하면 좋을지 모르겠어. 너희 인간은 음식과 샴푸에 쓴다고 우리 나무를 모두 망가뜨려 놓았지. … 인간은 우리 엄마를 빼앗아 갔고 나도 데려갈까 봐 무서워. 우리 숲에는 인간들이 있어. 난 어찌하면 좋을지 모르겠어. 인간들이 팜유를 채취한다고 숲을 모조리 태우고 있으니 난 네 방에서 지내는 수밖에." 이어서 아이슬란드가 자사의 모든 제품에서 팜유를 퇴출하겠다고 선언하면서 영상은 끝이 난다.

이 광고는 텔레비전으로 송출되지 않았다. 지나치게 정치적이라는 이유로 정부 당국에서 송출을 금지했기 때문이다. 완벽했다. 온라인에서 입소문을 타기 위해 필요한 것이 딱 이 부분이었다. 정치 광고를 금지시키는 것보다 대중의 분노를 더 크게 살 수 있는 것이 또 무엇이 있을까? 나 역시 분노했다.

나는 이 입장을 몇 년간 고수했다. 누군가 내게 지속 가능한 삶을 위해 무엇을 해야 하느냐고 물으면, 팜유를 쓰지 말라는 조언을 가장 먼저 할 정도였다. 나는 벤앤제리스의 조치에 환호했다.

그러던 중 나는 《아워 월드 인 데이터》에서 삼림 파괴에 관한 대형 프로젝트를 맡게 되었다. 프로젝트의 핵심 목표는 전 세계 삼림 파괴 현황을 완전하게 파악하는 것이었다. 어디서 얼마나 많은 삼림이 파괴되었는지, 주요 원인은 무엇인지, 이를 해결하려면 무엇을 해야 하는지 등에 관한 연구였다.

나는 팜유가 큰 문제 중 하나일 것이라고 생각했고, 심지어 현대 삼림 파괴 역사의 중심에 팜유가 있지 않을까 의심하며 조사를 시작했다. 수많은 연구 논문과 정책 문서를 읽으면서 전문가들이 팜유가 삼림 훼손의 주요 원인이므로 이것을 근절해야 한다는 사실을 명확하게 밝혔을 것이라고 생각했다. 그러면서 전문가들이 팜유 불매 운동을 권장하지 않았을까 기대했다.

그러나 논문에 그런 내용은 전혀 없었다. 오히려 전문가들은 팜유 불매가 아주 잘못된 생각이라고 조언했다. 그들은 팜유를 보이콧하면 열대 삼림 훼손이 개선되는 것이 아니라 악화된다고 주장했다.

논문을 읽으면 읽을수록 나는 점점 겸허해졌다. 내가 틀렸다. 팜유와 삼림 파괴, 식량은 매우 복잡하게 얽힌 문제인데도, 나는 내 감정을 교묘하게 이용한 지나치게 단순한 메시지에 포섭되어 있었다. 이러한 문제와 맞닥뜨리면 우리는 쉬운 해결책이 되어 주는 범인을 찾고 싶어지곤 한다. '네가 문제야. 그러니 너만 없어지면 모든 게 잘 해결될 거야.' 팜유는 여기에 딱 들어맞는 대상이었다.

쉬운 해결책은 답이 될 수 없다

감정적이면서도 복잡한 주제인 팜유로 돌아와 보자. 오랑우탄은 정말 팜유 때문에 숲을 잃었을까? 아이슬란드의 광고는 사실이었을까? 이는 맞기도 하고 틀리기도 하다.

인도네시아와 말레이시아는 전 세계 팜유의 약 85퍼센트를 생산한다. 두 나라가 팜유 플랜테이션을 위해 삼림 벌채를 해 왔다는 사실은 부인할 수 없다. 하지만 확실하지 않은 것이 있다. 바로 '삼림 벌채의 규모'다. 국제자연보존연맹은 팜유가 환경 및 생물다양성에 미치는 영향을 평가하고 해결 방법을 연구하기 위해 전문 위원회를 구성했다.[26] 이들의 추산에 따르면 팜유 생산 때문에 파괴된 전 세계 삼림의 면적은 0.2~2퍼센트가량이고, 전 세계 일차림primary forests(오래되고 생물다양성이 풍부하며 최근 훼손된 적이 없는 숲) 중에서는 약 6~10퍼센트가 파괴되었다. 즉 오랑우탄의 보금자리인 숲이 엄청나게 잘려 나갔다.

그러나 세계적 수준에서 보면 팜유가 다른 산림 훼손 요인보다 특별히 더 심각하지는 않았다. 인도네시아와 말레이시아만 보면 어떨까? 2001년부터 2010년까지 팜유 생산은 인도네시아 삼림 파괴의 가장 큰 원인으로 전체의 25퍼센트를 차지했다.[27] 그러나 그 비율은 점점 줄어서 실제로 최근 몇 년 동안은 삼림 파괴에 가장 미미한 영향을 주는 요소 가운데 하나가 되었다.

팜유 생산을 위해 파괴하는 삼림의 정확한 면적을 파악하기 어려운 이유는 기존 숲을 직접적으로 대체한 팜유 플랜테이션만을 따질 것인지, 아니면 목재와 제지를 얻기 위해 이미 벌목한 숲을 대체한 플랜테이션도 포함할 것인지에 따라 결과가 다르게 나오기 때문이다. 《네이처》에 게재된 한 연구에서 연구자들은 위성 사진을 이용해 인도네시아와 말레이시아 보르네오 지역의 팜유 플랜테이션이 어떤 유형의 토지를 대체했는지를 조사했다.[28] 조사 결과에 따르면 해당 지역의 팜유 플랜테이션 중 4분의 3은 1970년대에 숲으로 조성된 땅에서 이뤄지고 있었다. 1973년 이후 팜유 플랜테이션의 4분의 3은 제지 산업에 의해 이미 벌목된 숲에서 이뤄졌고, 4분의 1만이 원시림을 대체하고 조성된 플랜테이션이었다.

이 때문에 팜유 생산이 삼림 파괴에 얼마나 영향을 미쳤는지에 대해서는 정확히 파악할 수 없다. 분명 영향을 미쳤겠지만, 소고기 생산과 같은 다른 요인으로 인해 훼손된 삼림에 비할 바는 아니다. 그럼에도 삼림 파괴에 상당한 원인을 제공한 것은 분명하니 우리는 이 문제 또한 해결해야 한다.

흔히 우리는 벤앤제리스가 그랬듯 본능적으로 팜유가 들어간 제품을 완전히 거부해 버리는 방식으로 대응하곤 한다. 소비자들은 대개 기업들이 이런 선례를 따르기를 바란다. 하지만 이러한 방식으로는 문제를 해결할 수는 없다. 오히려 상황을 더 악화시킬 수도 있다. 팜유를 사용하지 않으려면 그만큼 다른 기름을 써야 하는데, 그 생산 과정을 들여다보면 다른 기름들도 대부분 팜유보다 딱히 나을 것이 없기 때문이다.

팜유의 누명: 팜유를 대체할 수 있는 식품이 있는가?

팜유와 같은 식품의 친환경성에 대해 논의하기 전에, 그런 음식들이 건강에 미치는 영향에 대해서도 잠시 짚어봐야 한다. 최근 '종자유'를 반대하는 분위기가 있었다. 종자유란 콩, 카놀라, 옥수수, 해바라기씨, 유채씨, 팜유와 같은 정제된 식물성 유지를 포괄적으로 가리키는 용어다. 종자유를 반대하는 사람들은 이런 기름이 당뇨, 심장 질환 등의 원인이 될 수 있어 건강에 좋지 않다고 주장해 왔다. 이들은 우리가 종자유 대신 코코넛, 아보카도, 올리브유를 섭취해야 한다고 주장한다.

나는 이 주장을 뒷받침할 만한 증거를 어디에서도 보지 못했다. 종자유가 몸에 좋지 않다는 주장이 내세우는 근거는 이런 기름이 염증 유발과 관련이 있는 오메가6의 한 계통인 '리놀레산'을 다량 함유하고 있다는 것이다. 그러나 여러 연구에 따르면 이는 사실과 정반대다. 오히려 오메가6 소비가 높을수록 여러 질환에 걸릴 위험성이 낮아진다.

리놀레산은 우리 몸에 직접적으로 염증을 일으키지 않는다. 우리 몸이 리놀레산을 염증의 매개체인 '아라키돈산'으로 변환할 뿐이다. 인체에서 그런 작용이 일어나지 않는 것은 불가능하다. 0.2퍼센트에 불과한 소량의 리놀레산도 아라키돈산으로 바뀌기 때문이다. 또한 아라키돈산은 복잡한 화합물이어서 염증을 낮추는 데에도 관여한다. 쥐를 대상으로 진행된 동물 연구에서는 리놀레산이 염증을 일으키는 것으로 나왔지만, 인체에서는 정반대 작용이 일어나 염증을 줄이고 질병을 예방하는 효과가 있다고 밝혀지기도 했다.

리놀레산은 세포막 생성과 피부 건강 등에 중요한 필수 아미노산의 일종이지만, 인체가 직접 생산하지 못하기 때문에 음식을 통해 섭취해야 한다. 현재까지 리놀레산을 우리 식단에서 몰아내야 한다는 주장을 뒷받침할 수 있는 과학적 증거는 없다.

하버드 대학의 연구자들 또한 종자유에 대한 적대와 반발에 공개적으로 반박해 왔다.[29] 30개의 논문을 메타 분석한 연구 결과, 혈류에 오메가6가 더 많은 사람이 심장질환에 걸릴 확률이 7퍼센트 낮은 것으로 나타나 오메가6가 심장질환의 위험을 낮춘다는 사실이 밝혀졌다.[30]

또 다른 연구에서는 2500명의 남성을 평균 22년 동안 추적 조사했는데 혈중 오메가6 농도가 높은 사람이 질병으로 사망할 확률이 훨씬 낮은 것으로 나타났다. 그들은 다른 그룹에 비해 콜레스테롤과 혈당 수치가 낮았다.[31] 미국심장협회에서도 오메가6 식품군에서 칼로리의 5~10퍼센트를 섭취하면 심장질환을 줄일 수 있음을 발견했다.[32]

그렇다고 해서 종자유를 다량 섭취해야 한다는 이야기는 아니다. 올리브유와 같은 다른 대체유도 건강에 엄청나게 유익하지는 않으며, 단지 건강을 이유로 종자유를 섭취해도 될지 걱정할 필요는 없다는 말이다.

이제 환경적 측면으로 되돌아가 보자. 팜유는 생산성이 매우 높다. 그래서 그동안 각광을 받아 온 것이다. 다른 기름에 비해 놀라울 정도로 수확량이 높다. 현재 팜유는 1만 제곱미터당 2.8톤이 생산된다. 올리브유는 같은 면적에서 0.3톤, 코코넛유는 0.26톤밖에 생산하지 못한다. 팜유와는 10배 차이다. 땅콩유 생산량은 단 0.18톤에 불과하다.

이 수치는 기름 생산 및 토지 용도에 관한 유엔식량농업기구의

팜유는 다른 유료 작물보다 생산성이 훨씬 높다

다음은 1만㎡당 식물성 유지 생산량을 정리한 도표다.

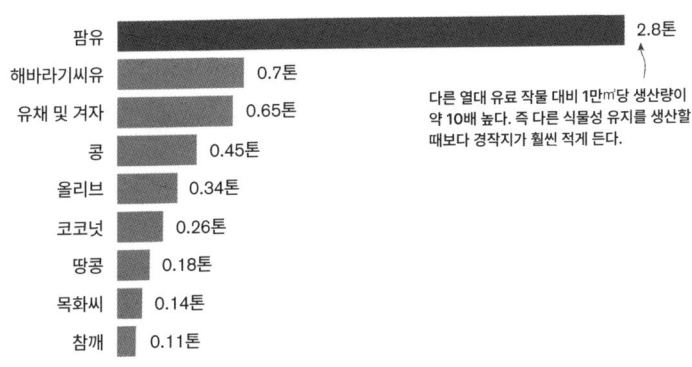

데이터를 기초로 한 것으로, 얼마나 많은 양이 기름 생산 또는 다른 제품 생산에 쓰이는지를 고려한 것이다. 한편 팜유가 3.5톤 이상, 코코넛유가 0.7톤이라고 추정한 데이터도 있었다. 작물이 기름 생산에만 쓰이는 경우 수확량은 더 높아질 수 있지만, 그럼에도 팜유 수확량을 따라올 작물은 없다.

영국에서 실시한 대규모 소비자 설문 조사에 따르면, 사람들은 팜유가 식물성 유지 가운데 환경에 가장 해롭다고 생각했다.[33] '환경에 좋지 않다'라고 대답한 비율은 팜유가 41퍼센트로 가장 높았고, 다음으로 콩기름이 15퍼센트, 유채씨 9퍼센트, 해바라기씨 5퍼센트, 올리브유 2퍼센트 순이었다. 그러나 많은 단점에도 불구하고 팜유는 적어도 식물성 유지 수요가 높은 나라에서는 '토지를 가장 절약할 수 있는' 작물이다. 오명을 뒤집어쓰긴 했지만, 그래도 나머지 유료 작물보다 나은 것은 분명하다.

팜유가 아니라 소고기가 숲을 망친다

삼림 파괴는 대개 농업과 관련이 있다. 삼림이 파괴되는 원인의 약 4분의 3이 농축산을 위한 원시림 전용 또는 펄프 제지 산업을 위한 조림지 조성 때문이다. 그러나 가장 압도적인 원인은 육우 산업이다.[34] 소들을 위한 목초지 조성을 위해 산림을 개간하는 경우가 전 지구적 삼림 파괴의 40퍼센트 이상을 차지한다.[35] 이 삼림 파괴의 대부분은 남미 대륙에서 일어난다. 실제로 전 세계 삼림 파괴의 4분의 1이 브라질의 육우 생산에서 비롯된다.

다음으로 비율이 높은 원인이 바로 유료 작물이다. 유료 작물은 종류가 많지만 압도적인 비중을 차지하는 것은 콩기름과 팜유 두 종류다. 그러나 지난 10년간 이 두 작물로 인한 삼림 훼손은 빠르게 감소해 왔다. 이는 일부 국가 정책들이 효과를 내고 있음을 의미한다고 볼 수 있다.[36~37]

펄프 제지 산업의 팽창은 열대 삼림 파괴의 또 다른 주요 원인이다. 조림지는 특히 아시아와 남미에서 급속도로 확대되었다. 영국도 목재를 생산하고 종이를 만들기 위해 벌목할 다량의 나무를 심는다. 영국에서 이런 나무들은 대개 비삼림 지역, 보다 정확히 말해 수 세기 전 삼림 지역이었으나 오랫동안 숲이 아니었던 땅에 식목된다. 이런 조림지는 어떤 면에서 보자면 환경친화적이라고 할 수 있다. 이 나무들이 자라면서 대기 중의 탄소를 흡수하기 때문이다. 벌목될

열대 삼림은 무엇 때문에 파괴되는가?

전 세계 삼림 훼손의 대부분은 열대 지방에서 벌어진다. 다음 그래프는 2005년부터 2013년까지 일차림 전용의 원인을 나타낸 것이다.

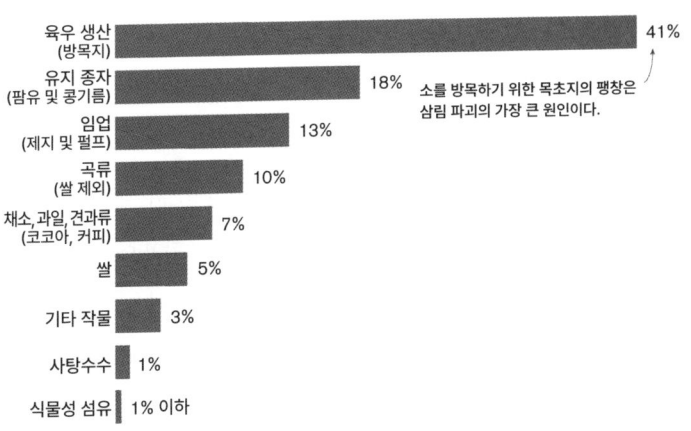

때 탄소를 방출하기는 하지만, 다시 식목되는 나무들이 탄소를 다시 흡수한다. 하지만 인도네시아는 사정이 다르다. 이곳은 '자연 상태의 오래된 열대 삼림'이 조림지 조성을 위해 잘려 나가면서 많은 양의 탄소를 방출하고, 수백 년 이상 구축되어 온 생태계가 파괴된다.

마지막 원인은 곡류, 커피, 코코아, 고무 등 다양한 작물 재배에 의한 삼림 파괴다. 옥수수나 밀과 같이 이들 중 다수는 여러 국가의 주식이 되는 농작물이다. 많은 저소득 국가, 특히 사하라 이남의 아프리카 국가들이 처한 문제는 작물 수확량이 매우 적다는 것이다. 그래서 농작물 생산량을 증대하는 일이 지구를 위해서도, 사람들을 위해서도 매우 중요하다.

무역은 얼마나 많은 삼림을 파괴할까?

선진국들이 삼림을 복원하고 있음에도 중위 및 저소득 국가들은 숲을 파괴하고 있다면, 선진국들은 삼림 파괴의 책임에서 자유로운 것일까? 아니다. 삼림 파괴는 국내 삼림에만 관련되어 있지 않다. 가난한 국가로부터 식품을 수입하는 국가들에게도 책임이 있다.

이는 3장에서 언급한 '탄소 배출 외주화'와 유사한 개념이다. 그동안 연구자들은 한 국가의 식품 수입이 삼림 파괴에 얼마나 영향을 미치는지 조사했다.[38] 이런 연구는 공급망 전반에 걸쳐 식품을 면밀하게 추적하지 않고는 결과를 내기가 어려운 분석이다. 데이터는 내수에 의한 삼림 파괴가 전 세계 삼림 파괴에서 약 71퍼센트를 차지하고 있다는 놀라운 결과를 보여줬다.

육우 생산이 여기서도 가장 큰 원인인데, 생산지에서 소비되는 경우가 많기 때문이다. 콩, 팜유, 코코아, 커피 등은 대개 국내보다 해외에서 소비된다. 전체적으로 보면 수출되는 식품 생산에 의한 삼림 파괴는 전체의 3분의 1이 조금 안 되는 셈이다. 나는 이 연구 결과에 적잖이 놀랐다. 국제 교역에 의한 삼림 훼손 비율이 그보다 높을 것이라고 생각했기 때문이다.

부유한 국가만이 식품을 수입하는 것은 아니지만, 이들은 국제 교역으로 인한 삼림 파괴의 약 40퍼센트에 대한 책임이 있다. 따라서 선진국이 수입품을 구매함으로써 원인을 제공하는 현재 전 세계 산림 파괴 비율은 12퍼센트라는 결론이 나온다. 선진국 책임 비율인

40퍼센트에 교역품에 의한 삼림 파괴 비율 29퍼센트를 곱하면 약 12퍼센트가 나오기 때문이다.

선진국의 소비자들이 구매 습관을 바꾼다면 분명 도움이 될 테지만, 그렇다고 해서 전 세계적 산림 파괴를 멈출 수는 없다. 우리가 자주 접하는 메시지와는 상반된 이야기다. 미디어에서는 '선진국이 식량을 국내에서 생산하기만 해도 문제가 없을 것이다'라는 이야기를 자주 한다. 그렇게 간단한 문제라면 얼마나 좋겠는가.

삼림 파괴를 막는 네 가지 방법: '반대가 아닌 지원'을

1. 보이콧이 아닌 벌채 제로 정책

벤앤제리스만 팜유를 보이콧하는 것은 아니다. 많은 기업, 소비자들도 팜유를 보이콧한다. 그러나 전문가들의 조언은 명확하다. 팜유를 완전히 근절하는 일은 엄청난 실수가 될 수 있다는 것이다. 앞서 언급했듯 팜유를 다른 유지로 대체하려면 훨씬 더 많은 땅이 필요하므로 결과적으로 더욱 악화된 산림 파괴를 불러일으킬 가능성이 있다.

하지만 팜유 생산을 위한 산림 파괴를 불가피한 과정이라고 받아들여서도 안 된다. 팜유의 높은 생산성이라는 이점은 활용하되 오랑우탄의 서식지인 숲도 동시에 보호해야 한다. 이러한 과제는 보이콧으로는 해결할 수 없다. 그렇다면 어떻게 해야 할까?

전문가들이 가장 많이 권장하는 방법은 조금 더 비싸더라도 친환경 인증을 받은 팜유를 구매하는 것이다. 가장 잘 알려진 인증 제도는 '지속 가능한 팜유 협의체'Roundtable on Sustainable Palm Oil'(이하 RSPO)다. RSPO 인증을 받은 공급자는 환경 영향 평가를 실시하고 생물다양성 가치가 높은 지역을 관리 및 보호하며, 일차림을 훼손하지 않고, 불을 놓아 개간을 하지 않는다. 공급자는 조림지가 일차림 또는 생물다양성이 풍부한 지역이 있던 자리에 조성되지 않은 경우에만 RSPO 인증을 받을 수 있다.

여러 연구에 따르면 RSPO 인증은 인도네시아의 삼림 파괴를 성공적으로 감소시켰다.[39] 그러나 팜유 생산을 위한 벌채를 완전히 근절하려면 아직 갈 길이 멀다. RSPO 인증 시스템이 적용되는 팜유 생산량은 전체의 19퍼센트에 불과하다. 실질적이고 영구적인 영향력을 발휘하려면, 인증 시스템의 관리 대상에 훨씬 더 많은 생산자를 포함시킬 필요가 있다. 소비자들이 친환경 팜유를 요구해야 하는 이유도 여기서 비롯된다. 이러한 인증제도는 식품 회사나 화장품 회사를 압박하고 환경친화적인 생산자들에게 보상을 제공해 다른 생산자들이 농법을 바꾸고 인증을 받도록 유도한다.

나아가 우리의 압박이 여기서 그쳐서는 안 된다. RSPO 표준은 표준이 아예 없는 것보다는 분명히 낫지만 완벽하지는 않다. 그동안 RSPO 제도의 느슨함을 보여주는 사례는 수없이 많이 나왔다. 그러므로 삼림 파괴를 완전히 근절하고 싶다면 모든 작물이 이런 인증

제도의 적용을 받도록 하는 것은 물론 규정도 더 강화해야 한다.

팜유는 우리가 구매하는 수많은 식품들 중에서는 괜찮은 선택일 수 있다. 하지만 우리가 팜유 사용을 반드시 근절해야 하는 부문이 몇 가지 있다. 바로 샴푸, 화장품 등과 같은 산업용 팜유가 이에 해당하는데, 부정적인 영향을 최대한 낮추고 팜유와 유사한 제품을 얻는 방법으로는 합성 유지로 대체하는 것을 꼽을 수 있다.

팜유는 운송 수단의 바이오 연료로도 사용되는데, 이것이야말로 완전히 근절해야 부문이다. 전 세계적으로 바이오에너지에 사용되는 팜유는 생산량 전체의 5퍼센트로 극히 적다. 그러나 일부 국가, 특히 선진국들에서는 바이오 에너지를 위해 많은 양의 팜유를 소비한다. 그 대표적인 국가가 독일이다. 독일은 팜유 수입량의 41퍼센트를 바이오 에너지로 쓴다. 식품용 수입 팜유보다 비율이 높다. 이는 매우 어리석은 일일뿐더러 환경에도 굉장히 해롭다. 분명히 말하지만, 독일은 열대우림 파괴 가능성이 높은 지역에서 생산된 팜유를 수입해 '자동차' 연료로 사용한다. 더 불쾌한 점은 그래 놓고 이것을 '재생 에너지' 목표 성과에 포함시킨다는 사실이다. 사실 팜유로 만든 바이오 디젤은 결과적으로 석유나 경유보다 더 많은 탄소를 배출한다.[40] 이 부문에서는 명백히 보이콧이 정당하다.

마지막으로 가장 간단한 방법이기도 한데, 전체적으로 유지를 덜 섭취하는 것이다. 그러면 팜유 수요를 줄이는 것은 물론 토지를 많이 차지하는 다른 종자유가 대체재로 소비되는 일까지 막을 수 있다.

2. 육류 특히 소고기 줄이기

치즈버거를 좋아하는 사람에게는 안타까운 소식이지만, 이 책에서 소고기는 내내 혹평을 받게 될 것이다. 육우 생산이 환경에 미치는 영향이 아주 큰 데다 여러 영역에 걸쳐 연관된 문제들이 많기 때문이다. 소고기는 전 세계 삼림 파괴의 가장 큰 원인이다. 따라서 삼림 파괴를 줄이는 가장 확실한 방법은 소고기를 덜 먹는 것이다.

소 사육은 식품을 만드는 방법 가운데 가장 자원 집약적인 방법이다. 소 사육에는 사료와 물이 많이 들고 온실가스를 많이 배출하는 데다 땅도 많이 필요하다. 식육 1킬로그램을 생산하는 데 필요한 토지 면적을 기준으로 놓고 보면 소고기와 양고기는 다른 식품과 비

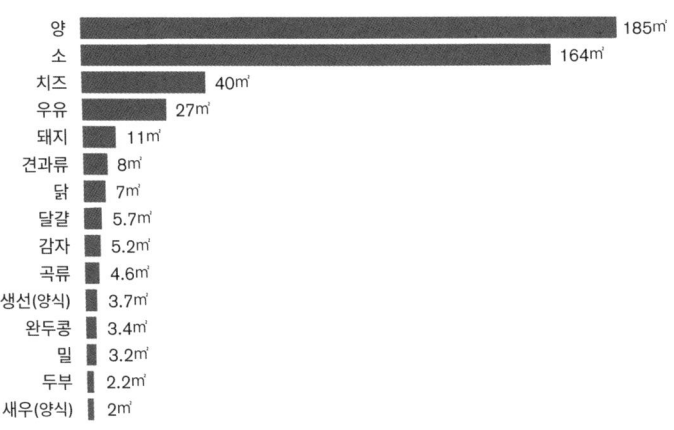

교가 안 될 정도다. 단백질 양 또는 칼로리를 기준으로 여러 식품을 비교해도 마찬가지다. 100그램의 소고기 단백질을 생산하기 위해서는 164제곱미터 면적에 해당하는 농지가 필요하다. 다른 육류 제품에 비해 월등히 넓다. 돼지고기의 경우에는 15배나 적은 11제곱미터밖에 소요되지 않으며, 가금류는 7제곱미터에 불과하다. 식물성 단백질인 두부나 콩과 비교하면 거의 100배 차이가 난다.

육류 섭취를 줄이면 삼림 파괴를 줄일 수 있다고 말할 때마다 사람들은 두 가지 주장으로 반박해 온다. 첫 번째는 소를 방목하는 땅의 약 3분의 2는 농작물 재배에 적합하지 않다는 것이다. 그래서 경작지로 개간하려고 애쓸 것 없이 축산용으로 사용하는 것이 낫다고 주장한다. 그러나 우리에게는 다른 선택지가 있다. 농지에 적합하지 않는 땅을 숲, 초지 등 자연 상태 그대로 두는 것이다.

우리는 굳이 식량 생산에 그런 땅을 쓸 필요가 없다. 5장에서 논의하겠지만, 실제로 육류 섭취를 줄이면 현재보다 토지 사용량이 줄어들 것이다. 가축을 키우는 데에는 곡식이 어마어마하게 들기 때문에, 육류 소비를 줄이면 이런 땅을 인간을 위한 작물을 재배하는 데 사용할 수 있고, 더 많은 땅을 자연에 돌려줄 수도 있다.

두 번째 반박은 모든 육우가 똑같이 생산되지 않는다는 것이다. 자신들이 먹는 국내산 소고기는 드넓고 탁 트인 방목지에서 자란 소에서 난 것이기 때문에 일반적인 소고기보다 훨씬 낫다고 주장하는 사람이 많다. 정확하다. 어떤 소고기는 세계 평균보다 땅이 훨씬 더 많이 들고 어떤 소고기는 적게 든다. 이를테면 남미에서 소고기를 생산하는 데에는 많은 땅이 필요하다.[41~42] 그 땅이 아마존 열대 우림을 파괴하고 조성된 것이라면 더 큰일이다. 기후에 가장 이로운 선택은 대개 사람들이 생각하는 것과 정반대다. 풀만 먹으며 방목된 소들은 전 세계 육우 방목지의 평균보다 두세 배 더 넓은 땅이 필요하다. 그리고 여기에는 기후 변화라는 대가가 따른다.

여러 가지 위험이 층층이 쌓인 형국이다. 육우 생산에는 넓은 땅이 필요하고, 목초지에 방목되는 소들은 곡류나 다른 작물을 먹고 자란 소보다 '훨씬 더 넓은' 땅이 필요하다. 소들이 매우 낮은 밀집도의 광활한 목초지에서 방목되는 곳은 삼림이 파괴된 가능성이 높은 지역이라고 볼 수 있다.

이러한 반박들에 대한 해법은 세 가지다. 일단 모두가 소고기 섭취를 줄이자고 제안하는 것이다. 이 첫 번째 해법이야말로 가장 효과가 좋은 행동 변화다. 그런데 사람들이 소고기 섭취를 조금씩 줄이는 것까지는 가능할지라도 가까운 시일 안에 소고기 섭취를 완전히 그만둘 가능성은 없다. 그러므로 여전히 소비될 소고기에 대한 현실적인 해결책이 필요하다.

이는 두 번째 해법과 연결되는데, 많은 호응을 얻지 못할 수 있다. 바로 목초를 먹고 자란 소가 아닌 곡물을 먹고 자란 소에서 나오는 소고기를 소비하는 것이다. 삼림 파괴 이슈에서 가장 문제가 되는 용도의 토지를 훨씬 줄일 수 있기 때문이다.[43] 그런데 여기서 한 가지 중요한 모순이 발생한다. 동물 복지라는 목표와 환경 영향 environmental impact이 언제나 일치하는 것은 아니라는 사실이다. 불행하게도 인간의 입장에서 환경친화적이거나 '효율적'인 방법이 동물에게는 좋지 않은 경우가 많다. 이 둘의 타협점을 찾는 것은 각자의 몫이다.

세 번째 해법은 생산 효율성이 가장 높은 지역의 육우 생산을 최적화하는 일이다. 가장 넓은 땅을 사용하는 '비효율적'인 25퍼센트의 육우 생산 농가가 육우 생산에 사용되는 전체 토지의 60퍼센트를 차지하고 있다. 전 세계적으로 소고기 소비를 25퍼센트가량 줄이되, 이 25퍼센트를 '비효율적인' 농가에서 생산되는 소고기에서 줄일 수 있다면, 육우 생산에 사용되는 토지는 60퍼센트나 감소할 것이다.

보통 '해법'이라고 하면 극단적인 방법이 제시되는 경우가 많다. 하루아침에 채식주의자가 되어야 한다거나, 고기, 콩, 팜유, 아보카도 등 온갖 음식을 먹지 말아야 한다고 주장하는 식이다. 가만히 듣다 보면 먹을 수 있는 것이 남아나지 않을지도 모르겠다는 생각마저 든다. 그러나 현실에서 진짜 효과적인 방법은 대부분 우리가 생각하는 것만큼 극단적인 변화를 요구하지 않는다.

3. 사하라 이남 지역의 작물 생산성을 높인다

20세기 당시 삼림 파괴 해결에 가장 효과적이었던 수단 가운데 하나는 작물 수확량 증대였다. 일정 면적의 필지에서 수확하는 작물의 양이 많을수록 그만큼 숲을 베어낼 필요가 없기 때문이다. 그동안 유럽, 미주 대륙, 아시아에서는 작물 생산량이 크게 늘었으나 뒤처진 지역이 한 곳 있다. 바로 사하라 이남의 아프리카다.

작물 생산량이 아예 증가하지 않은 것은 아니지만 다른 지역에 비하면 한참 모자란다. 얼마나 다른지 남아시아와 비교해 보자. 두 지역 모두 1980년대 이래 곡물 생산량이 꾸준히 증가했는데, 그 방법은 매우 달랐다. 바로 아프리카는 재배 면적 확대, 남아시아는 수확량 증대를 통해서였다. 남아시아는 곡물 재배에 쓰이는 농지의 면적이 1980년대와 변함이 없지만 소출은 1만 제곱미터당 1.4톤에서 3.4톤으로 거의 150퍼센트 증가했다. 아프리카의 곡물 수확량도 증가하기는 했으나 1만 제곱미터당 1.1톤에서 1.5톤으로 30퍼센트가량 느는 데 그쳤다. 낮은 수확량을 만회하기 위해 더 많은 땅을 경작지로 이용해야 했고 곡물 재배에 이용되는 땅은 두 배도 넘게 늘어났다. 이렇게 농지를 늘리려면 다른 종류의 땅을 개간해야 하는데 기존의 삼림을 전용하는 경우가 많다.

향후 사하라 이남 아프리카 지역의 인구가 늘고 경제가 성장하면 더 많은 식량을 재배해야 한다. 수확량 증대를 통해 식량을 조달하지 못한다면 생물다양성이 풍부한 아프리카의 아름다운 숲들을 더 많이 베어내야 한다. 물론 개선할 수 있는 방법은 있다. 여러 연구에 따르면 사하라 이남 아프리카 국가들의 소출 격차를 해소할 수 있다면 농지를 늘리지 않아도 더 많은 식량을 생산할 수 있다.[44]

다음 장에서는 사하라 이남 아프리카 국가들뿐만 아니라 전 세계가 어떻게 작물 생산량을 늘릴 수 있는지에 대해 논의할 것이다.

4. 남은 삼림 보호를 위한 지원이 필요하다

몇백 년 전, 영국에서 내 조상들이 숲을 마구 베어낼 당시에는 '탄소 예산'이나 '배출 감축 목표' 같은 개념이 없었다. 늑대나 사슴 개체 수가 줄어드는 사실을 걱정한 사람도 거의 없었다. 각국 지도자들이 모여 환경 보호에 최선을 다하지 않는다며 서로에게 불만을 제기하는 국제회의도 없었다. 숲을 베고 싶으면 그냥 베어버리면 되었다.

선진국들은 이렇듯 죄책감 없이 삼림을 훼손하고 부를 축적했다. 그들은 식량 재배를 위해 토지를 마음껏 개간했고 나무를 베어 연료로 사용했으며 군함과 무기를 생산하고 기간 시설을 만들어 다른 나라에 식민지를 건설했다. 화석 연료의 경우도 비슷하다. 선진국들은 19세기와 20세기 초에 석탄을 자유롭게 소비했고, 그 과정에서 막대한 부를 창출했다. 오늘날 중위 및 저소득 국가들은 몇 세기 전 선진국들이 했던 방식을 그대로 좇아가고 있지만, 바로 그 이유에서 비판을 받는다. 그들에게 그래서는 안 된다고, 인류가 기후 목표를 달성하려면 당장 멈춰야 한다고 닦달한다.

이는 불공평하고 가혹한 처사다. 그렇게 해도 개발도상국이 치러야 하는 대가가 없는 것처럼 말하곤 하지만, 이는 거짓이다. 재생 에너지는 훨씬 저렴해질 것이고, 바라건대 머지않아 화석 연료를 쓰지 않아도 쉽게 에너지를 이용할 수 있는 날이 올 것이다. 그러나 삼림 파괴에 관한 한 여전히 대가가 따른다. 농가에서 산림을 보호하겠다는 것은 곧 돈과 식량을 포기하는 결정이다. 숲을 보전하는 일에는 생태학적으로 큰 도움이 되는 등 장기적으로는 이익이 따르지만, 단기적으로는 삼림 벌채를 중단하는 데 대한 기회비용이 분명 존재한다. 이런 기회비용은 내 영국 조상들이 전혀 겪지 않아도 되었던 문제다.

    재정 지원을 통해 삼림 파괴를 근절해야 한다는 데에는 강력한 논거가 있다. 이런 나라들은 적어도 삼림 보호를 위해 그들이 포기해야 하는 돈만큼 일정 형태의 보상을 받아야 한다. 논란의 여지가 있는 제안이다. 지원금은 얼마나 되어야 하는지, 누가 지원을 받아야 하는지, 해당 국가들이 실제로 약속을 지킬지 확신할 수 없다든지 하는 모두가 논쟁의 대상이다.

    어떤 질문은 비교적 쉽게 답할 수 있다. 숲이 훼손되었다는 사실과 훼손된 규모는 금방 알 수 있다. 현지 단체와 협력하면 삼림 훼손에 책임을 져야 하는 이들도 추적할 수 있다. 적절한 보상금 규모를 확인하는 시스템 구축도 가능해 보인다. 한 가지 방법은 삼림의 단위 면적당 기회비용을 산출하는 것이다. 작물 생산의 패턴은 꽤 예측하기 쉽다. 어떤 지역은 콩을, 어떤 지역은 옥수수를, 어떤 지역은 바나나를 재배한다. 해당 단위 면적의 삼림에 재배했을 작물을 추측해 그 작물의 시장 가격을 계산하면 된다.

    상대적으로 까다로운 문제는 보상 제도가 없을 시 해당 국가가 개발했을 것이라고 예측되는 삼림의 규모를 합의하기가 어렵다는 것이다. 국가들이 삼림 파괴 계획을 부풀려 말할 여지가 많기 때문이다. 이 문제에는 과거 삼림 파괴 양상을 살펴보는 것이 도움이 될 수 있다. 만약 꾸준하게 매년 1만 제곱킬로미터의 숲을 베던 국가가 갑자기 10만 제곱킬로미터를 베어낼 예정이라고 주장한다면 사기를 치려는 심산임을 쉽게 알 수 있다.

이미 보상 제도를 통해 일정 정도의 성공을 거둔 소규모 프로그램들이 존재한다. 가장 잘 알려진 제도는 유엔기후변화협약이 마련한 'REDD+'(국외 산림탄소축적증진) 제도다. 이 제도를 통해 선진국에서 개발도상국으로 몇 차례 보상이 이뤄졌으며, 이런 금전적 보상이 삼림 파괴와 탄소 배출을 줄이는 데 효과가 있다는 것이 증명되었다.[45] 그러나 그 자금 대부분은 소수 국가에 의해 조달된다. 노르웨이가 가장 많은 금액을 제공하고 다음이 미국, 독일, 영국, 일본 순이다.[46] 하지만 열대우림 파괴를 완전히 근절하는 데 필요한 금액에 비하면 턱없이 부족하다.

여기서 제기될 수 있는 문제는 이러한 실천을 통해 선진국에게는 무엇이 돌아오느냐는 것이다. 우선 지도자들이 국제회의 연설에서 주장하는 것처럼 진심으로 기후 변화와 생물다양성을 염려한다면 이 문제에 대한 답은 간단하다. 선진국의 지도자들이 세계적 삼림 파괴를 막는 것이 인류가 해결해야 할 가장 시급한 문제라고 생각한다면 이런 제도를 지원하는 것은 당연한 일이다.

게다가 윤리적 차원을 넘어 경제적인 이점도 있다. 삼림 파괴를 막는 것은 실제로 탄소 배출을 감축하는 방법 가운데 비교적 저렴한 방식이다. 사람들에게 소고기를 먹지 못하게 하거나 항공 여행의 탈탄소화를 이루는 것보다 비용이 훨씬 덜 들뿐더러, 더 쉽기도 하다.

이것이 꼭 국가 간의 지원일 필요는 없다. 기업을 비롯한 민간 영역에서도 얼마든지 참여할 수 있다. 많은 기업이 이미 자신들의 탄소 배출을 상쇄하기 위해 나무를 심는 등 일정 방식으로 기여하고 있다. 처음부터 삼림 파괴 예방을 위한 자금을 지원한다면 더 큰 효과를 볼 수 있을 것이다. 우리가 지불하는 돈이 기후 변화와 생물다양성을 가장 효과적으로 보호하는 방식으로 쓰이기를 바란다면, 바로 삼림 파괴 근절이 가장 확실한 방법이다.

삼림 파괴에 관한 오해들:
채식하는 도시인에게는 잘못이 없다

도시의 영향은 생각보다 적다

많은 사람들이 전 세계적으로 도시가 발달하면서 숲이 파괴되었다고 생각한다. 콘크리트 정글과 초록의 자연은 상극처럼 보이기 때문이다. 사람들은 흔히 도시를 벗어나 시골로 이사하면, 모든 것이 밀집된 도시를 해체하면 기후 변화에 대응하는 데 도움이 되지 않을까 생각한다.

낭만적인 생각이지만, 이는 사실과 매우 다르다. 지구상의 도시는 인간이 거주할 수 있는 땅에서 1퍼센트밖에 차지하지 않는다. 반면 농업과 축산업에 이용되는 땅은 무려 50퍼센트를 차지한다. 지구상에서 가장 많은 탄소를 배출하는 땅은 우리 인간이 차지하는 공간도, 집을 짓는 공간도 아니다. 바로 식량을 생산하기 위해 사용하는 땅이다. 도시의 확장이 아니라 이런 용도의 땅들이 바로 삼림 파괴의 가장 주된 원인이다.

실제로 시골에서 도시로의 이주는 오히려 산림을 보호하는 데 대체로 도움이 되었다. 지역의 삼림이나 생태계를 보호하는 데 중요한 역할을 하는 토착민들은 여전히 존재한다. 그들은 숲에 살면서 숲의 균형을 유지하고 관리한다. 하지만 이는 매우 작은 규모에서만 가능한 일이다. 인구가 많아져 사람들이 도시로 이주하고 집약적 농업이 발달하면서 많은 땅이 숲으로 복원되었다. 수십억 명의 사람들이 시골에 산다면 전 세계 숲은 초토화되고 말 것이다.

채식은 삼림 파괴의 원인이 아니다

콩의 상당량이 브라질에서 재배된다. 브라질은 아마존의 중심이다. 아마존의 열대우림이 잘려 나가고 있다. 이쯤 되면 사람들은 성급히 두부, 두유, 채식 버거가 열대우림을 파괴하고 있다고 결론 내린다. 그리고 딜레마에 빠진다. 고기와 유제품을 덜 먹고 싶은데, 대체품들도 환경에 안 좋기는 매한가지라며 걱정한다. 하지만 이는 사실이 아니다.

브라질은 전 세계 콩의 약 3분의 1을 생산한다. 이어서 아르헨티나가 전체 생산량의 11퍼센트를 차지한다. 과거, 특히 1990년대부터 2000년대 초반 콩은 삼림 파괴의 직간접적 원인이었다. 하지만 우리가 먹는 두부나 두유가 문제가 아니다. 전 세계 콩의 약 4분의 3은 동물 사료로 쓰인다. 닭, 돼지를 사육하는 데 거의 쓰이고 일부는 소 사육과 생선 양식에도 쓰인다.[47] 5분의 1가량이 인간이 직접 먹는 식품에 쓰이는데 그마저도 대개 식물성 유지를 만드는 데 사용된다. 두부나 템페, 식물성 우유와 같은 전형적인 '채식용' 제품을 만

전 세계 콩의 4분의 3은 동물 사료로 쓰인다

흔히 콩이 육류 대체 식품에 직접 쓰인다고 생각하지만 우리 식품에 직접적으로 쓰이는 콩은 극소량에 불과하다.

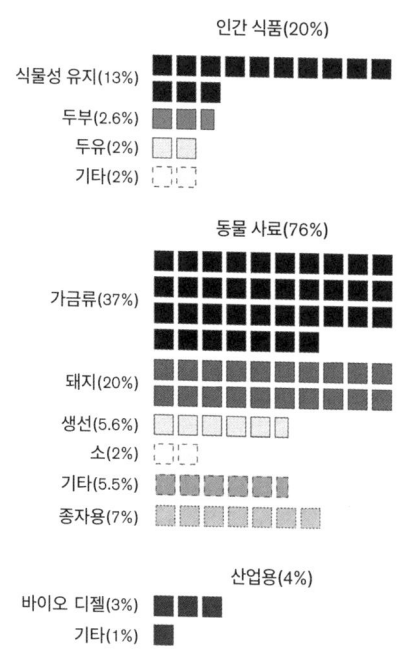

드는 데 들어가는 콩은 고작 7퍼센트에 불과하다. 브라질에서 생산되는 콩은 특히 그렇다. 브라질 콩은 97퍼센트가 유전자변형(GM) 콩인데, 유전자변형 콩은 인간이 섭취하는 것보다 동물 사료로 쓰일 확률이 높다. 실제로 유럽연합 같은 일부 시장에서 유전자 조작 콩은 인간이 직접 섭취하는 식품에 사용할 수 없다.

그러므로 우리가 먹는 두부가 아마존의 열대우림을 훼손할 가능성은 아주 낮다. 육류와 유제품에서 이런 대체 식품으로 바꾸는 선택은 숲을 파괴하기보다 보호할 가능성이 훨씬 높은 행동이다.

5장

식량
문제

지구를 훼손하지 않고
잘 먹고 잘사는 법

"토양 황폐화가 계속된다면
60년 후에는 농사를 지을 수 없게 될 것이다."
《사이언티픽 아메리칸 Scientific American》(2014)[1]

누가 인류는 굶주릴 것이라는
거짓말을 하는가?

환경 파괴와 관련해 가장 섬뜩한 주장 가운데 하나는 우리에게 '농사를 지을 수 시간이 60년밖에 남지 않았다'라는 것이다. 전 세계 토양이 너무 빠르게 황폐해지고 있어서 2074년이 되면 농사를 지을 수 없게 된다는 내용이다. 이것이 사실이라면 이 통계는 너무 암울한 수치여서 이 책의 거의 모든 논의를 무의미하게 만든다. 더 무시무시한 주장도 있다. 2017년에는 영국의 환경부 장관인 마이클 고브Michael Gove는 영국에서 농사를 지을 수 있는 시기가 30년밖에 남지 않았다고 경고했다.

구글에 '농사를 지을 수 있는 시간'이라고 검색하면 수십만 건의 결과가 나온다. 이 주장은 《인디펜던트》나 《가디언》의 1면을 여러 차례 장식했고 환경 단체들에 의해 계속해서 언급되었다. 그들이 보도에서 이야기하는 기한은 적게는 30년에서 많게는 '후하게도' 100년까지다. 이런 주장에 한 가지 공통점이 있다면 그것들이 터무니없는 소리라는 사실이다.

'농사를 지을 수 있는 시간이 60년밖에 남지 않았다'라는 표어는 2014년 유엔식량농업기구가 주최한 한 농업 관련 회의에서 나온 이야기로 보인다. 그렇다면 '60년'이라는 구체적인 숫자는 어떻게 나온 것일까? 아무도 모른다. 식량농업기구는 이 주장을 뒷받침할 수 있는 증거를 전혀 내놓지 않았고, 이 발언을 한 사람 역시 결코 나서서 자신의 주장을 변호한 적이 없다. 모든 사실을 종합해 보면 그 숫자는 지어낸 것으로 보인다.

그렇다면 다른 예측들은 어디서 나왔을까? '앞으로 농사를 지을 수 있는 시간은 100년'이라는 수치는 레스터의 주말농장과 주변 농지의 유기물 양을 비교한 2014년 연구에서 나온 것이다.[2] 우선 영국의 한 주말농장을 대상으로 이행된 단 한 건의 연구가 전 세계 토양, 아니 영국 전역의 토양의 상태를 얼마나 대변할 수 있을지 의문이다. 더 걱정되는 사실은 해당 연구가 '농사를 지을 수 있는 시간'에 대해서는 아무런 언급도 하지 않았다는 점이다. 분명 숫자 '100'을 언급한 적도 없다. 식물학자 제임스 웡James Wong은 이 수치의 출처를 추적했으나 실패했다.[3] 나 역시 출처를 추적해 봤지만, 아무것도 찾지 못했다. 이번에도 숫자를 지어낸 것으로 보인다. 마이클 고브가 말한 '30년' 역시 어디서 비롯된 숫자인지 아무도 모른다.

구체적인 수치는 중요하지 않다. 그런 수는 존재하지 않기 때문이다. 토양 과학자들에게 농사를 지을 수 있는 시간이 얼마나 남았느냐고 물으면 코웃음을 칠 것이다. 그런 개념에는 과학적인 의미가 없다. 전 세계의 토양은 종류가 매우 다양하며 그 상태 또한 균질하지 않다. 어떤 토양은 황폐해져 가고 있지만 어떤 토양은 비옥해지고 있다. 그러나 대부분은 안정적인 상태다. 한날한시에 지구의 토양에 효용이 다하는 날이 있다는 관념은 말 그대로 모두 정신 나간 소리다.

토양 과학자들이 땅의 '수명'을 조사해 보니, 전 세계 토양은 크게 다섯 등급으로 나뉘었다.[4-5] 일단 식물이 점점 사라지고 있는 땅은 나쁜 등급이고 풀이 무성한 땅은 좋은 등급이다. 어떤 토양은 빠른 속도로 식물이 사라지고 있어 100년 후 불모지가 될 가능성도 있었다. 어떤 토양은 양분이 사라지고 있기는 했지만, '수명'은 여전히 수천, 수만 년이 남아 있었다. 나머지 땅은 황폐화는커녕 비옥해지고 있었다.

토양 유실은 분명 큰 문제다. 우리는 토양의 양분을 고갈시키기보다 회복하는 방식의 농법을 찾을 필요가 있다. 하지만 농사를 지을 수 있는 시간이 30년, 60년, 100년밖에 남지 않았다는 것은 철저하게 잘못된 생각이다. 이렇듯 오류라고 판명된 통계가 계속 언급되는 것은 매우 실망스럽지만 한 가지 긍정적인 측면은 있다. 어떤 운동단체 또는 어떤 기자가 진실보다는 화제가 될 만한 이야깃거리에 더 관심을 보이는지 구분할 수 있는 좋은 기준이 되기 때문이다. 근거가 있는지 애써 확인해 보려고도 하지 않고 그런 심각한 주장을 하는 사람을 주의해야 한다.

세계 기아에 관해 유사한 주장을 펼치는 몇몇 신문의 1면 기사들도 이 세상 식량이 금방이라도 다 떨어질 것처럼 이야기한다. 그러나 한발 물러서서 데이터를 보면 이 역시 틀렸다는 것을 알 수 있다.

그럼에도 왜 세상은 굶주리는가?

"오늘 우리는 지구를 망가뜨리지 않으면서 모든 사람이 굶주리지 않을 방법에 관해 이야기하려 합니다." 청중석은 조용해졌고, 나는 그러한 반응이 고마웠다. 당시 나는 스물한 살이었고 그 자리는 에든버러대학교 학부생을 대상으로 한 나의 첫 강의였다. 나는 완전히 긴장한 상태였다. 그 강의 목표는 두 가지였다. 최대한 많은 이들의 경각심을 일깨우는 것, 그리고 그들이 이전에 몰랐던 사실을 알도록 안내하는 것이었다.

"평균적으로 사람에게는 하루에 2000칼로리(가독성을 위해 앞으로 킬로칼로리를 칼로리로 표기한다)에서 2500칼로리의 열량이 필요합니다. 전 세계에서 생산되는 식량을 모든 사람에게 똑같이 나눠 준다면 통상적으로 한 사람이 섭취할 수 있는 열량은 얼마일까요?"

독자들도 한번 맞춰 보길 바란다.

"모두가 적어도 1000칼로리는 먹을 거라고 생각하는 사람 손 들어 보세요."

모든 학생이 손을 들었다. 휴우, 다행히 학생들이 흔쾌히 협조해 주고 있었다.

"적어도 1500칼로리는 먹을 수 있다고 생각하는 사람은 계속 손을 들고 있어요."

그러자 10퍼센트에서 20퍼센트의 학생들이 손을 내렸다. 나머지는 그대로 들고 있었다.

"그렇다면 2000칼로리?"

그러자 나머지 학생 가운데 50퍼센트가 넘는 이들이 손을 내렸다. 그대로 손을 들고 있는 학생은 3분의 1도 되지 않았다.

"2500칼로리?"

이번에는 거의 모든 학생이 손을 내렸고, 손을 들고 있는 학생은 10퍼센트도 되지 않았다.

"3000칼로리?"

약 100명의 학생 중에 한 학생만 여전히 손을 들고 있었다.

"3500칼로리?"

마지막 학생도 손을 내렸다. 게임 끝.

나는 활짝 웃었다. 지금이 바로 내가 '한스 로슬링'이 될 수 있는 순간이었다. "만약 전 세계에서 생산되는 식량을 모든 이에게 똑같이 나눈다면 우리 모두 하루에 최소 5000칼로리는 먹을 수 있습니다. 하루 필요량의 두 배도 더 되는 열량이지요. 다른 말로 하면 우리는 현재 세계 인구의 두 배가 넘는 충분한 양의 음식을 생산하고 있다는 의미입니다."

강의실은 조용해졌다. 조는 학생도 없었다. 나는 그렇게 준비해온 슬라이드를 화면에 띄우기도 전에 두 가지 목표를 모두 이뤘다.

안타까운 점은 내가 학부생이었을 때 누가 이 사실을 말해줬더라면, 내가 전 세계 식량 생산이 얼마나 변했는지 더 자세히 조사했더라면, 신문 기사를 보기보다 차라리 데이터를 더 많이 찾았더라면 좋았을 것이라는 사실이다.

내가 만약 그곳에 앉아 있던 학생이었다면, 아마도 2500칼로리에서 손을 내렸을 것이다. 그때 난 '세상은 전 세계 사람들이 모두 먹을 수 있을 정도의 음식을 생산하는데, 어떤 사람들이 너무 많이 먹어서 굶주리는 사람이 생기는 것이라고, 그래서 세계 기아가 악화되고 있다'고 생각했었다.

다행히도 내 생각은 틀렸다. 세계는 최근 몇십 년 동안 기아를 줄이는 데 놀라운 성과를 거뒀다. 전 세계에서 충분한 열량 섭취를 하지 못하는 사람은 전체 인구의 10분의 1로 영양실조 비율이 여전히 매우 높지만, 과거에 비하면 훨씬 낮은 수치다. 인류 역사에서 인간은 대체로 사냥하거나 모두가 먹을 수 있는 충분한 음식을 생산하는 데 대부분의 시간을 쓰면서 살았다. 심각한 영양실조가 일상적이었고, 몇백 년 전까지만 해도 먹을 것이 충분하지 않았다.

전 세계 인구의 두 배가 넘는 사람들을 충분히 먹이고도 남는 음식을 생산하고 있는데도 굶주리는 사람이 수억 명이나 된다는 사실은 정말 충격적이다. 그러나 우리에게 그렇게 많은 식량을 생산할 수 있는 능력이 있다는 사실을 깨달았으니 문제 해결에 필요한 방법과 의지를 얻은 셈이다.

식량 문제는 충분히 해결 가능하다. 기아와 기근은 오늘날에도 여전히 존재하지만, 이 문제는 근본적으로 정치적, 사회적 성격이 짙다. 모든 사람에게 충분한 음식을 제공하지 못하는 것은 전적으로 우리 스스로가 선택한 일이다. 이는 인류 역사에서 매우 독특한 상황이다. 지난 세기 이전까지 많은 사람을 잘 먹이는 일은 처음에는 사냥을 얼마나 잘하는지, 그다음에는 제한된 땅에서 얼마나 많은 작물을 길러낼 수 있는지에 달려 있었다. 하지만 오늘날 이 문제를 결정하는 요인은 생산되는 식량을 어떻게 할지를 두고 내리는 우리의 선택밖에 없다.

식량 체계의 역사: 인류는 더 많은 인구를 감당할 수 있다

식량 확보를 위한 인류의 투쟁

식량 '체계'뿐만 아니라 음식 '문화'의 진화는 너무나 방대하고 다양하며 제각각이어서, 책의 한 장에서 제대로 논의하기란 불가능하다. 하지만 오늘날 우리의 식량 체계를 이해하려면 어떻게 지금에 이르게 되었는지에 대한 전후관계를 어느 정도 이해할 필요가 있다.

호모에렉투스, 네안데르탈인, 호모사피엔스 등 수백만 년 전 원시 인류는 식량을 '재배'하지 않았다. 그들은 동물을 사냥하거나 과일, 견과류, 각종 씨앗을 그러모으는 등 이미 존재하는 것에서 식량을 얻었다. 사람들은 흔히 원시 수렵채집인들이 고기를 많이 먹고 탄수화물을 거의 섭취하지 않았다고 오해한다. 이는 오늘날 많은 사람들 사이에서 유행하는 전형적인 '팔레오paleo' 식이요법이다. 그러나 고고학 자료를 살펴보거나 현대 토착 부족들의 식단을 보면, 보편적인 '팔레오 식이요법'은 발견되지 않는다.[6] 식단은 집단마다 매우 다를뿐더러 같은 해에도 일정하지 않다. 건기에는 고기를 더 먹고 우기에는 나무 열매나 꿀을 더 먹는다.[7] 어떤 달에는 식단의 반 이상이 육류이고 어떤 달에는 육류가 5퍼센트도 되지 않는다.

우리는 인구가 적었던 원시 인류가 자연과 완벽한 균형을 이루며 살았다고 생각하기 쉽다. 하지만 안타깝게도 그렇지 않다. 다음 장에서 논의하겠지만 인간은 서서히, 하지만 분명히 많은 종류의 대형 포유류가 멸종하는 데 원인을 제공했다. 충격적인 사실은 당시 인간의 수가 매우 적었다는 점이다. 당시 전 세계 인구는 대략 몇백만에 불과했다. 인류의 수렵채집인 조상들이 이 지구에 미친 영향은 현재 우리에 비할 수 없겠지만, 그들이 다른 종들과 완벽한 균형을 이루며 살았다는 생각은 환상일 뿐이다. 인간은 언제나 다른 동물과 경쟁하며 살아왔다. 처음에는 동물을 직접 사냥했고 불을 질러 자연 지형을 바꿨으며, 나중에는 작물을 재배할 땅을 차지하기 위해 동물들과 싸워야 했다.

농업 혁명과 새로운 식량 투쟁의 시작

인류 역사 대부분은 아주 완만하고 순차적인 변화로 점철된 기나긴 시간이다. 그러나 몇몇 중요한 변곡점이 있는데, 인간의 진화 경로를 완전히 바꿔놓은 혁신적 사건을 일컫는다. 농경이 그중 하나다. 약 만 년 전에 시작된 농경은 인간이 한곳에 정착해 더 큰 규모의 사회를 이룰 수 있도록 해줬다. '자연'의 변덕에 맞춰 살아가기보다 인간이 자연을 직접 만들기 시작한 것이다. 경작의 핵심 목적은 환경을 형성하는 것이다. 땅에 양분을 줘 재배하려는 작물에 맞게 자연 조건을 만든다. 여기에는 잡초나 해충과 같이 경작을 방해하는 침입자들을 부지런히 제거해 주는 일도 포함된다.

농사는 쉽지 않았다. 실제로 초기에는 인간의 영양 상태와 건강에 불리하게 작용했던 것으로 보인다. 고고학자들이 시기에 따른 인간의 해골을 조사한 결과, 초기 농경 사회의 인류가 그들의 조상이나 근방에 살았던 수렵채집 부족들보다도 키가 작았다는 사실이 발견되었다.[8] 곡물이나 덩이줄기와 같은 기본 작물은 아주 잘 자란다. 이런 작물은 열량과 탄수화물의 매우 좋은 원천이다. 하지만 이것만으로는 충분하지 않다. 만약 하루 열량 대부분을 이런 음식으로만 채운다면 중요한 영양소가 부족해진다. 고기, 과일, 채소, 씨앗 등 다양한 음식에서 곡물 위주로 바뀐 것은 평범한 개인에게는 식단이 열악해졌다는 것을 의미했다.

하지만 이런 식단의 변화는 더 많은 사람에게 음식을 제공해 줬다. 여러 사람에게 나눠줄 음식이 충분해지면서 인간 사회는 그 규모를 늘릴 수 있었다. 농경 혁명은 개인에게는 불리했을지 모르지만, 인류 전체에게는 이로운 일이었다.

두 번째 농업 혁명, 화학비료

농경을 시작한 이래 인간은 땅속에 양분이 제때 충분히 있느냐의 문제와 씨름해 왔다. 100년 전까지 작물 수확량 증대를 가로막는 중요한 성분 하나가 있었다. 바로 질소다. 질소는 생명의 구성 요소다. 질소는 단백질의 기초를 이루며 모든 식물의 생장에 필수적이다. 토양에 질소가 충분하지 않으면 작물이 자란다 한들 제대로 크지 못한다. 질소는 가장 풍부한 원소로 지구 대기의 78퍼센트를 차지한다.

그러나 대기 중에서는 반응성이 매우 낮은 형태를 띤다. 이 말은 식물이 질소를 활용할 수 없다는 뜻이다. 식물들에게는 질소가 반응성이 높은 상태가 되어서 수소, 탄소 외에 다른 중요한 생물학적 요소들과 반응할 수 있어야 한다. 하지만 식물이나 동물의 생장에 쓰일 수 있는 이런 반응성 형태로 존재하는 질소는 이 세상에 아주 소량밖에 없다.

우리 조상들이 이 문제를 해결하는 데에는 세 가지 방법이 있었다. 첫째 방식은 질소가 고갈되지 않은 새로운 땅을 찾아다니는 이동 경작이다. 이를 화전 농법이라고도 부른다. 이런 유형의 이동식

경작 시스템은 가장 생산성이 높은 수렵 채집 사회보다도 10배나 많은 사람을 먹여 살릴 수 있었다. 그러나 이런 사회는 적합한 땅을 찾아 계속 이동해야 했기 때문에 불안정했고 더 큰 규모의 정착 사회를 이루기가 어려웠다.

흔히 '전통적'이라고 일컬어지는 정주형 농경은 이보다 한걸음 나아간 방식이다. 질소가 풍부한 새로운 땅을 찾아 돌아다니는 것이 아니라 한곳에 정주해 땅에 질소를 다시 주입하면서 농사를 지었다. '전통적인 농경'은 이동 경작민들보다 10배 많은 소출을 얻었으며, 이때부터 대규모의 사회와 문화로 발전을 시작할 수 있었다.

전통적인 경작민들이 질소를 토양에 다시 주입하는 데에는 두 가지 방법이 있었다. 하나는 콩의 경이로운 특징을 활용한 방법이다. 대부분의 작물은 대기 중에 있는 질소를 사용할 수 없다. 하지만 콩과 식물은 조금 특별해서 대기 중에 있는 질소를 끌어당겨 스스로 이용할 질소를 만들 수 있다. 콩을 심는 일은 토양에 질소를 주입하는 것과 같다. 한없이 많은 양까지는 아닐지라도 꽤 많은 양을 보탤 수 있다. 또다른 하나는 가축을 길러 땅에 '거름'을 주는 방법이다. 이 방법은 토양에 양분을 공급하는 데 효과적이지만 대신 엄청난 양의 거름이 필요했다. 동물의 배설물을 모으는 일 또한 쉽지 않은 작업이었고, 많은 양분이 작물에 흡수되지 않고 주변 환경으로 새어 나갔다.

수천 년 동안 인간 사회는 이런 방식으로 그럭저럭 먹고살 수 있었다. 하지만 질소 때문에 여전히 한계가 있었다. 그러던 중 20세기 초에 인류는 또 한번의 변곡점을 맞이했다. 오랫동안 진전이 없었던 질소 문제가 완전히 해결된 것이다. 프리츠 하버Fritz Haber와 카를 보슈Carl Bosch가 발명한 화학비료는 이 세상을 몰라보게 변화시킨 어마어마한 혁신이었다.

하버와 보슈, 무에서 유를 만들어 인류의 미래를 바꾼 과학자

내가 좋아하는 웹사이트 중에 '사이언스 히어로즈Science Heroes'라는 곳이 있다. 과학계 거물들이 각각 얼마나 많은 생명을 구했을지 추정해 순위를 매기는 곳이다. 의학계 인물이 1위를 차지했을 것이라고 생각하기 쉽지만 그렇지 않다. 그 순위의 최상단을 차지하고 있는 사람은 화학자 카를 보슈와 프리츠 하버, 농학자 노먼 볼로그Norman Borlaug다. 지금 우리 대부분은 그들 덕분에 살아 있다고 해도 과언이 아니다.

    하버와 보슈 콤비의 경우 하버는 과학적 연구를, 보슈는 그것을 대규모로 실현하는 일을 담당했다.

    프리츠 하버는 1868년에 폴란드(당시 독일의 프로이센 지역)에서 태어났다. 처음에는 아버지와 함께 화학 사업을 운영했으나,[9] 기업 세계에서는 절대 용납될 수 없는 몇 차례의 실험 실패 끝에 쫓겨나듯 학계로 돌아갔고, 이후 본격적으로 질소 문제에 매달렸다.

    공기 중의 질소는 N_2 형태로 두 개의 질소 원자가 결합해 있다. 이것을 식물이 이용할 수 있는 형태로 만들려면 암모니아(NH_3)로 바꿔야 하는데 이는 매우 성공하기 어려운 기술이었다. 사람들 대부분이 불가능하다고 생각할 정도였다.

그러나 프리츠 하버는 단념하지 않았다. 해법은 '딱 맞는' 압력과 온도를 찾는 것이었다. 질소와 수소에 매우 높은 압력과 400도에서 500도나 되는 온도를 가해야 했다. 강력한 삼중 결합으로 결합한 질소 원자를 분해할 촉매제를 통과해야 했기 때문이다. 그래야만 질소와 수소 원자가 결합해 암모니아가 생성될 수 있었다. 1909년에 프리츠 하버는 콩에서 손쉽게 이뤄지는 이 과정을 복제해 기적적으로 암모니아를 생산하는 데 성공했다.

문제는 이 공정의 규모를 늘리는 것이었다. 실험실 시연에 불과한 결과를 세계 인구를 먹여 살릴 수 있는 규모로 키워야 했다. 독일 기업 바스프BASF가 이 기술의 특허를 사들였고 회사의 가장 유능한 인재인 카를 보슈를 프로젝트에 투입했다. 보슈의 임무는 하버의 발명품을 이 세상에 팔 수 있는 상품으로 만드는 것이었다. 그로부터 단 일 년 만인 1910년, 하버-보슈 콤비 공정으로 탄생한 합성 암모니아가 출시를 코앞에 두고 있었다.

하버와 보슈는 훗날 그들의 공로를 인정받아 노벨 화학상을 수상했는데, 프리츠 하버는 1918년에, 카를 보슈는 1931년에 받았다. 두 사람이 이 세상을 몰라보게 바꿔 놓았다는 사실, 두 사람이 이뤄낸 대발견이 농업을 획기적으로 개혁했다는 사실에는 의심의 여지가 없다. 물론 전 세계 시장에 진출할 만큼 에너지와 비용 측면에서 효율성이 높아지기까지는 몇십 년이 걸렸지만 20세기 중반 합성 암

전 세계 인구의 절반은 합성비료가 있어야 먹고살 수 있다

합성비료가 없다면 현재 인구의 절반밖에 먹여 살릴 수 없다.

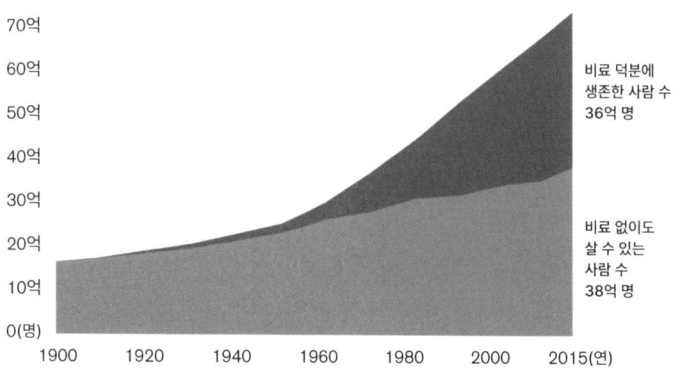

모니아의 생산은 급등했다. 미국 시장이 생산량 대부분을 소비했는데, 1980년대가 되자 신흥 경제국에서도 합성 암모니아가 농업의 필수 요소가 되었다.

토양에 양분을 더하면서 작물 생산량은 과거 어느 때보다 높아졌다. 수천 년 동안 요지부동 늘지 않던 소출이 갑자기 증가한 것이다. 농업에서 비료가 유일한 혁신은 아니었다. 관개, 다양한 종자의 개량, 트랙터와 같은 농기구의 발명도 농업 발전에 영향을 미쳤다. 하지만 소출 증대에 결정적인 기여를 한 것은 무엇보다 비료였다. 합성비료가 탄생하지 않았다면 현재 세계 인구의 절반가량은 이 세상에 없었을 것이다. 몇몇 과학자들이 비료가 발명되지 않았을 경우 전 세계가 먹여 살릴 수 있는 인구를 따로 추정했는데, 모두 기껏해야 지금의 절반이라는 유사한 수치를 내놓았다.[10-12] 열대우림 지역의 경우는 비료의 덕이 더 컸을 수도 있다.

세계가 유기농으로 전환해야 하느냐 마느냐에 관한 논의가 혼란스러운 이유도 이 때문이다. 현실적으로 이 세계는 유기농만으로 유지될 수 없다. 화학비료가 없으면 살아남지 못할 사람이 너무 많기 때문이다. 많은 국가가 생산량에서 손해를 보지 않고도 비료 사용량을 줄일 수 있기는 하지만, 모든 국가가 그렇게 할 수 있는 것은 아니다.

녹색 혁명가, 노먼 볼로그

프리츠 하버와 카를 보슈가 20세기 전반의 농업 영웅이라면, 20세기 후반의 영웅 자리는 노먼 볼로그의 차지다.

미국의 과학자 볼로그는 하버와 보슈가 비료로 혁신을 이뤄낸 직후인 1914년에 태어났다.[13] 1940년대에 록펠러재단에 입사한 뒤 멕시코로 전출되었는데 그곳에서 이미 많은 사람이 포기한 문제를 해결해야 했다. 당시 멕시코 농가는 밀이 곰팡이균 Puccinia graminis에 감염되는 '줄기녹병'이라는 병해로 몸살을 앓고 있었다. 흔한 병해라고 하지만 곡식이 자라는 데 필요한 필수 영양분을 빨아먹어 밀의 수확량을 크게 떨어뜨리기 때문에 곡식 생산에는 심각한 문제를 불러일으켰다.

볼로그는 이 질병의 해결책을 찾는 임무를 맡았다. 그는 일련의 야심 찬 식물 육종 실험에 돌입했다. 같은 종류의 밀을 다양한 지대와 기후에서 재배하는 일도 여기에 포함되었는데, 이는 당시 식물학의 기본원칙에 완전히 어긋나는 것이어서 볼로그의 상사들은 매우 탐탁지 않게 여겼다.

프로젝트 환경은 녹록치 않았다. 특히 멕시코 농민들의 태도는 적대적이었다. 그도 그럴 것이 그들은 이미 유사한 유형의 실험이 실패하는 것을 너무 많이 경험한 후였다. 볼로그는 자신이 원하는 야심 찬 프로젝트를 진행하기에 연구비도 팀원도 부족했다. 그럼에도 이후 10년 동안 밀 작물로 6000번 이상의 교배 육종을 시도했다. 그의 집요함은 마침내 결실을 거뒀고 일련의 혁신적인 품종 개량에 성공해 멕시코 전역에서 자랄 수 있는 밀을 개발했다.

1960년대 당시 멕시코 농가의 밀 기대 생산량은 1만 제곱미터당 1.5톤이었다. 오늘날에는 볼로그가 개발한 개량 품종으로 1만 제곱미터당 5.5톤을 생산할 수 있다. 수확량이 3배 이상 증가하면서 멕시코는 밀 순 수입국에서 순 수출국으로 변모했다. 한때 수입 작물에 의존하던 멕시코는 이제 자급자족하고도 남을 만큼의 양을 생산할 수 있다.

볼로그의 기적은 여기서 끝나지 않았다. 그는 곧 남아시아로 넘어가 인도와 파키스탄에서 멕시코와 같은 성과를 거뒀다. 절대 늘어날 것 같지 않던 남아시아의 작물 수확량도 급증하기 시작했다. 1960년대에 1만 제곱미터당 1톤도 되지 않던 인도와 파키스탄의 밀 수확량은 이제 3톤이 넘는다.

밀 수확량의 급격한 증대를 가져 온 녹색 혁명

비료를 쓸 수 있고 품종이 개량되고 농사에 투입되는 자원이 늘면서 작물 수확량이 두세 배 또는 그 이상 증가했다(단위 1만㎡당 톤).

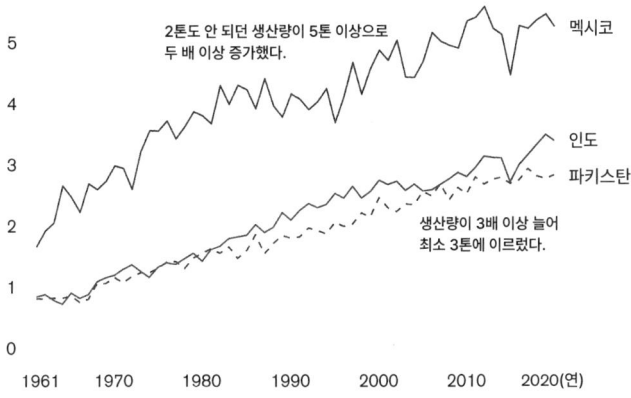

이렇게 전 세계적으로 작물 생산량이 혁신적으로 증가한 일을 가리켜 훗날 '녹색 혁명'이라고 불렀고, 노먼 볼로그는 이에 대한 공로를 인정받아 1970년에 노벨 평화상을 수상했다. 인습적인 방식을 타파하려는 그의 불굴의 의지가 구한 생명은 10억 명이 넘는 것으로 추정된다. 그는 세계가 곧 기근에 시달리게 될 것이라는 주장을 잠재웠다. 그의 교배 육종이 이룬 혁신은 문제를 극복할 수 없을 것 같은 순간에도 기술을 통해 어떻게든 해결할 수 있는 길이 있음을 증명해 줬다.

음식에서 열량은 에너지의 척도로서 체중을 유지하고 힘을 낼 수 있게 해 준다. 하지만 건강은 열량만으로 유지되지 않는다. 인간에게는 단백질, 지방은 물론 비타민, 미네랄과 같은 미량의 영양소들이 필요하다. 인간은 목표 열량을 채워주는 음식뿐만 아니라 다양한 음식을 섭취해야 한다.

전 세계에서 생산되는 음식에 이와 같은 다양한 영양소들이 충분한지에 대해 회의적인 사람들도 있을 것이다. 다행히도 오늘날 우리가 생산하는 음식에는 영양소가 충분히 들어 있다. 박사 논문 집필 당시 직접 계산해 봐서 안다.

실제로 내 박사 학위 연구의 핵심 목표 가운데 하나가 단순 열량을 넘어 인류의 식량 시스템을 전체론적으로 분석하는 것이었다. 결론은 우리가 원한다면 완전하고 영양가 있는 음식을 모두에게 제공할 수 있다는 것이었다. 바로 카를 보슈, 프리츠 하버, 노먼 볼로그와 같은 천재들이 가져온 혁신 덕분에, 이제 우리는 실제로 필요한 양을 훨씬 뛰어넘어 상상할 수 없을 정도로 많은 양의 식량을 생산할 수 있게 되었다.

그럼에도 여전히 인구 과잉을 우려하는 목소리가 있다. '인간이 많아도 너무 많아. 그게 문제야'라는 이야기를 매일 같이 듣는다. 인구가 너무 많아 세계 기근이 존재한다는 생각이 만연한 나머지 인구를 줄여야 한다는 주장까지 나온다.

식량이 부족하니 사람을 줄이자는 끔찍한 망상

인구 감소 주장은 새로운 이야기가 아니다. 전 세계에 식량이 부족하게 될 것이라는 우려는 1950년대, 1960년대, 1970년대를 지나오면서 점점 높아졌다. 1968년 유엔은 '임박한 단백질 부족 위기 예방을 위한 국제 행동'이라는 제목의 보고서를 발표했다.[14] 폴 에얼릭의 책《인구 폭탄》이 출간된 해였다. 에얼릭은 인구 증가가 통제 불가능한 수준이라 인류가 충분한 식량을 절대로 생산할 수 없다면서, 대규모 기근이 발생해 수십 년 안에 수억 명이 굶어 죽을 것이라고 주장했다.

물론 우리는 그의 예언이 실현되지 않았음을 잘 알고 있다. 미래를 예측하는 사람들은 대개 틀리기 마련이니 크게 상관하지는 않는다. 하지만 에얼릭의 책이 유난히 끔찍했던 이유는 그렇게 강한 그리고 잘못된 신념을 근거로 비인간적인 정책을 옹호했기 때문이다. 그는 세계 인구가 엄격하게 관리되어야 한다면서 인간은 암과 같이 증식하는 유기체이기 때문에 제어되어야 한다고 주장했다. 그러면서 "인류에게는 더 이상 인구 증가라는 암의 증상을 치료하고만 있을 여유가 없다. 암 자체를 잘라내야 한다"라고 주장했다.

그는 미국을 비롯한 선진국의 수돗물이나 식자재에 불임제를 타는 방안을 이야기했다. 가족 부양을 위한 재정 지원 대신, 결혼한 지 5년 넘게 자녀를 낳지 않은 부부나 영구 불임술을 받은 남성에게 '책임감 상'을 주자고 제안했다. 자녀가 없는 사람들에게만 특별 복권을 판매하자는 아이디어도 있었다.

끔찍한 이야기다. 하지만 그가 '저개발 국가'에 대해 내놓은 아이디어에 비하면 이건 아무것도 아니었다. 그는 불임 프로그램은 물론이고, 누구를 굶어 죽도록 둬야 하는지 결정하는 '분류 시스템'까지 제안했다. 어떤 나라들은 구제 가능해서 스스로 난관을 타개할 수도 있겠지만, 어떤 나라들은 가망이 없다고 주장했다. 그러면서 선진국들이 저개발 국가에 대한 식량 원조나 지원을 끊어서 그들이 굶어 죽게 내버려둬야 한다고도 했다.

에얼릭이 이런 아이디어에 얼마나 빠져 있었는지는 분명치 않다. 하지만 미국의 고위 관료들을 포함해 많은 사람이 그의 이런 제안을 진지하게 받아들였다. 잘못된 것으로 판명된 그의 예측에 기반해 수십억의 생명이 잔혹하게 희생될 뻔한 것이다.[15]

지구를 망가뜨리지 않고도 80억에서 100억 명의 사람들에게 영양가 높은 식량을 제공하는 것은 충분히 가능한 일이다. 인구 억제는 필요 없다. 단지 우리가 필요한 식량을 어떻게 재배하고 더 효율적으로 사용할 것인지에 관한 더 현명한 계획이 필요할 뿐이다.

세계 식량 실태:
넘쳐나는 음식, 굶주리는 사람들

굶어 죽는 소와 탐욕스러운 자동차

그렇다면 어째서 우리가 필요한 열량의 두 배, 즉 한 사람당 하루 5000~6000칼로리를 충족하는 식량을 생산하는 데에도 모든 사람이 넉넉하게 먹지 못하는 것일까?

누구나 쉽게 말할 수 있는 답은 세계적 불평등이다. 수억 명이 충분한 음식을 먹지 못하는 반면, 수십억 명은 너무 많이 먹는다. 전 세계 성인 인구 열 명 중 네 명이 과체중이다. 인류 역사에서 아주 오랜 기간 인간에게 가장 중요한 투쟁은 충분한 식량을 얻는 일이었다. 하지만 지금은 굶주리는 사람이 소수다. 전 세계적으로 비만율이 매우 빠르게 급증했다는 사실은 이런 상황이 인류에게 얼마나 낯설고 흔치 않은 현상인지를 증명한다. 늘 궁핍했던 세계에서 진화한 인간의 몸이 먹을 수 있을 때 최대한 많이 먹도록 프로그램되었기 때문이다.

분명 우리가 실제 필요한 양보다 더 많이 먹기 때문에 굶주리는 사람이 생겨난다는 주장은 사실이다. 하지만 그렇다고 우리가 하루에 5000칼로리를 섭취하지는 않는다. 기껏해야 그 절반을 먹을 뿐이다. 여기서 더 큰 문제는 생산하는 식량의 절반이 어떻게 우리 식탁에 오르기도 전에 사라질 수 있느냐는 것이다. 너무나 비효율적인 시스템이 아닐 수 없다.

식량의 절반이 사라지는 이유는 사람이 아니라 가축과 차에 우리 식량이 나가기 때문이다. 세계에서 생산되는 곡물은 연간 30억 톤인데, 이중 인간의 음식에 쓰이는 양은 절반도 안 된다. 41퍼센트는 가축의 사료로 쓰이고, 11퍼센트는 바이오 연료와 같은 산업용으로 쓰인다. 곡물의 세계 할당량을 보면 놀라운데, 개별 국가의 수치를 들여다보면 그야말로 입이 떡 벌어진다.

가난한 국가들은 거의 모든 곡물을 인간의 식량에 쓴다. 차드,

식량에 직접 쓰이는 곡물 양은 세계 생산량의 절반밖에 안 된다

가난한 나라는 곡물 대부분이 식량에 사용되지만, 부유한 국가는 동물 사료나 바이오 연료와 같은 산업용에 쓰인다.

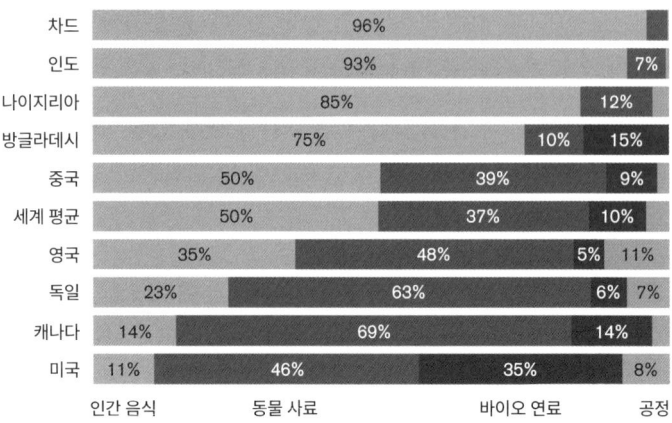

말라위, 르완다, 인도와 같은 나라는 그 수치가 90퍼센트 이상이다. 사람들에게 쓸 수 있는 만큼만 식량을 생산하는 나라는 곡물을 차나 다른 동물에게 쓸 만한 여유가 없다. 음식을 사람이 먹지 않고 다른 곳에 쓰는 일은 사치다. 많은 선진국들에서 이 사치가 아주 심하다. 미국이 바이오 연료로 자동차에 사용하는 옥수수의 양은 아프리카 대륙 전체 생산량보다 50퍼센트나 많다. 예를 들어 2019년 미국은 1억 2100만 톤의 옥수수를 산업용으로 사용했다. 같은 시기 아프리카 대륙 전체의 옥수수 생산량은 8200만 톤이었고, 브라질의 생산량도 이와 유사했다.

미국만 그런 것이 아니다. 전 세계적으로 곡물을 인간의 음식에 직접 사용하는 경우가 점점 줄고 있다. 특히 미국의 경우 다른 나라보다 바이오 연료에 쓰는 곡물 양이 두드러지게 많다. 다른 국가들에서는 대개 배고픈 닭, 소, 돼지 등의 배를 불리는 사료로 가장 많이 쓰인다.

또한 곡물만 그런 것도 아니다. 다른 작물들의 사정 또한 마찬가지다. 4장에서 언급했던 것처럼 전 세계에서 생산되는 콩의 4분의 3은 사료로 가공되어 닭, 돼지, 소의 입으로 들어간다. 여기서 콩 생산량의 4분의 3이 동물 사료로 쓰인다는 사실을 들여다볼 때 주의해야 할 사항이 한 가지 있다. 이 수치가 '질량', 즉 매년 생산하는 3억 5000만 톤의 콩이 어떻게 유통되는지 따진 결과에 기초한 것이라는 점이다. 콩 판매 수익이라는 경제적 가치에 따라 이를 분류하면 대두유도 상당 부분을 차지한다. 동물 사료와 대두유는 대개 동일한 공정에서 만들어진다. 콩에서 기름을 추출하고 남은 단백질 고형분이 동물 사료로 만들어지는 식이다.

대두유와 사료 중 콩 생산의 원인이 무엇인지를 따지는 것은 닭이 먼저냐 달걀이 먼저냐를 논하는 것과 같다. 우리가 대두유를 너무 많이 소비해서 그저 남는 고형분으로 동물 사료를 만드는 것일까? 아니면 동물이 단백질을 너무 많이 필요로 해서 우리가 남는 기름으로 무언가를 생산해야 하는 것일까? 경제적 가치의 관점에서 보자면 둘 다 맞는 말이다. 확실한 원인은 찾을 수 없지만, 두 가지가 동시에 일어난다.

또 다른 사실은 콩으로 동물 사료를 만들지 않으면 다른 작물로 만들어야 했을 것이라는 점이다. 전 세계적으로 육류 소비량이 엄청나기에 이를 감당할 동물 사료가 필요하기 때문이다.

고기의 딜레마: 맛있는 음식을 만드는 비효율적인 방법

동물이 먹는 사료 가운데 일부는 나중에 우리가 먹을 살코기와 지방을 만드는 데 쓰이지만, 대부분은 소멸한다. 그 이유는 무엇이고 이 칼로리들은 대체 어디로 가는 것일까?

우리는 가축이 통통하게 살이 오르기를 바란다. 그래야 더 많은 고기를 얻을 수 있기 때문이다. 하지만 살을 찌우지 않더라도 동물을 살려 두기 위해선 먹이를 줘야 한다. 이런 데서 얻는 칼로리는 단순히 돌아다니고, 먹이를 쪼고, 울고, 모든 장기가 기능하게 하는 것과 같은 일상적인 활동에서 연소된다. 사람과 다를 바 없다. 매우 상스럽고 가차 없이 표현하자면, 단순히 동물을 살려 두기 위해 동물에게 먹이는 칼로리는 한마디로 '낭비'다. 얼마나 낭비인가는 동물에 따라 다르다. 몸집이 클수록 생존에 더 많은 음식이 필요하다. 다시 말하지만, 동물도 인간과 전혀 다를 것이 없다. 아널드 슈워제네거가 체중을 유지하기 위해서는 나보다 훨씬 더 많은 음식이 필요하다. 내 체구가 더 작기 때문이다. 아무리 우리 두 사람이 일과가 같고 똑같은 활동을 한다 해도 슈워제네거가 나보다 최소 50퍼센트의 칼로리는 더 소모할 것이다.

이 간단한 연관성을 아는 것은 유용하다. 작은 동물일수록 열량

효율성이 높다. 생선과 닭이 가장 효율적이고, 다음이 돼지, 양, 소 순이다.

안타깝게도 이는 동물 복지 측면에서는 순서가 정반대라는 의미가 된다. 같은 양의 고기를 얻으려면 더 많은 개체 수를 도살해야 하기 때문이다. 이 윤리적 딜레마에서 어떤 선택을 할지는 각자의 몫이다. 다만 '칼로리 효율성'을 계산해 보면 우리가 동물에게 먹이는 사료 중 얼마만큼이 인간이 '먹을 수 있는' 제품으로 변환되는지 나오는데, 이 수치는 꽤 충격적이다.

먼저, 소는 3퍼센트에 불과하다.[16-17] 이는 우리가 100칼로리를 소에게 먹이면 고작 3칼로리 분량의 고기를 얻는다는 의미다. 97퍼센트는 사실상 허비되는 셈이다. 양은 4퍼센트 정도다. 소보다는 낫지만 마찬가지로 심각하게 비효율적이다. 돼지는 약 10퍼센트, 닭은 13퍼센트다. 양이 돼지보다 덩치가 작음에도 효율성이 떨어지는 까닭은 돼지보다 더 많이 움직이는 데다 사료 품질도 상대적으로 좋지 않고 양모와 같은 부산품을 생산하는 데 에너지를 쓰기 때문이다.

이처럼 동물들 가운데 가장 효율적인 경우도 열량의 대부분이, 즉 80퍼센트가 그냥 사라진다. 받아들이기 힘든 사실이다. 빵을 샀는데 한 조각을 잘라낸 뒤 나머지를 쓰레기통에 버린다고 상상해 보라. 열량 효율성 측면에서 보자면 우리가 육류를 얻기 위해 하는 일이 이와 비슷하다.

칼로리 측면에서는 육류가 비효율적인 듯해 보인다. 그렇다면 단백질 변환에서는 어떨까? 마찬가지로 가축 대부분은 단백질로 변

고기를 얻기 위해 동물에게 먹이는 사료의 열량은 대부분 '허비된다'

우리가 동물에게 먹이는 사료가 육류로 전환되는 비율은 매우 낮다. 그리고 큰 동물일수록 열량을 더 '허비'한다.

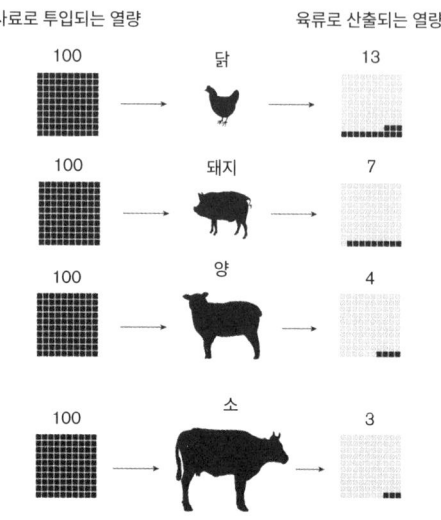

육류와 유제품의 효율성은 사료의 질, 급여 시간표, 보충제 사용 등에 따라 달라진다. 여기서는 각 육류의 세계 평균 수치를 사용하지만, 이 수치는 지역마다 다를 수 있다.

환되는 데에도 매우 비효율적이다. 돼지, 양, 소 모두 사료로 섭취하는 단백질 90퍼센트 이상이 사라진다. 동물이 먹는 단백질 100그램당 우리가 얻는 단백질은 10그램밖에 안 된다. 닭이 그나마 낫지만, 그 또한 우리가 고기 형태로 얻는 단백질은 20퍼센트에 불과하다.

육류와 유제품이 좋은 이유는 이른바 '완전한' 단백질원이기 때문이다. 가축들은 사료 단백질의 상당량을 잃어버리지만, 그들이 생산해 내는 고기는 더 좋은 품질의 단백질로서 인간 건강에 필요한 필수 아미노산을 모두 함유하고 있다. 곡류에도 필수 아미노산이 있지만 모든 종류가 있는 것은 아니다. 곡물만 먹는 사람은 단백질 부족에 걸릴 수 있다.[18] 하지만 식물성 단백질을 포함하면 이야기가 달라진다. 완두콩, 강낭콩, 대두와 같은 콩류는 매우 양질의 아미노산을 함유하고 있다. 곡물과 콩류를 적절하게 섞은 식단이라면 단백질 필요량을 쉽게 충족할 수 있다.

육류와 유제품은 칼슘, 철과 같은 미량 영양소의 훌륭한 원천이기도 하다. 하지만 미량 영양소 또한 여러 음식을 적절히 잘 조합하면 식물성 식단에서도 얻을 수 있다. 단, 비타민B_{12}는 예외다. 이것은 동물성 식품에서만 얻을 수 있는 유기 화합물로, 채식주의자들이 보조제로 보충해야 하는 유일한 영양소다. 그러므로 엄밀히 말하면 영양가 있는 식단을 위해 육류나 유제품을 꼭 먹을 필요는 없다. 잘 짜인, 다양한 식물성 식단으로도 필요 영양소를 충족할 수 있다.

다만 이러한 식단이 모든 이에게 가능한 일은 아니다. 두 블록만 걸으면 웬만한 식품은 매대에 진열된 대형 슈퍼마켓에서 장을 볼 수 있는 나에게는 쉬운 일이다. 더욱 중요한 사실은 나는 다양한 식품을 구매하는 데 필요한 만큼 돈을 쓸 수 있는 삶을 누린다는 점이다. 필요하다면 영양 보충제도 얼마든지 살 수 있다. 게다가 이 분야를 오랫동안 연구했기 때문에 내가 어떤 음식을 먹어야 기본 영양소를 모두 섭취하는지도 잘 알고 있다.

그러나 이 세상에는 이렇게 살지 못하는 사람이 많다. 저개발국가에서는 사람들이 필요한 열량의 3분의 2 이상을 곡물이나 덩이

뿌리와 같은 주식물에서 얻는다. 이를테면 방글라데시에서는 사람들이 열량의 80퍼센트가량을 쌀과 밀과 같은 주식물로 해결한다. 한편 영국인들이 곡물과 뿌리 작물에서 얻는 열량은 3분의 1밖에 되지 않는다. 나머지는 과일, 채소, 콩류, 육류, 유제품 등 다양한 식품에서 얻는다. 다양한 음식을 먹을 수 있고 그것을 구매할 여력이 있다는 것은 일종의 특권이다.

육류는 수천 년 동안 우리 식단에서 가장 중요한 역할을 해 왔다. 고기는 비경제적이지만 맛은 물론이고 영양소도 풍부하다. 그러나 우리가 지구를 훼손하지 않고 굶주리는 사람이 없는 식량 시스템을 구축하려면 인간과 육류의 관계를 재고할 필요가 있다.

식량, 지속 가능성 문제의 핵심

모든 세계 환경 문제의 중심에는 식량이 있다. 말 그대로 식량은 모든 종류의 지속 가능성 문제와 관련이 있다. 3장에서 논의한 것처럼 식량 시스템은 세계 온실가스 배출의 4분의 1을 차지한다. 꼭 기후 변화가 아니더라도 다른 환경 문제를 해결하기 위해서는 식량 시스템을 개선해야 한다.

담수 공급 부족이 걱정되는가? 농축산은 전 세계 취수량의 약 70퍼센트를 차지한다. 일부 열대 기후 지역 국가는 담수의 90퍼센트를 농업에 사용한다.[19] 삼림 파괴가 걱정되는가? 이 또한 농축산을 빼면 문제는 거의 해결된다. 생물다양성의 손실이 걱정되는가?

마찬가지로 식량 생산이 전 세계 야생 동식물에게 가장 큰 스트레스로 작용한다.[20] 인류 역사 이래 언제나 그랬다. 식량으로 쓰기 위해 동물을 과도하게 사냥하고, 농지를 개간하기 위해 동식물의 서식지를 빼앗았으며, 살충제와 비료로 생태계를 파괴하는 등 지구상 동물에게 가장 큰 위협이 되는 것은 언제나 식량을 구하는 인간의 활동이었다.

그렇다면 수질 오염은 어떨까? 이제는 독자들도 눈치 챘겠지만 수질 오염의 가장 큰 원인 또한 농업이다. 우리가 토양과 작물에 뿌린 양분의 대부분은 땅에서 새어 나와 강과 호수, 바다로 흘러 들어간다. 이 양분은 생태계를 교란한다. 조류와 같은 생물은 이를 틈타 여기저기서 증식한다. 물고기와 다른 동물들은 산소가 부족해지고, 우리의 수역은 생명이 살지 않는 곳이 되어버리고 만다.

한발 물러서서 보면 농업이 지구의 모습을 재편하는 데 미친 영향의 규모를 깨달을 수 있다. 오늘날 얼어 있지 않거나 사막이 아닌 땅의 절반은 농축산업에 사용되고 있다. 숲보다 훨씬 넓은 면적이다. 이런 땅의 4분의 3은 방목지 또는 사료 재배지로 가축을 기르는 데 사용된다.

충격적인 사실은 최종 단계에서 우리에게 제공되는 음식을 고려하면 이러한 식량 생산 체계가 매우 불균형하다는 점이다. 육류와 유제품은 고작 우리가 섭취하는 열량의 18퍼센트, 단백질의 37퍼센트를 제공할 뿐이다. 우리가 가축 사육에 많은 자원을 투입하는 데에 비해 수익은 그리 높지 않은 셈이다.

인간이 거주할 수 있는 땅의 절반은 농축산업에 사용된다

농축산업은 삼림 파괴와 동식물 서식지 훼손의 가장 큰 원인이다. 이 중 4분의 3이 가축 사육에 사용된다.

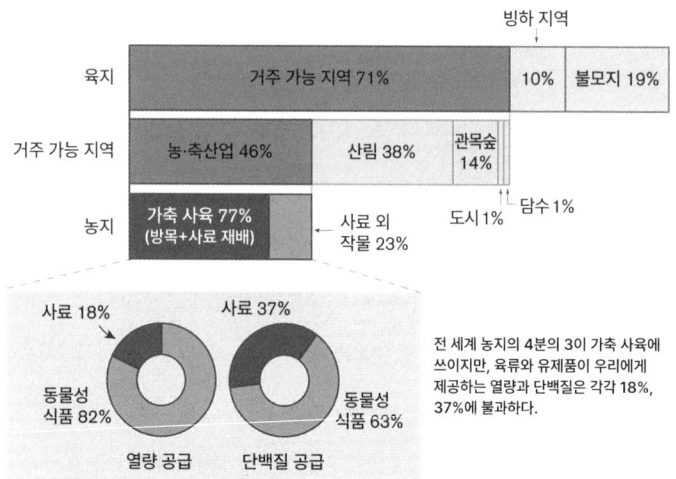

전 세계 농지의 4분의 3이 가축 사육에 쓰이지만, 육류와 유제품이 우리에게 제공하는 열량과 단백질은 각각 18%, 37%에 불과하다.

　다양한 토지 용도를 분류한 세계 지도를 만든다면 가축을 기르는 땅은 위로는 알래스카부터 아래는 아르헨티나의 리오그란데까지 아메리카 대륙 전체를 차지할 것이다.

　농업과 관련된 환경 문제는 대체로 두 가지 사항과 관련이 있다. 하나는 '얼마나 많은 땅을 사용하는가'이고, 다른 하나는 '물이나 비료 같은 투입 자원을 어떻게 관리하는가'다. 지속 가능한 방식으로 모든 사람에게 충분한 식량을 제공하는 데 필요한 해결책은 결국 농축산업에 쓰이는 땅을 최대한 줄이는 것이다. 우리는 가능한 한 많은 땅을 야생 동물에게 돌려줘야 한다. 전 세계적으로 이와 관련해 개선이 이뤄지고 있는데, 대개는 비료 등을 사용해 생산량을 높이는 '집약 농업' 덕분이다. 많은 사람이 놀라겠지만, 우리는 이 부문에서도 점점 진전을 보이고 있다.

농지와 식량 생산 사이의 연결을 끊어야 한다

인구가 점점 많아지고 육류 섭취가 늘고 있으니, 농지에 대한 인간의 수요가 끝이 없을 것이라고, 인구 증가가 멈출 때까지 계속 늘어날 것이라고 생각하기 쉽다. 이러한 가정이 사실이라면 정말 난처한 일이 아닐 수 없다.

   하지만 다행스럽게도 이는 사실과 다르다. 몇 년 전 많은 연구자들이 인류의 농지 이용률이 정점에 다다랐을 가능성이 높다는 예측을 내놓았다.[21] 이 소식을 처음 들었을 때 나는 말도 안 되는 소리라며 완전히 무시했다. 물론 농작물 생산량이 증가하고 있으니 증가하는 인구를 따라잡을 수는 있겠지만 육류 소비 역시 급격하게 증가하고 있었다. 농축산 방식이 아주 효율적으로 발전해 급격히 늘어나는 수요를 충분히 감당하고 있을 가능성은 없어 보였다.

   나는 데이터를 깊이 파고들기 시작했고 복잡한 수치를 분석했다. 핵심 자료는 유엔식량농업기구의 데이터였다. 유엔식량농업기구의 자료에 따르면 인류는 2000년 이미 농지 이용률의 최고점을 지났다. 유엔 자료에 기초해 진행된 다른 여러 연구의 결과도 세계가 농지 이용의 정점을 이미 지났다고 결론 내렸다.[22]

내가 '단호하게' 정점을 지났다고 말하기를 주저하는 이유는 데이터로 판단하건대 방목지는 최고점을 지났으나 경작지는 아직 최고점을 찍지 않았기 때문이다. 경작지가 계속 팽창한다면 이 승리는 미완으로 남을 가능성이 있다.

다만 적어도 세계가 농지 이용의 정점에 가까이 도달한 것은 사실이다. 그리고 농작물 생산량도 매년 늘고 있다. 세계 곳곳에서 농지와 식량 생산 간의 연결 고리를 끊는 일도 진행되어 왔다. 이는 인류가 환경을 이용한 역사 이래 아주 중대한 사건이다. 전 세계 야생동물들은 인류가 팽창을 멈추기를 수천 년 동안 기다려 왔다. 그리고 드디어 이러한 기다림이 현실이 될 기회가 찾아왔다.

하지만 전 세계 모든 국가가 여기에 해당되는 것은 아니다. 선

인간의 농지 이용률은 정점을 지났을 가능성이 있다

전 세계 방목지는 최고점을 찍었지만, 경작지는 아직 최고점에 이르지 않았다. 분명한 사실은 농지 이용이 전 세계 모든 곳에서 정점에 이른 것은 아니라는 점이다.

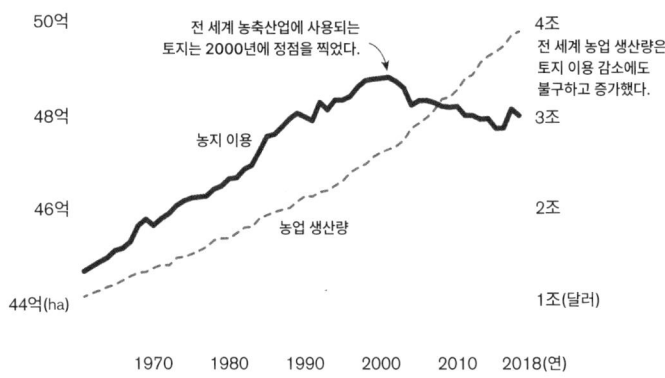

진국들의 경우 대부분 농업용 토지 이용이 줄고 있는 반면 다른 국가들에서는 경작지와 방목지가 여전히 확장되고 있다. 대개는 숲을 베고 개간한 땅들이다.

그럼에도 농지 감소가 증가보다는 많기에 이를 종합해 보면 전 세계적으로 농업용 토지 이용은 감소하고 있다. 이러한 변화는 우리가 토지를 더 적게 이용해도 더 많은 식량을 생산할 수 있다는 강력한 증거가 된다. 우리가 이를 교훈 삼아 세계 곳곳에 적용한다면, 모든 지역에서 농지를 줄이면서도 식량을 문제없이 생산할 수 있다. 나아가 이러한 사실은 식량 생산의 미래가 과거와 같이 파괴적인 과정을 따를 필요는 없다는 것을 의미하기도 한다.

최고점에 다다른 비료 사용량

토지를 덜 사용하는 것은 좋은 일이지만, 일정 면적의 땅에서 훨씬 더 많은 소출을 낼 수 있는 이유는 생산량을 높이기 위해 쓰는 영양제, 살충제, 물과 같은 자원 때문이다. 이 때문에 우리가 단순히 지속 가능하지 않은 하나의 방식을 지속 가능하지 않은 또 다른 방식으로 대체하고 있지는 않은지, 그래서 결국 비료를 위한 무의미한 경쟁에 빠지게 되는 것은 아닌지 우려하는 사람이 많다.

사실 전 세계에서 매년 사용되는 비료의 양은 지난 10년간 거의 변하지 않았다. 비료 소비량은 2010년대까지 50년 동안 증가해 4배 이상 폭등했다. 그러나 지금은 증가세가 멈춘 상태다. 비료 사용

세계는 '비료 사용의 정점'에 다다랐을 수 있다

비료 효율성이 개선되었다는 사실은 많은 국가가 비료를 더 적게 쓰면서도 더 많은 식량을 생산하고 있다는 것을 의미한다.

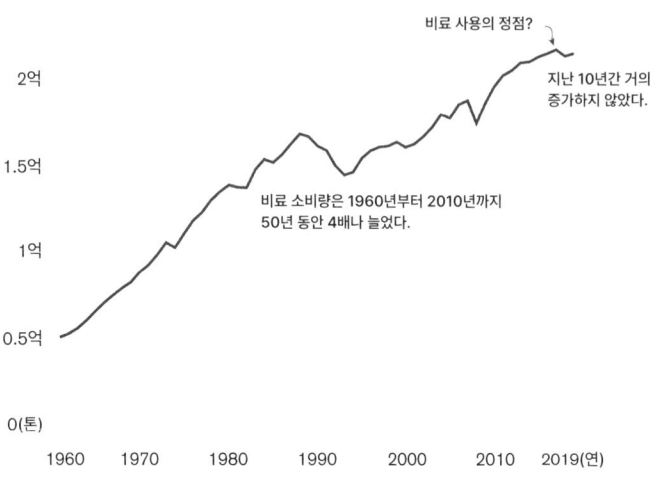

이 임계점에 다다라서 감소하기 시작할 가능성이 있는 것이다.

인구가 더 늘었는데 어떻게 이런 일이 가능할 수 있을까? 대다수의 저개발국에서는 비료 사용이 여전히 증가하고 있다. 좋은 일이다. 앞서 프리츠 하버와 카를 보슈가 이뤄낸 혁신이 얼마나 큰 변화를 불러왔는지 보지 않았는가.

그러나 비료 사용은 한동안 상승세를 보이다 안정세에 접어들었고, 대부분의 선진국에서는 감소 중이다. 미국의 경우 비료 사용은 1970년대 중반 이후로 늘지 않았다. 반면 식량 생산량은 75퍼센트나 증가했다. 오늘날 프랑스의 비료 사용량은 1980년대의 절반밖에 되지 않는다. 영국과 네덜란드도 마찬가지다. 가장 빠른 경제 성장을 보이고 있는 나라들에서도 비료 사용은 거의 최고점에 다다랐다. 중국은 이미 지났다. 2010년까지만 하더라도 중국은 50년 전보다 약 25배나 많은 비료를 사용하고 있었다. 가파른 상승세가 우려스러울 정도였지만, 중국의 비료 사용은 2015년에 최고점을 찍고 이후 계속 감소했다.

이렇게 비료 사용이 감소한 까닭은 국가들이 식량 생산을 줄였다거나 유기농법으로 전환해 합성비료 사용을 완전히 그만뒀기 때문이 아니다. 바로 비료를 더욱 효율적으로 사용할 수 있게 되어서다. 이 사실을 아주 명백히 증명해 주는 역대 최대 규모로 진행한 인상적인 연구가 하나 있다.[23] 중국 전역의 소규모 자작농 2100만 명을 대상으로 10년에 걸쳐 진행된 실험에서 연구자들은 비료 사용으로 작물 생산량을 증대시키면서도 농업으로 환경이 훼손되는 정도를 줄일 수 있는지 확인했다. 결과는 성공적이었다. 2005년부터 2015년까지 옥수수, 쌀, 밀의 평균 수확량은 약 11퍼센트 증가한 반면, 질소 비료 사용은 6분의 1가량 감소한 것이다. 농부들은 말 그대로 더 적은 자원에서 더 많은 식량을 생산하고 있었다.

비료 사용량을 보면 일관된 패턴이 있음을 알 수 있다. 먼저 최빈국의 농부들은 비료를 거의 쓰지 않는다. 비료를 살 여력이 안 되기 때문이다. 수확량이 매우 적어 돈이 안 벌리니 농부들에게도 좋지 않지만, 더 많은 농지를 사용해야 하니 지구에도 좋지 않다. 이어서 농부들이 조금 돈을 벌게 되면 비료 사용량이 증가하기 시작한다. 그러면서 농작물 생산량도 늘어난다. 하지만 결국에는 이런 농사에 투입되는 자원을 더 효율적으로 사용하는 데 주안점을 두게 된다. 비료를 전혀 사용하지 않는 것은 아니지만 농부들은 적정량만 써서 농작물에 필요한 양분을 공급하는 법을 터득한다.

지구를 훼손하지 않고
모두가 배부를 수 있는 일곱 가지 방법

21세기에 세계 인구가 20억이 더 늘어난다면, 어떻게 지구를 훼손하지 않고 모든 이에게 필요한 식량을 제공할 수 있을까?

    한 가지 분명한 사실은 과거로 돌아갈 수는 없다는 것이다. 예전 방식에 더 가까운 식량 생산 방식으로 돌아가야 한다는 생각은 그럴듯하게 들린다. 그러나 그러한 방식이 작은 규모에서는 가능할 수 있지만 수십억 명을 먹여 살리지는 못한다. 산술적으로 도저히 불가능하다.

    나는 여러 방식의 식량 확보 및 농사 방법을 적용해 현재 세계 80억 인구를 먹여 살리는 데 필요한 땅의 크기를 계산해 봤다. 지구상에 빙하도 없고 사막도 아닌, 인간이 거주할 수 있는 땅의 면적이 약 1억 제곱킬로미터 정도인데, 우리가 현재 그중 절반인 5000만 제곱킬로미터를 농축산에 쓰고 있다는 사실을 기억하자.

    80억 명을 사냥이나 식물 채집 등의 방법으로 먹여 살리려면

80억~8000억 제곱킬로미터 면적의 생육이 가능한 땅이 필요하다. 이는 지구에 존재하는 땅보다 100배에서 1만 배가 더 큰 크기다. 그나마 그 크기의 땅을 확보하는 과정에서 모든 종류의 포유류가 절멸하게 될 것이라는 불편한 현실도 간과한 계산이다.

목축 중심의 생활은 어떨까? 가축에 의존해 작은 규모의 공동체 생활을 영위하는 방식은 가장 생산성이 높은 채집 사회보다 나을 것이 없다. 이런 경우도 30억~80억 제곱킬로미터 크기의 땅이 필요하다. 즉 지구가 10개는 있어야 한다.

그렇다면 농경 초기의 유기농법으로 회귀하는 것은 어떨까? 모두 각자 땅뙈기 한 평씩 소유하고 직접 농사를 지으며 과거의 농경 방식으로 돌아가면 되지 않을까? 화전 농업과 같은 이동 경작을 하려면 8000만~8억 제곱킬로미터 크기의 땅이 필요하다. 점점 줄어들고는 있지만, 그래도 이렇게 살려면 여전히 땅이 부족하다.

전통적인 농경 방식으로 살아가기 위해서는 가장 적게 잡아도 800만~8000만 제곱킬로미터의 땅이 필요한데, 그나마 이것이 가장 현실 가능성이 있는 크기다. 하지만 이마저도 '모든 사람이 식물성 식단으로 전환'하고 농작물을 매우 효과적으로 생산할 수 있어야만 가능하다. 게다가 이 과정에서도 매우 많은 삼림을 베어내야 하는 것은 피할 수 없다.

그에 반해 현대 농업 방식으로는 훨씬 적은 땅에서 80억 명을 먹여 살릴 수 있다. 전 세계 농업 생산성이 아주 높아지고, 비현실적인 가정일지언정 모든 사람이 식물성 식단으로 전환할 수 있다면 적게는 400만 제곱킬로미터에서 800만 제곱킬로미터 크기로도 충분히 감당할 수 있다.

그러므로 과거로 회귀하는 것은 불가능하다. 말 그대로 80억 명이 과거로 돌아갈 수 있는 공간이 없다.

지속 가능한 식량 시스템을 만드는 법

'그래, 해나 씨는 직업이 뭔가요?'라는 질문을 들을 때마다 당황스럽다. 하지만 이내 전 세계 모든 사람이 무엇을 먹어야 하는지에 관해 열변을 토하곤 한다. 사람들은 이런 이야기를 좋아한다. 모두 자기만의 생각이 있어서다. 무엇을 어떻게 먹느냐는 매우 개인적인 일이다. 식생활은 정체성에서 중요한 부분을 차지한다. 그래서 집단적 성격을 지니는데, 집단을 나누는 규칙은 대개 양자택일식이다.

예를 들어 비건은 동물성 식품을 먹지 않는 사람이다. 동물성 식품을 먹는 사람은 비건이 아니다. 그러므로 비건이라는 집단에서 배제된다. 제대로 키토제닉 식단을 지키려면 탄수화물 섭취를 매우 낮춰야 한다. 기준 섭취량을 초과하면 더 이상 키토제닉이 아니다. 유기농이나 비유전자변형식품GMO-free 인증도 모두 '예스' 아니면 '노' 식의 분류다. 유기농으로 인증되거나 아니거나 둘 중 하나다. 비유전자변형식품을 규정하는 것도 인증의 유무에 달려 있다. 이와 같은 구분에서 설교와 망신 주기가 흔하게 벌어진다.

나는 다른 사람에게 어떤 식품을 먹어야 한다고 말하고 싶지 않다. 내가 상관할 바가 아니기 때문이다. 하지만 한편으로는 우리가 어떻게 하면 환경친화적인 식생활을 영위할 수 있을지에 대한 기본적인 질문에 명쾌하고 솔직하게 답변해 주고 싶다. 사람들이 지식에 근거한 결정을 내리는 데 필요한 정보를 주고, 각자의 가치에 바탕을 둔 결정을 내리는 데 도움을 주고 싶다.

자신의 식단이 초래하는 탄소발자국을 신경 쓰지 않는 사람이라면 나도 굳이 상관하지 않는다. 가슴 아픈 점은 사람들이 정말 친환경 식단에 관심이 많은데도 정보가 부족해 잘못된 선택을 내리고 엉뚱한 곳에서 애를 쓴다는 사실이다. 열심히 노력은 하는데, 환경에는 별 도움이 되지 않는다. 사실 오히려 상황을 더 악화시키는 경우도 있다.

이제부터는 보다 더 지속 가능한 식량 시스템을 구축하는 데에 가장 필요한 일들을 소개하고자 한다. 이 조언을 받아들일지 아니면 받아들이지 말지는 개인의 자유다. 어떤 조언은 독자의 개인적인 가치와 상충하기도 할 것이다. 하지만 괜찮다. 우선순위를 어떻게 정할지는 각자의 몫이다.

1. 세계 작물 생산량 증대

우리는 오늘날 유례없는 상황에 놓여 있다. 도무지 나아질 것 같지 않던 자연과의 교착 상태가 끝나고 마침내 더 적은 땅에서 더 많은 식량을 얻을 수 있게 되었다.[24]

사하라 이남 아프리카 지역의 작물 수확량은 다른 지역에 비해 매우 적다

다음은 지역별 곡물 생산량을 나타낸 것이다(단위 톤/1만㎡).

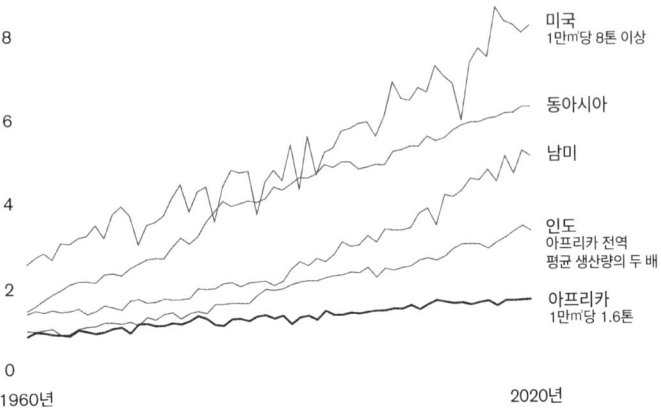

하지만 예외가 있다. 사하라 이남 아프리카 국가들은 대부분 세계 평균에 미치지 못한 채 낙후되어 있다. 농작물 생산량은 거의 변화가 없는 데다 무슨 수를 써도 매우 저조하다. 아프리카의 평균 곡물 수확량은 인도의 절반, 미국의 5분의 1 수준밖에 되지 않는다. 이는 환경에도 좋지 않을 뿐만 아니라 사람들에게도 좋지 않다. 사하라 이남 아프리카 지역의 노동력 절반 이상이 농업에 종사하고 있는데 이들은 수입이 거의 없다. 대다수가 하루에 몇 달러도 안 되는 돈으로 근근이 살아간다.[25]

아프리카 지역에서는 향후 수십 년간 식량을 증산해야 한다. 앞으로 30년 동안 인구가 10억이 늘고, 그다음 30년 동안 또 10억이 늘어날 것으로 예상되기 때문이다. 연구자들은 수확량이 늘지 않으면 아프리카에서 작물 경작에 필요한 땅이 2050년까지 거의 3배나 증가할 수 있다고 추정한다.

우리는 작물 수확량을 증대하는 일, 특히 사하라 이남 아프리카 지역 전반의 식량 생산을 증대하는 일을 목표로 삼아야 한다. 이것이 성공한다면, 즉 아프리카가 생물학적으로 그리고 기술적으로 가능한 범위 내에서 다른 대륙과의 '수확량 격차'를 줄일 수 있다면, 아프리카 대륙에서는 삼림이나 동식물의 서식지를 훼손하지 않고도 식량 자급이 가능해진다. 다행인 점은 우리가 이미 그 방법을 알고 있다는 사실이다.

이미 수많은 국가에서 효과를 본 비료, 개량종자, 관개 등의 기술과 투자는 기후 변화 때문에 훨씬 더 중요해질 것이다. 기온이 오르고 가뭄이 더 빈번하게 일어나는 데다 그 강도도 심해지고 있어 농부들은 양분과 물을 더 효율적으로 관리해야 한다.

노먼 볼로그가 육종을 통해 멕시코, 인도, 파키스탄, 브라질을 비롯한 많은 국가들의 밀 수확량을 엄청나게 증대시킨 것처럼, 우리도 가뭄에 대한 저항력이 강하고 더 더운 날씨를 견딜 수 있는 새로운 종류의 작물을 개발할 수 있다. 이런 혁신적인 종자가 많이 개발된다면 비료와 살충제를 더 적게 써도 되는 작물도 나올 수 있다. 화학 약품을 덜 써도 되고, 가뭄에도 강하며, 생산량도 높은 작물이라니, 거부할 이유가 없다. 사람에도 환경에도 모두에게 유리한 선택처럼 보인다.

이상한 점은 많은 교배 육종이나 작물의 유전자 변형이 전 세계 생태계와 야생동물 서식지를 보호하는 데 매우 중요한 역할을 해 왔음에도 환경운동가들이 이러한 기술들에 강력하게 반대한다는 것이다. 우리는 이와 같은 반발을 극복해야 한다. 더 많은 삼림을 잃지 않고도 100억의 인구를 먹여 살리고 싶다면, 환경운동 커뮤니티는 효율적인 식량 증산이라는 혁신을 멀리할 것이 아니라 조심스럽게 수용할 필요가 있다.

2. 육류, 특히 소고기와 양고기 소비의 절제

이 권고는 이미 여러 번 이야기해 왔다. 3장에서 우리는 다양한 음식이 기후에 미치는 영향에 대해 살펴봤다. 육류, 그중에서도 소고기와 양고기의 탄소발자국은 독보적이었다. 하지만 기후 변화 때문만은 아니다. 식량이 환경 이슈 전반에 걸쳐 매우 중요한 역할을 하기 때문에 이것만 변해도 많은 긍정적인 파급 효과를 볼 수 있다. 온실가스든 토지 이용이든 물 이용이든 수자원 오염이든 문제의 피라미드 구조는 거의 언제나 같다. 소고기와 양고기가 피라미드의 가장 최상단에 있고, 다음이 유제품, 돼지고기, 닭고기 그리고 두부, 콩류, 곡물과 같은 식물성 식품 순이다. 질량이나 열량, 단백질 양을 비롯해 다른 기준을 놓고 비교해서 줄을 세워도 마찬가지다. 게다가 차이도 적지 않다. 농지 '99제곱미터냐 100제곱미터냐'와 같은 미세한 차이에 집착하는 것이 아니다. 이것은 '100제곱미터 대 1제곱미터'

의 차이다. 말 그대로 100배가 다르다.

다시 말하지만 우리가 할 수 있는 가장 효과적인 노력은 고기와 유제품 섭취를 줄이는 것이다. 큰 변화를 이뤄내고 싶다면 수많은 사람이 여기에 동참해야 한다. 채식 인구가 조금 증가하는 것보다 세계 인구 절반이 일주일에 단 이틀만이라도 고기를 먹지 않는 것이 온실가스 배출, 토지 이용, 물 이용을 줄이는 데 훨씬 도움이 된다.

'모 아니면 도' 식의 선택권이 주어지는 경우 사람들은 대개 지금의 방식을 바꾸려고 하지 않는다. 사람들이 육류 소비를 줄이도록 설득하는 데 가장 나쁜 방법 가운데 하나가 무작정 채식을 강요하는 것이다. 그런 식으로는 효과를 거둘 수 없다. 사람들이 육류 섭취를 조금이라도 줄이게 하려면 단순하고 즐거운 방법을 제시해야 한다. 이를테면 '고기 안 먹는 월요일'이라든지 '고기 없는 점심' 등의 제안을 하는 것이다. 그렇게 식물성 식품 위주의 식단을 경험해 본 후에야 생각보다 어렵지 않다고 느끼는 경우가 많다.

그러나 우리가 섭취하는 육류와 유제품의 양만 중요한 것은 아니다. 어떤 종류를 소비하는지도 중요하다. 자주 소비하던 육류를 다른 종류의 육류로 바꾸는 것만으로도 엄청난 변화를 가져올 수 있다. 예를 들어 소고기를 자주 먹는다면 일주일 동안 먹는 소고기 양의 일부를 닭고기나 생선으로 바꾸는 것이 지구 환경에 큰 보탬이 될 것이다. 실제로 이런 식단 변화는 닭고기를 먹는 사람이 채식주의자가 되는 것보다 훨씬 더 큰 효과를 낳는다.

농지 이용량 측면에서 보면 이는 매우 명확한 사실이다. 전 세

어떤 식품이 환경에 가장 큰 영향을 미칠까?

육류 특히 소고기와 양고기와 유제품은 식물성 단백질 원천 식품보다 환경에 훨씬 큰 영향을 미친다. 다음 그래프는 단백질 100g을 기준으로 여러 식품을 비교한 것이다.

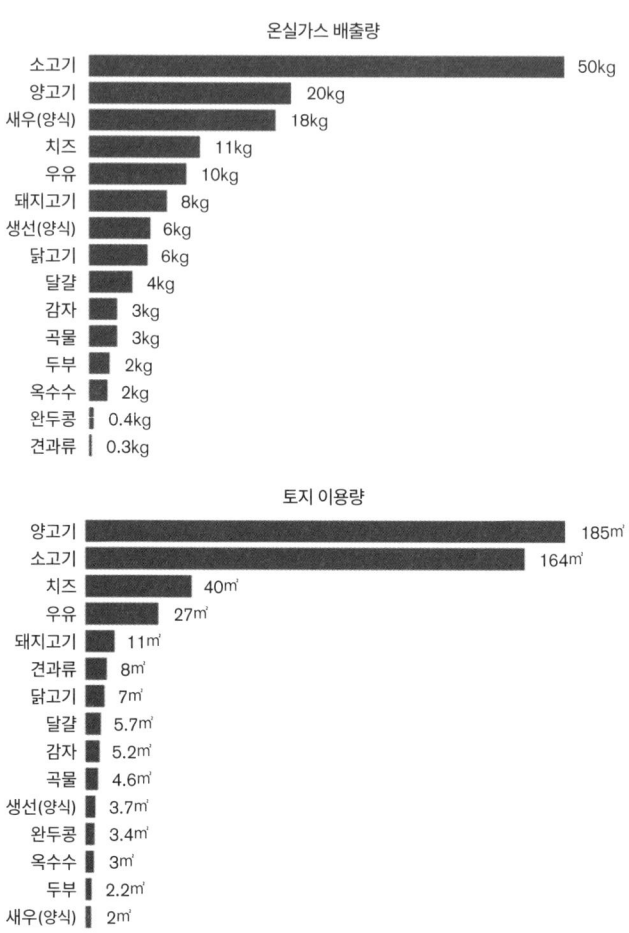

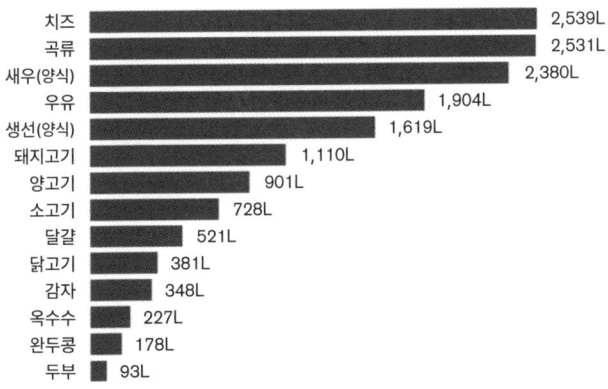

담수 취수량

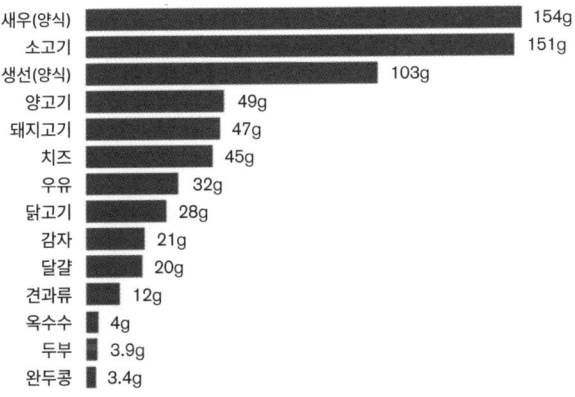

부영양화(수질 오염)

계적으로 식량을 재배하는 데 이용되는 땅은 바이오 연료, 직물 및 비식품 작물을 생산하는 데 사용되는 토지를 제외하더라도 약 4000만 제곱킬로미터에 이른다. 세계 모든 인구가 먹거리를 바꾸는 경우 이 세상이 어떻게 변할지 시나리오를 예상한 연구가 있는데 흥미롭게도 세계 토지 이용의 다른 가능성을 엿볼 수 있다.

이 연구에 따르면 유제품을 생산하는 젖소는 그대로 두고 소고기와 양고기를 섭취하지 않는 것만으로도 전 세계 농지 수요를 거의 절반으로 줄일 수 있다. 이는 미국 면적의 두 배에 해당하는 땅을 아끼는 것이다. 이 방법이 단연코 농지 이용을 가장 많이 절감할 수 있는 길이다. 게다가 전 세계 모든 사람이 비건이 될 필요도 없다.

유제품까지 섭취하지 않는다면 농지 사용을 다시 그 절반으로 줄여 1000만 제곱킬로미터가 조금 넘는 수준까지 절감할 수 있다. 여기까지 더하면 미국 면적 크기의 농지 세 곳을 절약하는 셈이 된다. 그러나 여기서부터는 감축의 차이가 미미해진다. 물론 비건 식단이 농지 사용을 가장 최소화시킨다. 전 세계 모든 인구가 식물성 식품만 먹는다면 농지를 75퍼센트나 줄일 수 있다. 이는 북미와 브

식물성 식단으로 전환하면 농지 사용의 75%를 절감할 수 있다

다음은 모든 사람이 해당 식단을 선택할 때 전 세계 경작지와 목축지 면적을 나타낸 것으로, 열량과 단백질 영양 조건을 충족하는 기준 식단에 기초한 것이다.

	경작지		목축지	
전 세계 식단	704만km² 인간 식량	538만km² 가축 사료	2,890만km²	4,130만km²
소고기, 양고기 제외 식단	1,170만km²	1,040만km²	2,210만km²	
소고기, 양고기, 유제품 제외 식단	1,100만km²			
붉은 고기, 유제품, 가금류 제외 식단 (달걀과 생선만 포함)	1,010만km²		식물성 위주의 식단으로 전환하면 농지 면적을 줄일 수 있다. 가축 사료 생산에 이용되는 땅을 인간이 직접 섭취하는 식량 생산에 사용할 수 있기 때문이다.	
비건 식단	1,000만km²			

라질을 합친 면적과 같다. 그러나 일정 정도의 닭고기, 생선, 달걀이 포함된 식단과 비교해도 농지 절감률에는 큰 차이가 없다.

이 연구 결과는 작물을 재배할 땅이 충분하지 않아 모든 이가 비건이 될 수는 없다는 일각의 우려도 잠재울 수 있다. 앞서 언급한 것처럼 전 세계 모든 인구가 식물성 식품만 먹는다면 지금보다 농지를 더 적게 사용할 수 있다. 가축에게 먹일 곡식을 재배하는 데 사용되는 땅을 모두 절약할 수 있기 때문이다. 인간이 먹는 식품에 쓰이는 곡물은 전 세계 생산량의 절반도 되지 않는다. 나머지는 모두 가축 사료나 바이오 연료에 사용된다. 콩도 마찬가지다. 우리는 그저 콩의 용도를 바꾸거나, 콩 재배에 사용되는 농지를 다른 작물을 재배하는 땅으로 바꾸기만 하면 된다.

이론적으로는 매우 간단해 보이지만 사실 사람들의 행동을 바꾸기는 쉽지 않다. 윤리에 호소하는 것만으로는 많은 사람의 행동을 바꿀 수 없다. 전 세계 사람들의 식단을 바꾸려면 새롭고 맛있는 육류 대체 식품이 필요하다.

3. 육류 대체 식품에 대한 과감한 투자

내가 처음 채식을 시작했을 때 내 가족의 탄소발자국은 더 늘어났다. 원인은 내가 아니라 동생이었다. 내가 채식을 시작한 바로 그때 동생은 몸만들기에 부쩍 관심을 보이기 시작했다. 일주일에 여섯 번 체육관에 나갔으며 전통적인 노하우에 따라 하루아침 새 육류 섭취를 두 배로 늘려 끼니마다 고기와 브로콜리를 먹었다. 동생은 내가 끊은 육류의 양만큼, 어쩌면 그보다 더 많은 양의 고기를 먹었다.

　동생은 콩고기로 만든 햄버거나 퀀(버섯 고기) 소시지를 먹지 않았다. 전혀 고기 맛이 나지 않는다는 이유에서였다. 당시만 해도 고기 대용품이 극히 드물었다. 우리는 가족 식사 때 몰래 대체육을 써서 요리를 만든 다음 동생이 이를 알아채는지 살폈다. 닭고기 파히타는 퀀 닭고기로, 볼로네제 스파게티는 콩고기로 만들었는데, 동생은 단 한 번도 속지 않았다.

　그로부터 몇 년 후, 동생이 식물성 식품을 먹고도 눈치 채지 못했을 때, 나는 대단한 발전이 이뤄졌다는 사실을 깨달았다. 올케가 동생 몰래 '식물성 대체육'을 써서 칠리 콘 카르네를 만들었는데 동생 표정에는 아무런 변화도 없었다. 실제로 동생은 그것이 고기가 아니라는 사실을 믿지 못했다. 오히려 이제껏 먹어본 것 중에 가장 맛있는 칠리 콘 카르네라고 했다. 동생이 넘어올 정도라면 다른 사람들도 넘어올 수 있다.

　고기 대용품은 현재 식품 산업에서 가장 빠르게 성장하고 있는 부문 중 하나다. 흥미로운 사실은 고기 대용품을 사는 사람이 대부분 고기를 먹는 사람이라는 점이다. 식물성 고기 대용품을 구매하는 미국 소비자의 98퍼센트가 육류 제품도 구매한다.[26] 이는 아주 긍정적인 신호다. 식물성 육류 대체 식품이 누구나 기꺼이 시도해 볼 만한 먹거리여야 하기 때문이다. 비건을 비롯한 채식주의자들만 소비하는 틈새 상품이 되어서는 안 된다.

고기 대용품이 육류 시장을 제대로 잠식하려면 네 가지를 충족해야 한다. 일단 맛이 좋아야 하고, 쉽게 구매할 수 있어야 하며, 일반적인 식단에 잘 녹아들고, 저렴해야 한다. 이 가운데 어느 하나라도 실패하면, 고기 대용품은 영원히 주변부에 머물 것이다.

사람들은 대부분 고기를 좋아하기 때문에, 육류 대체 식품의 기저에 있는 원리는 단순하다. 환경 파괴나 동물 복지에 관한 우려 없이 고기의 맛을 재현하자는 것이다. 불과 몇 년 만에 세상은 장족의 발전을 이뤘다. 과거 가짜 햄버거와 소시지는 마치 골판지를 씹는 것 같은 맛이었다. 그러나 '임파서블 푸드Impossible Foods'나 '비욘드 미트Beyond Meat'와 같은 미국의 대형 대체육 기업들이 판도를 완전히 바꾸고 있다. 대체육 기업들은 진짜 고기의 맛과 질감이 똑같은 햄버거를 만드는 데 엄청난 투자를 하고 있다. 이 전략이 브랜드 이미지를 구축하는 데 있어 핵심이다.

다음에 나오는 임파서블 푸드의 주장에 이 사실이 분명하게 드러나 있다. "임파서블 푸드 이전에 식품은 육류와 식물성 식품으로 나뉘어 있었다. 2011년에 우리는 '고기를 고기 맛이 나게 하는 것은 무엇일까'라는 근본적인 질문으로 시작했다. 그리고 그것을 식물로 만들 수 있는 방법을 찾아냈다."

임파서블 푸드의 성공 비결은 '헴Heme' 분자다. "헴이 바로 고기에서 고기 맛이 나게 해 주는 성분이다. 이는 살아 있는 모든 식물과 동물에서 발견되는 필수 분자로, 특히 동물에게 풍부하게 존재하며 인류가 시작된 이래 우리가 늘 먹고 갈망해 온 것이다."

임파서블 푸드는 '붉은 식물성 고기 버거'로 거의 완벽한 소고기의 모사품을 만드는 데 성공한 것 같다. 2년 전 우리 연구팀은 3개월 동안 샌프란시스코에서 일한 적이 있었다. 전 세계에서 임파서블 버거를 먹을 수 있는 식당은 얼마 없는데, 그중 하나가 사무실 바로 옆에 있었다. 임파서블 버거를 한입 먹는 순간 과거로 돌아간 듯한 느낌이 들었다. 나는 고기의 유혹을 거의 느끼지 않아서 채식이 어렵지 않은데, 임파서블 버거를 먹는 순간 두툼한 고기가 든 햄버거 맛의 기억이 강렬하게 떠올랐다. 정말 놀라운 맛이었다. 그래서 미국을 떠나야 했을 때 무척 아쉬웠다. 영국에는 임파서블 버거가 없었기 때문이다. 하지만 그 이후로 다양한 제품이 시장에 쏟아졌고 너도나도 앞다퉈 진짜 고기 맛에 가까운 제품들을 내놓았다.

이런 제품이 정말 환경에 더 이로운지 의문을 품는 사람이 많다. 그런데 실제로 그렇다. 이런 제품이 소고기를 먹는 것보다 '훨씬' 환경에 유익하다.[27-28] 퀸 제품을 생산하는 데 배출되는 온실가스는 소고기보다 35~50배 적다. 소고기 버거 대신 비욘드 미트나 임파서블 버거를 먹으면 온실가스 배출을 96퍼센트가량 줄일 수 있다. 이 수치는 이 두 브랜드 제품과 소고기의 전 세계 '평균' 탄소발자국을 비교한 값이다. 대체육의 탄소발자국은 미국이나 유럽에서 생산되는 소고기보다도 약 10배나 적다. 세상에서 가장 친환경적으로 생산된 소고기의 탄소발자국도 비욘드 미트나 임파서블 버거의 5배가 넘고 퀸 제품보다는 10배 높다.

이런 제품들은 돼지고기나 닭고기보다도 탄소발자국이 적지

육류 대체 식품은 대부분 고기보다 탄소발자국이 훨씬 적다

다음은 각 제품의 단백질 100g당 탄소발자국이다. 농장 온실가스 배출, 토지 전용, 원자재, 식품 가공, 운송, 포장을 포함한 생명 주기를 기준으로 했다.

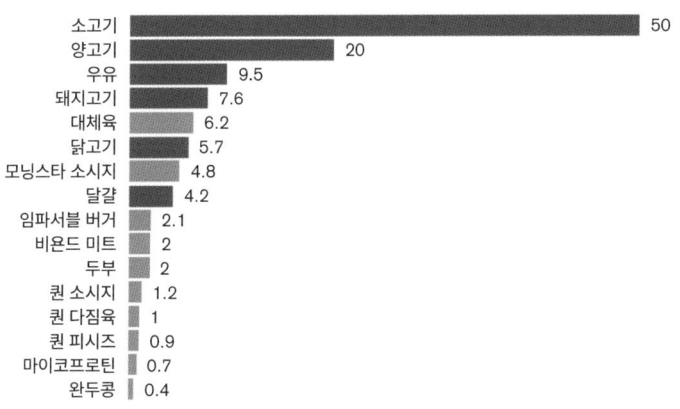

만, 크게 다르지 않은 경우도 있다. 그럼에도 대체육이 가진 차별점이 있다면 개선의 여지가 많다는 사실이다. 대체육의 탄소발자국은 대개 제조에 필요한 전기 사용에서 오는데, 전 세계가 저탄소 에너지로 전기를 생산하게 되면 대체육의 탄소발자국도 개선될 것이다. 하지만 육류는 다르다. 육류 생산의 효율성은 머지않아 한계에 도달할 것이다.

전 지구적 수준에서 대체육 전환에 성공하려면 대체육이 훨씬 더 저렴해져야 한다. 저개발 국가 사람들은 아직 이런 제품을 살 여력이 되지 않는다. 이런 제품이 진짜 고기보다 저렴해진다면 전 세계 사람들의 식생활에 혁신을 가져올 수 있다. 전 세계 모든 이가 단백질이 풍부하고 영양가 있는 음식을 먹으면서 동시에 인간이 환경에 미치는 부정적인 영향을 줄일 수 있다. 새로운 대체육 제품을 살 때마다 여러분은 단순히 각자의 탄소발자국을 줄이는 것뿐만 아니라 전 세계 모든 사람을 위해 대체육의 가격을 저렴하게 만드는 데 일조하는 것이다.

4. 대체육이 싫은 이들을 위한 혼육 개발

대체육 버거를 먹는 데 만족하는 사람도 많겠지만, 여전히 소고기 버거를 먹겠다는 사람도 있을 것이다. 물론 소고기를 소비하면서 탄소발자국을 조금은 줄일 수 있는 방법도 있다.

   한 가지 방법은 소고기를 닭고기나 콩과 같은 저탄소 단백질원과 혼합해 혼육 버거를 개발하는 것이다. 이런 혼육도 여전히 소고기 맛이 나고 평범한 소고기 버거의 질감을 가지고 있어 소고기와 다를 바 없다. 흥미롭게도 블라인드 테스트 결과 사람들은 100퍼센트 소고기 햄버거나 100퍼센트 대체육 햄버거보다 혼육으로 만든 햄버거를 선호하는 경향을 보였다.[29~30] 그러나 실험 내용을 밝히고 그것이 '혼육' 햄버거였다고 말하면 사람들은 대체로 시큰둥한 반응을 보였다. 이런 심적 방해물을 극복할 수 있다면 혼육 제품은 커다란 변화를 만들어 낼 수 있다.

   그렇다면 혼육이 얼마나 큰 변화를 불러올지 계산해 보자. 온실가스뿐만 아니라 자연으로 복원할 수 있는 토지의 탄소 기회비용까지 포함해 내가 계산한 바에 따르면 맥도날드와 버거킹이 모든 햄버거를 소고기와 콩을 반반 섞어 만드는 경우, 매년 온실가스 배출을 5000만 톤씩 감축할 수 있다. 이는 포르투갈의 한 해 온실가스 배출량과 맞먹는 수치다. 이에 더해 매년 아일랜드보다 큰 면적의 토지를 자연으로 돌려보내고 300만 마리의 소 도축을 막을 수 있다.

이는 고작 맥도날드와 버거킹만 따진 수치다. 이것이 훨씬 더 큰 규모로 실현된다고 상상해 보라. 매년 여러 나라를 합친 것만큼의 온실가스 배출, 토지 이용, 가축 도살을 줄일 수 있다. 가장 큰 장점은 소비자들이 식습관을 바꿀 필요가 전혀 없다는 사실이다. 사람들은 진짜 고기와 거의 차이를 느끼지 못할뿐더러 오히려 혼육으로 만든 햄버거가 더 맛있다고 여길 가능성도 있다.

5. 유제품 못지않은 식물성 대용품 개발

유럽연합 국가들의 일반적인 식단에 들어가는 유제품이 배출하는 온실가스는 전체의 약 4분의 1을 차지하는데, 3분의 1에 육박하는 국가도 있다.[31]

요즘은 많은 사람이 식물성 대체 유제품을 찾는다. 영국에서 실시한 설문 조사에 따르면 성인의 25퍼센트가 우유 대체품을 마시고 있고,[32] 젊은 층 사이에서는 특히 더 인기가 많아 16세부터 23세 사이 응답자 가운데 식물성 우유를 마신다고 답한 비율이 3분의 1이나 되었다. 이제는 종류도 다양해졌다. "그렇다면 어떤 '우유'가 가장 좋을까?" 이는 내가 가장 많이 받는 질문 가운데 하나다.

간단히 답하면 모두 다다. 아무거나 선택해도 된다. 식물 기반의 우유 대체품은 젖소에서 나오는 우유보다 환경을 덜 훼손한다. 우유는 이런 대체품보다 온실가스 배출량이 3배 많고, 토지 이용은 약 10배 많으며, 물 사용량은 20배나 많고, 훨씬 더 심각한 수준의 부영양화(수중에 영양염류가 과도하게 유입되는 현상)를 초래한다.[33]

어떤 식물성 우유를 마시는 것이 가장 좋은가는 각자가 무엇을 가장 중요하게 여기느냐에 따라 다르다. 이를테면 아몬드 우유는 대두보다 온실가스 배출량이 적고 토지 이용률도 낮지만, 더 많은 물을 필요로 한다. 모든 측정 항목이 1등인 확실한 선택지는 없다. 그

어떤 종류의 우유가 가장 환경에 유익할까?

다음은 우유 1리터당 환경에 미치는 영향을 나타낸 그래프다. 가장 좋은 식물성 우유는 측정 기준에 따라 다르지만, 분명한 사실은 젖소의 우유보다는 모두 환경에 미치는 영향이 훨씬 적다는 것이다.

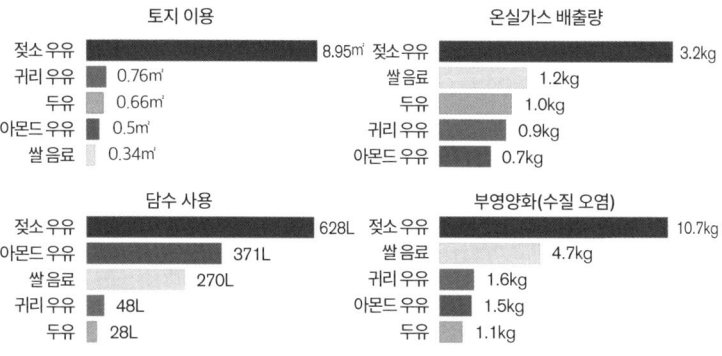

저 자기가 가장 좋아하는 것을 고르기만 하면 된다.

이쯤에서 식물성 우유와 유제품의 영양 성분이 동일하지는 않다는 사실을 짚고 넘어가야겠다. 일반 우유는 열량과 단백질 함유량이 식물성 우유보다 높다. 게다가 식물성 우유에는 없는 비타민B_{12}와 같은 미량 영양소도 함유하고 있다. 다만 최근에는 비타민D와 비타민B_{12}가 보강된 식물성 우유가 속속들이 개발되고 있다.

유제품을 식물성 우유로 대체하더라도 영양소가 골고루 갖춰진 식사를 하는 사람이나 우유가 주요 단백질원이 아닌 사람은 크게 문제될 것이 없다. 필수 영양소를 다른 식품에서 얻을 수 있기 때문이다. 하지만 특정 집단, 특히 어린 아이나 다양한 영양소를 섭취하지 못하는 저소득층에게는 식물성 우유 대체품을 먹는 것이 아직까지는 현명하지 못한 선택일 수 있다.

6. 음식 쓰레기 줄이기

전 세계에서 생산되는 식량 가운데 3분의 1가량은 그냥 버려진다.[34~35] 여기서 '버려진다'란 말은 곡식을 가축 사료나 자동차 연료로 사용할 때 사라지는 에너지는 포함하지 않고, 말 그대로 아무 데에서도 사용되지 않고 부패해 버려지는 것을 의미한다.

3분의 1이라는 수치는 버려지는 음식의 '중량'에 기초해 산출된 것이다. 이것이 반드시 열량이나 단백질 측면에서 버려지는 음식의 양이라고는 할 수 없다. 열량을 기준으로 따지면 그보다 적어서 약 20퍼센트 정도가 된다. 이런 차이를 보이는 이유는 버려지는 음식 대부분이 과일, 채소, 사탕수수, 카사바 등의 구근 식물과 같은 무겁고 수분을 가득 머금은 것들이기 때문이다. 이런 음식들은 상처가 쉽게 나고 무르기 쉬우며 빨리 썩는다. 균형 잡힌 식단에 좋고 영양소가 풍부하지만, 곡물이나 육류보다 열량이 적다는 단점도 있다.

우리는 음식 '쓰레기'라고 하면 대개 부자들이 먹다 남은 음식을 쓰레기통에 버리는 모습을 상상한다. 많은 나라가 대체로 그렇기는 하다. 예를 들어 우리는 남은 음식이거나 팔리지 않은 음식들을 곧바로 쓰레기통에 버린다. 이런 낭비는 어느 정도 의도적이다. 우리는 이런 음식들을 의도적으로 먹지 않기로 선택한다.

하지만 전 세계, 특히 저소득 국가의 경우 음식 쓰레기는 대부분 공급 과정에서 발생하는데 이것을 '손실'이라고 부른다. 이런 손실은 대개 고의로 발생하는 것이 아니며 농부들과 식품 생산자들의 재정적 손실로 이어진다. 이러한 음식이 '손실'되는 경로는 여러 가지다. 농부들이 잘못된 농기구로 수확하다 보니 그렇게 되기도 하고, 농작물 대부분이 아예 수확되지도 못한 채 밭에 방치되기도 한다. 농작물이 구멍이 숭숭 뚫린 낡은 포대에 수거되거나, 병해충에 시달리거나, 뙤약볕 아래에서 썩어 버리기도 한다. 운송 과정에서 작물의 신선도를 지켜줄 냉장 시설이 없는 경우도 태반이다.

예전 상사였던 마이크 버너스리Mike Berners-Lee에게 이 식량 손실에 관한 이야기를 꺼내니 그는 그것이 '플라스틱 용기 문제'라고 딱 잘라 말했다. 그의 말은 나의 뇌리에 박혀 지금껏 잊히지 않는다.

그의 말이 맞다. 플라스틱 용기가 더 많았다면 식량 손실을 훨씬 줄일 수 있었을 것이다.

실제로 이러한 사실을 증명한 연구가 있다.[36] 남아시아의 연구자들이 직물로 만든 포대를 값싼 플라스틱 상자로 바꾼 뒤 그 결과를 비교해 봤다. 농부들과 유통업자들이 농작물을 포대에 담아 운송하는 경우, 토마토나 망고 같은 작물이 마트에 도달할 즈음 얼마나 많은 상처가 나고 물러질지 충분히 상상할 수 있다. 이런 식으로 운송되는 작물은 무려 5분의 1가량이 버려진다. 포대 대신 플라스틱 상자를 사용하자 손실량이 87퍼센트까지 감소했고, 20퍼센트였던 식량 손실률은 3퍼센트까지 떨어졌다.

공급 과정에서 개선이 필요한 부분은 그뿐만이 아니다. 농장에서 마트까지의 운반 과정과 마트 진열 및 보관 시에 사용될 냉장 시설도 확충해야 한다. 여러 사람이 몸서리칠 만한 제안이겠지만 비닐 같은 소재로 농작물을 싸면 유통 기한을 늘리고 병충해로부터 보호할 수 있다. 또 농작물이 뙤약볕에 그냥 방치되는 일이 없도록 적당한 저장 장소도 필요하다. 이런 일들은 단순해 보이지만 엄청난 변화를 낳을 수 있다.

가정, 식당, 상점에서 버려지는 음식은 다른 문제다. 이론적으로는 매우 간단하다. 필요한 것만 사고, 산 것은 반드시 먹으면 된다. 하지만 인간의 행동은 바꾸기 어려우니 도움이 될 만한 몇 가지 팁을 소개한다. 마트에 가면 '못생긴' 과일과 채소를 고르자. 이런 것들은 끝까지 팔리지 않고 외롭게 남는다. 정말 먹을 요량이 아니라면 "1+1"이나 "2+1"과 같은 상술에 넘어가지 말자. '유통 기한' 날짜를 절대적인 것처럼 맹신해서도 안 된다. 소비자들이 '유통 기한best before'을 '섭취 기한use by'으로 오해하고 이 날짜가 마치 해당 식품을 소비할 수 있는 마지막 날이라고 생각하는 경우가 많아서 요즘 대부분의 마트는 이것을 표기하지 않고 있다. 실제로 이 날짜는 문자 그대로다. 해당 날짜 이전이 가장 신선하고 맛있겠지만 그 날짜가 지나더라도 아무 문제없다.

우리는 마트나 식당에서 남은 음식을 더욱 현명하게, 효율적으로 배급, 배포할 방법을 강구해야 한다. 분명 필요한 곳에 전달될 수 있는데도, 특히 팍팍한 삶을 사는 사람들에게 전달될 수 있는데도 그대로 쓰레기 매립지에 버려지는 일이 벌어져서는 안 된다.

음식 쓰레기와 식량 손실을 줄이는 일이 환경에 가져다주는 이점은 어마어마하다. 그 이점은 음식물이 쓰레기 매립지에서 부패하면서 발생하는 환경 비용에만 국한되지 않는다. 물론 이렇게 음식이 소각되는 과정에서도 온실가스를 배출하지만, 그 비중은 매우 적다. 더 심각한 문제는 애초에 식량을 생산할 때 사용된 토지와 물, 배출된 온실가스가 모두 쓸데없이 낭비된 꼴이라는 데 있다.

7. 실내 농업에 대한 의존에서 벗어나기

나는 최첨단 기술 마니아다. 이렇게 말하면 내가 훨씬 적은 땅으로도 작물을 기를 수 있게 해 주는 신기술이라면 모두 열렬히 찬성할 것이라고 생각할지도 모르겠다. 실내 수직 농업이 바로 그런 기술 가운데 하나다. 안타깝지만 나는 그 기술이 우리의 기대에 부합한다고 생각하지 않는다.

수직 농업의 개념은 상당히 단순하다. 태양 에너지를 사용해 작물을 재배하지 않고 실내 LED 조명을 이용한다. 흙을 사용하는 대신 양분을 포함한 물에 식물을 심는데, 이를 '수경 재배'라고 부른다. 수경 재배의 마법은 물이 든 용기를 수직으로 나란히 쌓을 수 있다는 데에서 발휘된다. 수직 농장은 고층빌딩과 유사하다. 거대 도시가 외곽으로 뻗어나가지 않고도 수없이 많은 인구를 꾸역꾸역 수용하고 있는 것과 같은 모습이다. 도시가 많은 인구를 감당할 수 있는 해결책은 공간을 위로 쌓아 올리는 것이다. 수직 농장은 일반적인 실외 농장보다 1만 제곱미터당 10배에서 20배, 많게는 100배나 많은 작물을 생산할 수 있게 해 준다.[37]

나아가 물과 비료도 훨씬 덜 든다.[38] 온도, 습도, 조명과 같은 환경을 조절할 수 있어 더 이상 해충이나 극심한 기상 이변 앞에서 속수무책이 될 일도 없다. 게다가 필요한 식량을 모두 바로 여기 도시 한복판에서 생산할 수 있다.

이 모든 것이 실재하기에는 너무 꿈같은 이야기처럼 들리지 않는가? 맞다. 수직 농장을 운영하기 위해서는 어마어마한 에너지가 든다. 태양이 전등으로 대체되었으니 이 전등은 하늘에 뜬 불덩이에 버금가는 에너지를 내야 한다. 나는 우리가 흔히 먹는 음식을 수직 농장에서 재배하려면 얼마만큼의 전기가 필요한지 궁금해졌다. 이에 가장 인기가 많은 실내 작물 가운데 하나인 양상추를 조사해 보기로 했다.

만약 미국이 양상추를 모두 수직 농장에서 재배하게 된다면 미국의 전체 전기 사용량에서 약 2퍼센트에 해당하는 전기가 필요하다. 2퍼센트가 적은 것처럼 느껴진다면 양상추의 하루 권장 섭취량 열량이 5칼로리 정도라는 사실을 생각해 보자. 고작 하루 필요 열량의 0.2퍼센트를 채우기 위해 미국 전체 전기 사용량의 2퍼센트를 늘려야 한다는 의미다.

수직 농업은 소수의 농작물을 키우는 데에만 가까스로 실현 가능한 방식이다. 과일과 채소를 재배하는 데에는 돈이 많이 들지만 수익률이 높다. 상대적으로 비용이 많이 드는 수직 농업도 상추, 버섯, 토마토와 같은 작물을 재배하는 경우 일부 생산자들은 손익분기점을 넘기거나 적으나마 수익을 낼 수 있다. 하지만 수직 농업만을 이용해서 우리가 먹는 주식을 생산할 수는 없다. 전 세계 인구가 열량 대부분을 얻는 옥수수, 밀, 쌀, 구근류, 대두 같은 작물은 매우 값이 싼 데 비해 실내에서 재배하려면 돈이 어마어마하게 많이 든다. 한 연구에 따르면 실내 농장에서 재배한 밀로 빵을 생산하는 데 드는 비용은 18달러다. 그나마 조명 비용만 계산한 것이다. 앞으로 LED 조명의 효율성은 개선되겠지만, 그렇다고 해도 시리얼을 만드는 데 드는 비용은 현재 가격보다 최소 6배는 높아질 것이다.

실내 농업의 또 다른 치명적인 단점은 실내 농장 동력 공급에 필요한 전기를 생각하면 많은 환경적 이점이 사라져 버린다는 사실이다. 현재 전 세계 전력망은 아직 탄소 제로를 이루지 못했기 때문에 수직 농업에 필요한 에너지를 생산하려면 탄소를 어느 정도 배출할 수밖에 없다. 경우에 따라서는 어마어마한 양의 탄소를 배출할 수도 있다. 혹자는 머지않아 탄소 배출이 거의 없는 태양광으로 수직 농장에 전기를 공급할 수 있게 될 것이라고 주장할 수도 있다. 하지만 태양광 에너지도 패널을 설치하려면 땅이 필요하다. 전력 공급원을 설치하기 위해 사용되는 토지의 면적을 고려하면 토지를 절약할 수 있다는 수직 농장의 장점은 완전히 사라진다. 실제로 일반적인 밭보다 땅이 더 많이 필요한 경우도 있을 수 있다.

부디 수직 농업 기술이 더 발달해 내가 틀렸음을 증명해 주기를 바란다. 그러나 현재로서는 소수의 특수 작물만 재배가 가능할 뿐 수직 농업으로 전 세계 인구를 먹여 살릴 수는 없다.

식량에 관한 오해들: '어떻게 생산하느냐'에서 '무엇을 먹는가'로

지역 농산물이 친환경적일 것이라는 착각

몇 년 전 나는 모교에서 열리는 과학 커뮤니케이션 분야 시상식에 수상자로 초대를 받았다. 참석자 모두 일어선 채로 이곳저곳을 돌아다니며 와인을 마시고 가볍게 담소도 나누는 격식 있는 행사였다.

벌써 눈치 챘는지도 모르겠지만 나는 이런 종류의 자리를 끔찍이 싫어한다.

만찬 자리에서 나는 대학 시절 은사 한 분 옆에 앉아 있었다. 스승과 제자의 관계가 아니라 동료로 대우받는다는 것이 꽤나 어색하게 느껴졌다. 식사가 나왔을 때 우리의 대화 주제는 자연스럽게 음식으로 향했다. 내 식사는 미리 주문한 채식 메뉴였고 선생님의 식사는 양고기였다. "육류가 환경에 좋지 않다는 것을 알아서 나는 닭고기나 돼지고기는 먹지 않아. 하지만 양고기는 먹지. 이 지역에서 난 것이라 탄소발자국이 적거든." 나는 선생님 말씀이 농담이겠거니 생각했지만, 농담이 아니었다. 믿을 수가 없었다. 환경을 가르치는 사람이 어떻게 단순히 고기가 지역 농산물이라는 이유로 탄소발자국이 적다는 말을 믿을 수 있는지 이해할 수 없었다.

요즘이었다면 조금 따지고 들었을지도 모르겠다. 하지만 당시 나는 매우 숫기가 없었던지라 그저 웃으면서 아무 말 없이 접시에 남아 있던 구운 채소를 먹었다.

그러나 나는 반드시 이 답을 밝혀내리라 다짐하며 만찬장을 빠져나왔다. 정말 지역 농산물을 먹으면 탄소발자국을 줄일 수 있을까? 잘못 알고 있는 사람은 나일까 아니면 그들일까? 그 후 일 년여 동안 여러 논문을 읽었지만 모두 결론은 한결같았다. 탄소발자국을 따질 때에는 음식이 이동한 거리보다 우리가 무엇을 먹느냐가 훨씬 중요하다는 사실이다.

나는 이 연구 결과를 조사한 모든 데이터와 함께 논문으로 발표했는데, 어찌 된 영문인지 '지역 농산물에 반대하는 여자'라는 별명만 얻고 말았다. 나는 결코 지역 농산물을 반대하지 않는다. 사람들이 자기 지역에서 난 음식을 먹는 데에는 여러 이유가 있다. 지역 농가를 돕기 위함일 수도 있고 자기가 먹는 음식이 어디서 생산되는지 알고 싶어서일 수도 있다. 이런 이유들은 모두 타당하다. 하지만 지역 농산물 섭취가 탄소를 적게 발생시키기 때문이라는 주장은 타당하지 않다. 특히 그저 현지에서 생산된다는 이유로 탄소 배출이 많은 음식을 의도적으로 선택하는 것은 더욱 더 타당하지 않다. 그럼에도 우리는 지역 농산물을 소비하라는 권고를 많이 듣는데, 심지어 유엔처럼 공신력 있는 기관에서조차 그렇게 권고한다.

2021년 세계적인 리서치 기업 입소스가 30개국 2만 1000명의 성인을 대상으로 기후 변화에 대한 지식과 의견에 대해 설문 조사를 진행했다. 설문에는 다음과 같은 문항도 포함되어 있었다.

Q. "다음 두 가지 중 개인의 온실가스 배출을 가장 많이 저감할 수 있는 행동은 무엇이라고 생각하십니까?"
A. 우리 지역에서 생산된 육류나 유제품 등 지역 농산물로 만든 음식 위주로 먹기
B. 과일이나 채소 일부가 수입품이더라도 채식 실천하기

요리에 채소를 많이 쓰는 인도를 제외한 모든 나라의 사람들이 현지에서 생산된 육류가 수입 농산물로 구성된 채식 식단보다 환경

에 더 유익하다고 생각했다. 표본 집단 전반에 걸쳐 57퍼센트는 현지에서 생산된 육류를 포함한 식단이 더 낫다고 답했으며, 20퍼센트는 채식이 낫다고 응답했고 나머지 23퍼센트는 두 선택지 모두 고르지 않았다.

지역 농산물을 먹는 것이 좋다는 주장의 근거는 나름 합리적이다. 식품을 운송하는 데에도 온실가스가 배출되니 더 멀리 운송될수록 더 많은 온실가스가 배출된다는 논리다. 맞는 말처럼 들리고, 실제로도 맞는 말이다. 하지만 우리는 식품 운송 중에 배출되는 탄소의 양을 따져봐야 한다. 식량 사슬에서 운송 부문은 식량 관련 전체 온실가스 배출에서 고작 5퍼센트 정도밖에 차지하지 않는다. 식량 생산 과정에서 배출되는 이산화탄소는 대부분 토지 전용이나 '재배 및 사육' 과정, 이를테면 소의 트림에서 나오는 메탄이나 비료와 거름에서 뿜어져 나오는 온실가스, 토양에서 방출되는 탄소 등에서 비

식품 수송이 차지하는 탄소 배출 비율은 매우 낮다

식량 생산 체계에서 배출되는 온실가스 가운데 운송이 차지하는 비율은 5%밖에 되지 않는다. 게다가 이 배출량은 대부분 국제 운송(선박 또는 항공)이 아닌 국내 도로 수송에서 나온다.

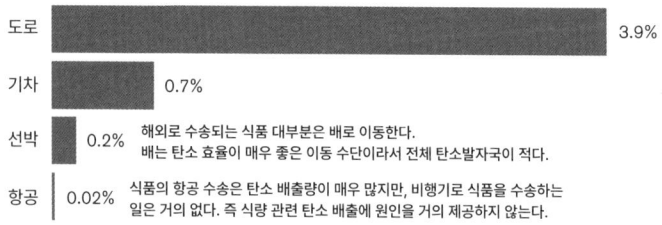

롯된다.

그렇다면 식품 수송에서 야기되는 탄소는 왜 적을까? 과테말라산 바나나, 브라질산 대두, 페루산 아보카도, 가나산 카카오 열매 등 세계 곳곳에서 생산된 음식을 먹는다고 하면 그런 식품들이 비행기로 운송되는 과정을 상상하는 사람이 많을 것이다. 하지만 실제로 식품이 항공으로 수송되는 경우는 거의 없다. 비행기는 비용이 너무 많이 들기 때문에 꼭 필요한 경우가 아니라면 기업들이 이용하지 않는다. 대부분의 식품 무역은 배로 이뤄지는데, 배는 탄소 배출이 매우 낮은 운송 수단이다. 식품의 선박 운송은 비행기를 이용한 운송보다 탄소 배출량이 50배 이상 적다.

식품 운송 과정에서 배출되는 탄소 5퍼센트는 대부분 지역 간 또는 지역 수준의 도로 배송에서 발생한다. 선박 수송의 경우에는 0.2퍼센트에 불과하고 항공 수송은 그보다 훨씬 적은 0.02퍼센트밖에 되지 않는다.[39]

식물성 식품이 더 많이 포함된 식생활로 전환하자고 권유했을 때 가장 흔하게 나오는 반발이 있다. 바로 가장 대중화된 '비건' 음식 즉 아보카도, 콩, 바나나 등의 경우 수입산이 많다는 주장이다. 이런 식품이 '우리' 지역에서 생산되는 육류보다 환경에 훨씬 안 좋다고 주장하는 사람이 많지만, 이는 사실이 아니다. 이런 식품들은 대부분 배로 수송되기 때문이다.

물론 항공 수송이라면 이야기가 달라진다. 그렇다면 어떤 식품이 비행기로 수송되는지 어떻게 알 수 있을까? 안타깝게도 이를 파악하기란 쉽지 않다. 나는 오랫동안 항공편으로 수송된 식품은 포장에 작게 비행기 표시를 하자고 주장해 왔다. 이 방법은 그렇게 어렵지도 않을뿐더러 우리 선택을 훨씬 쉽게 만들어 줄 것이다.

항공 수송 표식이 없어도 우리가 활용할 수 있는 몇 가지 기준이 있다. 기업은 식품이 소비자에게 빨리 전달되어야 하는 경우에만 항공 수송을 선택한다. 즉 유통 기한이 매우 짧고 재배 후 며칠 만에 상하는 음식은 항공기로 운반할 수 있다. 예를 들어 아스파라거스, 청대콩, 베리류처럼 금방 상하는 과일과 채소 대부분이 여기에 속한다. 그러나 바나나, 아보카도, 오렌지와 같은 과일과 채소는 여기에 해당하지 않는다. 그러므로 유통 기한이 매우 짧은데 먼 거리에서 수송되는 식품을 피하면 된다. 라벨에는 대개 '원산지' 표시가 있으니 도움이 될 것이다.

또 하나 유의할 점은 식품이 '어디에서 생산되었는지'를 따질 필요가 없다는 것이 아니라 '수송된 거리'가 중요하지 않다는 사실이다. 탄소발자국을 줄이기 위해서는 생산지를 살피는 것도 매우 중요할 수 있다. 국가나 지역에 따라 농법, 기후, 작물 재배 및 가축 사육 조건이 매우 다르기 때문이다. 같은 종류의 작물도 어디서 어떻게 재배되었는지에 따라 탄소발자국에서 큰 차이를 보일 수 있다.

이는 지역 농산물 소비가 실제로 환경에 더 안 좋을 수 있다는 의미이기도 하다. 특히 그 지역에서 본래 자랄 수 없는 작물을 선택하는 경우에는 더욱 그렇다. 예를 들어 영국에서는 카카오 열매나 바나나가 자연적으로 자라기 힘들다. 온실에서 열대성 환경을 조성

무엇을 먹느냐가 어디에서 생산되었느냐보다 훨씬 중요하다

수송과 포장은 대개 식량 생산 과정에서 배출되는 탄소 양 가운데 아주 적은 비중을 차지한다. 식물성 식품을 더 많이 섭취하려는 노력이 지역 농산물을 더 많이 소비하려는 노력보다 환경에 이롭다. 다음은 식품 1kg당 배출되는 이산화탄소량을 나타낸 것이다.

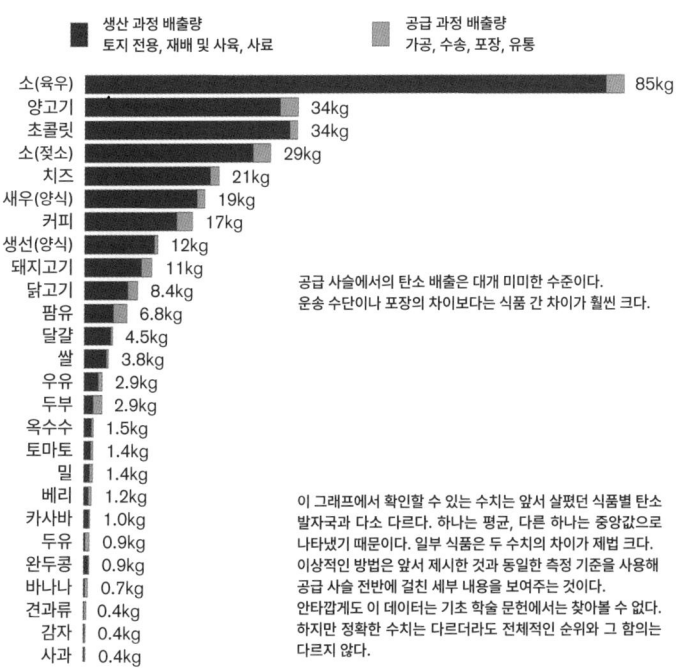

할 수는 있지만, 그렇게 만들기 위해서는 많은 에너지가 필요하다. 이런 작물 재배에 안성맞춤인 자연환경을 지닌 아프리카나 남아메리카 지역에서 실어 나르는 데 필요한 에너지보다 훨씬 더 많은 에너지가 든다.

따라서 수입 식품의 탄소발자국이 더 낮은 경우도 많다. 동절기에 스페인 상추를 수입하면 영국에서 직접 키우는 경우보다 탄소 배출을 3배에서 8배나 줄일 수 있다.[40] 스웨덴의 온실에서 토마토를 재배하려면 남유럽에서 제철인 토마토를 수입하는 것보다 10배나 많은 에너지가 든다.[41]

잠시 멈춰 곰곰이 생각해 보면 '지역 농산물 먹기'가 전 세계 모든 사람에게 도움이 될 수 있다는 말이 얼마나 어불성설인지 알 수 있다. 브라질 사람들에게 지역에서 생산된 소고기를 먹는다는 말은 아마존 삼림 파괴의 주범인 소고기를 소비한다는 의미일 수 있다.

가장 현명한 방법은 모든 조건이 최상인 지역에서 재배된 식품을 먹는 것이다. 다시 말해서 열대 지역에서 생산된 열대 작물, 곡물 생산량이 매우 높은 국가에서 재배된 곡물, 삼림을 파괴하지 않아도 목초지 확장이 가능하고 생산성이 높은 방목장에서 생산된 육류를 소비하는 것이다. 어느 국가, 어느 지역에 사느냐에 따라 이런 식품이 지역 농산물일 수도 아닐 수도 있다. 하지만 중요한 사실은, 지역 농산물인지를 따지는 것은 탄소발자국을 줄이는 데 있어 그렇게 중요한 요소가 아니라는 점이다.

유기농이 지구에 더 유익하다는 착각

유기농 식품이 반드시 친환경적이지만은 않다는 이야기는 꽤 받아들이기 힘든 사실이다. 우리가 환경친화적인 식품임을 가장 쉽게 알 수 있는 라벨을 떠올릴 때 제일 먼저 생각나는 것이 '유기농'이기 때

문이다.

하지만 실제로 유기농법이 합성비료와 같은 화학물질을 사용하는 비非유기농법인 '관행' 농법보다 환경에 더 좋다고 단언할 수는 없다. 유기농법은 생물다양성 증진, 특히 다양한 곤충을 보호하는 데 유리한 편이다. 유기농 경작지 1만 제곱미터와 일반 경작지 1만 제곱미터를 비교하면 생태계 측면에서는 유기농 경작지 쪽이 더 건강할 것이다.

그러나 유기농의 가장 큰 단점은 작물 생산량이 상대적으로 낮다는 것이다. 즉 유기농법으로 작물을 기르기 위해서는 더 많은 땅이 필요하다. 이는 곧 새로운 모순을 야기하고 생물다양성을 보존하기 위해 가장 좋은 방법이 무엇인지에 대한 논쟁을 불러일으킨다. 농지 면적이 적은 집약 농업이 옳은지, 농지 면적은 더 넓되 생물다양성 보존에 유리한 유기농법이 옳은지는 판단을 내리기 힘들다.[42]

그렇다면 유기농법과 일반 농법 가운데 기후 변화에 더 유리한 방식은 어느 쪽일까? 결론부터 말하면 확실한 승자는 없다. 164편의 논문과 742개의 농업 시스템의 결과를 종합해 두 농법의 환경 영향을 분석한 한 메타분석 연구에 따르면, 온실가스 배출 측면에서는 결과가 엇갈렸다. 일부 연구에서는 유기농법이, 일부 연구에서는 관행 농법이 낫다는 결론이 나왔다. 해당 연구는 토지 이용과 수질 오염 측면에서는 이견 없이 유기농법이 더 나쁘다는 사실도 밝혀냈다. 사람들은 흔히 농작물에 뿌리는 합성비료가 생태계에 미치는 악영향에 대해 걱정하는데, 유기농법에서는 이런 일이 없다고 생각한다면 오산이다. 유기농법으로 작물을 재배하는 농가도 작물에 양분을 주는데, 이때 가장 많이 쓰이는 것이 거름이다. 이는 안타깝게도 거름에서 나온 과도한 양분이 강이나 호수로 씻겨나가 녹조 현상 등의 생태계 불균형을 초래한다는 것을 의미한다.

당연히 유기농법이 유리한 곳도 있다. 일부 환경에서는 유기농법이 재래식 농업보다 환경에 유익할 수 있다. 하지만 전 지구적 규모에서는 불가능하다. 흔히 조명되는 것처럼 환경 문제의 만병통치약은 더더욱 아니다.

내가 이 책을 쓰고 있는 지금, 스리랑카 전역은 유기농법으로 인해 큰 혼란을 겪고 있다. 2021년 스리랑카 정부는 난데없이 비료 수입을 금지하면서 국가 차원에서 농업을 유기농법으로 전환하고자 했다. 결과는 거의 재앙과 다름없었다. 전국적으로 식량 생산은 급감했고 물가는 하늘로 치솟아 채소 가격이 5배 이상 상승했다. 상인들은 역대 최악의 시기라고 했다. 채소 찾기가 하늘의 별 따기인데 찾았다 한들 대부분 채소를 살 돈도 없다. 다수의 농가가 수확량이 반토막 날 것이라 예상하고 있다. 전국적인 실험은 실패했고 스리랑카 정부는 재빨리 계획을 철회하고 원상 복귀하려는 중이다.

스리랑카 정부의 성급한 결정은 너무 많은 사람에게 끔찍한 결과를 초래했지만, 전 세계가 유기농법을 채택하면 어떤 세상이 도래할지 가늠해 볼 수 있는 기회를 줬다. 분명히 말하지만, 유기농법 자체에는 전혀 문제가 없다. 좋은 토양과 풍부한 영양분이 있는 여러 환경 조건에서는 충분히 좋은 결과를 낼 수 있다. 어떤 환경에서는 유기농법이 최적의 방법인 경우도 있다. 그러나 유기농법은 포괄적인 해결책이 될 수 없는 데다 현재 식량 시스템의 문제를 해결하지 못한다.

사람들은 흔히 유기농 식품이 비유기농 식품보다 본질적으로 건강에 더 좋다고 생각한다. 소비자들이 비유기농 식품을 먹을 때 주로 우려하는 부분이 농약에 노출되는 것인데, 유기농 식품이 화학 살충제를 덜 사용하는 것은 사실이다. 미국에서 진행된 세 건의 조사를 분석한 연구에 따르면 유기농 식품에서 검출된 잔류 농약은 관행농업으로 재배된 농작물의 약 3분의 1 수준이었다.[43] 전혀 놀라운 일이 아니다.

하지만 이 지점에서 우리가 제기해야 하는 질문은 '이 정도의 잔류 농약이 과연 우려할 만한 것인가'다. 세계보건기구는 매일 섭취해도 인체에 아무런 영향을 주지 않는 '안전'한 수준의 농약 잔류 기준치를 설정해 놓았으며, 각국 정부와 식품 안전 당국은 이 수준을 준수해야 한다. 그리고 많은 국가가 이를 준수하고 있다.

12개의 식품군에 걸쳐 가장 흔히 사용되는 농약 열 종류의 잔류량을 조사한 미국의 한 연구에서는 모든 식품군에서 발견된 잔류 농약이 기준치에 한참 못 미친다는 사실을 밝혀냈다. 식품군 대부분(75퍼센트)에서 검출된 잔류 농약이 기준치의 0.01퍼센트도 되지 않았다. 이 말인즉슨 잔류 농약 수준이 인체에 가시적인 영향을 주는 기준치보다 훨씬 낮다는 의미다. 여러 나라에서 진행된 연구에서도 유사한 결과가 도출되었다.[44~45]

물론 모든 국가가 그렇다고 생각해서는 안 된다. 분명 작물 수확 후 적절하게 처리되지 않거나 또는 관리되지 않아서 잔류 농약이 세계보건기구 기준치를 넘지 않는지 확인하기 어려운 나라도 있을 것이다. 농약을 사용하는 농가가 점점 많아지고 있기 때문에, 특히 저소득 국가에서는 반드시 규제와 감독이 동시에 이뤄져야 한다.

결론을 내리자면 정상적으로 기능하는 식품 안전 관리 기구가 있는 지역에서는 비유기농 식품도 매우 안전하다. 게다가 유기농 식품이 건강에 더 좋다는 증거도 거의 없다. 개인적인 조언을 하자면, 나는 유기농 식품을 사려고 애쓰지 않는다. 유기농 식품을 특별히 찾지도 않지만 그렇다고 피하지도 않는다. 딱히 이렇다 할 의견을 갖고 있지 않다. '지역 농산물 먹기' 문제의 경우처럼 나는 '무엇을 먹느냐'가 '유기농이냐 유기농이 아니냐'를 따지는 것보다 훨씬 중요하다는 사실을 잘 알고 있다. 환경적인 측면과 영양학적 측면 모두에서 마찬가지다. 나에게는 식품 포장지에 인증마크가 찍혀 있는지 여부보다 그 안에 무엇이 들어 있는지가 더 중요하다.

플라스틱 포장재에 대한 오해들

당연히 음식을 다섯 겹의 비닐로 쌀 필요는 전혀 없다. 기업들이 도가 지나치게 과대포장을 하는 경우는 대개 제품을 매력적으로 꾸미기 위함이거나 브랜딩을 과시하기 위해서다. 그렇다고 포장을 전혀 하지 않는다면 결국 음식 폐기물이 훨씬 많아져 환경에 더 악영향을 끼치는 참사를 불러올 것이다.

다시 말하지만, 우리가 구매하는 식품이 무엇인지를 살피는 일과 구매한 식품을 반드시 섭취하는 일은 식품 포장재가 무엇인지를 따지는 것보다 훨씬 중요하다. 비닐 포장재의 탄소발자국은 포장 안에 든 음식물의 탄소발자국에 비하면 아주 적다. 포장에서 나오는 탄소는 식량 관련 전체 온실가스 배출량에서 4퍼센트밖에 차지하지 않는다.

7장에서 우리는 비닐 및 플라스틱이 환경에 미치는 영향에 대해 자세히 알아볼 것이다. 지금 내가 할 수 있는 조언은 가능하면 지나친 포장은 피하라는 것이다. 바나나는 이미 껍질이 있어서 비닐에 쌀 필요가 없다. 하지만 대개 식품이 비닐 및 플라스틱으로 포장된 데에는 다 이유가 있다. 그것들은 음식을 안전하고 신선하게 유지시켜 그냥 폐기되는 일이 없도록 해 주는 아주 중요한 역할을 한다.

이 모든 일을 실천하면 어떤 세상이 찾아올까?

때는 2060년, 놀랍게도 전 세계 모든 사람이 이 책을 읽고 책에 나온 모든 조언을 실천에 옮겼다고 가정해 보자. 이 세상은 어떤 모습으로 변화했을까?

인구가 100억이 되었다. 그러니 멸종은 면했다. 시작이 좋다.

농업 기술에서 비약적인 발전이 있었고 다양한 종자들이 개발되어 전 세계적으로 작물 생산량이 꾸준히 증가했다.

기후 변화를 지연시키는 데에도 나름의 성과를 거뒀지만, 예상대로 지구는 여전히 점점 더워지고 있다. 다행히 작물이 혁신되면서 높은 기온과 빈번한 가뭄에도 회복력이 좋은 종자들이 개발되었다. 가뭄에도 농가의 수확량은 나쁘지 않은 편이다.

사하라 이남 지역 아프리카 국가들은 자급자족이 가능할 만큼 생산량이 늘어난 것을 넘어 이제는 대규모 곡물 수출국의 반열에 올라섰다. 고소득 국가들은 공격적이고 억압적인 무역 정책을 철회하고 카카오, 커피, 열대 과일의 생산을 그 아프리카 국가들에게 의존하고 있다. 농업 수익률이 높아 가족 구성원이 모두 농장에서 일할 필요도 없다. 아이들은 학교에 가고 대학에도 진학해 교사가 되거나 도시에서 사업을 시작한다. 농부들의 노동 시간은 줄고 시간당 수익은 현저히 증가한다. 면적당 수확량이 늘어 식량 생산량이 증가했기 때문에 아름다운 삼림이 베어져 나가는 일도 없다.

전 세계 모든 사람이 충분히 먹고 열량은 물론 단백질을 비롯해 필수 미량 영양소까지 풍부한 영양가 있는 식사를 한다. 우리는 다양한 종류의 음식을 먹는다. 어떤 사람들은 여전히 동물성 식품을 먹지만 2020년대에 비하면 전 세계적으로 육류 소비량은 훨씬 줄어들었다. 사람들은 이제 식물성 식품을 훨씬 더 많이 소비하며 곡물과 과일, 채소, 콩의 종류도 매우 다양해졌다. 식물을 원재료로 삼은 완벽한 우유 대체품을 만드는 방법도 발견했다. 이런 대용식이

내는 맛은 우유와 똑같다.

  2020년대에 비해 전 세계에서 농업에 사용되는 토지는 아주 적은 면적에 불과하다. 항공 촬영을 하면 과거 숲이 있던 곳에 다시 나무가 자라고 있음을 확인할 수 있다. 야생 초원이 복구되고, 생태계가 되살아나고 있다.

  이 모든 이야기가 꿈처럼 들리고 지나치게 미래를 낙관하는 것처럼 보일지도 모른다. 하지만 모든 문제를 있는 그대로 바라본다면 이뤄지지 말라는 법도 없다. 물론 간단하지도, 쉽지도 않다. 하지만 실현 가능한 일이다. 원한다면 우리는 이런 미래를 충분히 만들 수 있다.

6장

생물다양성 훼손

야생동물과
지구를 함께 쓴다는 것

"두 세대에 걸쳐 인간은
지구의 야생동물 개체군의 절반 이상을 절멸시켰다."
《워싱턴 포스트 Washington Post》(2018)[1]

숫자는 야생동물의 현실을
모두 담아내지 못한다

인류가 야생동물들을 절멸시켰다는 내용의 헤드라인은 2년마다 세계자연기금에서 발간하는 세계 야생동물 현황에 관한 보고서가 나올 때마다 등장한다. 모든 기사가 수치를 잘못 해석하지만, 그에 아랑곳없이 소식은 삽시간에 퍼져 나간다.

    그리 놀라운 일도 아닐뿐더러 나는 이를 비웃을 자격이 없다. 생물다양성을 평가할 때 우리가 사용하는 측정 기준은 상당이 이해하기 어려운 경우가 많아서 대개 잘못 해석한 용어에 매몰되곤 한다. 나도 마찬가지다.

몇 해 전 나는 미국 내셔널 퍼블릭 라디오NPR로부터 몇 가지 세계 주요 통계와 관련해 인터뷰 요청을 받았다. 나는 야생동물 개체 수가 우려할 만한 수준으로 감소하는 현실을 지적하고 싶어서 세계자연기금의 '글로벌 지구생명지수'에서 주요 항목의 수치를 선별해 갔다. 너무 괴로운 기억이어서 정확히 기억은 나지 않지만, 당시 나는 몹시 당황한 채 '전 세계 동물의 개체군은 1970년 이후로 68퍼센트나 감소했다'와 같은 말을 했다. 이는 사실이 아니다. 해당 데이터의 의미는 그런 것이 아니다. 대중에게 잘못 알려진 수치의 의미를 정정하는 것이 내 직업의 본분임을 고려하면, 그런 큰 실수를 범했다는 사실이 정말 부끄럽다.

과거의 실수를 주워 담을 수는 없지만 앞으로 사람들이 이러한 보도에 대해 올바르게 이해하도록 도울 수는 있다. 그렇다면 왜 이런 헤드라인이 잘못되었다고 하는 것이며, 지구생명지수가 실제로 이야기하는 바는 무엇일까? 지구생명지수는 동물 개체군 3만여 개에 걸쳐 종의 '풍부도', 즉 해당 종의 개체 수에 발생한 변화를 측정한다. '개체군'이란 같은 서식지에 사는 같은 종을 의미한다. 그러므로 같은 종이라 하더라도 남아프리카의 아프리카코끼리와 탄자니아의 아프리카코끼리는 다른 개체군으로 분류된다. 지구생명지수는 이런 개체군의 규모에 나타나는 평균 변화를 추적하는 지표다. 이 수치가 얼마나 쉽게 오해를 불러일으키는지 알아보기 위해 간단한 시나리오를 살펴보자.

탄자니아와 보츠와나에 서식하는 검은코뿔소 개체군에 대한 실제 사례다. 1980년 탄자니아에는 3795마리의 코뿔소가 서식하고 있었지만, 보츠와나에는 고작 30마리가 서식했다. 이후 몇십 년간 탄자니아에서 밀렵이 성행하면서 개체 수가 급감해 멸종 위기 상태에 이르렀고, 2017년에 이르자 160마리밖에 남지 않게 되었다. 한편 보츠와나의 상황은 시간이 흐르면서 개선되어 30마리였던 개체 수가 50마리로 증가했다. 탄자니아에 서식하는 검은코뿔소는 개체군이 96퍼센트나 감소했으니 말할 필요도 없이 상황이 악화한 것이지만, 보츠와나에서는 67퍼센트가 증가했다.

이 두 개체군의 평균 변화를 계산하면 마이너스 15퍼센트라는 수치가 나온다. 즉 얼핏 검은코뿔소 개체군이 평균 15퍼센트가 감소했다는 것처럼 들릴 수 있다. 간결함을 위해 나는 여기서는 산술 평균을 사용하고 있지만, 지구생명지수에서 연구자들은 '기하 평균'을 사용한다. 산술 평균과 약간 다르지만 기하 평균 역시 다양한 개체군에 걸쳐 평균값을 구하는 데 있어 문제가 있고, 이상치에 민감하다는 특성이 있다.

언론들에서는 이와 같은 자료를 바탕으로 '검은코뿔소의 개체 수가 15퍼센트 줄었다'라고 보도하겠지만, 이는 틀린 정보다. 총 개체 수로 보자면 1980년에 3825마리에서 3615마리나 줄어든 것이니 95퍼센트의 검은코뿔소가 사라진 셈이기 때문이다! 이처럼 지구생명지수는 개별 동물의 감소 개체 수나 감소 비율과는 매우 다른 측정 방법이다.

이는 지구생명지수를 보도할 때 더 큰 위험이 존재한다는 사실을 강조한다. 이 두 개체군의 평균값을 구하면 각 개체군의 현재 실태에 대해서는 전혀 모르는 상태로 남게 된다. 탄자니아의 검은코뿔소는 개체군의 96퍼센트를 잃고 심각한 멸종 위기에 처했다. 반면 보츠와나 검은코뿔소들의 경우는 상황이 아주 바람직하게 흘러가고 있다. 이러한 사실을 모르면 꼭 필요할 때 탄자니아의 검은코뿔소를 우선적으로 보호하지 않거나, 보츠와나 사례로부터 심각한 멸종 위기에 있었던 개체군의 개체 수를 어떻게 늘렸는지에 관한 중요한 가르침을 놓칠 수 있다.

그러니까 지구생명지수가 실제로 의미하는 바는 1970년 이후로 2018년까지 '평균적으로' 동물 개체군 규모가 69퍼센트가 감소했다는 말이다. 많은 동물이 우려할 만한 속도로 사라지고 있다는 사실에는 의심의 여지가 없다. 하지만 더 자세히 들여다보면 일부 동물의 경우에는 긍정적인 변화도 일어나고 있음을 알 수 있다.

변화의 방향 측면에서 보면 좋은 소식과 나쁜 소식이 어지럽게 뒤섞여 있다. 동물 개체군의 절반가량은 그 규모가 늘었지만, 절반은 감소했다.[2] 포유류의 47퍼센트는 개체군 규모가 증가했고, 43퍼센트는 줄었으며 10퍼센트는 변화가 없었다. 조류는 41퍼센트가 증가했고, 52퍼센트가 감소했으며, 7퍼센트는 변화가 없었다. 규모가 증가한 개체군의 수와 규모가 감소한 개체군의 수는 거의 같았다. 모든 개체군에 걸쳐 그렇게 큰 평균 감소 값이 나오려면, 감소하는 개체군의 감소 속도가 증가하는 개체군의 증가 속도보다 훨씬 빠르거나 그 규모가 훨씬 커야 한다.

이런 결과가 의미하는 바는 지구 야생동물의 상황에 대해 우려할 필요가 없다는 것이 아니다. 인류가 역대 최고의 속도로 생물다양성을 파괴하고 있다는 사실에는 의심의 여지가 없다. 여러 생물종이 빠른 속도로 멸종하고 있다. 하지만 이 문제를 해결하려면 특히 심각한 멸종 위기에 처한 생물종들을 우선적으로 다뤄야 하고,[3] 생물다양성에 관한 실상을 이야기하려면 먼저 언론의 보도 방식에 대해 잘 알고 있어야 한다.

앞으로 논의하겠지만 수십 년 만에 지구의 생물종 69퍼센트가 사라졌다고 하면 대멸종이 눈앞에 닥친 것처럼 들리기도 한다. 하지만 다행히 상황은 아직 그 정도로 심각하지 않을뿐더러 우리에게는 상황을 반전시키고도 남을 충분한 시간이 있다.

어떻게, 왜, 누구를 위해 생물다양성을 이야기하는가?

북부흰코뿔소는 멸종 직전에 와 있다. 나진과 나진의 딸 파투, 단 두 마리만 남았다. 지구상 마지막 남은 수컷이었던 수단은 2018년에 죽었다. 이 아름다운 동물의 절멸은 비극적인 사건이다. 1960년대만 하더라도 북부흰코뿔소는 수단과 콩고민주공화국에 2000여 마리가 서식하고 있었다. 그러나 1960년대 이후 지나친 밀렵으로 개체 수가 급감했다.

마지막 남은 북부흰코뿔소 두 마리는 암컷이라 번식 가능성이 희박하다. 그럼에도 불구하고 과학자들과 환경 보호론자들은 시간

야생동물의 69%가 사라진 것은 아니지만, 많은 개체군이 감소하고 있는 것은 사실이다

2022년 지구생명지수에 따르면 1970년 이래 야생동물 개체군의 규모가 평균 69퍼센트가 감소했다. 하지만 모든 개체군이 그만큼 감소한 것은 아니다. 절반가량의 개체군은 증가했고, 나머지 절반은 감소했다.

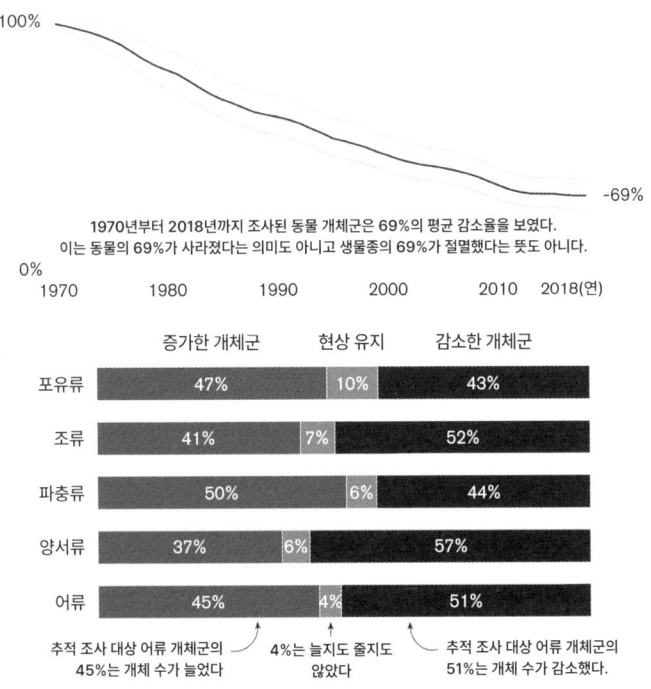

과 돈을 쏟아 부으며 이들의 멸종을 막기 위해 최선을 다하고 있다. 나진과 파투는 현재 케냐의 야생보호구역인 올페제타 보호구역에 살고 있다. 이들은 매일 24시간 무장 경비원의 특별 경호를 받는다. 밀렵꾼으로부터 보호하기 위해 뿔은 잘려 있다. 전 세계 과학자들이 북부흰코뿔소를 절멸의 위험에서 구해내기 위해 줄기세포, 교잡배, 배아 이식 등 다양한 번식 기술을 연구하고 있다. 성공 가능성이 희박한 일에 국제 사회가 힘을 모으고 있는 것이다.

그렇다면 왜 그렇게 많은 사람이 하나의 생물종을 구하는 데 애를 쓰는 것일까? 고작 두 마리를 보호하자고 막대한 비용을 들이고 있기에 이해할 수 없는 일처럼 보이기도 한다. 기왕 그만한 돈과 시간을 투자할 것이라면 '남부흰코뿔소' 아종의 개체군을 복원하는 것처럼 다른 많은 활동으로 돌릴 수도 있다. 북부흰코뿔소의 친척뻘인 남부흰코뿔소는 아직 건재하기는 하지만, 이들 역시 멸종 위기종이기 때문이다. 이러한 북부흰코뿔소 살리기 프로젝트에 관심을 두고 투자하고 있는 사람은 과학자나 환경 보호론자들만이 아니다. 북부흰코뿔소 이야기는 많은 사람의 관심을 끌었다.

이러한 사실은 우리가 '도대체 왜 생물다양성에 관심을 기울이는가'라는 더 근원적인 질문을 다룬다. 과학자의 입장에서 나는 내가 왜 코뿔소에 마음이 쓰이는지에 대해 실리적인 주장을 펼 수밖에 없다. 인간은 균형 잡힌 생태계에 의존한다. 즉 인간이 생존하기 위해서는 생물다양성이 필요하다. 대체로 맞는 이야기지만 항상 그런 것은 아니다. 기능적 가치가 분명한 생물종이 있는가 하면, 불명확한 생물종들도 있다. 생태계는 복잡한 곳이다. 종간의 필요성과 의존성은 얽히고설켜 있다. 인간은 이것을 끔찍이도 이해하지 못한다. 역사 이래 인간이 생태계를 교란하고 엉망으로 만든 사례는 수도 없이 많다. 생태학자이자 경제학자인 개릿 하딘Garrett Hardin이 '인간생태학 제1법칙'에서 처음 말한 것처럼 "인간이 하는 일은 절대 하나의 결과로만 끝나는 법이 없다". 2차 효과(결과의 결과)를 고려하지 않으면 화를 자초하기 마련이다.

그러므로 기능적 가치가 확실하게 드러나지 않은 많은 생물종의 경우 그 가치가 포식자와 피식자, 생태적 연관성의 복잡한 그물에 숨겨져 있는 바람에 우리가 아직 발견하지 못한 것일 수도 있다. 우리는 상황이 어그러질 때까지 그것을 보지 못한다. 어떤 종이 우리에게 '필요'하고 어떤 종이 그렇지 않은지를 구분하는 일이 선명하지 않은 것도 그래서다. 심지어 생물다양성을 측정하는 기준이 다양해서 '보호'해야 한다고 말하는 종과 지역이 제각각인 것도 이를 훨씬 더 어렵게 만든다.[4] 생태계를 교란하려는 유혹이 일 때마다 우리는 항상 이 점을 기억하며 겸허해져야 한다.

그러나 특정 생물종이 인간에게 중요하다거나 또는 중요하지 않다는 사실이 명확한 경우도 있다. 북부흰코뿔소는 인간에게 '중요하지 않은' 생물종의 좋은 예다. 나진과 파투는 인간에게 반드시 필요한 생물종의 생명을 유지하는 데 필수적인 존재는 아니다. 울타리로 둘러싸인 보호구역에서 지냄으로써 사실상 이들은 야생 생태계로부터 단절되었다. 이들이 사라진다 해도 생태계는 붕괴하지 않을 것이고, 인류에게 아무 일도 일어나지 않을 것이다. 단도직입적으로 말해서 인간에게는 북부흰코뿔소가 '필요'없다. 나진과 파투가 당장 죽는다 해도 가슴만 아플 뿐이다.

이러한 사실은 우리가 생물다양성에 마음을 쓰는 바탕에 기능적 가치 이상이 존재하고 있음을 보여준다. 야생동물은 그 자체로 아름답고 우리에게 행복을 준다. 우리는 자연에서 즐거움을 얻는다. 꽃밭에서는 꿀벌과 나비를, 숲에서는 다람쥐를, 바다에서는 수영을 하며 물고기를 찾는다. 설사 직접 야생동물을 보지 못할 때에도 그들이 어딘가에 존재한다는 사실을 아는 것만으로도 충분하다.

생태학자 켄 톰슨Ken Thompson은 《인간에게 판다가 필요할까We Need Pandas? The uncomfortable truth about biodiversity》에서 우리가 판다와 같이 기능적 가치가 가장 낮은 생물종에 지대한 관심을 쏟는 반면, 각종 벌레와 박테리아와 같이 인간 생존에 꼭 필요한 생물종은 무시한다고 주장한다.[5]

나는 오랫동안 이 모순을 부인하기 위해 애썼지만, 어떤 식의 동기 부여든 상관없다는 사실을 마침내 인정했다. 무엇이든 긍정적인 행동을 유도하는 것이 있다면 우리는 그것을 활용해야 한다. 어떤 사람에게는 생태적으로 인간 생존에 유용하다는 점이 이유가 될 수 있을 것이고, 또 어떤 사람에게는 주변의 자연환경을 아름답게 만들어 준다는 사실이 또는 다른 생물종의 권리를 옹호하는 마음 자체가 이유가 될 수 있을 것이다.

나도 그렇지만 사람들은 대개 생물종의 가치를 판단하는 데 복합적인 이유를 가지고 있다. 그리고 그 복합적인 이유가 논리적으로는 말이 안 될 수도 있다. 《인간에게 판다가 필요할까》 서문에서 토니 켄들Tony Kendle은 내가 품고 있는 '과학자 대 인간의 딜레마'를 다음과 같이 근사하게 담아냈다.

이러한 주관성에 대해 불편한 감정을 느끼는 것은 환경보전이라는 난제와 과학의 역할에 대한 본질을 꿰뚫는 문제를 은연중에 드러낸다. 때로 우리는 동물의 기능적 중요성이라는 객관적인 가치가 아니라 우리에게 감동을 준다는 이유 때문에 그것들을 보호하고자 치열하게 싸운다. … 박테리아는 곰보다 인간 생존에 있어 더 중요한 역할을 하지만, 곰은 우리가 살 만한 가치가 있는 삶을 살 수 있게 해 준다.

생물다양성 손실의 역사:
또는 인간이 지구에 남긴 무서운 흔적

인간이 박테리아나 벌레보다 큰 동물을 선호할 수는 있지만, 그렇다고 큰 동물을 사냥하지 않은 것은 아니다. 인간이 그동안 지구상의 야생동물에게 미친 가장 명확하고 중대한 영향은 인간이 속한 왕국, 포유류의 변혁에 있다.

인류가 언제 아프리카를 떠나 처음으로 세계 전역에 정착하기 시작했는지는 늘 격론의 대상이자 이견이 많은 주제다. 이제는 이 시점에 대한 고고학 데이터가 많이 축적되었지만, 지구상에서의 인류의 진화 여정을 추적하는 일에는 다른 방법도 있다. 바로 포유류가 언제 멸종되었는지 살펴보는 것이다. 대형 포유동물이 절멸한 시기로부터 그리 멀지 않은 과거에는 언제나 우리 조상들의 흔적이 발

대형 포유류의 멸종은 인류의 대륙 간 이주의 발자취를 따른다

기원전 5만 2000년부터 기원전 9000년까지 제4기 거대 동물 멸종으로 지구상에서 가장 몸집이 컸던 포유동물 178종 이상이 절멸했다. 이런 멸종 현상은 인간의 대륙 간 이주 양상과 매우 비슷한 패턴을 보인다.

아프리카
인류 조상과 대형 포유류가 함께 진화했기 때문에 이곳의 동물들은
인간의 압박에 대한 저항력이 더 강했다.
멸종률 20%

유럽
인간이 유럽 대륙에 도착한 시기는 3만 5,000~4만 5,000년 전이다.
멸종은 2만 3,000~4만 5,000년 전까지, 이후 1만~1만 4,000년 전 사이에 발생했다.
멸종률 36%

 유럽사자는 1만 4,000년 전에 멸종했다.

호주
인간이 호주에 도착한 시기는 4만~5만 년 전이다.
멸종은 3만 3,000~5만 년 전에 일어났다.
멸종률 88%

 자이언트캥거루종 다수가 멸종했다.

북미
인간이 북미에 도착한 시기는 1만 3,000~1만 5,000년 전이다.
멸종은 1만 1,000~1만 5,000년 전에 일어났다.
멸종률 83%

 아메리카마스토돈은 1만 1,000년 전에 멸종했다.

남미
인간이 남미에 도착한 시기는 8,000~1만 6,000년 전이다.
멸종은 8,000~1만 2,000년 전에 일어났다.
멸종률 72%

 모든 땅늘보 종이 1만 1,000년~1만 2,000년 전에 멸종했다.

견되기 때문이다.

인간이 호주 대륙에 당도한 지 얼마 되지 않아 자이언트캥거루 종들이 멸종되었고, 북미 대륙에서는 아메리카마스토돈이, 남미 대륙에서는 땅늘보가 사라졌다. 이와 같은 잇따른 포유류 멸종은 기원

전 5만 2000년부터 기원전 9000년까지 전 지구적으로 계속되었으며, 이를 '제4기 거대 동물 멸종Quaternary Megafauna Extinction'이라고 부른다.[6] 여기서 말하는 '거대 동물megafauna'은 양부터 매머드에 이르기까지 무게가 44킬로그램 이상 나가는 대형 포유류를 가리킨다. 이 시기에 절멸한 지구상에서 가장 몸집이 컸던 대형 포유류는 최소 178종에 달한다.

일각에서는 이런 동물이 멸종한 이유를 두고 기후 변화 때문이라고 주장하지만, 현생 인류의 조상들도 이들의 멸종에 결정적인 역할을 했다는 유력한 증거가 존재한다.

이런 몰살 미스터리를 증명하는 결정적 기록물은 화석이다. 인류 역사에 따른 포유류의 변화를 보면 분명한 경향성이 확인되는데, 바로 동물의 크기가 작아졌다는 것이다.[7] 이와 같은 소형화에 대한 증거는 전 세계 곳곳에서 발견된다.

과학자들이 레반트 지역(동지중해 일대)에서 100만 년 이전 포유류의 질량을 재구성해 보니 사냥된 포유류의 평균 질량이 98퍼센트 이상 감소했음을 밝혀냈다.[8] 150만 년 전 현생 인류의 조상인 호모 에렉투스는 무게가 몇 톤씩 나가는 포유류들과 함께 살았다. 그중에는 '곧은엄니코끼리'(체중 11~15톤), 남부매머드와 어마어마하게 큰 하마도 있었다. 그러나 이런 거대 동물들은 서서히 하나씩 사라지기 시작했다. 멸종한 포유동물들은 거의 다 대형 동물이었다. 만약 기후 변화가 유일한 원인이었다면 유독 대형 포유류만 멸종되었다는 사실은 앞뒤가 맞지 않는다. 대형 포유류가 번식률이 낮아

인간의 사냥은 대형 포유류를 멸종으로 몰고 갔다

레반트 지역에서 발견된 화석을 통해 포유동물의 크기가 시간이 흐르면서 점점 작아졌다는 사실을 알 수 있다.

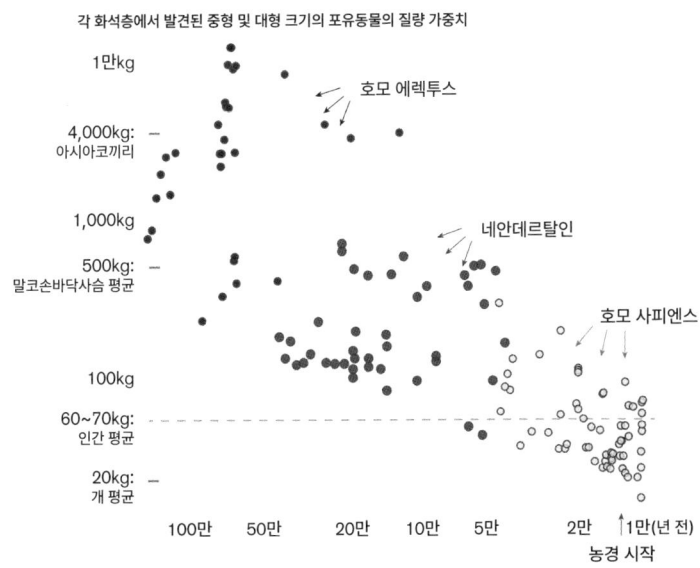

상대적으로 취약한 것은 사실이지만, 기후 변화가 문제였다면 작은 포유류도 일부 멸종되었어야 한다. 기후는 종을 가리지 않기 때문이다. 그러나 인간은 다르다.

아마도 만여 년 전 현생 인류 조상들이 지구상에서 가장 몸집이 컸던 포유류 수백 종이 절멸하는 데 큰 원인을 제공했을 것이다. 과도한 사냥이 원인이었을 테지만, 불이나 자연 서식지에 대한 압박도 크게 영향을 미쳤을 가능성이 있다.

이 시기의 어떤 시점에서든 인간의 머릿수가 500만을 넘은 적은 단 한 번도 없다. 현재 인구보다 약 2000배나 적은 수다. 지금 내가 사는 런던 인구의 절반밖에 안 되던 인류가 거대 포유류 수백 종을 멸종시켰다는 것이다. 상상하기 쉽지 않은 일이다. 이는 환경 파괴가 폭발적인 인구 증가의 결과라는, 오늘날 우리가 흔히 듣는 일반적인 환경 담론과 상충한다. 고작 500만의 인간이 포유동물의 세계를 완전히 뒤바꿔 놓을 수 있었다면, 이 주장은 명백히 틀렸다.

0.01퍼센트에게 완전히 점령당한 생태계

지구상 포유류의 변혁은 거기서 끝나지 않았다. 만여 년 전 아직 농경이 시작되지 않았을 때, 동물들에게 가장 위협이 되었던 것은 동물을 직접 사냥하는 인간의 행위였다. 그러나 인간이 농경 생활을 시작하자 이들의 서식지를 파괴하는 것이 가장 큰 위협이 되었다. 인간의 농경지는 더디지만 꾸준하게 확대될 수밖에 없었다. 적은 양의 작물을 재배하는 데도 많은 땅이 필요했기 때문이다. 4장에서 확인했듯이 여기에는 크나큰 환경적 대가가 따랐다. 어마어마한 규모의 숲이 잘려 나갔고, 초원도 점령당했다. 모든 생태계가 완전히 뒤바뀌었다. 많은 동물종이 머물고 지나던 삶의 공간들이 처음에는 쪼그라들었다가 나중에는 완전히 일소되었다.

　이런 일련의 사건들은 때린 곳을 또 때리는 형국이었다. 이로써 포유류의 세계는 전멸했다. 지구상에 인간이 출현한 후 야생 포유류

인간으로 인해 오랜 시간에 걸쳐 감소한 야생 포유류

다음은 육상 야생 포유동물의 총생물량 추정치를 나타낸 것이다. 야생 포유류의 생물량은 인간 출현 후 85% 감소했다.

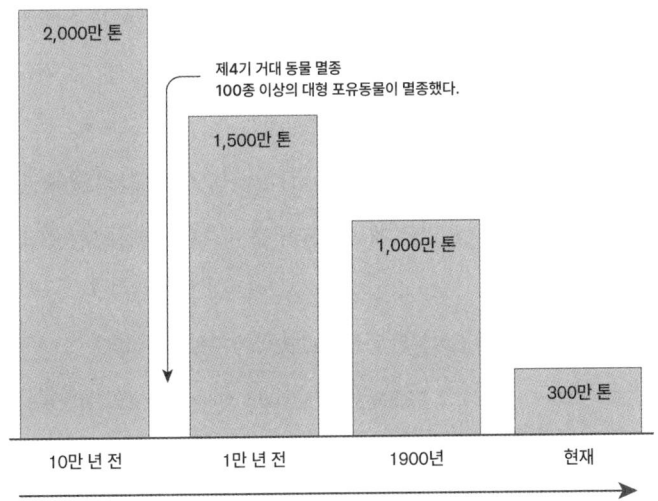

인간 출현 이후 육상 야생 포유류의 생물량 85% 감소

생물량은 85퍼센트가 감소했다.9-11 생물량이란 간단히 말해서 우리를 구성하고 있는 '물질'의 양으로, 각 동물을 생명체의 기본 구성 요소인 탄소 무게(톤)로 측정한 것이다. 이해를 돕자면, 탄소 1톤은 인간 100명 또는 코끼리 두 마리의 무게다.

과학자들은 10만 년 전 육상의 야생 포유동물의 생물량이 약 2000만 톤에 육박했을 것이라고 추정한다. 제4기 거대 동물 멸종으로 이 생물량의 4분의 1이 사라지면서, 야생 포유류의 생물량은 1500만 톤으로 감소한다. 1900년까지 세계 각지에 농업이 확대되면서 생물량은 500만 톤이 더 감소했다. 야생 포유동물은 20세기가 시작되기도 전에, 폭발적인 인구 증가와 세계적 산업화가 시작되기도 전에, 이미 절반으로 줄었던 것이다.

지난 세기 동안 포유동물의 감소 속도는 더욱 빨라졌다. 현재 야생 포유류의 생물량은 300만 톤으로 줄어 10만 년 전 지구에 살았던 포유동물의 15퍼센트밖에 되지 않는다.

하지만 변한 것은 이런 야생 포유류의 대량 감소만이 아니다. 그 자리를 채운 것들도 크게 변했다. 포유류의 세계는 인간과 인간

현존하는 포유류 대부분은 인간과, 인간이 키우는 가축이다

다음 그래프는 2015년 포유동물의 생물량을 비교한 것이다. 야생 포유동물의 생물량은 전체의 4%에 불과하다.

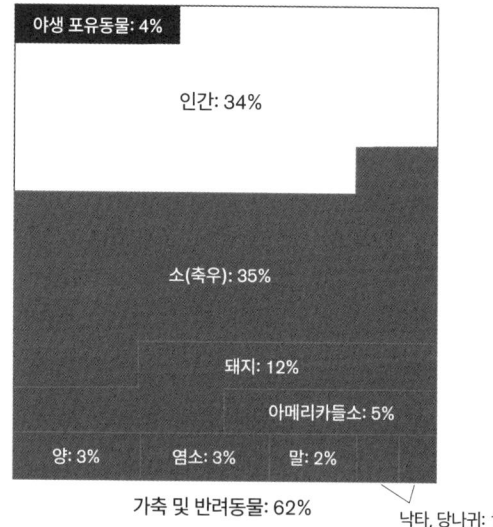

이 키우는 가축이 장악하면서 균형이 완전히 깨졌다. 이는 인간과 인간이 사육하는 소, 돼지, 염소, 양 등의 농장 포유동물의 생물량을 계산해 보면 쉽게 알 수 있다.

1900년 무렵 야생 포유동물은 전체 포유류 생물량의 17퍼센트밖에 되지 않았다. 인간은 23퍼센트, 인간이 사육하는 가축은 무려 60퍼센트를 차지했었다. 현재 이 불균형은 더욱 심해져서, 야생 포유동물은 고작 2퍼센트밖에 되지 않으며 인간이 25퍼센트, 가축이 63퍼센트를 차지한다.

어마어마한 생물량을 가진 고래가 대부분을 차지하는 해양 포유동물을 더해도 야생 포유류는 전체 생물량의 4퍼센트밖에 되지 않는다. 오늘날 포유류의 세계는 인간에게 점령당했다. 80억 인구는 무게도 꽤 나가서 야생 포유동물보다 10배가량이나 무겁다. 하지만 진짜 상황을 뒤바꿔 놓은 것은 우리가 먹기 위해 기르는 동물들이다. 소의 생물량만해도 야생 포유류 전체의 약 10배에 달한다. 지구상의 모든 야생 포유동물의 생물량은 우리가 사육하는 양의 생물량과 같다.

포유류 세계의 '다양성'은 감소했으나 전체적인 규모는 훨씬 확대되었다. 만 년 전 인간과 가축을 포함한 지구상 모든 육상 포유동물의 생물량은 추정컨대 약 2000만 톤이었다. 오늘날 육상 포유동물의 생물량은 그 9배 가까이 된다. 인간이 포유류 세계의 생물량을 거의 10배 증가시킨 셈이다.

지금 우리는 포유류만 따지는 것이라 야생 조류나 가금류는 포

야생 포유동물은 인간과 인간이 사육하는 가축에 완전히 밀려났다

다음은 지구상 포유류의 생물량(탄소)을 비교한 것이다(단위 톤).

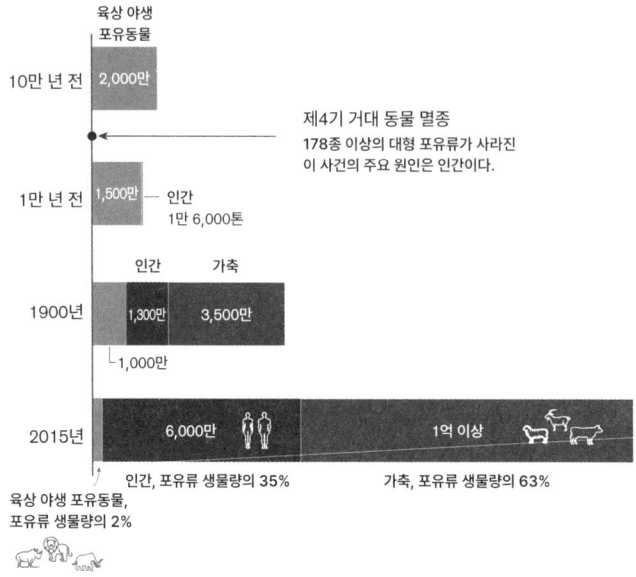

함하지 않았다. 하지만 조류를 포함해도 달라질 것이 없다. 닭의 생물량이 야생 조류의 생물량의 두 배나 된다.

식물, 곰팡이, 박테리아, 동물을 포함한 지구상의 모든 생명체 가운데 인간이 차지하는 비중은 아주 적어서 0.01퍼센트에 불과하다. 그런데도 인간은 지구의 모습을 몰라볼 정도로 바꿔 놓았다. 환경운동가 스튜어트 브랜드Stewart Brand가 말한 것처럼 "우리는 신처럼 되었으니, 신 노릇을 잘하는 것이 좋다".

생물다양성 실태:
인간은 얼마나 다양한 생물종이 사는지 모른다

지구에서 인간과 삶을 공유하는 생명체는 몇 종이나 될까? 이는 우리를 둘러싼 세계를 이해하는 데 있어 가장 기본적인 질문이지만, 전 세계 분류학자들도 여전히 확신하지 못하는 주제다.

생태학자 로버트 메이Robert May는 《사이언스》에 게재된 논문에서 이 문제를 아주 정확하게 표현했다.

엔터프라이즈호와 같은 우주선을 탄 외계인들이 지구를 방문한다면, 그들은 가장 먼저 어떤 질문을 할까? 아마 '당신네 행성에는 얼마나 많은 다양한 생명체(종)가 살고 있느냐'고 물을 것 같다. 부끄럽게도 그나마 가장 정확한 추정은 500만~1000만 종의 진핵생물(바이러스와 박테리아는 생략하자)이 있다고 답하는 것이겠지만, 1억 종이 넘는다고 할 수도 있고, 적게는 300만 종밖에 되지 않는다고 할 수도 있다.[12]

가장 흔히 인용되는 추정치 중 하나에서는 박테리아 같은 원핵생물(단세포 생물)을 제외하고 헤아렸을 시 오늘날 지구상에 870만 종(해상 220만, 육상 650만)이 존재한다고 말한다.[13] 가장 연구가 많이 이뤄진 포유류, 조류, 파충류에 대해서는 대체로 이견이 없다. 과학자들이 합의를 이루지 못하는 부분은 곤충, 균류 등의 미생물과

지구 생명체 생물량 구성

지구 생명체들을 생물량으로 따지면 인간은 0.01%에 불과하다.
하지만 인간이 미치는 영향은 그보다 훨씬, 훨씬 크다.

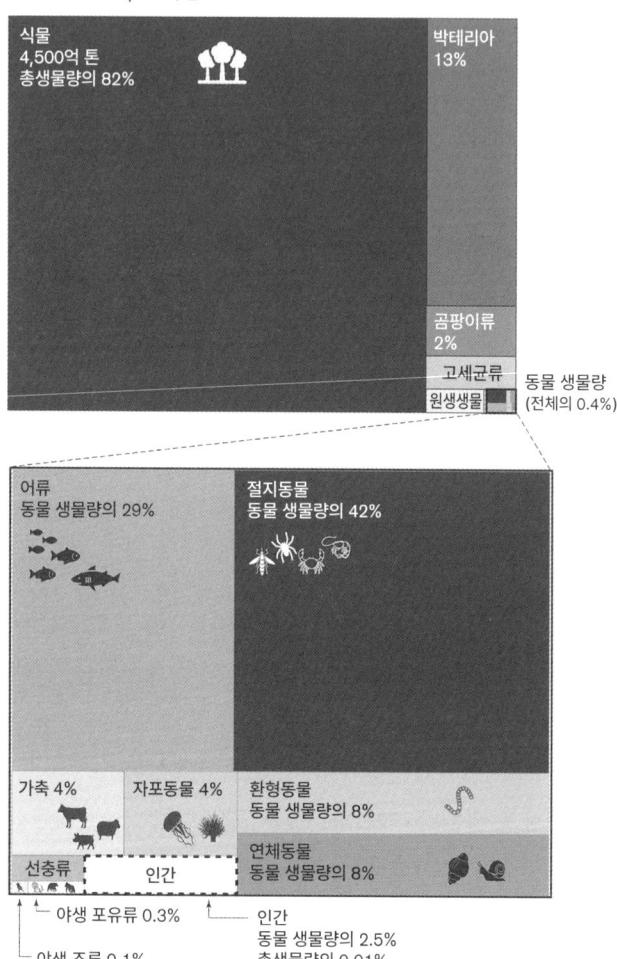

같이 눈에 보이지 않는, 아주 작고 이해하기 어려운 생명체들을 세는 일이다.

'얼마나 많은 종이 존재하는가'에 대한 솔직한 대답은 '우리도 모른다'지만, 최근 추정치는 500만~1000만 사이 어디쯤이다.

우리는 1000만 개의 생물종 대부분에 대해 아는 것이 거의 없다. 세계자연보전연맹의 적색 목록에서는 등록된 생물종의 수를 추적하고 매년 이 수치를 업데이트한다. 2020년에 이 목록에 포함된 생물종의 수는 212만 종이었다. 아주 많은 생물종이 목록에서 빠진 셈이다.

지구는 나무의 행성이다

지구상 모든 유기체의 생물량 분포를 분석한 한 연구를 통해 지구는 식물의 행성이라는 사실이 드러났다. 더 정확히 말하면, 인간의 무자비한 삼림 파괴에도 불구하고 지구는 나무의 행성이다. 나무는 지구상에서 가장 압도적인 생물체로 총생물량의 82퍼센트 이상을 차지한다. 놀랍게도 두 번째로 많은 생물량을 차지하는 생물군은 눈에 보이지 않는 박테리아로 13퍼센트를 차지한다. 우리 관심사는 대개 동물의 비율이지만, 동물이 총 생물량에서 차지하는 비중은 고작 0.4퍼센트밖에 되지 않는다.

동물로 한정해 보면 가장 지배적인 생물군은 곤충과 어류다. 이들이 우리 눈에 잘 보이지 않는 이유는 나무와 땅에 숨어 살거나 미지의 바다에 서식하기 때문이다. 인간이 차지하는 비중은 매우 적어서 전체 생물량의 단 0.01퍼센트, 동물의 2.5퍼센트에 불과하다.

곤충이 사라져 가는 지구

과거 《뉴욕타임스》에 '곤충의 아마겟돈이 도래했다'라는 제목의 기사가 실렸다.[14] 이후 이 용어는 그대로 굳어져 쓰이기 시작했고 이제 사람들은 곤충이 절멸의 길을 가고 있음을 기정사실로 받아들인다. 하지만 이것은 그렇게 간단한 문제가 아니다.

레이첼 카슨Rachel Carson이 1962년에 출간한 《침묵의 봄Silent Spring》은 생물다양성 분야에 관심을 가지도록 나를 감화시켰다. 카슨은 당대의 선구자로서 인간의 무분별한 DDT 살포로 생태계가 죽어가고 있음을 누구보다 먼저 경고했다. 또한 그는 평판보다 학문과 도덕성을 중시한, 시대를 앞서간 학자였다.

과학자들은 이 곤충 절멸의 문제를 두고 오랫동안 고민했다. 하지만 'Insect'(곤충)와 'Armageddon'(멸망)의 합성어인 '인섹타겟돈 insectaggedon' 같은 용어가 학술 용어가 된 지는 5년밖에 되지 않았다. 세계가 본격적으로 이 문제를 논의하기 시작한 때는 2017년 독일에서 날벌레의 생물량이 27년 만에 75퍼센트 이상 감소했다는 연구 결과가 보고되고 나서다.[15] 30년도 채 지나지 않아 날벌레 생물량의 75퍼센트가 사라졌다는 연구 결과는 10년 안에 멸종할 가능성도 있다는 의미도 되기에 학계는 큰 충격을 받았다. 게다가 모든 곤충이 이 속도로 사라지고 있다면, 지구는 머지않아 곤충 없는 세상이 될 수도 있다.

생물학자 에드워드 윌슨Edward O. Wilson이 말한 것처럼 "세상을 움직이는 것은 작은 곤충이다."[16] 우리는 곤충이 건강한 생태계의 기반을 이루고 있음을 알고 있다. 그중에서도 꿀벌이나 나비는 식량 생산에서 매우 중요한 역할을 맡고 있다.

한때 나는 인간의 식량 시스템이 이 세상 화분 매개 곤충들에게 철저히 의존하고 있어서 이 곤충들이 사라지면 인간은 굶어 죽을 것이라고 생각했다. 하지만 이는 사실이 아니다. 우리가 재배하는 농작물의 4분의 3가량은 어느 정도 화분 매개 곤충들의 도움을 받지만, 이들에게 의존하는 것은 전체 작물의 3분의 1에 불과하다.[17~19] 밀, 옥수수, 쌀과 같이 생산량이 가장 많은 작물 대부분이 화분 매개 곤충에 전혀 의존하지 않기 때문이다. 이런 필수 작물은 바람이 수분을 돕는다. 철저하게 화분 매개 곤충에 의존하는 작물은 거의 없다. 벌이 사라지면 농가 대부분은 수확량이 감소하겠지만, 그렇다고 식량 시스템이 완전히 붕괴할 일은 없다.

이 모든 요소를 고려해 분석한 연구에 따르면 화분 매개 곤충이 절멸하는 경우 고소득 국가의 작물 생산량은 약 5퍼센트, 저소득 및 중소득 국가의 생산량은 8퍼센트 감소할 것으로 예상된다. 곤충의 중요성을 폄훼하려는 것이 아니다. 곤충은 지구 생태계에서 매우 중요한 역할을 수행한다. 곤충은 유기물을 분해해 식물이 사용할 수 있는 영양분을 만들어 낸다. 곤충 덕분에 토양은 양분을 유지한다.

곤충은 인간 식량 사슬의 기저에서 생태계가 건강하게 발달할 수 있도록 돕는다. 곤충은 작물의 다양성에 핵심적인 역할을 하며, 일부 작물에는 필수적이어서 브라질너트, 키위나 멜론 같은 과일, 카카오 열매와 같은 작물은 곤충 없이 재배가 불가능하다. 화분 매개 곤충이 없는 세상에는 초콜릿도 없다고 보면 된다. 그런 세상은 내가 바라는 세상이 아니다. 물론 그런 작물 없이도 우리는 충분한 열량을 얻을 수 있겠지만, 우리 식단은 다양성을 잃을 테고 전 세계 농부들은 생계를 꾸리는 데 어려움을 겪을 것이다.

그렇다면 우리는 전 세계 곤충이 처한 상황에 대해 얼마나 우려해야 하는 것일까? 우려해야 하는 바는 맞지만, 많은 사람이 생각하는 것만큼 상황이 나쁘지만은 않다. 우리가 곤충의 상태에 대해 정확하게 알 수 없는 이유는 그 수를 정확히 파악하기가 힘들기 때문이다. 개미를 세는 일은 코끼리를 세는 일보다 훨씬 어렵다. 우리는 오늘날 지구상에 얼마나 많은 곤충이 있는지도 정확히 알지 못한다. 하물며 수십 년 전 곤충의 수를 추정하는 일은 얼마나 어렵겠는가. 다른 동물들의 경우 지금까지 남아 있는 뼛조각이나 역사 기록에서 유용한 단서를 얻을 수 있다. 하지만 19세기에 지렁이 수를 센 사람은 아무도 없었고, 생태발자국 측면에서도 곤충은 흔적을 거의 남기지 않았다.

대서특필된 독일 연구의 사례처럼 우리가 단 한 건의 연구 결과에 집착하는 경우가 많은 이유는 바로 여기에 있다. 우리는 한 지역에서 발견되는 곤충 한 종의 동향을 전 세계에 적용한다. 이런 연구는 우리에게 유용한 정보를 제공하지만 지나친 일반화는 유의해야 한다. 영국 첼트넘의 한 장소에 서식하는 딱정벌레를 관찰해 얻은 연구 결과가 전 세계 곤충 현황을 말해주지는 않는다.

인섹타겟돈, 무수한 작은 문제들이 얽힌 파멸

더 많은 연구를 들여다보면 그림은 더 복잡해진다. 지금까지 이뤄진 가장 큰 규모의 곤충 개체군 메타분석은 학술지 《사이언스》에 발표된 과학자 로엘 판 클링크Roel van Klink와 그의 동료들이 진행한 연구였다.[20] 이들은 1925년부터 2018년까지 전 세계 1676곳에서 이뤄진 165개 연구 결과를 종합했다. 연구 기간은 모두 달랐으나 평균 기간은 20년이었다.

이들의 연구 결과에는 낙관적인 요소와 비관적인 요소가 복잡하게 뒤섞여 있었고, 일정한 패턴이 없었다. 일부 곤충 종은 실제로 개체군이 매우 급격히 감소하고 있었지만, 일부 곤충 종의 상황은 그런대로 괜찮았다. 사실 어떤 종은 개체군이 점점 늘고 있었다. 모든 결과를 종합해 보니 육상 곤충은 평균적으로 개체군이 감소하고 있었고, 감소율은 연평균 0.9퍼센트였다. 가장 감소세가 가파른 곳은 북미 지역으로 매년 평균 2퍼센트씩 줄고 있었다.

그러나 수서 곤충은 정반대였다. 이들은 매년 평균 1.1퍼센트 비율로 '증가'하고 있었다. 수서 곤충의 개체군 증가는 다른 연구에서도 발견된다. 영국에서 진행된 한 대규모 분석에서 지난 몇십 년간 여러 종의 곤충들이 다시 그 수를 회복하고 있다는 사실이 밝혀

졌고,[21] 네덜란드에서도 같은 결론을 얻은 연구가 있었다.[22]

믿기지 않는 이야기다. 수서 곤충은 어떻게 개체군이 증가할 수 있었을까? 바로 수질이 개선되어서다. 미국은 1970년대에 '청정수법'을 시행해 수질 오염을 획기적으로 개선했다. 유럽에서도 환경오염 관련 규제들이 큰 효과를 봤다. 효과적인 환경 정책이 변화를 불러올 수 있다니 희소식이 아닐 수 없다. 더욱 중요한 점은 이런 규제가 화학물질을 완전히 금지하지도 않았다는 사실이다. 미국과 유럽은 비료와 살충제 사용을 막지 않았다. 이런 물질을 더욱 효율적이고 신중하게 사용하는 정책을 시행했을 뿐이다. 많은 환경운동가의 주장과는 달리 모든 것이 '모 아니면 도' 식의 선택일 필요는 없다.

남미, 아프리카, 아시아에서 진행된 연구에 따르면 열대 지역의 육상 곤충도 상황은 마찬가지여서 개체군이 감소하는 추세에 있다.[23] 이곳이 삼림 파괴가 가장 심각하고 농지가 계속 확장되고 있으며 자연 서식지가 가장 빠른 속도로 사라지고 있는 지역임을 고려하면 그리 놀랄 일은 아니다. 하지만 열대 지역은 생물다양성이 가장 풍부한 곳이기도 하다. 즉 잃을 것도 더 많다는 뜻이다.

전 세계에서 곤충 개체군이 증가하고 있다는 주장을 하는 것이 아니다. 실제로 많은 지역에서 곤충의 수가 빠른 속도로 감소하고 있다. 하지만 적어도 세계 모든 곳에서, 모든 종이 사라지고 있다는 주장은 사실이 아니다.[24~25]

심각한 멸종 위기에 처한 곤충을 보호하기 위해 아직 우리가 할 수 있는 일은 많다. 문제는 곤충이 사라지고 있는 이유가 하나가 아니라는 점이다. 한 논문에서 설명한 것처럼 인간이 초래한 곤충의 절멸 위기는 '수없이 많은 작은 문제들이 축적되어 만들어 낸 파멸의 결과'다.[26] 오늘날 곤충들은 기후 변화, 서식지 파괴, 살충제, 새로운 종의 등장 등 다양한 압박에 직면해 있다. 즉 우리가 단순히 한 가지 문제를 '고쳐서' 해결할 수 있는 문제가 아니라는 의미다. 경우에 따라서는 절충안이 강제될 수도 있다.

사람들은 대개 '인섹타겟돈'에 관해 들으면 자동적으로 '비료와 살충제를 전면 금지해야 한다'라고 대답한다. 이해가 가지 않는 바는 아니지만 이는 최악의 선택이 될 수 있다. 5장에서 우리는 필수 양분이 어떤 효과를 불러오는지를 확인했다. 이런 양분은 전 세계 인구가 먹을 수 있는 식량을 생산하는 데 필수적일 뿐만 아니라 수확량을 늘림으로써 경작에 사용되는 토지를 줄이는 데에도 꼭 필요하다. 농지를 줄이지 않으면 숲, 초지, 자연 서식지를 잃을 수밖에 없기 때문이다. 풍부한 생태계를 농지로 전용하는 일은 곤충의 생물다양성에 최악의 결과를 가져다주는 일 가운데 하나다.

인정하기는 싫지만, 일부 곤충의 절멸은 피할 수 없는 일이라고 생각한다. 하지만 농지의 규모를 줄이고 비료와 살충제를 더욱 신중하고 효과적으로 사용한다면 그 피해의 정도를 약화시킬 수는 있다. 바이오테크놀로지 분야에는 우리가 농약을 현명하게 사용하도록 도와줄 수 있는 많은 기술이 있다. 자연적으로 병충해에 더욱 강한 작물을 개발해 살충제를 덜 사용하도록 하거나, 생산량이 더 좋은 작물을 개발해 식량 생산에 사용되는 토지를 줄이도록 할 수 있다. 또 스캐닝 기술을 이용해 비료가 필요한 곳, 자원이 허비되는 곳이 어디인지 정확하게 집어낼 수도 있다.

지금 인류는 6차 대멸종을 앞둔 것일까?

우리가 사랑하는 동물들이 점점 줄어드는 것을 지켜보는 일은 가슴 아픈 일이다. 해가 갈수록 나무에 둥지를 틀던 새도 점점 사라지고, 땅에 찍힌 동물의 발자국도 이제는 찾아보기 힘들며, 무리 지어 다니는 동물이 위성 사진에 찍히는 일도 점점 줄고 있다. 어떤 개체군이 감소하는 현실은 비극적인 일이지만, 한 종의 절멸은 완전히 다른 문제다. 한 생물종이 현재 감소하고 있더라도, 데이터가 개체군 감소를 증명할지라도 그들이 최저점을 찍고 다시 개체 수를 회복할 것이라는 희망을 놓아서는 안 된다.

실제로 이런 일은 여러 번 있었다. 아프리카코끼리, 아시아코끼리, 흰긴수염고래는 모두 한때 절멸의 길을 걸었으나 우리가 너무 늦지 않게 가까스로 제동을 걸었고, 지금은 개체군이 회복세를 보이는 중이다.

나미비아의 아프리카코끼리 수는 지난 10년간 두 배 증가했고,[27-28] 부르키나파소에서도 50퍼센트나 늘었다. 잠비아, 남아프리카공화국, 앙골라, 에티오피아, 말라위 등 여러 나라에서도 점점 개체군이 늘고 있다. 급격히 감소하던 아시아코끼리는 1980년만 해도 인도에 1만 5000마리밖에 남지 않았으나 지금은 약 3만 마리까지 늘어난 상태다.

　개체군이 늘고 있든 줄고 있든, 그런 추세가 반드시 계속될 것이라고 생각할 필요는 없다. 우리에게는 상황을 역전시킬 기회가 얼마든지 있기 때문이다. 하지만 그 수가 '0'이 되는 순간, 모든 멸종 사건이 그랬듯이 반전의 희망은 사라진다. 되돌릴 기회는 없으며 그것으로 완전히 끝이다. 이와 같은 상실은 충격적인 사건이다. 이미 지구는 그런 일을 수도 없이 많이 경험했다.

　지금까지 지구에 살았던 40억 생물종의 99퍼센트는 현재 모두 사라졌다.[29] 멸종은 지구의 진화 역사에서 자연스러운 과정이다.[30] 멸종이라는 사건이 없었다면 인간은 지금 존재하지 못했을 것이다. 한 생물종이 멸종하고 나서 새로운 생물종이 나타나는 것은 진화가 작동한다는 증거다.

　멸종 사건이 지구 역사의 '자연스러운' 과정이라는 사실은 인간이 지구 생태계를 파괴하고 있다는 사실을 부인하려는 사람들에게 완벽한 구실을 제공한다. 멸종이 언제나 일어나는 일이라면 누가 인간이 멸종을 초래한다고 말할 수 있겠는가? 멸종이 진화의 자연스러운 과정일 뿐이라면 조바심 낼 이유가 무엇인가?

　우리가 직면하고 있는 진짜 문제는 많은 아름다운 동물들이 멸종하고 있다는 것이 아니라, 멸종 속도가 우리 예상보다 훨씬 빠르다는 사실이다. 실제로 동물들이 멸종하는 속도가 너무 빨라서 많은 사람이 인류가 6차 대멸종을 향해 가고 있다고 생각한다.

　언론들은 "연구자들, 다음 대멸종 못 막는다 경고"(《CTA 뉴스》), "'6차 대멸종 사건' 시작, 지구 종말 경고"(《데일리 익스프레스》) 와 같은 암울한 헤드라인을 뽑아낸다. 구글에 '6차 대멸종'을 검색하면 수천 개의 언론 기사를 더 찾아 볼 수 있다. 그 가운데 희망을 전하는 기사는 하나도 없다. 그렇다면 이 주장이 사실이기는 할까? 인류는 정말 다음 대멸종 사건을 향해 가고 있을까? 아니면 이미 대멸종 시대에 들어선 것일까?

다섯 차례의 극단적인 변화와 종의 교체

일단 우리는 '대멸종'의 정확한 정의를 이해할 필요가 있다. 대멸종이란 모든 생물종 가운데 '75퍼센트'가 상대적으로 '단기간'에 멸종하는 사건을 말한다. 종의 75퍼센트 감소는 두 가지 형태로 나타난다. 하나는 멸종률이 높은 경우이고, 다른 하나는 종 형성이 매우 더딘 경우다. 새로운 종이 형성되는 속도가 매우 느리다면 멸종률이 예상만큼 높지 않아도 생물종이 75퍼센트 급감할 수 있다. 이런 사건을 '대감소mass depletion'라고도 부르는데, 대멸종과 동일한 것으로 취급된다.

또한 대멸종에서 이야기하는 '단기간'이란 200만 년 정도의 기간을 가리킨다. 인간이 헤아리기에는 어마어마하게 긴 시간이지만, 45억 년의 역사를 가진 지구에는 일순간에 지나지 않는다. 그렇다면 이런 멸종 사건에서 '속도'가 중요한 이유는 무엇일까? 바로 이러한 극단적인 변화와 시간이 흐르면서 서서히 자연적으로 일어나는 소멸을 구분하기 위함인데, 이런 소멸을 '기본 멸종률'이라고 부른

지구에는 다섯 번의 대멸종이 있었다

대멸종은 단기간(지질학상 200만 년) 내 생물종의 최소 75%가 사라지는 사건으로 정의된다.

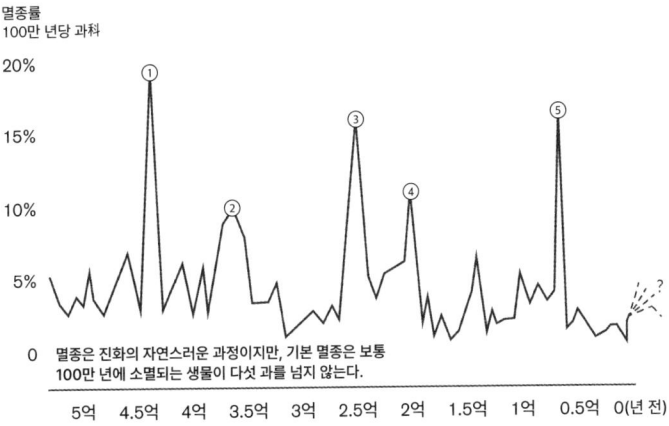

① 오르도비스기 말(4억 4,400만 년 전)
종 86%, 속屬 57%, 과 27% 멸종

② 데본기 말(3억 6,000만 년 전)
종 75%, 속 35%, 과 19% 멸종

③ 페름기 말(2억 5,000만 년 전)
종 96%, 속 56%, 과 57% 멸종

④ 트라이아스기 말(2억 년 전)
종 80%, 속 47%, 과 23% 멸종

⑤ 백악기 말(6,500만 년 전)
종 76%, 속 40%, 과 17% 멸종

다. 기본 멸종률에 따르면 동물종은 100만 년에 10퍼센트, 1000만 년에 30퍼센트, 1억 년에 65퍼센트씩 사라진다.[31]

이 기본 멸종보다 훨씬 빠른 속도로 멸종이 진행되면 대멸종으로 구분할 수 있다. 지구에는 지금까지 다섯 차례의 대멸종 사건이 있었다.[32]

이 다섯 차례의 대멸종마다 지구 생물종의 최소 75퍼센트가 절멸했다. 특히 2억 5000만 년 전 페름기 말에 발생한 세 번째 멸종 때에는 생물종의 96퍼센트가 완전히 소멸했다.

무엇이 그와 같은 극단적인 변화를 촉발했을까? 지구상 생물종 대부분이 절멸하려면 지구의 균형이 극한에 처해야 한다. 변화를 추동하는 원인은 매우 강력하고 지속적이어야 한다. 이런 멸종 사건은 대개 기후의 변화 또는 대기와 해양의 화학 성질이 크게 변하면서 발생한 것이었다.

4억 4400만 년 전 벌어진 1차 대멸종은 빙하기와 간빙기 사이에 발생한 큰 기후 변화가 원인이었다. 이는 해수면의 극단적인 변화를 초래했고 지구의 광대한 지형을 몰라볼 정도로 완전히 바꿔 놓았다. 동시에 대규모 지각 운동이 발생하면서 애팔래치아산맥이 형성되고 암석이 풍화되었으며, 대기 중 이산화탄소 농도가 급격히 낮아졌고 수많은 생물종의 안정적인 서식지였던 해양의 화학적 성질도 바뀌었다. 지구의 기온은 지구 생명체 대부분이 생존할 수 없을 만큼 떨어졌다.

2억 5000만 년 전의 3차 대멸종은 지구의 해양이 산성화되면서 발생했다. 시베리아 대륙의 강도 높은 화산 활동이 기온 온난화를 초래했고 대기 중에 황화수소를 뿜어냈다. 바다가 산성화되고 세계 곳곳에 산성비가 내려 지구의 화학 성질이 급변하면서 지구상의 생명체는 대부분 죽음을 피할 수 없었다.

가장 최근에 있었던 백악기 대멸종은 공룡을 절멸시킨 시기로 유명한데, 멕시코 유카탄 반도에 소행성이 충돌하면서 발생했다. 소

행성이 대기에 진입한 순간 짧지만 강력한 적외선 섬광이 일었고 이때 발생한 열이 너무 뜨거워 일부 유기체들이 즉시 불에 타 죽었을 것으로 추정된다.[33] 행성이 지표면과 충돌하면서 그 충격으로 어마어마한 양의 흙먼지와 황이 대기에 방출되어 햇빛이 차단되고 공기는 황으로 뒤덮였을 것이다. 땅은 동토로 변하고 산성비가 내려 해양도 산성화되면서 식물들은 해를 거의 보지 못해 말라 죽었을 것이다.

이처럼 다섯 차례에 걸친 대멸종들은 지구의 기존 대기, 해양, 토지의 생태계를 극단적으로 바꿔 놓았다. 동물과 식물들은 전과는 완전히 다른 세상으로 변해 버린 지구에 적응하지 못했다. 생물종 대부분이 적응하지 못했지만, 일부는 적응하는 데 성공했다. 생물종 대부분이 절멸했다는 사실보다 더 놀라운 사실은 그중 일부가 살아남았다는 것이다. 생명들은 생존했을 뿐만 아니라 다시 회복되었다. 멸종 사건 사이사이마다 생명체들이 살아남은 것은 물론 번성한 회복기가 존재했다. 일부 종의 소멸은 새로운 종이 등장할 수 있는 자리를 내주는 계기가 되었다.

우리는 여섯 번째 대멸종을 '선택'할 수 있다

이제 핵심 논의로 돌아와 보자. 인류는 정말 6차 대멸종을 향해 가고 있을까? 아니면 이미 그 길에 들어섰을까? 이 질문에 답하려면 대멸종을 정의하는 두 가지 조건, 멸종 생물종이 75퍼센트에 달하는지와 200만 년에 걸쳐 이뤄졌는지를 살펴봐야 한다.

1500년부터 지금까지 약 1.4퍼센트의 포유류가 멸종했다.[34] 충분한 연구 자료가 있는 다른 종류의 동물들도 이와 유사하다. 조류는 1.3퍼센트, 양서류는 0.6퍼센트, 파충류는 0.2퍼센트, 경골어류는 0.2퍼센트가 멸종했다. 이는 꽤 높은 수치다. 지구 생물종 75퍼센트에는 턱없이 미치지 못하지만, 이들의 멸종 속도는 분명 불길한 소식이다.

불과 500년 전인 1500년 이래 멸종한 생물종이 1퍼센트란 사실만으로도 소멸 속도가 매우 빠르다는 사실을 알 수 있다. 모든 종이 계속 이와 같은 속도로 멸종한다고 가정할 때 대략적인 계산으로도 1퍼센트가 절멸하는 데 500년이 걸리면 75퍼센트가 사라지는 데에는 3만 7500년밖에 걸리지 않는 결론이 나온다.

최근 멸종 속도와 기본 멸종률을 비교해 볼 수도 있다. 한 연구에 따르면 포유류, 조류, 양서류 등의 척추동물은 우리 예상보다 100~1000배 빠른 속도로 멸종하고 있다.[35] 실제로 과학자들은 일부 생물종에 대한 연구가 부족하기 때문에 어떤 종은 우리도 모르는 새 멸종했을 가능성도 있다고 추정한다.[36] 더 나쁜 소식도 있다. 현대 멸종률을 다섯 번의 대멸종 사건과 비교해 보면 우리는 이미 그 속도를 훨씬 추월해 있다.

이 모든 사실은 암울한 기운을 드리운다. 그렇다면 '인류가 정말 6차 대멸종을 향해 가고 있는가?'라는 질문에 대한 대답은 '그렇다'가 될 수밖에 없다.

그러나 너무 늦지는 않았다. 이 암울한 전망은 생물종이 지난 500년과 같은 속도로 계속해서 멸종한다는 가정을 전제로 한 것이다. 하지만 이는 비약이 있고 구체적인 증거가 없는 틀린 가정이다. '6차 대멸종'은 제동 장치가 있다는 측면에서 다른 대멸종들과는 다르다. 그 제동 장치는 바로 인간이다.

이전 대멸종은 행성 충돌이나 대규모 화산 활동, 지각 충돌과 같은 엄청난 지질학적 변화나 기후 변화로 인해 벌어졌다. 그에 따라 대기와 해양의 연쇄 반응이 시작되면 막을 방법은 없었다. 하지만 이번에는 변화의 원인이 바로 우리 인간인 데다 이와 같은 변화를 막고 상황을 역전시킬 방법도 있다. 오늘날 우리가 올바른 결정만 내린다면, 이 파괴적 변화의 속도를 늦출 수도, 상황을 역전시킬 수도 있다. 일부 지역에서는 이미 그런 반전이 이뤄지고 있다.

개체군이 회복되어 가는 야생동물

유럽들소는 유럽에서 서식하는 초식동물 중 가장 큰 동물이다. 고고학 자료에 의하면 들소는 프랑스부터 우크라이나 흑해 연안까지 광활한 지역에 걸쳐 많은 개체 수가 살았다.[37] 가장 오래된 들소 화석은 기원전 약 9000년인 초기 홀로세까지 거슬러 올라간다.

들소 개체군은 몇천 년에 걸쳐 꾸준히 감소해 왔지만, 특히 지난 500년 동안 급감했다. 삼림 파괴와 무분별한 사냥은 들소를 멸종 직전으로 몰고 갔다. 헝가리에서는 16세기 무렵에, 우크라이나에서는 18세기 무렵에 모두 사라졌으며, 20세기 초가 되자 야생에서는 완전히 절멸하고 사육 상태로만 고작 몇십 마리가 남았을 뿐 거의 멸종 직전의 상태였다.

그러나 지난 50년간 놀랍게도 개체군이 늘기 시작해 2021년 말에는 약 1만 마리까지 증가했다. 이처럼 개체군 회복에 성공한 동물 보전 프로그램 사례는 세계 곳곳에서 발견된다. 런던동물학회Zoological Society of London, 버드라이프 인터내셔널BirdLife International, 리와일딩 유럽Rewilding Europe과 같은 동식물 보전 기관 연합체에서는 유럽 내 동물 개체군의 추이에 관한 정기 보고서를 발표하고 있다. 이들이 낸 최근 보고서에 따르면 24종의 포유류와 1종의 파충류(붉은바다거북)의 개체군이 회복세에 있다.[38]

유라시아오소리 개체군은 평균 100퍼센트 증가율을 보여 두 배로 늘었고, 유라시아수달은 평균 3배나 증가했다. 붉은 사슴도 무려 331퍼센트의 증가율을 기록했다. 가장 놀라운 회복세를 나타낸 것은 유라시아비버로 평균 167배 증가한 것으로 추정된다. 20세기 초반만 하더라도 유럽에 남은 비버는 몇천 마리에 불과했지만, 현재는 120만 마리 이상이 서식한다.

그렇다면 유럽에서는 어떻게 이러한 회복이 가능했을까? 간단히 말하면, 먼저 포유류를 절멸로 몰아가는 많은 행위를 근절했다. 지난 50년간 유럽 전역에서는 농지 전용이 줄면서 자연 서식지가 복원되었다. 또다른 중요한 변화는 국가들이 사냥을 전면 금지하거나 쿼터를 두고, 법정 보호구역을 지정하거나 정찰을 돌며 밀렵꾼을 잡아들였으며, 특정 생물종의 번식에 대한 보상 제도를 도입하는 등 동물 보전에 효과적인 정책을 펴왔다는 점이다. 나아가 유럽들소와

유럽의 야생동물 개체군 회복 현황

다음은 유럽에서 연구된 동물 개체군 풍부도(개체 수)의 상대적 평균 변화율을 나타낸 도표다. 예를 들어 유라시아비버의 수치는 1960년부터 2016년까지 관찰된 98개 개체군 풍부도의 상대적 평균 변화율을 나타낸다.

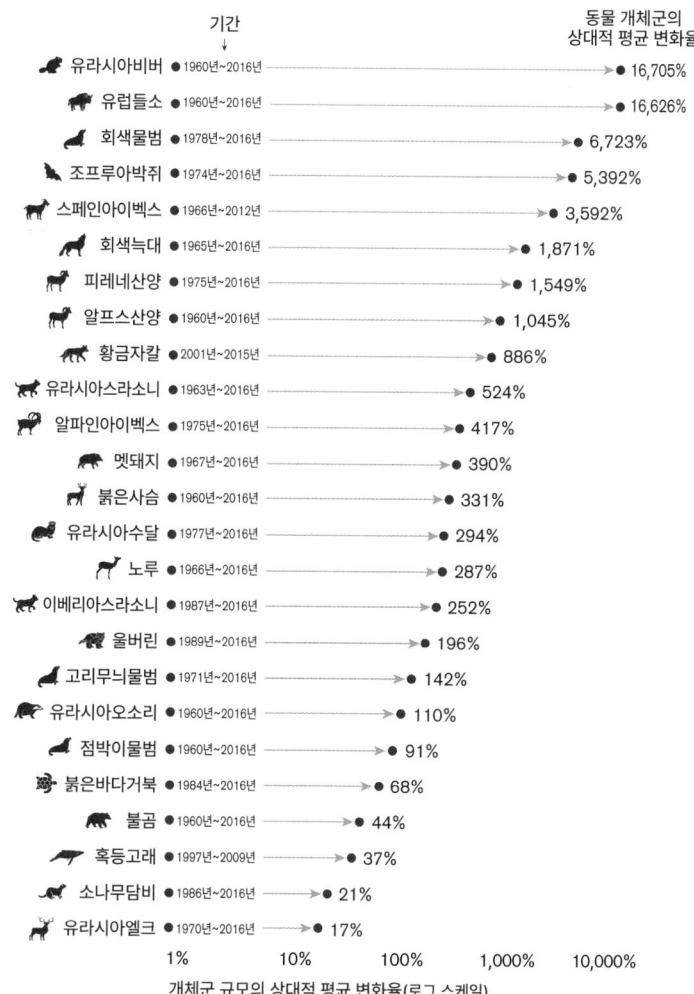

비버와 같은 일부 동물은 번식과 재도입 프로그램과 같은 체계적인 관리를 통해 개체군을 회복시켰다.

유럽이 예외적인 사례가 아니다. 아메리카들소는 미국을 상징하는 동물이 되었다. 유럽인들이 식민지로 삼기 이전의 아메리카 대륙에는 3000만 마리 이상의 들소가 서식했었다. 그러나 19세기에 잔인한 학살로 급격히 개체 수가 감소해 1880년대에 남은 들소는 몇백 마리에 불과했다. 이후 보호구역을 지정해 남은 개체들을 밀렵으로부터 안전하게 지켰고, 더욱 실효성 있는 밀렵 금지법을 제정해 20세기에는 개체 수를 회복했다. 오늘날 아메리카들소는 북미 전역에 걸쳐 약 50만 마리가 서식하고 있는데, 이는 최저점과 비교해 1000배 증가한 수치다.

이처럼 개체군 복원에 성공한 사례를 살펴보면 고소득 국가인 경우가 많다. 그렇다고 야생동물을 보호하려면 나라가 부자여야 한다고 생각하는 우를 범해서는 안 된다. 동물 보전 사례는 다른 소득 수준의 국가들에서도 확인된다.

1960년대 무렵 전 세계에 남은 인도코뿔소는 약 40마리뿐이었다. 파키스탄에서는 아예 자취를 감췄고 남은 개체는 인도와 네팔 전역에 흩어져 있었다. 그러나 이후 인도코뿔소는 개체 수가 100배나 증가해 현재는 거의 4000마리에 이른다. 사하라 이남 아프리카도 세계에서 가장 인상적인 동물 보전 성공 사례를 보유한 지역이다. 한때 아프리카 대륙 전역에는 많은 수의 남부흰코뿔소가 서식했으나 유럽인들의 무분별한 밀렵과 농지 전용 과정에서의 살육으로

19세기 말 멸종 위기에 처하고 말았다. 1900년 무렵 남아 있는 남부 흰코뿔소는 남아프리카공화국의 흘루흘루웨 임폴로지 공원(현재는 자연보호구역)에 있는 20마리가 전부였다. 하지만 20세기 동안, 특히 여러 아프리카 자연보호지구에서 시행된 매우 엄격한 보호 프로그램 덕분에 개체군 규모가 대폭 증가해 오늘날에는 2만 1000마리를 넘어섰다. 현재 남부흰코뿔소는 100년 전에 비해 1000배 넘는 수가 존재하는 셈이다.

전 세계적으로 동물이 멸종하고 있고 인간은 그런 현실을 바꿀 힘이 없다는 생각은 절대 사실이 아니다.

왜 생물다양성이 상실되어 가고 있는가?

지구상의 야생동물을 구하기 위해서는 애초에 동물들이 왜 사라지고 있는지를 알아야 한다. 야생동물에게 가장 위협이 되는 것이 무엇인지 사람들에게 물으면 대개 '기후 변화'나 '플라스틱 폐기물'이라고 대답한다. 비쩍 마른 북극곰, 산불에 그을린 코알라, 식스팩 실리콘 고리에 부리가 끼인 새의 사진들을 익히 봤기 때문이다.

물론 이것들이 일부 야생동물에게 위협인 것은 사실이다. 하지만 가장 큰 위협이 우리의 식량 생산 때문이라는 사실은 자주 잊힌다. 인류 등장 이래 늘 그래 왔다. 현대에 들어 새로운 문제가 등장하기는 했지만 가장 큰 위협은 여전히 과거와 같다. 1500년 이래 사라진 식물, 양서류, 파충류, 조류, 포유류의 75퍼센트는 과도한 사냥

무엇이 지구 생물종의 절멸을 초래하는가?

다음은 생물다양성 상실의 원인으로, 멸종 위기에 놓인 생물종을 그 원인에 따라 분류한 것이다. 이 그래프는 국제자연보전연맹 적색 목록의 '준위협' 또는 '멸종 우려' 단계에 해당하는 8,688개의 종을 조사한 연구를 바탕으로 작성되었다. 조사 대상이 된 생물종의 80%는 하나 이상의 위협에 직면해 있다.

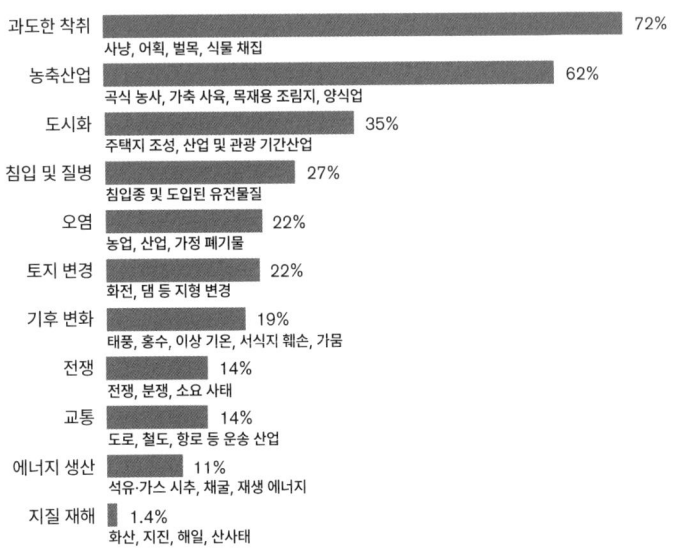

과 농업으로 인해 절멸했다. 우리가 이미 확인한 것처럼, 이 역사는 훨씬 더 과거로 거슬러 올라간다. 인간과 포유류의 직접적인 대결은 수백 종의 대형 포유류를 멸종으로 몰고 갔다. 지금도 그때와 크게 다르지 않다.

삼림 파괴, 사냥, 어획, 경작은 모두 지구의 야생동물에 직접적인 위협이다. 인간의 이런 활동 때문에 수천 개의 생물종이 멸종 위기에 처해 있다. 그리고 대부분의 생물종이 한 가지 이상의 위협에 직면해 있다. 좋은 소식은 해결책이 여러 분야와 영역을 포괄한다는 사실이다. 육류 소비를 줄이면 농업에 사용하는 땅을 줄이는 것은 물론 기후 변화와 생물다양성 손실을 개선할 수 있다. 삼림 파괴를 막으면 야생동물 서식지 훼손과 온실가스 배출을 줄일 수 있다.

6차 대멸종을 막는 방법: 대체하려 하지 말고 공존하라

생물다양성 손실은 내가 이 책에서 다루고 있는 환경 문제 가운데 가장 까다로운 주제다. 그래도 여전히 나는 우리가 상황을 반전시킬 수 있다고 믿는다.

다른 모든 환경 문제의 중심에는 인간의 삶을 개선하고자 하는 강력한 동기가 내재해 있다. 우리가 건강하게 오래 살기 위해서는 이러한 문제들을 해결해야 한다는 매우 실질적이고 확실한 이유가 있는 것이다. 대기오염은 건강을 해치기 때문에 해결해야 하고, 우리가 사는 도시가 물에 잠기지 않으려면 기후 변화를 해결해야 한다. 전 세계가 힘을 합쳐 오존 문제를 해결한 이유는 피부암이 두려웠기 때문이다.

이처럼 환경 문제들을 해결하는 노력에는 우리의 이기적인 동기가 담겨 있다. 여기서 '우리'란 종으로서의 인간을 가리킨다. 인간의 번영은 주변 환경에 달려 있기 때문에 주변 환경을 개선하려는 데에는 집단으로서의 이기적인 이유가 있다.

그러나 생물다양성은 조금 다른 문제다. 다시 말하지만 나는 인간의 생존이 건강한 생태계와 무관하다고 말하려는 것이 아니다. 인간의 번영은 생태계와 밀접한 관계가 있다. 우리가 먹는 음식, 마시는 물, 기후 조절에 이르기까지 우리는 주변에 존재하는 생물종의 균형에 의존한다. 분명한 점은 우리가 이런 생물종이 무엇인지 잘 모르는 경우가 많다는 사실이다. "인간이 하는 일은 절대 하나의 결과로만 끝나는 법이 없다"라는 하딘의 말을 다시 떠올려 보자.

더구나 사람들은 여전히 다른 동물들을 인간과는 아무런 상관이 없는 별개의 존재로 본다. 실질적인 상호의존성이 없고, 대기오염을 개선하거나 기후 온난화를 해결하는 문제보다 덜 중요해 보인다는 이유에서다. 우리는 생물다양성이 훼손되는 문제를 향후 목표의 핵심 요소라기보다는 시혜적 명분에 입각해 바라본다.

나는 우리가 생물다양성 문제를 두고 다른 환경 문제만큼 직접적인 노력을 기울일 것이라고 생각하지는 않는다. 그럼에도 내가 낙관적일 수 있는 이유는 다른 문제를 해결하면 간접적으로 생물다양성 문제도 해결될 수 있다는 사실 때문이다. 기후 변화를 늦추고, 식량 시스템을 개선하고, 삼림 파괴와 플라스틱 오염을 근절하고, 해양 환경을 보호하면 자연스럽게 우리 주변의 생물종에 축적되는 부담도 줄어드는 반가운 결과가 따라올 것이다.

생물다양성이 가장 풍부한 지역을 보호하자

이 책에서 다루는 다른 문제들과 아무런 관련이 없는 한 가지 해법은 보호구역이라고 불리는 지역을 활용해 생물다양성을 보호하는 것이다. 여기서 보호지역이라 함은 기본적으로 인간의 손길이 닿지 않도록 함으로써 자연 서식지가 번성할 수 있게 그대로 두는 땅을 일컫는다. 이들의 존재 목적은 인간이 없는 환경을 통해 생태계를 복원하려는 데 있다.

여기서 말하는 '보호'의 정도는 지역마다 차이가 있다. 최소한의 이용을 제외한 모든 행위가 불법인 엄격한 자연보호구역부터, 벌목이나 어업 등 천연자원을 '지속 가능한' 방법으로 이용하는 것이 허용되는 지역에 이르기까지 모두 일곱 단계로 나뉜다.

2021년에 확인된 '보호구역'은 전 세계 토지 면적의 약 16퍼센트였다.[39] 이 지역은 학술 연구를 위한 보호구역으로 분류된 땅이다. 즉 전 세계가 유엔이 세운 2020년 보호구역 면적 목표를 달성했다. 2022년 12월, 생물다양성 협약 당사국총회에서 회원국들은 2030년까지 보호구역을 30퍼센트로 늘린다는 협정, 이른바 '30×30' 목표에 서명했다.[40]

일부 환경 보호단체들은 한발 더 나아가 2050년까지 지구 면적의 절반을 보호구역으로 설정하는 '50×50'을 목표로 세워야 한다고 주장한다.[41] 이 운동은 '자연에 절반을 내어 주라'는 이름에서부터 그 성격을 명확하게 드러내고 있다. 이 운동은 소수의 관점이 아니다. 에드워드 윌슨은 이미 이 운동을 주제로 '지구의 절반: 생명의 터전을 지키기 위한 제안Half-Earth: Our Planet's Fight for Life'이라는 제목의 책을 썼다.[42] 이 운동은 윌슨의 설명처럼 "지구의 절반 이상을 보호구역으로 지정해야만 인간은 지구의 생명체를 살리고 인간 생존에 필요한 안정성을 획득할 수 있다"라고 주장한다.

그러나 모든 사람이 이 방법에 동의하는 것은 아니다. 한 지역을 '보호구역'이라고 이름 짓는 것과, 법을 이행하고 감독하고 결과를 평가하는 것은 별개의 문제다. 이보다 골치 아픈 주제는 인간과 야생동물의 관계를 '하나의 통합된 생태계에서 공존하는 관계로 볼 것이냐' 아니면 '인간은 인간의 지역에서, 동물은 동물의 지역에서 살아가는 분리된 생태계로 볼 것이냐'에 대한 것이다. 인간 공동체는 언제나 동물과 함께 살아왔다. 시골에 사는 사람들이나 선주민들은 여전히 그렇게 살면서 다수가 자연 보전에서 적극적인 역할을 수행하고 있다.[43] 선주민의 땅은 전 세계 지표면의 4분의 1 이상을 차지하는데, 육상의 모든 보호구역과 오늘날 생태적으로 훼손되지 않은 지형의 40퍼센트가 이들의 땅이다.[44] 보호구역을 16퍼센트에서 50퍼센트까지 늘리면 이런 땅이 더욱 확장될 것이다.

잘 관리된 보호구역은 실질적인 변화를 가져올 수 있다. 이런 지역을 통해 우리는 경작이나 자원 채취와 같은 행위로 자연을 훼손하고 생태계를 교란하는 것을 예방할 수 있다. 그러나 어떤 지역을 보호할 것인지, 어떤 법규를 제정할 것인지는 아주 신중하게 고려해야 할 문제다.

더 집중해야 할 일들:
기부가 아닌 실천으로

앞서 논의한 문제들에는 대체로 사람들이 오해하고 있는 부분들이 존재한다. 하지만 생물다양성은 경우가 다르다. 사람들은 대부분 생물다양성에 관심조차 없다. 관심이 있더라도 판다나 북극곰을 후원할 뿐이다. 물론 그래도 상관없다. 나는 결코 자연보호단체에 기부하는 일에 반대하지 않는다.

하지만 사람들은 자연보호단체에 기부하면서도 '더욱' 관심을 기울여야 하는 일들에 대해서는 정작 인식하지 못하는 경우가 많다. 독자들은 이제 아래 실천 목록에 익숙할 것이다. 이 내용은 이 책의 모든 장에 등장하는 해결책들이다. 다시 한번 말하지만, 우리는 다음과 같은 노력들을 실천에 옮겨야 한다:

- 농지를 줄이려면 농작물 생산량을 늘려야 한다.
- 삼림 파괴를 근절해야 한다.
- 육류 소비를 줄이고 가축에 대한 의존도를 낮춰야 한다.
- 비료나 농약과 같은 화학물질을 완전히 배제하지는 않되 더욱 효율적으로 사용해야 한다.
- 기후 온난화를 저지해야 한다.
- 플라스틱 폐기물이 바다로 흘러 들어가지 않도록 해야 한다.

우리가 이것들을 모두 실천에 옮긴다면 지구 생태계는 다시 번성할 수 있다. 인간을 대체하는 방식이 아닌 인간과 공존하는 방식으로 말이다. 인간이 오랫동안 자연과 벌여온 싸움은 마침내 막을 내리게 될 것이다. 다른 문제들과 마찬가지로 이 문제도 시간이 절대적으로 중요하다. 우리가 실천을 미루는 것은 또 다른 생물종이 영원히 사라지는 위험을 무릅쓰는 것과 같다.

7장

해양 플라스틱 쓰레기

인간의 흔적에
잠긴 바다

"해양 연구, 2050년이 되면 전 세계 바다에
물고기보다 플라스틱이 더 많아진다."
《워싱턴 포스트》(2016)[1]

플라스틱 없이 지구 환경을
보호할 수 있을까?

독자들은 '2050년이 되면 쓰레기가 어류보다 많아진다'는 통계가 기정사실처럼 계속 언급되는 것을 들어봤을 것이다. 이 이야기는 2016년 엘렌 맥아더 재단에서 보고서를 발표한 이후 크게 화제가 되었다.[2] 그렇다면 이러한 주장은 정말 사실일까? 이 주장이 사실인지를 확인하려면 먼저 바다에 물고기가 얼마나 있는지, 그리고 2050년이 되면 바다에 플라스틱 쓰레기가 얼마나 있을지, 이 두 가지 물음에 대해 파악해야 한다.

    먼저 물고기부터 살펴보자. 지구의 바다에는 얼마나 많은 물고기가 있을까? 우리도 모른다. 바닷속 물고기는 헤아리기 어려운 것으로 악명이 높다. 대신 과학자들은 위성을 이용해 식물성 플랑크톤의 양을 추정한다. 이 미세 조류는 바다에서 청록색 빛깔을 내기 때문에 우주에서도 볼 수 있다. 조류는 먹이 사슬의 거의 최하단에 있어서 과학자들은 플랑크톤을 통해 이들이 먹여 살리는 해양 생물의 양을 추정할 수 있다.

2008년, 이 위성사진을 이용한 여러 연구를 바탕으로 과학자 사이먼 제닝스Simon Jennings가 지구의 바다에 8.99억 톤의 물고기가 산다고 추정했다.[3] 바로 이 수치를 엘렌 맥아더 재단이 보고서에 이용한 것이다.

다만 여기에는 문제가 있다. 사이먼 제닝스는 더 이상 이 수치에 동의하지 않는다. 그로부터 몇 년 후 제닝스는 연구 결과를 재검토해 식물 플랑크톤이 먹여 살리는 바다 생물의 수가 기존 예상보다 훨씬 많다고 결론 내렸다. 그가 가장 최근에 발표한 해양 생물 규모의 추정치는 20~100억 톤이다. 이는 그의 첫 주장보다 2~10배 많은 수치다. 게다가 이 가운데 물고기가 얼마나 되는지도 정확히 알 수 없다. 사실 우리는 바다에 얼마나 많은 물고기가 사는지에 대해서는 정확히 모르지만, 아마도 엘렌 맥아더 재단이 생각하는 것보다는 훨씬 많을 것이다.

그렇다면 플라스틱 쓰레기의 경우는 어떨까? 플라스틱도 마찬가지로 그 양이 검증된 적이 없다. 2015년에 2025년까지 전 세계에서 생산되어 바다에 흘러 들어갈 플라스틱 양을 추정한 한 연구가 있었는데,⁴ 엘렌 맥아더 재단이 이 결과를 단순히 보외법으로 계산해 2050년의 플라스틱 쓰레기 증가량을 추정한 것이다. 이는 일종의 억산이다. 해당 연구의 주 저자였던 제나 잼벡Jenna Jambeck 조지아대 교수는 BBC와의 인터뷰에서 "자신의 연구 결과를 2025년을 넘어 2050년까지 확장해 추정하는 일에 대해서는 그 정확성을 확신할 수 없다"라고 말했다.⁵

문제는 엘렌 맥아더 재단이 앞으로 수십 년간 상황이 점점 더 악화될 것이라고 가정했다는 점이다. 이는 곧 우리가 플라스틱 오염에 대해 전혀 손쓰지 않을 것이라고 가정했다는 것을 의미한다. 하지만 이러한 가정은 사실이 아니다. 2050년에 지금과 같은 양의 플라스틱이 바다를 오염시키는 일은 결코 없을 것이다.

물고기에 관한 것이든 플라스틱에 관한 것이든 어떤 원천 자료도 엘렌 맥아더 재단이 내놓은 수치를 입증하지는 못한다. 그들의 주장에는 의문의 여지가 많다. 사실 확인을 위해 이 수치를 파고들고 싶은 마음은 굴뚝같지만, 단순한 숫자 비교는 핵심을 벗어나는 일이다. 엘렌 맥아더 재단의 주장은 근거 없는 수치에 불과하다. 물고기와 플라스틱의 특정 비율이 뭐가 그리 중요하다는 것인가? 플라스틱이 바다로 흘러 들어간다는 사실 자체가 나쁜 것이다. 바닷속 플라스틱 쓰레기가 물고기 무게의 절반이든, 25퍼센트든, 10퍼센트든 다 똑같이 문제다.

플라스틱 쓰레기는 전 세계 모든 해양의 문제이므로 굳이 과장해서 말할 필요도 없다.

태평양에 생긴 거대한 플라스틱 쓰레기의 섬

오늘날 지구상에서 사람의 손길이 닿지 않는 곳을 찾기는 어렵다. 심지어 지구에서 가장 높은 곳인 에베레스트산의 정상도 쓰레기로 몸살을 앓고 있다. 그나마 가장 자연 그대로의 청정 지역이라고 생각되는 곳이 있다면 머나먼 바닷속일 것이다. 물론 해안지대나 어업 수역에는 이미 인간의 흔적이 곳곳에 묻어 있다. 하지만 바다 '한가운데'는 어떨까?

찰스 무어Charles Moore 선장이 바다 위에서 세상에서 가장 큰 플라스틱 쓰레기장을 마주했을 때 받았을 충격을 상상해 보라. 무어는 바다를 위해 태어난 사람으로 서퍼이자 항해사였다. 1997년, 무어는 LA부터 하와이까지 항해하는 트랜스팩 레이스를 마치고 캘리포니아 집으로 돌아가고 있었다. 훗날 그는 그때를 이렇게 회상했다.[6]

> 갑판에서 가만히 해수면을 바라보고 있는데 그지없이 맑고 깨끗해야 할 그곳에 플라스틱 쓰레기가 끝도 없이 펼쳐져 있었다. 믿을 수 없는 이야기겠지만, 정말 플라스틱 없이 비어 있는 곳은 조금도 찾아볼 수 없었다. 아열대 고압대를 지나기 시작했던 그 주에는 하루 중 어느 때고 플라스틱병, 뚜껑, 포장지, 작은 플라스틱 조각 쓰레기들이 사방에 떠다니지 않은 때가 없었다.

무어 선장은 이 거대한 쓰레기 지대를 최초로 발견하고 알린 사람이다. 그는 '소용돌이 하수구', '쓰레기 초고속도로' 등 이 쓰레기 지대를 지칭하는 여러 단어를 만들어 냈지만, 그의 동료 중 한 명이 처음으로 쓰면서 굳어진 용어는 '태평양 거대 쓰레기 지대Great Pacific Garbage Patch'다.

흔히 줄여서 GPGP라고 불리는 이 '태평양 거대 쓰레기 지대'는 하와이와 캘리포니아주 사이 중간쯤에 위치해 있다. 해류가 원형으로 순환하는 환류를 형성해 표류하는 플라스틱 잔해들을 축적하고 한데 빨아들여 '태평양 소용돌이'를 만든다. 이 소용돌이의 대부분은 플라스틱 쓰레기다. 그중에는 50년이 넘은 것들도 있어서 발견한 사람에게는 그야말로 타임캡슐과 다름없을 정도다.

이 쓰레기 지대의 면적은 프랑스 국토 크기의 3배인 약 160만 제곱킬로미터에 달한다.[7] 이것도 가장자리에 이리저리 흩어져 있는 플라스틱은 빼고 가운데에 빽빽하게 몰려 있는 부분만 따진 크기다. 이 쓰레기 더미야말로 인간이 지구에 남긴 자취의 정도를 가장 선명하게 확인할 수 있는 증거다.

이것이 플라스틱의 부정적인 면이다. 그 잔해가 결국 고래 뱃속에 들어가거나 거북이를 질식시킨다. 그러나 받아들이기 힘들기는 해도 플라스틱에는 사람들에게 제대로 인정받지 못하는 긍정적인 측면도 있다.

내가 이 책을 집필하기 시작한 때는 코로나19 팬데믹 기간이었다. 이상하게 들릴지도 모르겠지만 기후 변화, 대기오염, 삼림 파괴에 관해 글을 쓰는 일은 어지러운 현실을 잊는 데 도움이 되었다. 나는 전문교육을 받은 환경과학자지만, 최근 몇 년간 나의 업무는 나의 전공과 사뭇 달라져 나도 모르는 새 나는 역학 데이터 과학자가 되어 있었다.

코로나19 팬데믹 초기 무렵부터 《아워 월드 인 데이터》의 우리 팀은 팬데믹의 진화에 관한 전 세계 데이터를 수집하고, 시각화하고, 공유했다. 최대한 많은 항목을 측정해 모든 국가가 이용할 수 있도록 자료를 매일 업데이트했다. 얼마 후 우리 연구원은 팬데믹 데이터가 필요하거나 궁금한 정치인, 기자, 연구자, 일반 대중이 찾는 곳이 되었다. 도널드 트럼프 미국 대통령까지 우리가 게시한 도표를 출력해 가서는 폭스 뉴스 카메라에 대고 구깃구깃해진 종이를 들어 올려 보이기도 했다.

코로나19 바이러스에 관한 모든 측정 요소 뒤에는 사람이 있었다. 바로 감염 환자, 사망자 유가족, 영웅과도 같았던 의사, 간호사, 자원활동가들 그리고 치료법과 백신을 개발해 생명을 구한 과학자들이다. 하지만 여기에는 플라스틱도 빼놓을 수 없다. 바이러스 전파를 막기 위해 쓰는 마스크, 감염 여부를 파악하기 위해 사용하는 테스트기, 백신 배포에 필요한 약병, 환자들이 원활하게 호흡할 수 있도록 도와준 산소호흡기에는 모두 플라스틱이 포함되어 있다. 플라스틱이 없었다면 우리가 어떻게 팬데믹을 극복할 수 있었을지 상상조차 할 수 없다.

플라스틱은 실로 놀라운 물질이다. 깨끗하고 물이 스미지 않으며 활용도가 높고 값이 싸다. '플라스틱'이라는 이름은 '주조가 가능한'이라는 뜻의 그리스어 '플라스티코스plastikos'에서 유래했으며, 무엇으로든 만들 수 있다는 점에서 그 이름에 걸맞다 하겠다. 우리는 우리 삶에 플라스틱이 쓰이지 않는 곳이 없다며 투덜대지만, 그 말은 플라스틱이 그만큼 유용하다는 사실을 방증한다.

플라스틱은 분명 환경을 오염시키기는 하지만 환경에 유익한 측면도 있다. 앞서 논의했던 것처럼 내일 당장 플라스틱을 없앤다면 우리는 더 많은 음식을 폐기하게 될 것이다. 그런 음식물 쓰레기는 환경 측면에서 어마어마한 비용이 들어간 것이다. 식량 생산을 위해 사용된 모든 농지, 농사짓는 데 사용된 물, 소비되기도 전에 버려진 음식 때문에 발생한 온실가스 등 모두가 이 쓰레기가 생성되는 데 들어간 비용이다.

수송에서의 플라스틱 활용을 예로 들어보자. 수송은 한 곳에서 다른 곳으로 무거운 물건을 실어 나르는 일이다. 이 때문에 연료 소모가 많아 지구 온난화를 일으키는 원인 가운데 큰 비중을 차지한다. 플라스틱은 이런 수송 수단을 더욱 가볍게 만드는 데 중요한 역할을 한다. 플라스틱이 없었다면 더 무거운 물질을 사용해야 했을 테고 그러면 더 많은 온실가스를 배출했을 것이다.

음식물 쓰레기를 줄이는 데 일조하고 약품, 수송, 안전 장비에도 사용되는 등 플라스틱은 우리 삶에 꼭 필요한 중요한 물질이 되었다. 물론 항상 그랬던 것은 아니다. 플라스틱은 이 책에서 다루는 다른 환경 문제들과 다르다. 다른 것들은 모두 오래된 문제지만 플라스틱은 그 역사가 짧다.

플라스틱의 역사:
셸락에서 베이클라이트까지

1907년, 벨기에 출신의 화학자 리오 베이클랜드Leo Baekeland는 세계 최초의 합성 플라스틱인 '베이클라이트Bakelite'를 개발한⁸ 뒤 '플라스틱 산업의 아버지'가 되었다. 베이클랜드는 이 책에 등장하는 다른 대부분의 선구자들과는 달랐다. 크뤼천, 몰리나, 롤런드는 오존층 문제를 해결하고자 했고, 하버, 보슈, 볼로그는 전 세계의 식량 생산량을 늘리고자 했다. 그러나 베이클랜드는 솔직하고 투명한 사람이었다. 그가 합성수지에 대해 연구한 이유는 돈을 벌기 위해서였다. 그가 직접 밝힌 것처럼 그는 '가장 신속하게 결과를 낼 가능성이 높은' 문제들을 연구하고자 했다.⁹ 이 책에서 다루는 다른 과학자들은 연구를 진행했을 당시 빠른 결과는커녕 긍정적인 결과를 볼 가능성도 매우 낮은 경우가 많았다.

    베이클라이트가 개발되기 이전에 쓰이던 셸락은 랙깍지진디벌레 암컷의 분비물로 만든 수지다. 보통은 인도나 태국에서 나무줄기를 긁어 채취한 랙깍지진디벌레의 분비물(랙)을 가열해 셸락을 만들었다. 당시 랙은 매우 다양한 용도로 사용되었다. 제품을 튼튼하게 하는 목재 바니시 또는 마감재로 쓰이거나 틀에 부어 작은 장식품이나 액자로 만들기도 했고, 바이닐이 나오기 전까지는 축음기의 레코드를 만드는 데에도 쓰였다.

    레오 베이클랜드는 셸락 가격이 오르는 것을 확인했다. 이러한 현상은 랙과 같은 물질의 수요가 높다는 명백한 징후였고, 랙깍지진디벌레가 분비하는 물질은 그 수요를 절대 따라갈 수 없었다. 베이클랜드는 이 벌레의 분비물을 실험실에서 똑같이 만들어 낼 수 있지 않을까 생각했다. 과연 아무것도 없이 랙깍지진디벌레의 생물학적 활동을 모방해 랙을 만들 수 있었을까?

베이클랜드는 실험을 시작했다. 그는 두 가지 유기화합물, 페놀과 포름알데히드의 반응이 문제 해결의 핵심임을 확신했다. 그는 이 두 가지 화합물을 다양한 온도와 압력에서, 각기 다른 비율로 반응을 시험했다. 그의 첫 번째 '성공작'은 다소 시시한 '노볼락Novolak'이라는 제품이었다. 랙과 매우 유사했으나 그가 기대했던 엄청난 성질을 가진 제품은 아니었다.

이후 여러 차례의 시도와 수정 끝에 마침내 베이클랜드는 그의 의도에 완벽하게 부합하는 물질, 베이클라이트를 발명했다. 오늘날 일부 과학자들은 베이클라이트를 '천 개의 용도가 있는 물질'이라고 부른다. 베이클랜드는 1907년에 베이클라이트의 특허를 신청해 1909년 12월 7일에 승인을 받았다. 우리가 아는 형태의 플라스틱이 탄생한 날이다.

베이클라이트는 당시 대부분의 신흥 산업, 특히 전기 산업과 운송업에 완벽하게 들어맞는 물질이었다. 절연, 내화, 내열의 특징이 있다는 사실은 전선, 보호 피복, 가전제품에 쓰일 수 있는 것은 물론 다양한 최첨단 제품의 재료로도 사용할 수 있다는 것을 의미했다.

오늘날과 비교하면 당시 플라스틱을 사용하는 범위는 매우 제한적이었다. 여전히 비교적 고급 제품에만 사용되었으며, 그마저도 미국이나 유럽에서만 찾아볼 수 있었다. 1950년까지만 해도 매년 전 세계에서 생산되는 플라스틱의 양은 200만 톤에 불과했다.[10] 하지만 플라스틱의 인기가 높아지고 산업이 발달하면서 다양한 다른 시제품들이 출시되기 시작했고, 휘거나 저렴하게 제조할 수 있는 다양한 성질의 제품들이 개발되면서 플라스틱은 금방 틈새에서 주류로 자리 잡았다.

이후 폭발적으로 증가한 플라스틱 생산은 2000년 무렵 전 세계 생산량이 연간 2억 톤에 달했고, 2010년에는 3억 톤, 2019년에는 4.6억 톤을 기록했다.[11]

플라스틱 소비 실태: 플라스틱이 마지막으로 도달하는 곳

플라스틱을 특별하게 만드는 마법과 같은 성질은 플라스틱의 약점이기도 하다. 플라스틱은 너무나 견고하고 내구성이 좋아서 1950년 이래 제조된 모든 플라스틱의 양을 다 합치면 100억 톤이 넘는다. 현재 인구를 기준으로 따지면 전 세계 모든 사람이 각자 1톤이 넘게 사용한 셈이다. 게다가 이 플라스틱의 대부분은 어떤 형태로든 여전히 지구 어딘가를 떠돌아다니고 있다.

우리는 플라스틱을 어디에, 얼마나 사용할까?

그렇다면 오늘날 개인이 일 년에 만들어 내는 플라스틱 쓰레기 양은 얼마나 될까?

　일반적인 영국인은 매년 약 77킬로그램의 플라스틱 폐기물을 배출한다. 성인 남성의 평균 체중과 맞먹는 무게다. 일반적인 미국인은 약 124킬로그램의 플라스틱 폐기물을 배출한다. 하루를 기준으로 변환하기 전까지는 매우 많아 보일 수 있다. 영국인의 경우 하루를 기준으로 계산하면 약 200그램 정도가 된다. 여전히 많은 양이지만 이해하기 불가능한 정도는 아니다.

　플라스틱이 많은 사람의 삶에서 쉽게 찾아볼 수 있는 물건이 되기는 했지만, 전 세계 모든 사람에게 그런 것은 아니다. 어떤 사람들은 플라스틱을 쓰더라도 아주 조금밖에 쓰지 않는다. 인도에서는 평균적으로 1인당 일 년에 고작 4킬로그램의 플라스틱 폐기물을 배출한다. 일반적인 미국인은 평범한 인도 사람의 하루 플라스틱 쓰레기 배출량을 한 시간도 안 돼서 배출한다.

　전 세계 플라스틱 폐기물 양상은 꽤 일관적이다. 고소득 국가일수록 일인당 폐기물 양이 많고, 크고 작은 도시가 많은 국가도 플라스틱 폐기물이 많은 경향이 있다. 바베이도스와 세이셸 제도와 같은 섬나라들은 도심을 중심으로 지어졌기 때문에 플라스틱 폐기물이 많다. 당연한 이야기다. 주변에 아무것도 없는 외딴곳에 사는데 도시와 도시를 이어주는 교통망이나 물류 허브마저도 거의 없다면 플라스틱을 어떻게 찾아볼 수 있겠는가? 인도, 케냐, 방글라데시와 같은 나라가 1인당 폐기물이 적은 이유도 이 때문일 것이다. 이들 국가는 인구의 60~70퍼센트가 시골 지역에 사는 반면, 영국이나 미국은 시골 인구가 20퍼센트도 되지 않는다.[12]

당연한 말이지만, 전 세계적으로 플라스틱의 가장 흔한 용도는 포장이다. '플라스틱'이란 말을 들으면 사람들은 자연스레 플라스틱 병이나 식품 포장재를 떠올린다. 전 세계에서 생산되는 플라스틱의 44퍼센트가 포장에 쓰이고, 나머지는 건축 자재, 직물, 운송 수단 및 기타 가정용 기기 등에 사용된다. 게다가 플라스틱의 '용도'가 아닌 플라스틱 '폐기물'만 보자면 포장재가 더욱 압도적인 비율을 차지한다. 이는 '포장재'의 수명이 통상 반년으로 매우 짧기 때문이다. 포장재는 기껏해야 한두 번만 쓰면 수명이 끝난다. 건설에 쓰이는 경우와는 완전히 다르다. 집 또는 사무실을 짓거나 보수할 때 사용하는 플라스틱의 경우 수명이 30년을 넘기도 한다. 자동차에 사용되는 플라스틱은 평균 수명이 13년가량 되고, 전자 제품에 사용되는 플라스틱의 수명은 8년 정도다.

해결책은 다소 뻔해 보인다. 플라스틱 오염을 멈추려면 선진국들이 재활용할 수 없는 일회용 플라스틱 포장을 금지시켜야 한다. 그렇지 않으면 최대한 재활용을 많이 해야 한다. 하지만 안타깝게도 이 문제는 그렇게 간단하지 않다.

그 많은 플라스틱은 결국 어디로 가는 것일까?

플라스틱 오염에서 중요한 문제는 결국 그것이 어디로 흘러 들어가 느냐에 있다. 플라스틱 문제가 단순히 우리가 '쓰는' 플라스틱의 양 자체에 관한 것이라면, 내가 지난 5년간 운동할 때마다 사용한 플라스틱 텀블러가 태평양 한가운데 사는 고래가 삼킨 플라스틱 조각만큼이나 나쁘다는 말이 된다. 하지만 그 둘이 환경 문제에서 가지는 의미는 전혀 같지 않다. 플라스틱 오염 문제를 해결하고 싶다면 모든 사례를 동일하게 취급해서는 안 된다.

먼저 얼마나 많은 양의 플라스틱이 쓰레기가 되는지, 그리고 이 쓰레기들이 어디로 가는지를 따지는 것이 중요하다. 어떤 플라스틱은 수 년에서 수십 년까지 사용되기도 한다. 그러나 전 세계에서 2015년 이후 생산된 80억 톤의 플라스틱 가운데 지금까지 사용되고 있는 비율은 3분의 1이 조금 안 된다. 쓰레기로 버려지지 않았다고 가정하면, 나머지는 곧장 매립지로 가거나, 재활용되거나, 소각장으로 가거나 셋 중 하나다. 대부분은 매립지로 간다.

재활용되는 플라스틱의 경우에도 1~2회 이상 재활용되는 사례는 흔치 않다. 우리는 재활용을 환경 보호 운동의 성배쯤으로 여기는 경향이 있다. '재활용'이라는 딱지를 친환경의 징표라고 생각하기도 한다. 물론 물건을 재활용하는 행위는 좋은 일이다. 처음부터 새로운 물건을 만들기 위해 더 많은 석유를 연소하는 것보다는 분명 낫기 때문이다.

하지만 현실에서 플라스틱을 몇 번이고 재활용할 수는 없다. 적어도 현재 대부분의 국가에서 시행하는 일반적인 '물리적' 재활용의 측면에서는 그렇다. 플라스틱병을 재활용한다고 하면 사람들은 그것이 다른 플라스틱병으로 재탄생되는 줄 알지만 사실은 다르다. 재활용되는 플라스틱병은 분쇄되어 더 낮은 품질의 물건을 만드는 데 사용된다. 플라스틱은 대부분 한 번 또는 두 번 재활용되는 데 그치고 이후 매립지로 보내진다. 재활용은 폐기물이 생기지 않도록 하는 조치가 아니라 그 과정을 잠시 지연시킬 뿐이다. 좋은 것이기는 하지만 우리가 생각하는 것만큼 만능 해결책은 아니다.

'화학적' 재활용은 끊임없는 재활용이 가능하다. 화학적 재활용은 플라스틱을 화학적으로 분해해 분자 형태로 만드는 것이다.[13] 이 과정은 플라스틱이 오염 또는 열화되는 것을 막는 매우 순수한 공정이다. 문제는 이 공정이 아주 비싸다는 점이다.[14] 더 많은 양의 플라스틱을 새로 만드는 것보다 훨씬 비용이 많이 든다. 여러 기업과 국가들이 시도하지 않는 이유도 바로 여기에 있다. 화학적 재활용의 비용이 훨씬 저렴해진다면 새 플라스틱을 계속 생산하는 고리를 끊어낼 수 있을지 모른다. 지금으로서는 요원한 일이지만, 언젠가는 그런 날이 올 것이다.

그러므로 전 세계 모든 사람이 자기가 쓴 플라스틱을 재활용하더라도 여전히 쓰레기는 발생한다. 플라스틱 폐기물을 없애려면 플라스틱 사용을 완전히 근절하는 것만이 유일한 방법이다. 어떤 사람들은 이것이 우리의 목표가 되어야 한다고 주장할지 모르지만, 이는 잘못된 선택이 될 수 있다. 물론 플라스틱 사용을 줄일 수 있는 몇 가지 방법이 있다. 우리는 이러한 방법을 활용해 플라스틱 사용을 줄일 수 있고 또 줄여야 한지만, 의약품부터 식품 저장에 이르기까지 플라스틱은 우리 삶의 다양한 방면에서 매우 중요한 역할을 한다.

좋은 소식은 현실적으로 플라스틱 폐기물을 없앨 수는 없지만 플라스틱 '오염'을 막을 수는 있다는 사실이다. 플라스틱과 관련된 가장 큰 문제는 우리가 그것을 폐기하는 방식에 있다. 폐기물 관리를 적절히 하지 않으면 그것은 곧 오염 물질이 되고, 자연으로 흘러 들어가 야생동물의 삶에 여러 가지 문제를 일으킨다.

다시 말해 단순히 덜 쓰는 것만으로는 문제를 해결할 수 없다. 전 세계적으로 사용되는 플라스틱 양을 절반으로 줄이는 것은 어려울지언정 가능할 수 있어도, 매년 강이나 바다로 흘러 들어가는 플라스틱 쓰레기는 여전히 수백만 톤에 이를 것이다. 우리가 플라스틱을 사용하고 제대로 처리하는 법을 깨우칠 때까지 이 문제는 계속될 것이다. 그렇다면 이 문제를 해결하려면 어떻게 해야 할까?

우리 논의의 핵심은 강과 바다를 오염시키는 플라스틱이다. 물론 플라스틱은 육지에서도 쌓여 야생동물이 플라스틱을 삼키거나 플라스틱 쓰레기에 걸려 꼼짝도 하지 못하게 되는 것과 같은 문제를 일으킨다. 하지만 우리가 버리는 플라스틱은 대부분 결국 흐르는 물에 이르고, 이후 바다로 흘러 들어가 쌓인다. 진짜 문제는 바로 여기에 있다. 우리가 앞으로 살펴볼 해결책은 대부분 오염의 근원지, 즉 플라스틱이 육지나 바다로 새어 나가기 이전의 단계에서 오염을 예방하는 방법이기 때문이다.

0.3퍼센트, 플라스틱 쓰레기가 바다로 흘러가는 비율

태평양을 항해하던 찰스 무어는 전 세계에서 흘러들어온 플라스틱 쓰레기 더미를 헤치고 지나야 했다. 그중에는 어망, 낚싯줄, 낚싯대와 같이 바다에서 비롯된 쓰레기도 있었지만, 육지에서 휩쓸려온 쓰레기도 많았다.

스웨덴의 비영리단체 '갭마인더Gapminder'는 설문 조사에서 사람들에게 다음과 같이 물었다. '전 세계 플라스틱 쓰레기 중 바다로 흘러 들어가는 비율은 얼마나 될까?'[15]

    A. 6퍼센트 미만
    B. 36퍼센트 정도
    C. 66퍼센트 이상

설문에 참여한 사람들의 86퍼센트가 B나 C를 골랐다. 지금쯤이면 이미 많은 독자가 눈치 챘겠지만, 정답은 'A', 6퍼센트 미만이다. 실제로는 6퍼센트에 훨씬 못 미치는 약 100만 톤의 플라스틱 쓰레기가 매년 바다로 흘러 들어간다.

매년 전 세계에서 4.6억 톤가량의 플라스틱이 생산되는데 이 중 3.5억 톤이 쓰레기가 된다. 쓰레기가 바다로 흘러 들어갔다는 것은 그만큼의 쓰레기를 새어 나갈 구멍이 있는 곳에다가 폐기했다는 것을 의미한다. 플라스틱은 폐쇄된 매립지에 폐기하는 경우 새어 나갈 가능성이 매우 낮다. 또 쓰레기가 강에서 바다로 휩쓸려가려면 해안가와 상당히 가까운 곳에 버려져야 한다. 매년 바다로 흘러들어 가는 플라스틱의 양이 얼마인지 정확히 알 수 없지만, 대부분의 연구에서 도출되는 결과는 100만 톤에서 800만 톤 사이다. 이는 전체 플라스틱 폐기물에서 0.3~2퍼센트에 해당하는 양이다.

이러한 사실을 언급하는 이유는 플라스틱 쓰레기 문제의 심각성을 과소평가하기 위해서가 아니다. 100만 톤은 이미 어마어마한 양이다. 해마다 100만 톤의 플라스틱병을 바다에 버린다고 상상해 보라. 하지만 문제를 해결하기 위해서는 먼저 문제의 정확한 규모와 근원부터 파악해야 한다. 부실 관리로 인해 플라스틱 폐기물 100만

전 세계 플라스틱 폐기물 중 바다에 흘러 들어가는 비율은 극히 낮다

플라스틱 쓰레기가 바다로 흘러 들어가는 비율은 전체의 약 0.3%에 불과하다.

3.5억 톤: 매년 전 세계에서는 이만큼의 플라스틱 쓰레기가 발생한다.

8000만 톤: 부실 관리로 환경을 오염시킬 가능성이 있는 쓰레기의 양

800만 톤: 강이나 해안가로 떠밀려 바다로 흘러 들어갈 가능성이 있는 쓰레기의 양

100만 톤: 바다에 흘러 들어가는 플라스틱 쓰레기의 양. 전체 플라스틱 쓰레기의 0.3%

톤이 강으로 흘러 들어가지 않도록 막는 일과, 수천만 톤에서 수억 톤에 달하는 플라스틱이 소비되는 현상을 해결하는 일은 완전히 다른 문제다.

바다에 흘러들어가는 플라스틱 쓰레기의 비율이 생각보다 적다는 사실을 알게 된다면 플라스틱 오염 문제를 조금 더 낙관적으로 바라볼 수 있게 된다. 바다에 버려지는 플라스틱이 폐기물 전체의 3분의 1 또는 3분의 2라고 생각한다면 문제 해결의 가망이 없다고 느끼기 쉬울 테니 말이다. 다행히도 그렇지는 않다.

플라스틱 쓰레기는 어디에서 바다로 나가는 것일까?

넷플릭스의 인기 다큐멘터리 〈씨스피라시Seaspiracy〉는 전 세계 플라스틱 문제의 원인을 수산업으로 지적하면서 큰 논란을 불러일으켰다. 〈씨스피라시〉에 나오는 주장 중에는 사실과 다른 것이 많다. 하지만 한 가지 수치는 맞았다. 물론 완전히 정확하다고는 할 수 없고, 몇 가지 단서도 달린다.

〈씨스피라시〉는 GPGP 플라스틱 쓰레기 더미의 절반 이상이 버려진 낚싯줄이나 어망과 같은 어업 관련 쓰레기라고 주장한다. 이는 사실이다. 과거 관련 연구들에서는 GPGP 플라스틱 쓰레기 더미의 약 60퍼센트가 수산업 활동 쓰레기라고 추정했고, 가장 최근에 진행된 매우 신뢰할 만한 연구에 따르면 GPGP 플라스틱의 약 80퍼센트가 수산업 쓰레기이며, 나머지 20퍼센트가 육지에서 흘러온 것으

로 추정된다.[16]

GPGP의 상황이 이와 같다고 해서 전 세계 해양 상황 또한 비슷할 것이라는 말은 아니다. 강에서 떠밀려 온 플라스틱 가운데 일부는 공해까지 흘러들어가기도 하지만, 대부분은 해안가에 쌓인다. GPGP는 기업형 어업 활동이 활발히 이뤄지는 태평양 한가운데에 자리하고 있어서 어마어마한 양의 버려진 낚시용품을 빨아들이는 것뿐이다.

우리는 얼마나 많은 해양 플라스틱 쓰레기가 육지에서 온 것인지, 또 얼마나 많은 쓰레기가 바다에서 온 것인지 정확히 알지 못한다. 쓰레기 대부분, 즉 80퍼센트가량이 육지에서 오고 나머지가 수산업 쓰레기라는 추정이 가장 그럴듯하다.

그렇다면 이 플라스틱 쓰레기들은 도대체 어디에서 오는 것일까? 흔히 우리는 플라스틱을 가장 많이 사용하는 나라, 세계에서 가장 부유한 국가들이 가장 많은 플라스틱 쓰레기를 배출할 것이라고 생각한다. 하지만 우리가 눈여겨봐야 할 부분은 다른 데 있다. 문제는 '우리가 플라스틱을 얼마나 사용하느냐'가 아니라 '플라스틱이 바다를 오염시키는 곳이 어디인가', 즉 쓰임이 끝난 플라스틱이 도달하는 곳이 어디인가에 있다.

영국이나 영국과 유사한 고소득 국가의 경우 고의로 강이나 해변에 쓰레기를 버린다거나 또는 허리케인이나 홍수와 같은 기상 이변으로 쓰레기가 휩쓸려 떠내려가는 상황이 아닌 이상 다 쓰고 난 플라스틱이 바다에 흘러 들어갈 가능성은 적다. 선진국에서는 플라스틱 폐기물이 매립지로 가서 재활용되거나 연료용으로 소각된다. 이 모든 과정은 우리가 의식하지도 못하는 사이에 자연스레 이뤄진다. 쓰레기통에 플라스틱을 버리면 매립지로 옮겨져 처리된다. 많은 고소득 국가가 플라스틱 폐기물의 일부를 해외에 수출하는 것은 사실이지만, 저소득 국가로 수출하는 쓰레기의 양은 대체로 매우 적어서 바다로 흘러 들어가는 양에 큰 영향을 주지는 않는다. 기껏해야 몇 퍼센트 정도다.

선진국은 효과적인 폐기물 관리 시스템을 갖추고 있어 부실 관리로 인해 바다로 유입되는 쓰레기의 양이 적다. 하지만 모든 나라의 사정이 이와 같지는 않다. 폐기물 관리는 따분하고 전혀 매력적이지 않은 데다 비용도 많이 드는 사업이다. 많은 중위 소득 국가들의 사례에서 볼 수 있듯이 도시가 급속히 팽창할 때 성장하는 대도시의 발전 속도에 맞춰 쓰레기통과 재활용 시설의 숫자를 늘리려면 많은 투자가 필요하다.

일부 국가에는 정기적으로 쓰레기를 수거해 매립지나 재활용 시설로 보내는 공공 서비스가 존재하지 않는다. 쓰레기 처리 시설로 보내지더라도 매립지가 사방으로 뚫려 있는 형태라 쓰레기가 주변 환경으로 새어 나갈 수 있다. 1인당 플라스틱 총사용량을 나타낸 지도를 보면 유럽과 북미 지역의 색깔이 가장 진하지만, 제대로 관리되지 않는 1인당 플라스틱 쓰레기 양을 나타낸 지도는 정반대다. 고소득 국가들의 색은 연하고 남미, 아프리카, 아시아 지역의 색은 매우 밝다. 말레이시아의 제대로 관리되지 않은 연간 플라스틱 폐기물 양은 1인당 25킬로그램으로 500그램인 영국의 50배에 달한다.[17] 앞서 언급한 것처럼, 이렇게 부실한 관리로 인해 새어 나간 쓰레기가 모두 바다로 유입되는 것은 아니지만 그럴 가능성이 훨씬 높은 것은 사실이다.

보얀 슬랫, 플라스틱과 싸우는 기업가

이제부터 플라스틱이 어디에서 유입되어 바다에 흘러 들어가는지 알아보자. 보얀 슬랫Boyan Slat은 내가 가장 좋아하는 환경운동가 중 한 명이다. 말보다 행동으로 보여주는 실천가인 그는 자신이 환경운동가라고 불리는 것을 좋아하지 않을 수도 있다. 그는 문제를 단순히 연구만 하는 것이 아니라 실제로 해결하고자 애쓴다.

플라스틱 문제 해결에 매달리기 시작했을 때 그의 나이는 고작 열여섯 살이었다. 바다에서 스쿠버다이빙을 즐기다 물고기보다 플라스틱이 더 많다는 사실을 깨달은 그는 당장 대책이 필요하다고 생각했고, 여느 성공한 기업가들이 그랬듯이 전공이었던 항공우주공학을 접고 벤처 회사를 세웠다.

우선 보얀 슬랫과 그의 팀원들은 플라스틱이 어떻게 강으로 유입되는지, 그래서 종국에 어떻게 바다로 흘러 들어가는지 보여주는 고분해능 모델을 개발했다. 학자들은 호기심에서 또는 재미로 이런 연구를 하는 편인데, 보얀과 보얀의 회사는 실용적인 결과를 도출했다. 보얀의 팀은 플라스틱을 바다에서 걷어내는 일뿐만 아니라 애초에 바다에 유입되는 것을 막을 방법을 개발하기 위해 고심했다. 이를 위해 그들은 플라스틱 쓰레기가 어디에서 유입되는지, 유입되는 플라스틱의 양이 얼마나 되는지 조사했다.

그들이 2015년에 추정한 바에 따르면 전 세계에서 바다에 유입되는 플라스틱 쓰레기의 양은 약 100만 톤이다. 보얀 팀이 모델링한 강 하류 10만 곳 가운데 3분의 1에서 플라스틱 쓰레기가 바다로 유입되고 있었다. 이는 그 자체로 중요한 사실을 환기시킨다. 우리는 대부분의 강에 플라스틱이 쌓이면서 바다로 흘러 들어간다고 막연히 생각하지만, 현실은 완전히 다르다. 일반적으로 대부분의 강은 바다를 플라스틱으로 오염시키지 않는다. 이는 보얀 슬랫과 그의 팀원들에게도 좋은 소식이었다. 전 세계 모든 강을 조사하지 않고 3분의 1'만' 공략하면 되기 때문이다.

실제로 문제는 이보다 훨씬 집중되어 있다. 플라스틱을 바다로 흘려보내는 강이 몇만 곳이나 되지만 쓰레기 대부분은 소수의 강에서 유입된다. 플라스틱을 가장 많이 내보내는 강은 1656곳으로, 여기서 해양 플라스틱 쓰레기의 약 80퍼센트가 유입된다. 바다로 흘러들어가는 플라스틱 쓰레기의 81퍼센트는 아시아에서 나온다. 굉장히 높은 수치인 것 같지만, 기존의 여러 연구도 유사한 추정치를 낸 바 있다.[18]

기존 연구들은 집중도가 이보다 더 심각하다고 추정했다. 한 연구는 가장 큰 강 다섯 곳이 해양 플라스틱 문제의 80퍼센트를 차지하고 있다고 추정했고, 어떤 연구는 가장 큰 강 162곳이 문제의 근원이라고 지적하기도 했다. 이런 모델링 연구들은 최근 연구보다 분해능이 훨씬 낮았고, 플라스틱 오염을 결정하는 요인이 단순히 강의 규모와 강 근처 쓰레기 처리 시설이 미비한 도시의 인구 규모라고 가정하며 인과 관계를 지나치게 단순화했다는 문제가 있었다. 즉 기존 연구들은 해양 플라스틱 쓰레기 문제가 중국의 양쯔강, 서강, 황푸강, 인도의 갠지스강, 나이지리아의 크로스강, 브라질의 아마존강과 같이 큰 강에 의해 좌우된다는 결론을 내렸다. 하지만 보다 심도 있는 연구 결과 강에서 바다로 유입되는 플라스틱 쓰레기 문제는 그보다 조금 더 복잡한 것으로 드러났다.

81퍼센트는 매우 높은 비율이지만, 이해가 되지 않는 것은 아니다. 아시아는 전 세계 인구의 60퍼센트가 사는 대륙이다. 이 많은 인구는 대개 큰 강 가까이에서 밀집해 산다. 게다가 아시아에는 세계에서 가장 빠른 속도로 성장 중인 중국, 인도, 말레이시아, 필리핀, 방글라데시 등 빈곤국에서 신흥경제국으로 발돋움한 국가들이 포진해 있다. 저소득 국가가 중위 소득 국가로 발전하면 그곳에 사는 사람들은 플라스틱을 더 많이 생산하고 소비하기 시작한다. 문제는 이들의 소비 경향이 고소득 국가의 모습에 가까워지는데 이를 해결할 쓰레기 처리 인프라는 그만큼 빨리 발달하지 못한다는 것이다.

다른 대륙의 경우, 강에서 바다로 흘러 들어가는 플라스틱 쓰레기는 아프리카 전체가 8퍼센트, 남미는 5퍼센트, 북미는 5퍼센트다. 유럽과 오세아니아는 두 대륙을 합쳐도 1퍼센트가 되지 않는다. 납득하기 어려운 수치이고, 그리 달갑지 않은 이야기다. 유럽인인 나는 유럽인들이 비닐 포장지 사용을 줄이고, 일회용 쇼핑백 사용을 금지하고, 우유팩을 재활용해서 해양 플라스틱 쓰레기 문제를 해결하는 데 중요한 역할을 할 수 있다고 믿고 싶다. 하지만 안타깝게도 그럴 수 없다. 모든 유럽인이 당장 내일부터 플라스틱을 사용하지 않는다 해도 전 세계 바다의 상황은 크게 달라지지 않을 것이다.

물론 유럽의 강들로부터 흘러 나가는 플라스틱이 전 세계 해양 플라스틱 쓰레기에 미치는 영향은 미미하다고 할지라도, 그 플라스틱들이 쌓이고 떠다니는 곳은 먼 바다가 아닌 유럽 해안이기 때문에 이 문제는 여전히 중요하다..

유럽의 해안을 떠도는 플라스틱 쓰레기는 대부분 유럽의 강에서 흘러들어온 것이다. 다른 지역도 마찬가지다. 그러므로 유럽이 모든 플라스틱 사용을 중단한다고 해서 전 세계 바다가 깨끗해지는 것은 아니지만 유럽 해안은 깨끗해질 수 있다. 폐쇄 해역이라 거의 모든 플라스틱 쓰레기가 주변 국가에서 흘러 들어오는 지중해는 특히 그렇다.

유럽 해안의 플라스틱 오염 문제 해결은 전적으로 유럽인들의 손에 달렸다고 보면 된다.

"당신들이야말로 플라스틱을 해외로 버리잖아요!"

이제 선진국들이 자국 쓰레기를 다른 나라에 수출하는 것으로 간단하게 '해결'하는 것이 아니냐는 껄끄러운 문제를 논의할 차례다. 나는 이와 같은 질문을 자주 받는다. 이러한 물음은 선진국들이 탄소

배출을 역외 외주화를 통해 감축하고 있는 것이 아니냐는 문제의식과도 비슷하다. 플라스틱 쓰레기도 마찬가지라면 차라리 잘된 소식일지 모른다. 쓰레기 수출을 금지하는 것으로 간단히 전 세계 플라스틱 오염을 해결할 수 있기 때문이다.

불행히도 이 문제는 그렇게 단순하지 않다. 선진국들이 해외에 수출하는 쓰레기의 비율은 매우 낮다. 플라스틱 쓰레기 수출을 금지하면 바다로 유입되는 양을 최대 5퍼센트 정도 막을 수 있다. 분명 도움은 되겠지만 즉각적인 효과를 보기는 어렵다.

영국은 그동안 플라스틱 폐기물과 관련해 치사한 짓을 해 왔다. 국가 사이에 재활용 플라스틱이 거래되는 것은 흔한 일이다. 영국은 플라스틱 폐기물을 수출해 왔는데, 자신의 폐기물을 수입하는 국가들이 다른 물건을 제조하는 데 다시 사용할 수 있도록 깨끗하고 재활용이 가능한 플라스틱을 팔아야 했다. 하지만 영국에서 파는 플라스틱 용기들은 재활용할 수 없는 오염된 제품이어서 수입한 나라가 되돌려 보낸 사건이 여러 차례 보도되었다. 말 그대로 영국은 쓰레기를 다른 나라에 버리고 있었다.

영국만 그런 것이 아니다. 다른 나라들도 양심 없이 굴기는 마찬가지여서 일부 수입국은 더 이상 참지 않기로 했다. 2017년 중국은 플라스틱 폐기물 수입을 중단한다고 발표하고 아예 수입을 금지했다.[19] 중국은 그동안 가장 많은 양의 플라스틱 폐기물을 수입해 왔기 때문에, 이는 어마어마한 양의 플라스틱을 넘길 곳을 다시 구해야 한다는 것을 의미했다.

그동안 중국이 수입하던 플라스틱은 베트남, 말레이시아, 태국과 같은 주변 아시아 국가들에 수출되었다. 하지만 이들도 플라스틱 수출국에 곧 진저리를 냈다. 2021년 말레이시아는 컨테이너 300대 분량이 넘는 오염된 플라스틱 폐기물을 수출국에 돌려보냈고 결국 플라스틱 수입을 금지했다. 튀르키예 역시 최근 영국으로부터 오는 플라스틱 폐기물을 더 이상 받지 않겠다고 선언했다.

이런 사기성 거래 사례들은 전 세계 플라스틱 폐기물 수출입을 심각한 문제처럼 보이게 한다. 하지만 이러한 거래의 규모를 정확히 알려면 데이터를 들여다봐야 한다.

전 세계에서는 매년 500만 톤의 플라스틱 폐기물이 거래된다.[20] 얼핏 엄청나게 큰 숫자처럼 들리지만, 매년 우리가 배출하는 플라스틱 쓰레기의 양을 고려하면 이야기가 달라진다. 전 세계에서 매년 발생하는 플라스틱 쓰레기는 약 3억 5000만 톤이다. 따라서 국가 간에 거래되는 쓰레기는 결국 2퍼센트에 불과하다는 말이 된다. 나머지 98퍼센트가 넘는 양은 모두 국내에서 처리된다.

이처럼 플라스틱 폐기물의 국제 거래 비율이 낮은 이유는 전 세계적으로 플라스틱 재활용률이 매우 낮아서다. 거래되는 플라스틱의 대부분은 재활용 플라스틱이다. 따라서 플라스틱 폐기물의 국제 거래량에서 최대치는 곧 재활용되는 플라스틱 쓰레기의 총량이라고 할 수 있다.

만약 500만 톤의 쓰레기가 바다로 흘러 들어갈 가능성이 크다면 플라스틱 거래를 금지하는 것으로 문제를 해결할 수 있을지 모른다. 이러한 조치가 실현 가능성이 있는지를 확인하려면 우선 이 폐기물이 어디서 와서 어디로 가는지 들여다봐야 한다. 2018년에 플라스틱 쓰레기를 가장 많이 수출한 국가는 미국, 독일, 일본, 영국, 프랑스였다.

고소득 국가들이 교역으로 판매하는 플라스틱 폐기물의 양은 얼마나 되는 것일까? 영국을 예로 들어보자. 2010년 영국은 493만 톤가량의 플라스틱 폐기물을 배출했는데, 그 가운데 약 17퍼센트인 83만 8000톤을 수출했다. 이는 전체 5분의 1로 상당한 양이다. 영국은 단연코 폐기물을 가장 많이 수출하는 나라 가운데 하나다. 다른 나라와 비교하면 미국은 2010년에 자국 플라스틱 폐기물 배출량의 5퍼센트를 수출했고, 프랑스는 11퍼센트, 네덜란드는 14퍼센트를 수출했다. 선진국들은 대개 플라스틱 폐기물 순 수출국이다.

그럼에도 쓰레기 무역을 제한해야 하는 이유

그렇다면 이러한 플라스틱 폐기물은 어디로 갈까? 바로 여기에 놀랄 만한 사실이 숨겨져 있다. 몇 년 전까지만 해도 플라스틱을 가장 많이 수입하는 지역은 단연 아시아였다. 전체 플라스틱 폐기물의 70~80퍼센트가 아시아에 모였다. 하지만 자국에 쓰레기를 처리하는 선진국들의 행태에 진저리가 난 아시아 국가들이 수입을 중단하면서 이 비율은 급격히 감소했다. 이제 플라스틱 쓰레기를 가장 많이 수입하는 곳은 유럽이다.[21]

현재 유럽은 전 세계 플라스틱 폐기물 교역량의 절반 이상을 수

한때 아시아는 전 세계 플라스틱 쓰레기 교역량의 대부분을 수입했으나, 지금은 유럽의 수입량이 점점 늘고 있다

다음은 각 대륙의 플라스틱 폐기물 수입량을 나타낸 것이다.

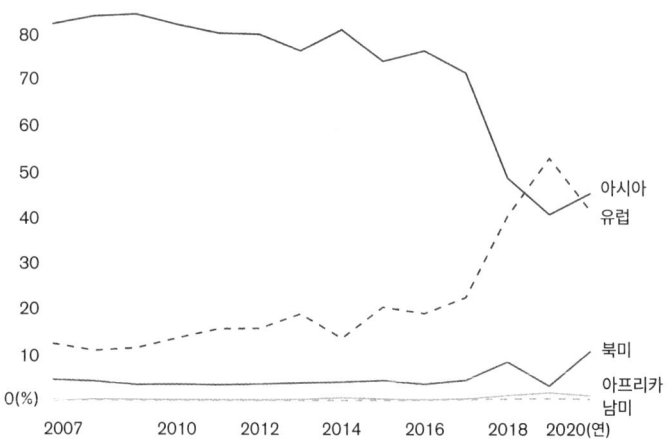

입한다. 유럽이 여전히 플라스틱 폐기물을 가장 많이 수출하는 한편, 이 중 4분의 3가량이 다른 유럽 국가로 수입된다. 폐기물을 가장 많이 수출하는 국가 중에는 폐기물을 가장 많이 수입하는 국가도 있다. 이를테면 독일은 네덜란드, 터키, 폴란드, 오스트리아, 체코 같은 이웃 국가에 플라스틱을 수출하지만, 반대로 상당량의 다른 플라스틱류를 수입하기도 한다.

아시아 국가의 수입량이 급격히 줄어든 것을 보면 법규가 상황을 얼마나 빨리 바꿀 수 있는지 알 수 있다. 중국과 말레이시아를 비롯한 몇몇 아시아 국가들이 플라스틱 수입을 금지하면서 플라스틱 폐기물 교역의 균형은 순식간에 뒤집혔다. 이러한 변화는 좋은 소식이다. 앞서 살펴봤듯이 유럽에서는 바다에 플라스틱 쓰레기가 쓸려가는 일이 거의 없다. 이제 유럽이 플라스틱 폐기물을 가장 많이 수입하고 있다는 사실은 전 세계에서 교역되는 플라스틱 폐기물이 바다로 유입될 가능성이 적어졌다는 것을 의미한다.

여기서 제기되는 중요한 질문이 있다. 바로 선진국이 플라스틱 폐기물 수출을 통해 해양 플라스틱 오염에 얼마나 큰 원인을 제공하느냐 하는 것이다.

2020년, 플라스틱 쓰레기가 바다로 유입될 '위험이 많은' 중위 및 저소득 국가들이 고소득 국가로부터 수입한 플라스틱 폐기물 양은 약 160만 톤이었다. 여기서 말하는 '고소득 국가'란 모든 유럽 및 북미 국가와 일본을 비롯한 기타 지역 OECD 국가를 말한다. 이 플라스틱 폐기물 중 얼마만큼이 바다로 유입되는 것일까?

부실 관리로 인해 폐기물이 바다에 흘러 들어갈 가능성은 나라마다 천차만별이라 정확한 수치를 알 수는 없지만, 최악의 시나리오와 최상의 시나리오를 상상해 볼 수는 있다. 내가 대략적인 수치를 계산해 본 결과, 선진국이 플라스틱 폐기물을 해외에 수출함으로써 해양 플라스틱 오염에 원인을 제공하는 정도는 전체의 1.6퍼센트에서 10퍼센트 정도로 추정된다. 가장 확률 높은 수치는 최상의 결과인 1.6퍼센트와 최악의 결과인 10퍼센트 사이 어디쯤이 될 것이다.

플라스틱 폐기물 교역을 금지하면 바다로 흘러 들어가는 플라스틱 쓰레기의 양이 줄어들까? 아마 조금은 줄어들 것이다. 그렇다면 그 정도 양으로 문제를 해결할 수 있느냐고 묻는다면 대답은 안타깝게도 '아니오'다. 전 세계 플라스틱 쓰레기 가운데 교역되는 양은 극히 일부인 데다 대부분 바다로 유입되는 일이 거의 없는 나라로 수입되기 때문이다.

그럼에도 플라스틱 폐기물 교역을 엄격하게 다뤄야 하는 이유는 또 있다. 고소득 국가들이 다른 나라를 쓰레기 매립지로 취급한다는 사실은 충격적이고 황당한 일이다. 이 이유 하나만으로도 우리는 플라스틱 교역 문제를 해결해야 한다. 하지만 해양 플라스틱 오염을 즉각적으로 해결할 방법을 찾는다거나 고소득 국가들의 노력만으로 이 문제를 해결할 수 있기를 바란다면, 이 방법으로는 어림도 없다.

플라스틱 오염이 인간에게 실제로 미치는 영향

매일 같이 뉴스에는 플라스틱의 흔적에 관한 기사가 나온다. 우리가 사는 도시의 하수도 시스템에, 우리가 먹는 음식에, 우리 피에, 심지어 남극 지역에서도 플라스틱이 발견된다고 한다.[22-25] 무서운 이야기다. 그렇다면 우리는 얼마나 걱정해야 하는 것일까?

먼저 인간 측면부터 생각해 보자. 일부러 큰 플라스틱 조각을 삼키는 사람은 없을 것이다. 문제가 되는 것은 대개 우리가 의식하지 못할 정도로 작은 알갱이들이다. 우리가 마시는 물, 우리가 먹는 생선이나 고기를 통해 우리는 이런 플라스틱을 섭취하고 공기를 통

해 들이마시거나 삼킨다.[26]

　이런 플라스틱이 인체에 들어가면 어떤 일이 벌어질까? 잘은 모르지만, 오랫동안 몸에 남아 있지는 않을 가능성이 크다.[27-28] 이 사실을 증명하는 증거 가운데 하나가 물고기다. 여러 연구에 따르면 물고기가 삼킨 미세 플라스틱 알갱이는 오래 머무르지 않고 곧바로 배설된다고 한다. 적어도 지금까지 밝혀진 증거들은 대개 플라스틱 알갱이 자체는 인체에 큰 문제를 일으키지 않음을 시사하고 있다.

　플라스틱이 다른 오염 물질의 매개물이 되지 않는지에 관한 문제도 있다. 플라스틱 알갱이는 끈적거려서 다른 분자가 잘 들러붙는다. 이런 성질 때문에 폴리염화 바이페닐PCB과 같은 화합물이 인체에 들어오는 것을 도울 수 있다. 업계에서는 플라스틱에 첨가물을 사용하기도 하는데, 이것이 인체에 유해한 영향을 미친다는 구체적인 증거를 본 적은 아직 없다. 하지만 안심하기는 이르다. 아직까지 나는 플라스틱이 인체에 미치는 영향에 대해 크게 걱정하지는 않지만, 그 어느 쪽으로든 확고한 의견을 갖기에는 증거가 미흡하다는 사실을 인정한다. 여기에 대한 내 생각은 언제든지 바뀔 수 있다.

　내가 더욱 우려하는 부분은 플라스틱이 야생동물에게 미치는 해악이다. 이 부분에 대해서는 수십 년간의 연구 결과가 있다.[29] 동물이 플라스틱에 노출되는 형태는 다양하다. 첫째, 동물이 플라스틱에 걸려 오도 가도 못하는 경우다. 동물종 가운데 플라스틱에 걸린 것으로 기록된 사례는 340종이 넘으며 그중에서도 거북, 바다표범, 고래가 가장 많다.[30] 가장 흔한 사례는 밧줄이나 낚시 장비에 걸리는 형태다. 수산업에 더욱 엄격한 규제가 필요한 것도 그래서다.

둘째는 동물이 바닷물을 통해 직접 플라스틱을 삼키거나, 이미 플라스틱을 삼킨 생물을 섭취해서 삼키는 경우다. 230개가 넘는 종이 플라스틱을 삼켰다는 기록이 있을 만큼 이 역시 흔한 일이다.[31] 이와 같은 경우에는 동물의 건강에 다양한 영향을 끼칠 수 있다. 그중에서도 치명적인 문제가 위장의 용량과 식욕을 감퇴시킨다는 것이다. 동물은 플라스틱이 가득 찬 배를 먹이를 충분히 섭취한 것으로 착각한다. 부딪히거나 긁힐 수 있다는 문제도 있다. 뾰족한 플라스틱 조각은 물고기나 해양 동물에 상처를 입히고, 낚시 장비는 산호초를 훼손하기도 한다.

플라스틱은 생태계 전체의 균형을 뒤흔들 가능성이 있다. 물 위를 표류하는 플라스틱은 여러 종류의 동물을 일반적인 서식지에서 낯선 환경으로 이동시키는 뗏목 역할을 한다. 이런 환경에서 동물들은 완전히 낯선 '침입종'을 마주하게 된다.[32]

사람들은 플라스틱이 해양 동물을 가장 심각하게 위협하는 요소라고 막연히 생각할 것이다. 그러나 플라스틱이 해양 동물을 위협하는 것은 사실이지만, 가장 위협적인 존재는 아니다. 다음 장에서 물고기가 처한 가장 큰 위협이 무엇인지 살펴볼 것이다. 물론 플라스틱으로 오염된 해안과 바다가 야생동물에 해롭다는 사실에는 의심의 여지가 없다. 하지만 우리가 충분히 해결할 수 있는 문제다. 지금 당장 행동하자.

해양 오염을 막는 일곱 가지 방법:
재활용으로는 구하지 못한다

이 책에 등장하는 모든 환경 문제 가운데 가장 간단한 문제가 바로 플라스틱 오염이다. 우리는 이미 방법을 알고 있다. 어떤 기술적 혁신을 기다릴 필요가 없다. 몇 가지 기본적인 투자만으로도 전 세계는 이 문제를 내일 당장 해결할 수 있다.

분명히 말하지만, 지금 내가 이야기하는 것은 플라스틱 '오염'에 대한 해결 방법이다. 플라스틱 쓰레기가 강으로, 바다로 흘러 들어가 야생동물을 위협하지 않도록 하는 노력들 말이다. 플라스틱 사용을 완전히 근절하는 것은 바람직하지 않다. 꼭 필요한 곳에는 플라스틱을 사용해야 한다. 그렇지 않은 경우, 대용품을 찾거나 사용을 줄이면 된다.

1. 플라스틱 쓰레기는 모두가 책임에서 자유롭지 않은 문제다

바다로 유입되는 플라스틱 쓰레기 대부분이 중위 및 저소득 국가의 강에서 흘러들어간다는 이유로 플라스틱 오염 근절의 책임을 그들에게 떠넘기기 쉽다.

하지만 고소득 국가가 그렇게 쉽게 책임을 면해서는 안 된다. 그들은 여러 방식으로 플라스틱 오염 문제에 원인을 제공하기 때문이다. 플라스틱 폐기물 수입국들이 적절한 처리 시스템을 갖추는 데 투자하기로 약속하지 않는 이상 플라스틱을 해외에 수출하는 일은 즉각 중단해야 한다.

플라스틱 폐기물 교역을 끝내는 것으로 플라스틱 오염을 모두 해결할 수는 없지만, 이러한 조치는 아주 빠르게 실현할 수 있는 일이다. 가난한 나라가 부자 나라의 쓰레기 처리장이 아니라는 기본적인 사실은 말할 필요도 없다.

플라스틱 교역을 멈춘다고 해도 고소득 국가의 책임이 사라지는 것은 아니다. 선진국은 개발도상국으로부터 플라스틱 상품을 기꺼이 구매하거나 플라스틱으로 포장된 자국 제품을 그곳에 수출한다. 플라스틱 쓰레기를 처리할 마땅한 인프라가 없다는 사실을 알고 있음에도 말이다. 플라스틱 오염은 전 세계 모든 나라가 얽힌 복잡한 문제라서 이를 적절하게 해결하려면 종합적인 해결책이 필요하다. 가난한 나라부터 부유한 나라까지 모든 국가가 플라스틱 오염 문제 해결에서 나름의 역할을 할 수 있다.

2. 쓰레기 처리 시설에 대한 투자가 필요하다

플라스틱 오염을 끝내는 가장 좋은 방법은 그리 대단한 것이 아니다. 테슬라 전기차나 핵융합 신기술이 필요한 일도 아니다. 플라스틱 오염 문제의 해결 방법은 지저분하지만 반드시 필요한 쓰레기 처리 시설에 투자하는 것이다. 전 세계 모든 나라에 선진국들이 갖춘 쓰레기 처리 시설이 있다면 플라스틱이 바다로 흘러들어가는 일은 거의 없을 것이다.

어느 나라든 쓰레기가 새어 나가지 않도록 상부를 밀폐한 매립지가 필요하다. 전국 대도시 수만 곳의 거리에서 나오는 쓰레기를 수거하고 저장하려면 아주 효율적이고 잘 관리되는 시스템도 필요하다. 나아가 플라스틱이 새로 태어날 수 있는 재활용 처리 시설도 있어야 한다.

쓰레기 처리 시설을 번지르르하게 포장할 방법은 없다. 쓰레기 처리 시설에서는 그저 쓰레기를 수거하는 일을 할 뿐이다. 국가에 서둘러 해결할 문제가 산적해 있을 때 쓰레기통이나 매립지에 투자하자고 설득하기란 쉽지 않다. 애초에 우리가 이런 상황에 놓이게 된 까닭도 여기에 있다.

생활 수준은 매우 빠르게 높아졌다. 사람들은 도시로 몰려들었고 그곳에서 더 많은 소비재를 사용했다. 이제는 플라스틱을 많이 사용할 수 있을 만큼 경제적인 여유가 생겼다. 이는 그들이 넉넉해져서 더 편안한 삶을 영위하게 되었다는 증거이니 좋은 일이다. 하지만 쓰레기 처리 시설은 여전히 우선순위에서 밀려나 있다.

쓰레기 문제는 이런 의미에서 대기오염과 유사하다. 궁극적으로 사람들은 일정한 발전 단계에 이르면 우선순위가 변한다. 발전 초기 단계에는 쓰레기를 기꺼이 수입한다. 달가운 일은 아니지만, 그 대가로 물질이 가져다주는 혜택을 누리기 위한 일종의 타협이다. 그러나 조금 더 경제가 발전하면 사람들은 쓰레기 없는 깨끗한 강과 바다를 원하게 된다. 지방 의회가 쓰레기를 수거하고 관리할 계획을 마련하기를 바란다. 이런 변화가 이뤄지면 플라스틱은 더 이상 바다로 흘러 들어가지 않는다. 이처럼 지극히 간단한 문제다.

중위 및 저소득 국가들은 쓰레기 처리 시설에 투자함으로써 이런 변화에 속도를 높일 수 있다. 고소득 국가들은 이런 사업에 자금을 대는 것으로 이들을 지원할 수 있다. 쓰레기 처리 시설에 투자하기를 주저한다면 이는 자신들의 입장을 명확하게 드러내는 것이다. 바로 무엇인가 하는 것처럼 보이고는 싶지만 실제로는 손쉽게 면피하는 길을 택하겠다는 의도 말이다.

3. 재활용만으로는 지구를 구하지 못한다

사람들에게 '환경 보호'를 위해 무엇을 하느냐고 물어보면, 열에 아홉은 '재활용한다'라고 대답한다. 재활용은 의식 있는 환경운동가의 보편적인 브랜드다. 3장에서 논의한 것처럼, 사람들은 재활용이 탄소발자국을 엄청나게 줄여 준다고 생각하는 경우가 많다. 하지만 현실에서는 그 영향력이 매우 미미하다.

그렇다면 환경운동에서 재활용이 우리가 생각한 만큼 영향력이 없는 이유는 무엇일까? 재활용은 마법처럼 저절로 이뤄지지 않기 때문이다. 재활용에는 에너지가 필요하고 그 에너지에는 일정한 대가가 따른다. 물론 새 플라스틱 제품을 만드는 데 필요한 에너지보다는 조금 덜 들기 때문에 재활용을 통해 일정 정도는 절약할 수 있지만 우리가 바라는 만큼에는 미치지 못한다.

재활용에 대한 기대 또한 지나치게 높다. 우리는 우리가 마신 물병이 다른 물병으로 탄생하고, 이런 재탄생의 과정이 몇 번이고 반복될 것이라고 생각한다. 하지만 재활용은 플라스틱이 쓰레기가 되는 것을 지연할 뿐 영원히 막지는 못한다.

마지막으로 플라스틱, 특히 일회용으로 물건을 제조하는 일이 너무 효율적이어서 오래된 물건을 재활용하는 행위의 매력을 떨어뜨린다. 다른 물질에 비하면 플라스틱은 대체로 제조 과정에서 발생하는 탄소가 많지 않다.

재활용의 중요성을 얕잡아 보는 것이 아니다. 난 여전히 친구들에게 재활용을 권하고, 나 또한 재활용을 한다. 다만 재활용이 지구를 구할 것이라는 망상에 사로잡히지 않을 뿐이다. 독자들에게도 재활용을 권한다. 재활용은 좋은 일이다. 하지만 재활용이 환경을 위해 시도하는 유일한 활동이거나 가장 중요한 활동인 사람은 좀 더 분발할 필요가 있다.

4. 산업계의 혁신과 협력이 필요하다

전 세계적으로 플라스틱 재활용률이 아주 낮은 이유 가운데 하나는 대체로 비용 대비 효과가 그리 높지 않기 때문이다. 재활용을 위해 수거되는 플라스틱은 종류가 아주 뒤죽박죽인 경우가 많다. 어떤 것은 재활용이 가능하고 어떤 것은 불가능하다. 이 때문에 재활용 과정이 오염되어 그것을 정리하고 치우는 데 비용이 많이 든다.

플라스틱을 생산하고 플라스틱을 이용해 제품을 만드는 산업계도 그리 도움이 안 된다. 기업들은 여러 종류의 플라스틱을 혼합해 만든 플라스틱 제품을 대량으로 시장에 쏟아낸다.

이때부터는 '우리' 몫이다. 다시 말해 이미 시중에 나온 플라스틱을 처리할 인프라와 시스템을 구축하는 일은 개인, 지역 사회, 지방 의회의 몫이라는 뜻이다. 정부는 관련 기업들을 더 압박하고 더 엄격한 규제를 도입해야 한다. 기업들은 플라스틱을 재활용할 수 있도록 제품 생산에 쓰이는 플라스틱 종류를 간소화해야 한다. 나아가 플라스틱 문제에 마침표를 찍을 수 있는 화학적 재활용 방안 개발에 투자해야 한다. 이와 동시에 지역 사회를 지원해 해당 지역에서 배출되는 플라스틱을 처리하는 데 필요한 인프라를 구축할 수 있도록 도와야 한다.

5. 수산업계에 대한 보다 강력한 규제가 필요하다

해양을 오염시키는 플라스틱 대부분이 육지로부터 흘러 들어온다는 사실은 이미 살펴봤다. 하지만 쓰레기 대부분이 수산업 쓰레기인 지역도 있다. 태평양 거대 쓰레기 지대를 지나던 찰스 무어 선장은 아마도 플라스틱 빨대나 코카콜라 병보다 어망이나 밧줄을 더 많이 봤을 것이다.

이 문제를 해결하는 방법은 꽤 간단하다. 전 세계의 대양은 모두에게 공짜로 열려 있는 공간이 아니다. 적어도 법적으로는 그렇다. 상업용 어선은 어떤 국가에서든 대개 허가가 필요하고, 허용 어획량이 정해져 있는 경우가 대부분이다(자세한 내용은 다음 장에서 논의할 것이다). 우리는 상업용 어선의 움직임과 항해 패턴을 기본적인 GPS 기술을 통해 모니터할 수 있다.

그렇다면 해결책은 단순하다. 어선이 출항할 때 얼마나 많은 장비를 가지고 나갔다가 입항할 때 얼마나 많이 가지고 돌아오는지 교차 확인하면 된다. 밧줄, 어망, 낚싯줄을 악천후에 분실 또는 유기하거나 고의로 물속에 버렸다면, 선원들에게 상당액의 벌금을 물리거나 낚시 면허를 일시 정지 또는 박탈한다. 실수로 작은 장비를 잃어버리는 경우와 같은 우발적 사고와 관련한 조항도 어느 정도 필요하다. 어마어마한 크기의 물고기가 낚싯줄을 끊고 달아났다고 처벌하는 것은 가혹할 수 있기 때문이다.

'당근' 전략을 쓸 수도 있다. 본인들 것은 물론, 항해 중에 발견하는 플라스틱 쓰레기를 육지로 가져오는 어선들에게 혜택을 주는 것이다.

어업은 건강한 해양 생태계가 있어야 생존 가능하다. 결코 바다를 쓰레기장으로 여기는 사람이 있어서는 안 된다.

6. '쓰레기를 먹는' 신기술에 주목하자

지금까지 논의한 '교역을 규제하자', '매립지와 재활용 시설을 더 지어야 한다', '출항과 귀항 시 어획 장비의 수를 비교하자' 등의 방법은 꽤 지루한 이야기다. 그렇다면 이것보다 많은 사람이 열광할 수 있는 조금 더 매력적이고 최신 기술을 이용한 방법은 없을까?

전 세계가 해양 플라스틱 오염을 근절하는 데 필요한 인프라를 짓는 데 적어도 몇 년이 걸린다는 사실은 자명하다. 그렇다면 우리는 그동안 그저 망연자실한 채 플라스틱 쓰레기가 바다로 쏟아져 들어가는 광경을 가만히 앉아서 바라만 봐야 할까? 최신 기술을 이용해 일시적으로라도 쓰레기가 바다로 유입되는 길목을 차단해야 하는 것은 아닐까?

이를 실현시킨 기술이 있다. 바로 '인터셉터 오리지널Interceptor Original'이다. 인터셉터는 보얀 슬랫이 창립한 오션 클린업에서 개발한 기술로 태양열을 이용해 움직이는 장치다. 기구의 모습이 가늠이 잘 되지 않는다면 긴 공기 주입식 튜브가 장착된 작은 배를 떠올리면 된다. 이 배는 강의 하류에 배치되어 강 밖으로 흘러나오는 부유물들을 가로막아 한 데 가뒀다가 모두 수거 및 처리한 다음 적합한 쓰레기 처리 시설로 운송한다. 바다로 흘러들어가기 직전 단계에서 플라스틱 쓰레기들을 수거하면 사방으로 흩어지는 사태를 막을 수 있다. 지금까지 오션 클린업에서는 인도네시아, 말레이시아, 베트남, 도미니카 공화국, 자메이카에 인터셉터 오리지널 여덟 척을 배치한 상태다.

오션 클린업은 이 비전을 실현하려는 단 하나의 목표를 가진 단체이자 프로젝트다. 이외에도 유사한 프로젝트들이 많다. 길고 굴곡이 있는 형태의 장벽인 '리버붐river booms'은 플라스틱 쓰레기들이 흘러 나가는 것을 막아 수거하고, 호주에서 시작해 세계 곳곳에 지부가 생긴 '씨빈 프로젝트Seabin Project'는 쓰레기통처럼 생긴 구조물이 조류의 흐름에 따라 움직이며 부유하는 플라스틱 쓰레기들을 빨아들인다. 볼티모어의 '미스터 트래쉬 휠Mr. Trash Wheel'은 우스꽝스럽게 생긴 눈이 붙어 있는 '트렌디'한 모습의 기구로 강 위를 부유하는 플라스틱 더미 사이를 지나다니며 쓰레기를 먹어 치운다. 그렇게 쓰레기를 치우는 모습은 아동용 장난감인 '헝그리 헝그리 히포스'의 구슬 먹는 하마와도 흡사하다. 네덜란드 업체가 개발한 '그레이트 버블 배리어The Great Bubble Barrier'는 강둑에 강폭 전체를 아우르는 튜브를 설치한 뒤 거품 장벽을 만들어 플라스틱 쓰레기가 새어 나가지 못하게 만드는 기술이다. 플라스틱 쓰레기들은 이 장벽에 가로막혀 더 이상 흘러가지 않을 뿐만 아니라 수면 위로 상승해 쓰레기 수거 설비에 의해 수거된다.

이런 기술들이 얼마나 효과적일지, 얼마나 확장성이 있을지 말하기는 아직 이르지만 시도할 만한 가치는 있어 보인다. 매일 점점 더 많은 플라스틱이 강으로, 바다로 유입되고 있고 그 과정에서 점점 더 작은 알갱이로 분해되고 있다. 이렇게 작게 분해된 플라스틱 쓰레기들은 나중에 제거하기가 훨씬 어려워진다. 누군가 해결해 주기를 기다리며 절망에 빠져 멍하니 있을 것인가, 아니면 그사이 우리가 할 수 있는 일은 모두 해 볼 것인가. 있는 힘껏 손을 뻗어 가능성이 보이는 어떤 기회라도 잡아야 하지 않을까. 무슨 수를 써서라도 새어 나가는 모든 플라스틱을 막아야 하지 않을까.

7. 해변과 해안을 청소하자

전 세계 해양 플라스틱 쓰레기는 대개 해안가에 한동안 박혀 있다가 다시 헐거워지면서 파도에 휩쓸려 떠내려가는 과정을 거친다. 묻혀 있다 수면 위로 떠오르는 이 과정이 수차례 반복되기도 한다.[33] 이는 반가운 소식이다. 망망대해 가운데에서 플라스틱 쓰레기를 퍼 올리는 일은 매우 어렵지만 플라스틱 쓰레기 대부분이 바다 한가운데 있는 것은 아니기 때문이다. 이 쓰레기들은 훨씬 가까운 곳에 있어서 우리가 얼마든지 접근할 수 있다.

세계 곳곳에는 아무도 알아주지 않는데도 해변을 청소하는 사람들이 있다. 하지만 보상이 없다고 해서 보람도 없는 것은 아니다. 바다 근처에 사는 사람들이 각자 할 수 있는 만큼 해변을 청소하다 보면 해양 플라스틱 오염 개선에 직접적인 보탬이 될 수 있다.

이미 플라스틱으로 오염된 바다, 어떻게 되돌릴 것인가?

지금까지 우리는 어떻게 하면 플라스틱 쓰레기가 바다에 유입되는 것을 막을 것인지에 대해서만 논의했다. 하지만 이미 바다에 흘러 들어간 쓰레기는 어떻게 해야 할까? 그냥 둬도 괜찮을까? 청소할 수는 있을까?

이 문제에 대해서는 좋은 소식과 나쁜 소식이 모두 존재한다. 먼저 나쁜 소식은 일부 해양 플라스틱 쓰레기는 우리가 청소할 수 없다는 사실이다. 자연에서 플라스틱이 분해되는 데 수백 년까지는 아니더라도 적어도 수십 년이 걸린다는 통계에 대해 모두 한번쯤 들어봤을 것이다. 이는 일부는 맞고 일부는 틀리다. 어떤 화합물은 분해되는 데 아주 오랜 시간이 걸리지만, 어떤 플라스틱은 빠른 속도로 분해되어 미세플라스틱을 생성한다.[34] 문제는 이제 미세플라스틱이 전 세계 구석구석 퍼지지 않은 곳이 거의 없으며, 제거하기도 힘들다는 점이다.

그러나 나는 찰스 무어 선장이 태평양 위에서 보았던 큰 플라스틱 쓰레기들에 관해서는 조금 더 낙관적이다. 내가 항상 이렇게 낙관적이었던 것은 아니다.

유튜브 채널 '쿠르츠게작트Kurzgesagt'는 아주 유익하고 재미있는 영상을 게시하는 것으로 유명하다. 이 채널의 콘텐츠들은 놀라울 정도로 이해하기 쉬운 방법으로 과학 지식에 대해 설명해 준다. 멋지게 제작된 애니메이션 위로 세상에서 가장 차분한 목소리의 내레이션이 흘러나온다. 모든 영상의 조회 수가 수백만에 이른다. 운 좋게도 나는 이 채널의 몇몇 영상 제작을 위해 연구 조사와 대본 작성에 참여할 기회가 있었다.

몇 년 전 쿠르츠게작트와 나는 플라스틱 오염 문제에 관한 영상을 제작했고, 이 영상은 큰 인기를 얻었다. 나는 주제 연구와 대본 작성을 맡았다. 이후 나는 소셜 뉴스 웹사이트 및 토론 커뮤니티인 레

딧reddit으로부터 '무엇이든 물어보세요Ask Me Anything' 세션의 주제 전문가로 참여해 달라는 요청을 받았다. 평소 이 세션은 꽤 골치 아파 보였기에 요청을 받고도 한동안 망설였다. 그러나 쿠르츠게작트의 두 전문가도 함께 참석해 나를 도와주기로 했다. 그중 한 명은 유엔환경계획 직원이었다. '좋아. 도와줄 사람이 있으니 든든하군.'

결론부터 이야기하면 그 세션에는 나만 참석했다. 다른 두 명의 전문가는 나타나지 않았다. 그날은 내 인생에서 가장 정신없는 하루였다. 수천 명의 사람이 접속해 질문을 하고 토론에 참여했다. 질문은 모두 훌륭했다. 깊은 사유와 예리한 시각, 배우고자 하는 열망에서 나온 질문들이었다. 세션에 참여한 사람들은 철저하게 조사한, 빈틈없이 정확한 답을 들을 자격이 있었다.

내가 쿠르츠게작트와 만든 영상은 우리가 어떻게 하면 플라스틱 쓰레기가 바다에 '흘러들어가는 것'을 막을 수 있는지에 초점이 맞춰져 있었다. 이는 내가 진절머리 나게 연구한 주제 중 하나여서 관련 데이터를 훤히 꿰고 있었다. 하지만 이미 바다에 유입된 플라스틱에 대해서는 거의 생각해 본 적이 없었다. 아마도 어쩔 도리가 없는 일이라고 생각했던 것 같다.

당연한 말이지만, 사람들은 그 문제에 대해 묻기 시작했다. 젠장, 전문가로 나왔는데 답을 모르다니. 부끄럽게도 나는 구글에 '해양 플라스틱 쓰레기를 청소하는 법'을 검색했다. 오션 클린업의 프로젝트가 가장 처음에 나왔다.

오션 클린업에 관한 정보를 읽어 보기 시작했다. 걸린 시간은 기껏해야 5분 정도였겠지만, 1분이 지날 때마다 질문이 계속해서 쌓여 갔다. 솔직히 말하면, 당시 오션 클린업 프로젝트를 처음 알게 되었을 때 나는 그들의 계획이 허무맹랑하다고 생각했다. 하지만 요령 있게 문제를 설명하며 오션 클린업으로 사람들의 관심을 돌렸고 성패에 대해서는 아직 단정하기에는 이르다고 말했다. 그러면서 '계속 지켜보자'라고 말하며 세션을 마무리했다. 전형적인 애매한 책임 회피성 대답이었다.

길고 긴 '무엇이든 물어보세요' 세션을 마친 뒤, 한동안 플라스틱 쓰레기에 관해 생각하지 않았다. 그러다 일이 년 정도가 지났을 무렵 문득 새로운 소식이 있는지 궁금해 오션 클린업을 다시 검색해 봤다. 이번에는 본격적으로 새로운 관점에서 심도 있게 살펴봤다. 갑자기 그 프로젝트가 누가 봐도 명백하게 이상적인 솔루션이라는 생각이 든 것은 아니었다. 바람직한 수준의 회의적인 생각은 여전히 가시지 않았다.

달라진 것은 사람들에 대한 감사함이었다. 보얀 슬랫처럼 엄청나게 똑똑한 사람들이 뭐라도 '해 보기' 위해 애쓴다는 사실 말이다. 슬랫은 한탄하고 불평만 하고 있기 보다 플라스틱 쓰레기로 뒤덮인 바다 문제를 해결하기 위해 행동에 나섰다. 게다가 오션 클린업을 창립했을 당시 그의 나이는 고작 열여덟 살이었다. 그러니 자기가 이 세상을 바꾸기에는 너무 어리다고 생각하는 사람이 있다면 마음을 고쳐먹자.

특정 사회 문제를 해결하기 위해 홀로 뛰어드는 창업가들은 언제나 존재했다. 해양 플라스틱 쓰레기와 같이 중대하고 전 지구적인 문제에서는 특히 그렇다. 태평양 한가운데 떠다니는 플라스틱 쓰레기를 치우는 일은 누구의 책임일까? 어떤 국가가 비용을 지불해야 할까? 공해의 주인은 없다. 한 국가가 태평양의 플라스틱 쓰레기를 청소하려면 비용이 어마어마하게 들 것이다. 즉 어떤 국가도 하지 않을 것이라는 의미다. 이 문제를 해결하는 일은 용감한 개인과 민간 기업에 달려 있다.

보얀 슬랫과 그의 팀은 그동안 거대한 해양 쓰레기 지대에서 플라스틱 쓰레기를 치우는 일에 집중해 왔다. 그들은 플라스틱 쓰레기 더미의 최종 목적지가 어디인지 관찰하고 추적한다. 그리고 바로 그 목표 지역에 인터셉터와는 다른 청소 장비를 설치한다. 이 장치는 흔히 수영장에서 보는 긴 부유 장벽 형태로, 큰 울타리 안에 플라스틱을 모아서 가둔다. 울타리 안이 가득 차면 플라스틱 쓰레기를 퍼 내 배에 싣고, 그런 다음 처리 시설로 운송해 분류하고 재활용한다.

아직 완벽해 보이지는 않아도 이 기술이 효과가 있다는 조짐은 쉽게 찾을 수 있다. 이 장치를 가동할 때마다 어마어마한 쓰레기 더미가 바다에서 제거되는 것이 눈으로 확인되기 때문이다. 이 프로젝트의 문제점 가운데 하나는 딸려 나오는 야생동물 없이 오직 쓰레기만 건져 내는 어려움을 해결해야 한다는 것이다. 최근 조사에 따르면 해당 장치가 건져 올리는 쓰레기의 약 0.1퍼센트는 '부수적 산물'로, 안타깝게도 울타리에 잡힌 야생동물들이다. 이는 어업 관련 활동의 기준에서 보면 적은 양이지만, 기술이 발달하면서 이 수치가 완전히 0이 될 수 있기를 바란다.

    이 기술이 이미 바다에 흘러 들어간 플라스틱 쓰레기 상당량을 제거할 수 있을지는 아직 잘 모르겠다. 다만 그럴 수 있기를 바란다. 적어도 우리 대부분이 해결할 수 없다고 생각한 문제를 해결하려는 용기를 지닌 소수의 사람들을 기억하기 위해서라도 말이다.

쓰레기를 덜어내려면 플라스틱 사용에 대한 죄책감부터 덜어내라

플라스틱 빨대 퇴출이라는 소모적인 정책

종이와 물은 좋은 궁합이 아니다. 종이는 셀룰로스라고 하는 화합물로 구성되는데, 셀룰로스는 물에 녹는다. 누가 왜 종이로 음료 빨대를 만들자고 한 것인지 도무지 이해가 안 된다. 종이 빨대는 정말 쓸모없는 물건이지만, 이미 전 세계 식당과 술집에서 친환경의 상징이 되어버렸다.

    그렇다고 내가 플라스틱 빨대를 쓰자고 권장하는 것은 아니다. 플라스틱 빨대는 그저 내 관심사가 아닐 뿐이다. 내 관심사는 쓸모없는 정책이다. 그 정책이 정말로 변화를 불러올 수 있는 정책을 대체할 때에는 더욱 그렇다. 플라스틱 빨대는 전 세계 플라스틱 오염의 규모를 고려할 때 그렇게 큰 문제가 아니다. 특히 선진국에서 쓰는 플라스틱 빨대가 바다에 유입될 확률은 극히 낮다. 재활용이 안 되다 해도 빨대는 대개 매립지로 보내진다. 얼마나 많은 플라스틱 빨대가 바다에 흘러 들어가는지 정확히는 알 수 없지만, 해양 플라스틱 쓰레기의 대략 0.02퍼센트일 것으로 추정된다. 일회용 플라스틱 빨대 사용을 엄격하게 규제하고 싶다면, 그래도 상관은 없다. 하지만 그것이 플라스틱 오염 문제 해결을 위한 정부의 핵심 정책이어서는 안 된다.

장애를 가진 사람 중에는 빨대가 꼭 필요한 사람이 있고, 이들에게 빨대 사용을 금지하는 일은 심각한 악영향을 불러올 수 있다. 대부분의 사람들은 굳이 빨대를 쓰지 않아도 상관없다. 하지만 빨대는 큰 문제가 아니니 어쩌다 한번 쓴다고 해서 죄책감을 느낄 필요가 없다는 사실을 알기 바란다. 나에게 한 가지 바람이 있다면 그저 이 종이 빨대 유행이 빨리 지나가는 것이다.

에코백과 비닐봉지 중에 무엇이 더 지구를 망칠까?

일회용 비닐봉지는 환경운동가들에게 곧 죄악이다. 마트에 도착했는데 시장 가방을 집에 두고 왔다는 사실을 깨달았을 때의 괴로움을 다들 한번쯤 느껴봤을 것이다. 이후 10분은 그야말로 코미디다. 물건들을 온 주머니에 꽂아 넣고 겨드랑이 사이에 끼고 심지어 입으로도 물고 드느라 정신이 없다. 비닐봉지를 써서 동료 환경운동가들을 실망시켜서는 안 되기 때문이다. 관련 사실을 잘 알고 있는 나의 행동도 크게 다르지는 않다.

사실 데이터에 따르면 가끔 쓰는 비닐봉지는 그렇게 큰 문제가 안 된다. 실제로 일회용 비닐봉지가 일부 대용품들보다 여러 측면에서 낫다. 적어도 탄소발자국은 다른 대용품보다 훨씬 적다. 비닐봉지의 탄소발자국과 같아지려면 종이 가방은 서너 번, 면 가방은 수십 번에서 수백 번은 써야 한다.[35~36] 물 사용, 산성화, 질소에 의한 수질 오염 등의 다른 환경 측면에서도 마찬가지다. 그렇다고 일회용 비닐봉지로 다시 돌아가야 한다는 말은 아니다. 그저 다른 종류의 봉투와 가방을 더 많이 재사용해야 한다는 의미다. 장을 보러 갈 때 두 번에 한 번꼴로 새로운 에코백을 구매하는 사람은 지구 환경을 정말로 더 악화시키는 소비를 하는 것이다. 지금껏 논의한 것처럼 우리가 더욱 신경 써야 할 것은 가방 자체가 아니라 그 '가방 안에 무엇을 담느냐'다. 그 편이 환경에 훨씬 더 큰 영향을 미친다.

비닐봉지가 가진 문제는 수로를 오염시킬 수 있다는 점이다. 하지만 다른 종류의 쓰레기와 마찬가지로 처리를 제대로 하지 못하는 경우에만 그렇다. 고소득 국가에서는 강이나 해변에 직접 투기하지 않는 이상 비닐봉지가 바다에 흘러 들어갈 일은 거의 없다. 매립 처리하는 일도 크게 어렵지 않다. 문제가 되는 곳은 비닐봉지 사용량은 증가하는데 쓰레기를 처리할 인프라는 늘지 않는 중위 및 저소득 국가들이다. 일회용 비닐봉지 사용을 엄격히 제한하고 대용품을 사용했을 때 큰 효과를 볼 수 있는 곳이 바로 이런 나라들이다.

그러니 자기가 비닐봉지를 얼마나 사용하는지 잘 알고 있자. 배

낭이나 튼튼한 가방을 사서 오래 여러 번 사용하자. 그렇다고 마트 계산대에서 시장 가방을 놓고 왔다는 사실을 깨닫고 스트레스를 받을 필요는 없다.

쓰레기 매립지는 끔찍한 재앙이 아니다

매립 쓰레기를 배출할 때면 마음이 찜찜할 때가 많다. 재활용도, 재사용도 하지 못하는 쓰레기를 만들었다는 사실 때문에 실패한 것처럼 느껴진다. 하지만 이 장에서 여러 번 강조한 해결책 가운데 하나가 바로 더 나은 매립시설을 더 많이 만들어야 한다는 것이었다. 누군가는 몸서리를 칠지 모르지만 매립 시설이 보이는 것만큼 그렇게 끔찍한 곳만은 아니다.

적절하게 관리되지 않는 쓰레기 매립지는 끔찍할 수 있다. 불행히도 전 세계 많은 매립 시설의 상황이 여기에 해당한다. 단순 매립 또는 표층 매립은 좋은 방법이 아니다. 플라스틱을 비롯한 일부 쓰레기는 바람에 날아갈 수 있고, 오염 물질이 땅에서 새어 나갈 수도 있으며, 농도가 진한 온실가스도 방출된다.

하지만 땅속 깊이 지어져 잘 관리되는 매립 시설은 환경 문제를 해결하는 데 매우 효과적인 방법일 수 있다. 많은 사람이 이제 지구상에 쓰레기 매립지를 만들 땅이 거의 남아 있지 않다고 생각하지만, 이는 사실이 아니다. 나는 인간이 지금까지 배출한 95억 톤의 플라스틱 쓰레기를 모두 저장하려면 얼마만큼의 공간이 필요한지 계산해 봤다. 전 세계에서 나온 플라스틱 쓰레기를 모두 땅에 묻는다는 조건에서 말이다.

지하 30미터가량 깊이로 지어진 매립지가 있다고 하자. 현존하는 매립시설 대부분이 이 정도의 깊이에 있다. LA의 푸엔테 힐스 Puente Hills 매립지는 깊이가 무려 150미터에 달한다. 내가 예상 매립지 면적 계산에 사용한 깊이는 10미터였다. 그렇다면 얼마나 넓은 땅이 필요할까? 대략 런던과 맞먹는 1800제곱킬로미터다. 굉장히 넓은 면적처럼 들리지만, 지구 육지 면적의 0.001퍼센트밖에 되지 않는다. 매립지가 지표면에 가깝다면 더 많은 면적이 필요하다. 반대로 더 깊게 팔수록 필요한 땅은 줄어든다. 하지만 그 깊이와 관계없이 우리에게 필요한 땅은 기껏해야 도시 한두 개 정도로 크지 않다. 자기 동네에 매립지가 들어서는 것을 반길 사람은 없지만, 우리에게는 충분한 공간이 있으니 화낼 필요가 없다.

사람들은 대부분 쓰레기 매립지를 끔찍하다고 생각하지만, 쓰레기도 기후 변화에 미치는 영향을 줄일 수 있는 효과적인 탄소 저장 장소가 될 수 있다. 쓰레기가 부패하면 이산화탄소와 메탄을 내뿜는데, 이는 농도가 매우 짙은 온실가스다. 기후에 악영향을 끼치는 것은 당연하다. 잘 관리된 쓰레기 매립지는 산소 공급을 차단하면서 이 부패 과정을 지연시키거나 중단시키기도 한다. 이 과정으로 인해 방출되지 못한 이산화탄소나 메탄은 매립된 물질 안에 그냥 남아 있게 된다. 종이나 나무와 같은 물건도 마찬가지다. 나무를 예로 들어보자. 나무를 태우거나 부패하게 놔두면 나무에서는 이산화탄소가 방출된다. 하지만 나무를 묻는 경우 탄소는 나무 안에 '갇히게' 되고, 그만큼 우리는 대기로 방출되는 이산화탄소를 줄일 수 있다. 이를 '탄소 흡수원'이라고 부른다.

쓰레기 매립지에서 어느 정도의 부패는 여전히 일어나지만, 대개 음식 쓰레기나 종이와 같은 유기물질에 의한 것이다.[37] 잘 관리되는 매립 시설은 새어 나가는 모든 메탄을 포집해 대기로 방출되지 않도록 막는다. 마찬가지로 매립지 아래 견고한 라이닝을 시공하면 침출수가 주변 생태계로 새어 나가는 것을 방지할 수 있다. 안타깝게도 모든 매립지가 이런 안전 조치를 제대로 갖춘 것은 아니다. 게다가 라이닝은 시간이 흐르면서 부식될 수 있다. 그래도 이는 해결이 가능한 문제다.

쓰레기 매립지는 미관상 썩 좋은 시설은 아니어서 건립 장소를 선택할 때 신중해야 한다. 게다가 관리가 제대로 되지 않으면 환경에 재앙이 될 수 있다. 그러나 플라스틱 오염 문제를 해결하는 데 잘 관리되는 쓰레기 매립장은 반드시 필요한 요소다. 우리가 스트레스를 받거나 죄책감을 느낀다고 해서 쓰레기 매립장을 활용하지 않는 일은 없어야 한다.

8장

**어류
남획**

약탈되는 지구,
텅 빈 바다

"2048년이면 사실상 바다에는
물고기 한 마리도 남아 있지 않을 것이다."
《씨스피라시》(2021)

바다는 마르고,
물고기는 사라질 것이다?

2021년에 넷플릭스에서 발표된 다큐멘터리 영화 〈씨스피라시〉가 전 세계를 강타했다. 〈씨스피라시〉는 그해 넷플릭스에서 가장 많은 시청 횟수를 기록한 방송 프로그램 가운데 하나가 되었으며 언론을 뜨겁게 달궜다. 내 주변 사람들도 다큐멘터리에서 주장하는 것처럼 "21세기 중반에 이르면 바다에 물고기가 모두 사라진대!"라고 말하곤 했다. 우리가 바다에 사는 마지막 한 마리의 물고기까지 다 먹어 치워서 결국 빈 그물만 거둬들일 날이 올 것이라는 이야기다. 해저에는 어떤 생명체도 남지 않게 되고, 한때 어마어마하게 다양한 해양 생물을 품었던 아름다운 산호초가 모두 사라져 해양 생태계도 붕괴할 것이라고 했다. 드넓은 바다 때문에 푸른 행성이라고 불리는 지구의 바다는 씨가 마를 것이라고도 했다.

많은 해양 과학자는 혼란스러워했다. 그동안 충분한 관심을 받지 못했던 어류 남획의 위험과 해양 실태에 대해 마침내 사람들이 주목하기 시작했지만, 그럼에도 다큐멘터리 〈씨스피라시〉에는 거짓 정보가 너무 많았다.

그렇다면 도대체 "앞으로 바다에 물고기가 한 마리도 남지 않게 될 것이다"라는 주장은 어디서 나왔을까? 2006년에 보리스 웜 Boris Worm과 공저자들이 《사이언스》지에 발표한 논문이 발단이었다.[1] 웜은 현재 캐나다 댈하우지 대학교의 교수이자 세계에서 가장 유명한 해양 생태학자 가운데 한 명이다. 그가 《사이언스》에 발표한 논문의 내용은 해양 생물다양성의 실상에 대한 것이었다. 당시 전 세계는 어류 자원량의 실태에 대해 크게 우려하고 있었다. 참다랑어 개체군이 심각하게 줄어든 상태였고, 대구와 볼락도 감소하고 있었다. 또 전 세계 여러 NGO의 경고로 많은 사람이 연어를 잡지 않기 위해 애쓰던 중이었다.

웜의 연구 결과는 그리 낙관적이지 않았다. 하지만 그가 발표한 논문의 핵심 결과에 관심을 기울이는 사람은 거의 없었다. 대신 언론에서는 단 하나의 통계 수치, 그것도 결론 부분에 딱 한 번 등장하는 숫자에 주목했다.

우리 연구의 데이터에서 강조하는 점은 전 세계적 규모로 진행이 가속화된 생물다양성 파괴가 가져올 사회적 파장이다. 이러한 추세가 매우 우려스러운 이유는 21세기 중반이 되면 현재 어획되는 모든 분류군이 전 세계적으로 붕괴할 것으로 예측되기 때문이다 (2048년 100퍼센트 회귀 분석 추정 기준).

왜 많은 사람이 이 결론 부분을 읽고 경악했는지 알 것 같다. 늘 자극적인 이야기를 찾아 헤매는 기자들이 왜 이 수치를 붙잡고 늘어졌는지도 이해할 수 있을 것 같다. 아니나 다를까 《뉴욕타임스》에서 "해양 연구 결과, 전 세계 모든 어종 '붕괴' 경고"라는 제목의 기사를 내자,[2] 또 다른 언론사가 전 세계 물고기들이 2048년이면 모두 사라질 것이라는 기사를 냈다. 언론 보도는 여기서부터 눈덩이처럼 부풀려졌다.

과학자들은 바다가 텅 빌 것이라고 예측한 적이 없다

해양 생물다양성의 실상을 우려한 이야기를 이렇게 해석하는 방식에는 두 가지 중요한 문제가 있다. 첫째, 해양 생태학자들이 말하는 '전 세계적 붕괴'란 일반적인 사람들이 생각하는 것과는 그 의미가 다르다. 사람들은 '붕괴'라고 하면 물고기가 하나도 남지 않는 것, 붕괴된 개체군이라고 하면 완전히 사라진 개체군을 의미한다고 생각한다. 이에 따라 '2048년 전 세계적 붕괴'가 '2048년이 되면 물고기가 한 마리도 남지 않을 것'으로 둔갑하게 되었다. 하지만 과학자들이 의미한 바는 그런 것이 아니다.

수산 과학에서 말하는 '붕괴'에는 여러 가지 정의가 있다. 보리스 웜이 사용한 정의는 어획량이 역사상 가장 높았던 수준의 10퍼센트까지 감소하는 것을 말한다. 그러므로 과거 대서양 참다랑어 어획량의 최대치가 100만 마리였다면 그 수가 10만 아래로 떨어졌을 때 '붕괴'했다고 말할 수 있다. 이것을 실제 바다에 남은 수산 자원의 수가 아니라 어획량을 기준으로 정의한다는 것이 조금 의아할 것이다. 하지만 웜이 연구할 당시 수산 자원의 양에 관한 데이터는 그리 많지 않았다. 어류 개체군의 실태를 파악하려면 어획이 얼마나 쉬운지를 측정하면 된다. 개체 수가 많아야 고기가 쉽게 잡히기 때문이다. 개체군이 줄면 당연히 어획은 점점 어려워진다.

보리스 웜이 발표한 '이 추세대로라면 21세기 중반 무렵 현재 어획되는 모든 분류군이 전 세계적으로 붕괴할 것이 예측된다'는 결론은 물고기가 한 마리도 남지 않을 것이라는 뜻이 아니었다. 설사 웜의 '붕괴' 추정이 현실이 되더라도 바다에 모든 물고기가 사라질 일은 벌어지지 않는다. 물론 해양 생태계에도, 수산업으로 생계를 꾸려 가는 사람들에게도 모두 악몽 같은 일이 될 테지만, 그렇다고 바다가 텅 비어 버린다는 의미는 아니다.

두 번째로 심각한 문제는 웜이 21세기 중반 무렵 전 세계적 붕괴를 추정한 방법에 있다. 그는 당시 가용 데이터를 바탕으로 세계 수산 자원의 실태를 추정했다. 데이터가 충분하지는 않았지만, 매우 중요한 의미를 가진 연구였다. 과학자들은 언제나 이용할 수 있는 최상의 데이터를 바탕으로 현재 상태를 파악하고 앞으로 어떻게 될지 예측하기 위해 노력해야 한다.

웜은 2003년에 세계 수산 자원의 약 30퍼센트가 '붕괴'한 것으로 추정했다. 그리고 단순히 이 추세선이 100퍼센트에 이를 때까지 확장하는 방식으로 계산했다. 그는 수산 자원이 계속해서 차례차례 붕괴할 것으로 내다봤고 그래서 2048년에 모두 붕괴한다는 결론에 도달했다.

이는 조금 순진한 외삽법이다. '어떤 현상이 과거처럼 계속된다면 100퍼센트에 이르는 때는 언제일까?'라는 질문은 과학자들에게 일종의 흥미로운 사고 실험이다. 나 역시 종종 이런 계산을 한다. 재미있기 때문이다. 그러나 이 방식은 이 책에서 이미 여러 번 확인했던 근본적인 문제를 드러낸다. 바로 많은 사람이 빠져 있는 인류 멸망 심리를 더욱 부채질한다는 것이다.

우리는 인구 폭발을 예측하고 인구 증가가 절대 멈추지 않을 것이라고 두려워했었다. 적어도 증가율이 폭락하기 전까지는 그랬다. 우리는 이산화탄소 배출 역시 계속 증가할 것이라고 예측했다. 비료, 석탄, 살충제, 대기오염에 대해서도 모두 마찬가지였다. 상황이 변할 수 있다고 믿지 않는다면 당연히 이런 비관적인 태도에 빠질 수밖에 없다. 그러나 이런 가정에 과학적인 근거는 뒷받침되어 있지 않다. 실제로 우리가 처한 환경 문제 대부분은 더 이상 그런 식으로 진행되지 않는다는 분명한 징후가 있다. 우리는 추이를 바꿀 수 있고, 또 바꾸고 있다.

이렇게 웜의 연구가 언론에서 다뤄진 방식에는 두 가지 큰 문제가 있었다. 첫째, '어류의 전 세계적 붕괴'는 '물고기가 바다에서 자취를 감춘다'의 의미가 아니다. 둘째, 100퍼센트에 이를 때까지 추세선을 확장하는 방법은 그다지 과학적이지 않다.

당시 기자들을 크게 나무랄 수는 없다. 하지만 15년도 더 지난 지금에 와서 이러한 사실을 잘못 해석한 데 대해서는 변명의 여지가 없다. 당시 이 논란으로 수산 과학 데이터의 혁명이 일었기 때문이다. 그 데이터는 처음 언론을 뜨겁게 달궜던 비관적인 시나리오에서 오늘날 우리 상황이 얼마나 달라졌는지를 확인시켜 준다.

수산 과학의 '혁명' 이후에도 달라지지 않은 '나쁜 뉴스'

많은 해양 과학자들은 물고기가 《뉴욕타임스》《워싱턴포스트》《BBC 뉴스》의 헤드라인을 장식했다며 환호했다. 하지만 일부 과학자들은 어쩌다 '전 세계적 붕괴'가 '텅 빈 바다'로 오해를 샀는지 자초지종을 알고 나서도 혼란스러워했다. 이런 암울한 전망은 실제로 과학자들이 현장에서 직접 관찰한 결과와 부합하지 않았기 때문이다. 물론 수산 자원 중에는 개체군이 감소한 것들이 있었다. 하지만 다른 개체들은 금방이라도 붕괴할 것처럼 보이지 않았다. 실제로 지속 가능성이 개선된 것들도 있었다. 오히려 2048년에는 수산 자원의 수가 줄어드는 것이 아니라 늘어날 것으로 예상되었다. 웜의 연구가 발표되고 얼마 지나지 않아 《사이언스》에서는 다른 수산 과학자들의 반박 논문을 게재했다.

웜의 연구를 가장 신랄하게 비판한 이는 워싱턴대학교의 수산학자인 레이 힐본Ray Hilborn이다. 힐본은 1970년대부터 수십 년간 학자로 지내오면서 여러 차례 학술상을 수상한 경력도 있는 학계의 거물이다. 그 역시 전 세계 수산 자원의 미래를 조금 더 긍정적으로 전망했다.

인터뷰에서 힐본은 웜의 연구가 "아주 엉성"하고 예측이 "충격적일 정도로 어리석다"라고 평했다. 웜의 논문이 발표된 달에 힐본은 학술지 《수산학Fisheries》에 '신뢰 기반 수산학Faith-based Fisheries'이라는 제목의 논문을 발표하며 응수했다.[3] 이 논문에서 힐본은 해양학계뿐만 아니라 세계 유명 학술지도 함께 비판하면서 그들이 증거에 기반한 학문 활동보다 일간지 1면의 머리기사에 나오는 것을 더 선호한다고 지적했다.

웜과 힐본이 같은 문제를 다르게 본 이유는 아마도 그들이 다른 학문적 관점에서 연구했기 때문일 것이다. 보리스 웜은 해양생태학자이고 레이 힐본은 수산학자다. 단순하게 설명하자면 해양생태학자들은 생태계를 인간이 등장하기 이전의 청정 상태로 되돌리기를 바라고, 수산학자들은 어획량을 최대한 보장하면서 건강한 생태계를 유지하는 방법에 주목한다고 할 수 있다.

웜과 힐본은 미국 공영 라디오NPR로부터 생방송 토론을 제안받았다. 토론 진행자들은 흥미진진하고 매우 지적인 논쟁을 기대했을 테지만 두 사람의 토론은 예상보다 평화롭게 진행되었다. 힐본과 웜은 많은 부분에서 서로에게 동의했으며 상대방에 대한 존경심을 가지고 있었다. 방송이 끝난 이후에도 몇 주 동안 이메일로 토론을 이어갈 정도였다.

정확한 실태 파악을 위해 필요한 데이터 세트가 아직 구축되지 않았다는 것을 확인한 두 사람은 협업을 통해 해당 데이터 세트를 구축하기로 했다. 보리스 웜은 당시를 이렇게 회고했다. "레이와 나는 각자 이것(공개적인 이견)이 과학에 도움이 안 된다는 사실을 깨달았다. 한쪽 눈으로만 보면 제대로 판단하지 못할 위험성이 있기 때문이다."[4]

두 사람은 연구 지원금을 신청해 20명의 과학자로 이뤄진 팀을 꾸렸다. 연구팀의 목표는 어획량이 아닌 실제 바다에 사는 물고기의 수에 관한 데이터를 수집하고 종합하는 일이었다.

2009년에 충분히 데이터를 모은 그들은 '세계 수산학을 재건하다Rebuliding Global Fisheries'라는 제목의 논문을 공동 집필해《사이언스》에 발표했다.[5] 《사이언스》는 물고기에 관한 논쟁을 종식하고자 두 사람의 논문을 소개하며 이렇게 밝혔다. "야생 포획 어류가 모두 사라질 것이라는 예측과 그에 대한 논쟁 이후, 두 명의 세계 최고 과학자들이 갈등을 접어 두고 함께 어류의 실태를 조사, 해결 방법을 연구했다."

웜과 힐본의 연구 결과에 따르면 평균적으로 어류 자원량은 감소하지 않았다. 하지만 지역마다 확실히 다른 양상을 보여서 어느 지역은 별문제가 없거나 오히려 증가한 곳도 있었다. 그러나 감소하는 양상을 보이거나 우려할 만한 곳도 분명 존재했다. 이처럼 좋은 일이 나쁜 일을 상쇄하고 있어 평균적으로 뚜렷한 변화가 나타나지 않았던 것이다. 하지만 한 가지 분명한 사실은 21세기 중반까지 '전 세계적 붕괴'의 징조는 전혀 없다는 것이다. 이 데이터를 바탕으로 다시 회귀 분석을 한다면 아마도 100퍼센트에 이르는 일은 3000년이 되어도 결코 없을 것이다.

이는 전 세계 수산 자원을 보다 정확히 이해할 수 있게 해준 중요한 정보였다. 하지만 '그렇게 나아지지도 않았고, 그렇게 나빠지지도 않았다'라는 결론은 '전 세계 수산 자원이 곧 붕괴할 것이다'라

2048년이 되어도 바다에 물고기가 모두 사라질 일은 없다

2006년 논문이 발표된 후 언론들은 2048년이 되면 바다에 물고기가 모두 사라진다는 기사를 앞다퉈 내놓았다. 다음 그래프는 이런 주장이 왜 제기되었는지와, 이 주장을 반박하는 최근 증거를 제시한다.

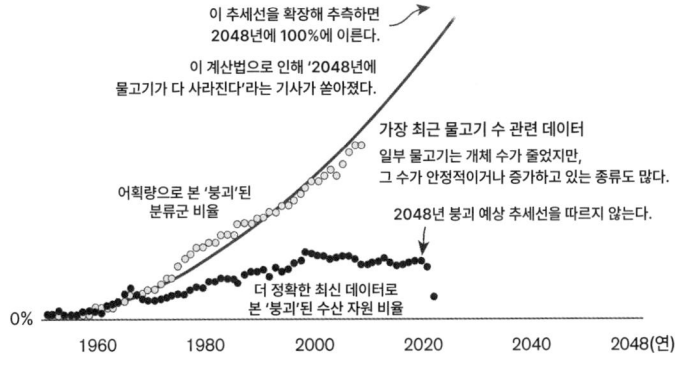

8장 어류 남획: 약탈되는 지구, 텅 빈 바다

는 말보다 흥미를 자아내지는 못한다. 나쁜 뉴스는 사람들의 관심을 자극하는 법이고, 좋은 뉴스도 때로는 흥미를 끌 수 있지만, 이도 저도 아닌 뉴스는 거의 관심을 받지 못한다.

학문은 상반된 의견, 학자들 간의 논쟁, 정치적 분열, 이념적 장벽이 가득한 세상이다. 차이를 제쳐두고 함께 발전을 도모하기는 쉽지 않을 수 있다. 하지만 웜과 힐본은 그것이 어떻게 가능한지 보여줬다. 논쟁을 해결할 수 있는 증거가 부족할 때 두 사람은 그 증거를 마련하기 위해 협력했다.

안타깝지만 새로운 증거가 발견된다고 해서 모든 사람이 생각을 바꾸는 것은 아니다. '2048년이면 바다에 물고기가 사라진다'라는 거짓 주장이 2021년에 발표된 〈씨스피라시〉에서까지 계속된 이유가 바로 여기에 있다.

전 세계 수산 자원의 상태에는 아무런 문제가 없기에 걱정할 필요가 없다는 말이 아니다. 하지만 〈씨스피라시〉의 주장을 믿었던 사람이라면 지금까지의 논의를 통해 마음을 무겁게 누르던 근심을 조금은 잠재웠기를 바란다. 이제 가장 큰 두려움을 해결했으니, 우리가 그동안 바다를 어떻게 다뤘는지, 오늘날 바다의 상태는 어떤지, 다시 건강한 바다를 만들기 위해서는 우리가 무엇을 해야 하는지 더 자세히 살펴보자.

수산업의 역사:
바다를 파괴하고 복구한 과정

가까스로 멈추기까지, 포경의 역사

오늘날 인간이 중소형 어류를 압도하며 바다를 지배하고 있지만, 과거에 인간은 큰 동물을 좇았다. 무게가 무려 150톤이 넘는 대왕고래는 지구 역사상 가장 큰 동물이다. 그 어마어마한 크기 때문에 인간에게 착취당하지 않았을 것 같지만, 사실은 정반대다. 6장에서 언급한 것처럼 인간은 언제나 큰 동물에 매력을 느꼈다. 고래는 기름, 고기, 지방을 얻을 수 있는 아주 값진 자원이었다.

원시 포경이라고 하면 흔히 허먼 멜빌Herman Melville의 1851년 작품《모비딕Moby-Dick》을 떠올릴 것이다. 그러나 인간이 고래와 싸운 역사는 훨씬 더 오래전으로 거슬러 올라간다. 2000년대 초 한국의 울주 대곡리에서 반구대를 조사하던 과학자들은 6000년 전의 것으로 추정되는 고래가 새겨진 암각화를 발견했다.[6] 이 암각화에는 고래만 그려진 것이 아니었다. 고래 옆에는 작살을 든 인간의 무리가 그려져 있었다. 이 암각화는 인간의 원시 포경 생활을 엿볼 수 있는 최초의 자료라고 할 수 있다.

이처럼 포경의 역사는 적어도 몇천 년에 이른다. 포경은 중세시대(6세기~16세기)에 런던의 상류층, 스코틀랜드인, 네덜란드인들이 고래 뼈를 조각해 전등이나 장식품을 만들고 고래 고기로 연회를 열면서 유럽 전역에서 인기를 얻기 시작했다.[7-8] 하지만 당시 사냥 도구는 그리 효과적이지 않았다. 이것이 완전히 뒤바뀐 시기는 18세기부터 19세기였는데, 특히 포경이 미국에서 크게 유행해 주요 산업이 되면서부터다. 이후 고래 기름은 다양한 곳에 활용되었으나 당시 미국인은 고래 기름을 주로 불을 밝히는 데 사용했다.

지금 생각해 보면 단순히 초에 불을 켜기 위해 그렇게 거대한 동물을 사냥했다는 것이 말도 안 되는 일 같지만, 이는 과거 우리 조상들의 생활 물자가 얼마나 부족했는지 잘 보여주는 사례다. 조상들이 고래를 사냥한 이유는 한 종을 말살하겠다는 나쁜 의도에서가 아니라 에너지를 얻기 위함이었는데, 실제로 고래 기름은 그들이 얻을 수 있는 최고의 자원 가운데 하나였다.

19세기 초반 미국에서 고래 기름과 경유 생산은 꾸준히 상승했다. 1800년 연간 몇만여 톤에 불과했던 고래 기름 생산량은 1840년대 중반 무렵 50만 톤을 넘겼다. 하지만 지금껏 우리가 확인했던 수많은 추세와 마찬가지로 증가한 것은 감소하기 마련이라, 고래 기름 생산은 1840년에 정점을 찍고 증가할 때만큼 빠른 속도로 감소하기 시작했다. 19세기 미국의 고래 기름 생산 동향을 그래프로 나타내면 거의 완벽하게 뒤집힌 U자 모양이 나온다.

그렇다면 고래 기름 생산은 무엇 때문에 최고점을 찍고 꺾이기 시작했을까? 화석 연료도 하나의 원인이라고 할 수 있다. 이 무렵 석유가 발견되면서 램프에 고래 기름 대신 등유가 쓰이기 시작했다. 값이 더 싸기 때문이었다. 고래 사냥은 점점 수익성이 나빠졌다.[9]

포경이 미국에서 사양길을 걷기 시작할 무렵 지구 반대편에서는 붐이 막 일기 시작했다. 19세기 말 무렵, 더 많은 수의 고래를 잡을 수 있는 신기술이 개발되고 있었다. 노르웨이에서는 기존에 미국인들이 사용하던 돛이나 노를 동력으로 이용한 배 대신 대포와 작살을 갖춘 기계화된 증기선을 사용했다. 이 배는 고래를 훨씬 더 효율적으로 사냥할 수 있게 해 줬다. 고래를 더 많이 잡을 수 있는 것은 물론, 너무 빨라서 기존 기술로는 잡지 못했던 종류의 고래까지 잡을 수 있게 해 줬다. 대왕고래는 죽으면 보통 사체가 가라앉는데 1880년대에 이를 해결하는 방법이 개발되었다. 죽은 고래에 공기를 주입해 물에 떠 있게 만드는 기술이다.

이것이 바로 '현대' 포경시대의 시작이다. 20세기에 들어서면서 현대 기술로 고래를 추적하고 사냥하는 방법뿐만 아니라 고래 기름, 지방, 뼈를 사용하는 방식에서도 변화가 일었다. 처음에 고래 기름은 불을 밝히기 위한 연료나 기계의 윤활제로 쓰였다. 그러다 화장품과 식품에 쓰이기 시작하면서 부산물들이 곧 비누, 직물, 심지어 마가린을 만드는 데에도 사용되었다. 향유고래의 장에서 발견되는 용연향은 과거 향수를 만드는 데 쓰였고 지금도 쓰이고 있다. 이 용연향을 쓰는 대표적인 향수가 '샤넬 No. 5'다. 고래는 패션업계에도 진출했다. 수염고래는 이빨 대신 입에 수염 모양의 길고 가느다란 케라틴(인간의 손톱이나 머리카락에서 발견되는 단백질) 조각들이 나 있는데, 이것들은 치마와 여성의 코르셋부터 우산, 파라솔, 낚싯대, 석궁에 이르기까지 쓰이지 않는 곳이 없었다.[10]

포경 기술이 급작스럽게 발전하면서 관련 시장도 점점 커졌다. 해가 갈수록 고래 포획량도 점점 늘었다. 매년 고작 몇천 마리에 불과하던 포획량은 1만 마리, 2만 마리까지 늘더니 1960년대에는 무려 8만 마리에 이르렀다. 포경이 잠시 중단된 시기는 인간이 배에 무기를 싣고 서로를 향해 돌진했던 제2차 세계대전 시기뿐이었다. 전쟁이 끝나자 고래는 다시 인간의 표적이 되었다.

멸종 직전에 멈춰진 고래 사냥

포경은 20세기 전반기에 급격히 증가했지만, 놀랍게도 머지않아 일종의 개체 보전 성공 사례가 되었다. 1970년대에 가파른 내리막을 겪던 포경은 1980년대, 1990년대, 2000년대까지 급락했다. 오늘날에는 포경이 거의 이뤄지지 않는다. 특히 상업적 포경은 거의 없다고 해도 무방하다.

그렇다면 세계가 이렇게 급변할 수 있었던 이유는 무엇일까? 여기에는 여러 가지 요인이 작용했다. 1960년대에 이르자 고래 개체 수가 큰 폭으로 줄어들었다. 수가 격감하자 고래를 사냥하는 데 비용이 많이 들기 시작했다. 찾아내 잡기가 어려워졌으니 당연했다. 고래 기름과 뼈는 경쟁 우위를 잃기 시작했다. 화장품, 식품, 직물 산업에서 훨씬 더 값싸고 쉽게 구할 수 있는 대체품이 생겨났다. 고래 기름은 이미 화석 연료가 그 자리를 대신한 지 오래였다.

정치적인 운동은 이 상황을 한 단계 더 진척시켰다. 1946년에 포경을 지속하는 게 불가능해지고 있음을 알아차린 여러 나라가 국제포경위원회를 설립했다. 수십 년 동안 적정 포획 기준치에 대해 합의점을 찾지 못하다 1987년에 마침내 고래잡이 전면 금지 조치에 합의했다. 이로써 상업 포경은 불법이 되었으나, 몇 가지 예외 사례는 남아 있다. 요컨대 전면 금지 조치는 상업 포경에만 적용되고, 연구 목적이나 원주민들의 식량 제공 용도로 분류된 포경은 여전히 허용된다는 식이다.

그럼에도 20세기 바다에 대한 인간의 지배적 영향력 때문에 고래의 개체 수는 크게 줄었다. 20세기가 시작되기 직전 지구의 바다에는 약 260만 마리의 고래가 살았으나[11-12] 100년 후에는 88만 마리밖에 남지 않았다. 이마저도 3분의 2가 급감했으며, 특히 일부 종

이제 포경은 거의 이뤄지지 않는다

전 세계에서 포획된 고래 수.

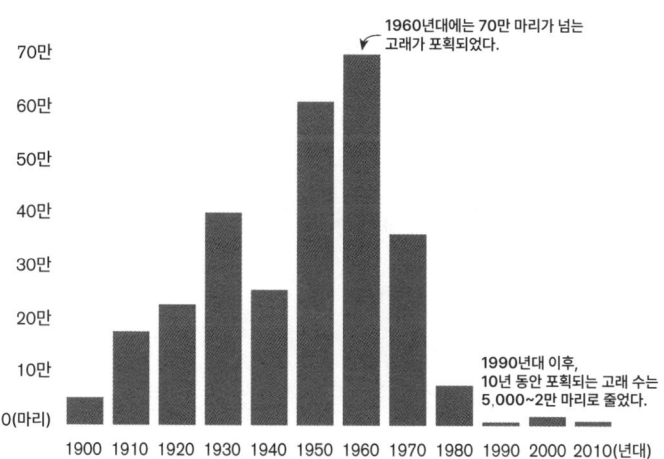

8장 어류 남획: 약탈되는 지구, 텅 빈 바다

은 멸종 위기에까지 놓였다. 지금쯤이면 독자들도 예상했을 것이다. 포경의 주요 표적은 가장 덩치가 큰 고래들이었다. 밍크고래는 그나마 20퍼센트 '밖에' 감소하지 않았지만, 대왕고래는 개체 수가 거의 멸종 직전까지 몰리고 말았다. 대왕고래의 개체 수는 34만 마리에서 5000마리까지 급감하며 무려 98.5퍼센트의 감소율을 보였다.

고래 개체 수가 회복하는 데에는 아주 오랜 시간이 걸릴 것이다. 다행히도 전 세계가 제때 행동에 나서며 고래들이 서서히 돌아오고 있다. 그렇지 않았다면 이 이야기의 끝은 매우 달랐을 것이다. 많은 고래 종이 빠르게 멸종 위기로 몰리고 있던 때 우리는 가까스로 제동을 걸 수 있었다.

지속 가능한 관리 방법을 터득하기까지, 어업의 역사

초기 현생 인류의 유해를 보면 인류가 생선을 먹었다는 사실을 알 수 있다. 중국 베이징 인근의 톈위안田園 동굴에서 발견된 '톈위안인'의 뼛조각을 방사성 탄소 연대 측정한 결과에 따르면 약 4만 년 전에 살았던 톈위안인은 민물고기를 풍부하게 먹은 것으로 추정된다.

동굴 벽화에 그려진 버려진 물고기 가시나 대용 낚싯바늘 등을 통해서도 우리는 인간이 물고기를 낚아 먹은 역사가 수만 년 전으로 거슬러 올라간다는 사실을 알 수 있다. 당시만 해도 인간이 쓰는 낚시 도구는 꽤 한정적이었다. 기술력에서 앞서간 이들은 갈고리, 줄이나 창을 이용했을지 모르지만, 대부분은 갈대로 엮은 바구니로 고기를 잡았다.

하지만 15세기 유럽에 대형 어선이 등장하면서 변화가 일기 시작했다. 이 어선들은 긴 걸그물을 설치하는데, 이 그물이 벽 또는 장막의 역할을 하며 물고기를 잡아들였다. 이와 같은 자망은 많은 양의 물고기를 잡는 데 훨씬 효과적이었지만, 의도치 않은 다른 바다 생물도 그물에 걸려들었다. 항해는 한 번에 몇 주씩 계속되는 경우가 많았고 어부들은 어마어마한 어획량과 함께 귀항하곤 했다.

대규모 어업 활동은 그때부터 증가하기 시작해 전 세계로 확대되었다. 어망은 물론 더욱 정교한 도구들이 사용되었고 어선들은 더 커지고 빨라졌다. 나중에는 엔진까지 달아 기동성이 한층 더 좋아지면서, 어망을 설치하고 물고기들이 빠져나갈 수 없는 속도로 항해하며 원하는 만큼 더 많은 고기를 잡을 수 있었다.

어류 자원량의 격감은 대부분의 고소득 국가에서 현실이 되었다. 캐나다 동부 뉴펀들랜드 래브라도주의 북대서양 대구 어획량을 보면 17세기부터 어획량이 증가하기 시작했음을 알 수 있다. 18세기에는 어획량이 연간 10만 톤에 달했다. 20세기 무렵 약 25만 톤까지 증가한 대구 어획량은 1968년에 정점을 찍은 후 자원량이 급감하면서 곤두박질쳤다. 결국 1990년대 초 대구 조업이 금지되었다.

어업에 새로운 시대를 연 또 다른 혁신 기술은 증기기관을 동력으로 하는 저인망 어선이다. 1880년대 영국에서 등장한 이 어선은 훨씬 먼 바다에서 훨씬 오랫동안 조업할 수 있었던 데다 바닷속에 깊이 닿는 더 효과적인 장비를 장착하고 있었다. 두 차례의 세계대

전으로 어업이 중단되었음에도 20세기 초반 영국의 어획량은 획기적으로 증가했다.[13-14]

저인망 어선은 전 세계로 번져 나갔다. 그에 반해 어류 개체군에 대한 엄격한 추적 관찰 시스템이 없었으므로 어류 자원은 감소하기 시작했다. 영국을 비롯한 선진국의 저인망 어선 수는 20세기 후반부터 21세기 초반을 지나면서 급감했다.

앞으로 논의하겠지만 이제 대부분의 나라가 자국의 어류 자원을 보다 지속 가능하게 관리하는 방법을 터득했다. 멸종 위기에 처했던 어종들도 개체 수를 많이 회복했다. 하지만 일부 국가에서는 감독과 규제가 이뤄지지 않는 어획 기술, 예를 들어 어마어마한 양의 물고기를 마구잡이로 잡아대는 기술이 점점 늘어나고 있다. 우리는 이들이 과거 많은 어업 행태가 그랬던 것처럼 바다를 파괴하는 전철을 밟지 않도록 해야 한다.

어업과 수산 자원 실태:
어류는 자원일까, 동물일까?

현재 지속 가능한 어류 자원 비율

인간의 어획 활동은 얼마나 환경에 부담을 줬을까? 간단한 문제처럼 들리지만, 이는 엄청난 논쟁을 불러일으키는 질문이다. 이 질문에 답하려면 환경에 부담이 되지 않는 '지속 가능한 어업'이 무엇을 의미하는지에 관한 합의가 있어야 하지만, 현실은 그렇지 못하다.

오늘날 전 세계 어획량은 얼마인지, 남아 있는 어류 자원은 얼마나 되는지, 개체군이 급감하고 있는지 등 세부적인 사항과 수치를 두고 우리는 얼마든지 논쟁할 수 있다. 하지만 진짜 합의를 찾지 못하는 부분은 이런 문제가 아니다. 사람들 사이에서 이견이 갈리는 부분은 그보다 근본적인 문제, 즉 어류에 관한 인식에서 오는 윤리적 갈등이다.

독자들도 우리가 '물고기'를 두고 논의하는 방식이 다른 야생동물을 두고 논의하는 방식과 다르다는 사실을 눈치 챘을 것이다. 생물다양성을 다룬 장에서 우리의 목표는 어떤 방법을 써서라도 야생동물을 보호하는 것이었다. 어떤 사람들은 물고기도 이와 똑같은 시각으로 보지만, 대다수는 그렇지 않다. 사람들은 대개 물고기를 잡아먹는 동물로 인식한다. 우리가 물고기를 서로 다른 시선으로 바라볼 때 이런 논의는 크게 진전될 수 없다. 숫자를 따져보는 단계에도 이르지 못한다.

물고기에 관한 관점은 크게 두 가지로 나뉜다. 먼저 환경운동가, 생태학자, 동물보호단체들 대부분이 취하는 관점으로, 물고기를 동물 그 자체로 보는 것이다. 대개 보통사람들이 코끼리나 원숭이 같은 야생동물을 이와 같은 시각으로 바라본다. 이런 관점을 지닌 사람들의 목표는 야생동물 개체군을 인류 역사 이전의 수준으로 되돌리는 것이다. 물론 물고기도 여기에 포함되어서 인간이 물고기를 잡기 시작한 시기 이전의 수준까지 어류 개체군을 늘려야 한다고 주장한다. 이들이 말하는 지속 가능성이란 물고기를 잡더라도 최대한 적게 잡는 것이다.

또 다른 관점은 어류를 자원으로 보는 것이다. 수많은 사람이 생선을 섭취하고, 수억 명의 사람들이 물고기를 잡아 생계를 꾸린다. 물고기 개체 수를 인간이 낚시하기 이전의 수준으로 되돌리면서 충분한 양의 물고기를 잡는 일은 불가능하므로, 이런 관점을 지닌 사람들에게 '지속 가능성'이란 어류 개체군이 더 이상 감소하지 않도록 관리하되 해마다 가능한 한 많은 물고기를 잡는 것이다. 이는 미래 세대의 몫을 희생시키지 않으면서 현세대의 필요를 충족시킬 만큼 물고기를 잡는다는 전형적인 브룬틀란 보고서의 지속 가능성 개념과 일치한다.

과학자들은 이 마법과 같은 '최적의 지점'을 계산해 낼 수 있다. 가장 높은 수준의 생산성을 보장하되 어류 자원을 고갈시키지 않고도 최대한 물고기를 많이 잡을 수 있는 이 지점을 '최대 지속 가능 어획량'이라고 부른다. 탐욕으로 이 수치를 넘어서는 양의 물고기를 잡으면 미래 세대의 몫을 고갈시키는 일이 되고, 또 물고기를 너무 적게 잡으면 현세대의 식량과 수입이 손해 보는 셈이 된다. 이것이 현재 수산업계의 목표다. 너무 많이 잡지도, 너무 적게 잡지도 않는, 딱 적당한 양만큼 물고기를 잡는 일.

이 두 관점의 차이는 명확하다. '지속 가능성'의 정의가 완전히 다르다는 점이다. 궁극적인 목표도 다르다. 어류 자원의 최대 지속 가능 어획량은 인간이 낚시를 시작하기 이전 수준의 약 절반에 해당한다.[15] 그러므로 두 번째 관점을 지닌 사람들에게 지속 가능하다는 말의 목표치는 첫 번째 관점을 지닌 사람들이 이야기하는 지속 가능성의 절반밖에 되지 않는다. 이는 타협이 절대 쉽지 않은 차이다.

다만 두 가지 시각 모두 이해할 수 있다. 이상한 일이지만 우리는 어류를 지상의 야생동물과는 다른 시각으로 본다. 한편으로는 전 세계가 하루아침에 어업을 그만둔다는 것도 비현실적인 일이다. 인간이 계속해서 물고기를 잡으며 살아갈 것이라면 야생 어류 자원을 반드시 최대한 추적하고 관리해야 한다. 이는 어류를 남획하지 않는 방식으로 건강한 균형점을 유지하며 어업을 지속한다는 의미다. 본질적으로 두 번째 관점에 가깝다.

유엔식량농업기구에는 수산 자원을 전문적으로 조사하고 보고하는 부서가 있다. 이 부서는 매년 전 세계 어업 활동이 얼마나 지속 가능한 방식으로 이뤄지는지 조사해 통계를 발표한다.[16] 1980년대와 1990년대의 상황은 끔찍했다. 1970년대 초만 해도 전 세계 어류 자원의 약 90퍼센트는 지속 가능한 방식으로 관리되고 있었으나 이후 매우 빠른 속도로 급감했다. 전 세계적으로 수산물 수요가 끊임없이 증가해 한계에 몰린 어류 자원의 수가 해마다 증가하는 듯했다. 이 장 초반에서 언급한 보리스 웜이 그랬듯이 이런 추세가 계속되리라 예측하는 것도 무리는 아니었다.

2000년대 초 무렵 전 세계 어류 자원의 약 4분의 1이 남획되고 있었다. 2008년이 되자 이 수치는 3분의 1로 늘었지만, 다행히 증가세는 둔화했다. 이후 남획률은 전 세계 어류 자원의 3분의 1 수준에서 더 늘어나지 않은 채 머물러 있다. 즉 전 세계 수산 자원의 3분의 2는 지속 가능한 수준으로 관리되고 있다(여기서 '지속 가능한' 어류 자원은 어획량으로 계산한다. 이를 기준으로 삼으면 어획량의 83퍼센트가 지속 가능한 형태로 유지되는 수산 자원에서 나온다).

물론 이러한 현실이 축하할 만한 일은 결코 아니지만, 지속 가능한 어류 자원에서 특정 지역의 일부 어류 개체군의 비중이 높다는 사실을 감안하더라도 1980년대와 1990년대의 가파른 상승세에서 벗어나 남획의 증가세를 늦추고 멈추는 데에는 분명히 성공했다. 긍정적인 변화를 연구해 다른 지역에도 적용할 시간을 벌어놓은 만큼

전 세계 어류 자원의 3분의 1은 남획되고 있다

어획량이 최대 지속 가능 어획량(어류 개체군의 복원 가능 비율)을 초과하는 것을 남획이라고 정의한다.

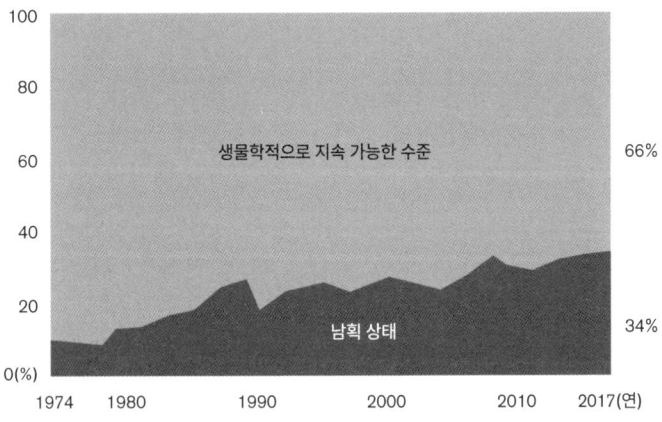

우리가 할 일은 충분히 한 셈이다.

자연산 어획량을 넘어선 수산물 양식량

도무지 앞뒤가 맞지 않는 이야기가 있다. 분명 어류의 남획 증가 추세는 가까스로 중단되었는데, 1990년대 이후로 전 세계 수산물 생산량은 두 배 이상 증가했다는 사실이다. 이것이 어떻게 가능했을까? 답은 물고기를 더 많이 낚는 대신 더 많이 '기르기' 시작했기 때문이다. 이를 '어류 양식'이라고 부르는데, 지상에서 소, 돼지, 닭을 기르듯 자연산 어류의 개체군에 의존하는 대신 직접 물고기를 길러내는 것을 일컫는다. 양식업자들은 통제가 가능한 환경에서 물고기를 기른 뒤 잡아서 판매한다. 방법은 크게 두 가지다. 바다나 강에서 우리를 만드는 양식을 하는 가두리 방식과 지상에 건설한 인공 시설을 이용하는 방식이다.

어류 양식은 1990년 이후로 급증하기 시작한 비교적 신흥 산업이다. 1990년대에 세계에서 양식으로 생산되는 수산물은 2000만 톤에 불과했으나, 2000년 무렵에는 두 배로 늘었고, 2010년이 되자 다시 그 두 배가 되었다. 오늘날 양식으로 얻는 수산물의 양은 1억 톤이 훨씬 넘을 뿐만 아니라 바다의 자연 상태에서 어획되는 물고기 양보다 많다. 자연산 어획량은 1990년대 이후로 거의 변화가 없고 양식 생산량이 모든 초과 수요량을 충족해 왔다. 자연산 어획량으로만 수산물 수요를 채워야 했다면 지금쯤 전 세계 바다는 끔찍한 지

이제는 자연산 어류보다 양식에서 얻는 해산물이 더 많다

최근 몇십 년간 해산물 생산이 증가하는 것은 대부분 양식 덕분이다. 양식은 자연산 어류 자원을 보호하는 데 유용하다.

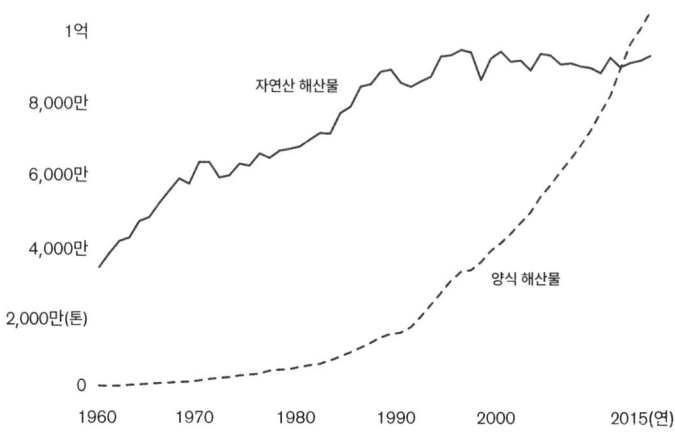

경에 이르렀을 것이다.

수산물 양식이 가져다준 가장 큰 이점은 인류가 농작물을 재배하고 가축을 기르기 시작한 일과 크게 다르지 않다. 점점 늘어나는 인구의 식량을 야생 포유류만으로 충당해야 했다고 상상해 보라. 야생동물은 순식간에 절멸했을 것이고, 인간도 사라졌을 것이다. 인간이 작물을 직접 재배하고 가축을 생산하는 능력이 있었기 때문에 계속되는 인구 증가에도 야생동물에 더 큰 부담을 가하지 않고 식량을 조달할 수 있었다. 수산 자원도 마찬가지다.

어류 양식이 이런 안전망을 처음부터 제공했던 것은 아니다. 초기 양식은 매우 비효율적이었다. 양식 어류 대부분은 품질이 낮은 다른 야생 어류를 사료로 한다. 일부 어종에게는 매우 많은 양의 먹이가 필요하다. 이것을 'FIFO'(사료 어류 투입 대비 어류 산출량)라고 하는데, 물고기 한 마리를 얻는 데 얼마나 많은 물고기가 필요한지를 나타낸다. 1997년 말만 하더라도 전 세계 어종 전반에 걸친 이 비율은 무려 2에 달했다.[17-18] 이는 누가 봐도 말이 안 되는 수준으로, 야생 어류 개체군에 더 많은 부담을 가하고 있다는 것을 드러냈다.

다행히 그 이후로 양식 과정은 효율성이 눈에 띄게 개선되었다. 기술이 더 발전했을 뿐만 아니라 사료어를 대신할 식물성 사료도 개발되었다. 이제 어류 대부분의 사료어 투입 비율은 0.3에 지나지 않는다. 일부 어종은 그보다 훨씬 낮고, 사료어 투입이 전혀 필요하지 않은 어종도 있다. 즉 총 산출량은 3을 훨씬 넘는다. 연간 자연산 어획량 9000만 톤의 약 11퍼센트가 양식의 사료어로 쓰이는데 양식으로 약 1억 톤의 수산물이 생산된다. 나쁘지 않은 장사다. 물론 물고기 입장에서는 생각이 다르겠지만 말이다.

이 책의 앞부분에 등장한 농장 가축의 피라미드에서 본 것과 마찬가지로, 물고기의 효율성 때문에 우리는 매년 어마어마한 수의 어류를 잡아들인다. 어류 양식장의 복지 수준도 대개 매우 형편없다.

처음에 나는 양식이 크게 유행하면 자연산 물고기에 대한 수요를 감당할 수 없게 되지 않을까 걱정했었다. 다행히 그런 일은 일어나지 않았다. 오히려 사료어로 쓰이는 자연산 물고기는 몇십 년 전에 비해 크게 줄었고 양식으로 생산되는 어류의 수는 다섯 배나 넘게 증가했다.

어류 양식은 전 세계 수많은 어류 개체군을 멸종에서 구한 혁신적인 기술이다. 하지만 우리가 잘한 일은 이것 말고도 또 있다.

지속 가능한 수준으로
유지되는 어종들

어릴 적 나의 가장 큰 고민거리는 '참치를 먹느냐 마느냐'였다. 전 세계적으로 참치가 큰 위기에 처해 있다는 소식을 끊임없이 들었던 터였다. 왜 참치가 다른 물고기에 비해 유난히 남획되었는지는 모를 일이었다. 그저 나처럼 다른 사람들도 참치를 너무 좋아해서일 것이라고 짐작할 뿐이었다.

나는 전 세계 참치의 실태를 최근에서야 다시 확인해 봤다. 처참했다. 그도 그럴 것이 시장에서 참치는 그 어느 때보다 인기가 높은 어종이었다. 하지만 실제로 이러한 현실은 나에게 정반대의 사실을 전하는 것이기도 했다. 어떤 어종이 붕괴 직전에 놓여 있다면 몇십 년 동안 저렴한 가격으로 팔려 나가기란 어려웠을 것이라는 사실 말이다.

내가 태어난 해 이후의 시기는 참치가 맞이한 큰 변곡점 가운데 하나였다. 1930년대 당시 전 세계에는 850만 마리가 넘는 대서양 참다랑어가 있었다. 1970년대에 이르자 그 수가 400만으로 줄었고 2000년에 들어서면서는 100만 마리도 남지 않았다. 자원량이 말 그대로 90퍼센트가량 감소한 것이다(모든 참치 종의 개체군이 90퍼센트 감소했다는 주장도 있으나 이는 잘못된 정보다). 황다랑어의 개체군 역시 75퍼센트 급감했다.

그러나 21세기 들어 상황이 호전되었는데, 급격히 감소하던 많은 참치 종이 회복세를 보이고 있기 때문이다. 추적 기술이 더욱 발달하고 어획 장소, 어획 시기, 어획량에 대한 규제가 강화되면서 국가들은 이제 참치 개체군을 지속 가능하게 관리할 수 있다. 날개다랑어와 황다랑어는 '준위협Near threatened' 단계에서 '관심 대상Least concern'으로 한 단계 내려왔다. 대서양참다랑어도 '위급Critically endangered'에서 '위기Endangered'로 하향 이동했다. 물론 참치 개체군이 여전히 위험한 상태이기는 하지만 바람직한 방향으로 변화하고 있는 것은 분명하다.

'자연산 참치 개체군이 절반으로 줄었다'라고 이야기하면 사람들은 대부분 탄식할 것이다. 하지만 어종 대부분의 '최대 지속 가능 어획량'이 인간의 어업 활동 이전 수준의 약 50퍼센트라는 사실을 기억하자. 다시 말해 참치의 수가 과거, 인간이 어업 활동을 시작하기 이전의 절반 수준이라는 말은 참치가 지속가능한 수준으로 공급되고 있다는 의미가 된다.

많은 참치 종의 개체 수는 현재 적정 수준으로 관리되고 있다. 여전히 식품용 참치 어획량은 꾸준히 유지되고 있으나 개체 수가 감소할 만큼 어획되고 있지는 않다. 좋은 소식만 있는 것은 아니다. 인도양 참치는 빠른 속도로 너무 많이 어획되고 있는 탓에 우려스러운 상황이다. 다시 논의하겠지만 자원량이 최저치로 떨어지기 전에 우리가 다시 한번 반전을 이뤄낼 수 있기를 바란다.

참치만 회복의 기미를 보이는 것은 아니다. 대구 개체 수도 1980년대와 1990년대를 지나는 동안 급격히 감소했었다. 1980년에 800만 톤에 달했던 대서양 대구는 2002년에 300만 톤 아래로 크게 줄었으나, 전 세계가 정신을 차리면서 10년 만에 대구 개체군을 두 배 넘게 회복시켰다.

현재 유럽과 북미 연안 일대의 참치, 대구, 볼락, 연어는 가능한 한 충분한 양을 잡되 개체 수에 부정적인 영향을 주지 않을 만큼의 '골디락스' 어획량을 유지하며 면밀히 추적 및 관리되고 있다.

아시아, 아프리카, 남아메리카 일대의 어류 자원

'측정할 수 없으면 관리할 수 없다'는 사회생태학자 피터 드러커Peter Drucker가 남긴 격언으로 알려져 있다. 경영과 관련된 이 명언은 환경 보전에도 적용이 가능하다.

유럽과 북미 일대의 대표적인 어종이 회복될 수 있었던 이유는 우리가 면밀하게 감독했기 때문이다. 하지만 안타깝게도 모든 국가가 이런 수준의 관리에 투자하지는 않는다. 많은 아시아, 아프리카, 남아메리카 국가들은 자료 보유 측면에서 유럽과 큰 차이가 있다. 물론 부족한 데이터가 반드시 상황이 나쁘다는 것을 의미하지는 않는다. 수면 분석이 가능한 최첨단 시계가 없다는 것이 수면 장애를 겪는다는 뜻은 아닌 것처럼 말이다.

하지만 어류 자원의 경우 국가가 주의 깊게 감독하지 않는다는 사실은 상황이 좋지 않다는 것을 의미할 수 있다. 정보 없이는 균형이 있는 어류 자원 관리가 매우 어렵기 때문이다. 어류 자원에 관한 정보가 있어야 적정 어획량과 어획 시기를 알 수 있고, 어획 쿼터를 배정함으로써 어선들 사이에 공정한 분배가 이뤄지도록 할 수 있다.

단기적으로 보면 모르는 것이 약일 수도 있지만 장기적으로는 그렇지 않다. 사실 어류 개체 수를 추적 및 관리하는 데에는 꽤 이기적인 이유가 있다. 국가가 중단기적으로 어업 수익성을 유지하기 위해 필요한 일이기 때문이다. 이런 상황이 계속된다면 캐나다와 영국의 사례에서 본 것처럼 충분한 어획량을 확보하기가 점점 더 힘들어질 것이다. 어업은 과거에 비해 수익성이 저조하다. 근시안적인 탐욕을 이기지 못하면 훗날 부메랑을 맞고 큰 좌초를 겪게 될 것이다.

아시아, 아프리카, 남아메리카 지역의 어류 자원 상황이 좋지 않다는 증거는 또 있다. 이 지역에서 벌어지는 지나친 어업 활동은 누구나 아는 사실이다. 중국이나 인도와 같은 나라에서는 저인망 어선을 흔하게 볼 수 있다. 면밀한 추적 없이 지나치게 많은 양을 거둬들이는 어업 활동이 계속되는 데 어류 자원이 바람직한 수준일 가능성은 매우 적다. 활용할 만한 대규모 연구 데이터는 없을지 모르지만, 일부 특정 지역에서 실시한 소규모 연구 결과는 있다. 그리고 모든 결과가 어류 자원량이 크게 줄어들었음을 보여주고 있다.[19]

여러 나라에서 상당 수준의 어류 자원량을 유지하기 위한 첫 번째 단계는 정확한 어류 자원량을 아는 것이다. 그것이 이뤄지기 전까지 우리는 어둠 속에서 헤엄치는 것과 다름없다.

전 세계 산호초가 하얗게 죽어가고 있다

인생에서 진로를 정하는 일은 쉽지 않다. 어릴 적 나는 내가 가고 싶은 길을 어렴풋이 알고 있었다. 과학을 매우 좋아하면서도 언제나 작가가 되고 싶었기에 과학 기자가 딱 맞는 직업처럼 보였다. 하지만 하나를 선택해야 했다. 과학에 대한 사랑은 제쳐두고 저널리즘과 문예 창작을 전공할 것인가, 아니면 정반대로 글쓰기를 부업처럼 하고 과학을 전공할 것인가를 놓고 고민했다. 결국 과학이 승자가 되었다. 적어도 이것이 내가 내 결정을 설명하는 방식이다. 하지만 현실에서는 다른 무엇인가가 내 결정을 좌우했을 수도 있다. 내가 선택한 학교의 교과 과정에는 자메이카 현장 학습이 필수 코스였다. 학위를 따는 데 열대 카리브해의 섬에서 스쿠버다이빙까지 할 수 있다니 거부하기 힘들지 않겠는가.

 우리는 해변에서 파티를 즐기고 열대우림으로 탐험을 나가는 틈틈이 생태 조사를 목적으로 북쪽 해안의 디스커버리 베이 수역에 들어가 산호초를 채취했다. 그때가 바로 내가 환경 파괴를 처음으로 체험한 순간이었다. 눈앞에 펼쳐진 광경은 충격적이었다. 몇 년 동안이나 환경과 관련한 기사를 읽고 리포트를 쓰고 산호를 현미경으로 관찰했지만, 정작 현실에 대한 대비는 전혀 되어 있지 않았다.

그전까지 나는 스쿠버다이빙으로 산호초를 탐험하는 일이 픽사 애니메이션 〈니모를 찾아서〉에서 봤던 장면과 같을 것이라고 기대했었다. 우리가 영화에서 보는 산호초는 분홍빛, 붉은빛, 오렌지빛, 푸른빛을 띠는 화려한 색의 지형이자 살아 있는 생명체로 주변에는 다양한 해양 동물과 물고기로 가득하다. 니모와 같은 흰동가리, 도리와 같은 양쥐돔이 마치 미로와 같은 산호초 사이를 헤엄쳐 다닌다. 자메이카에서 스쿠버다이빙을 하면서 내가 기대했던 광경은 그런 것이었다.

그러나 현실은 완전 딴판이었다. 한참을 바다 밑으로 내려갔지만 내가 아는 산호는 보이지 않았다. 그곳에 산호초가 있다는 사실을 몰랐다면 아마 그냥 지나쳐 버렸을 것이다. 그곳에는 하얗고 거친 암석 덩어리만 있었다. 조류로 뒤덮인 산호초에는 물고기 한 마리 찾아볼 수 없었다. 해안선을 따라 채취한 산호초에서 발견한 것 중 가장 반가운 생물은 성게였다. 그리고 그것이 내가 발견한 유일한 생명체였다.

내가 처음으로 인간이 지구에 저지르는 해악에 대한 충격적인 현실을 직접 눈으로 확인한 순간이었다. 당시 나는 내가 받은 충격을 친구들에게 이야기하지 않았다. 친구들도 나와 같은 생각이었는지는 알 수 없다. 나는 너무 당혹스러워 아무 말도 하지 않았다. 그동안 죽을 만큼 열심히 공부했는데, 내가 기대했던 물속의 광경과 현실은 왜 그렇게 달랐을까?

인간이 망가뜨린 산호초 생태계

개별 산호의 집합체인 산호초는 지구에서 가장 아름답고 다채로운 생명체 중 하나다. 산호초는 바다에 살기 때문에 다수의 다른 해양 동물들이 그렇듯 당연히 산호초를 실제로 볼 수 있는 사람들은 매우 소수에 불과하다. 하지만 이 경이로운 생명체는 세계 곳곳의 많은 사람에게 어마어마한 가치를 제공한다. 전 세계 100개국이 넘는 국가, 4억 5000만 명 이상의 사람들이 산호초 근처에 살면서 산호초로 생계를 유지한다.[20] 산호초는 다양한 생태계의 기저를 이루기 때문에 매우 가치가 크다. 산호초는 해양 지형에서 고작 0.5퍼센트를 차지하지만, 산호초를 서식지 삼아 살아가는 해양 동물은 전세계 어류의 30퍼센트에 달한다. 세계 곳곳의 많은 산호초가 죽어가고 있다는 사실이 매우 절망적인 이유는 바로 여기에서 비롯된다.

산호초가 왜 큰 위기에 처했는지 이해하려면 먼저 산호가 무엇이고 이들이 어떻게 생명을 유지하는지 알아야 할 필요가 있다. 산호는 자포동물문(1만 1000여 종의 수생 동물이 여기에 속한다)에 속하는 해양 동물로 대부분 바다에 사는데, 크게는 얕고 따뜻한 바다에 사는 종류와 깊고 찬 바다에 사는 종류로 나뉜다. 여기서 논의하는 얕고 따뜻한 물에 사는 산호는 대개 열대 지역에 서식한다.

산호는 바닷물 속 탄산칼슘을 이용해 단단한 외골격을 만드는데, 이 외골격을 만드는 데 가장 중요한 핵심이 바로 산호가 에너지를 얻는 방식이다. 산호에는 '주산텔라*zooxanthellae*'라고 불리는 미세 공생조류가 있다. 이 조류는 산호를 위해 광합성을 해 산호에게 필요한 에너지 대부분을 제공한다. 산호는 이 조류 없이 생존할 수 없다. 그리고 주산텔라가 광합성을 하기 위해서는 빛이 풍부하게 드는 수면 가까이 사는 수밖에 없다.

이러한 산호초가 오늘날 여러 가지 위협에 직면해 있다. 어떤 위협은 자연적이고 어떤 위협은 인간이 초래한 것이다. 수온이 올라가고 바다가 산성화되고 바닷물의 화학 성분과 생태계 역학이 변화하는 문제들은 전혀 새로울 것이 없다. 산호는 지구 역사 이래 다양한 규모의 위기를 경험해 왔다.

아주 오랜 옛날, 산호가 경험한 위기 중에는 극한의 사건도 있었다. 6장에서 언급한 5대 대멸종 사건 모두 지구의 기후와 해양의 화학 성분을 크게 바꿔 놓았는데, 이 사건들이 벌어질 때마다 산호가 절멸되었다. 그렇게 사라진 산호는 이후 수백만 년 동안 돌아오지 못했다.

그보다 정도가 약한 사건이 발생할 때에도 산호는 스트레스를 겪었다. 태풍, 사이클론에도 타격을 입었고, 특히 엘니뇨 현상이 일어나면 백화 현상을 겪었다. 해양 생태계의 작동 방식이 변화하는 것도 경험했다. 이처럼 산호는 엄청난 위기에 자주 몰렸지만, 한편으로 대개 몇 년 안에 다시 건강한 상태를 회복하고는 했다.

산호가 겪는 위기에서 이전과 달라진 것이 있다면 인간이 빚은 문제로 인해 이런 사건의 빈도와 정도가 점점 심해지고 있다는 사실이다. 우리는 문제에 문제를 계속해서 더해 가고 있다. 연안에 오수와 화학비료를 쏟아내면서 동시에 물고기를 남획하고 있다. 설상가

상으로 우리는 바다의 수온까지 미친 듯이 올리는 중이다.

전 세계 산호초와 관련해 가장 걱정되는 문제는 백화 현상이다. 산호 백화 현상은 산호가 에너지를 얻기 위해 의지하는 조류를 쫓아낼 때 발생한다. 조류가 산호를 빠져나가면 산호는 에너지원을 잃게 되면서 결국 죽고 만다. 이러한 현상은 주변 바다가 뜨거워질 때 발생한다. 이를 '백화'라고 부르는 이유는, 한때 찬란했던 생명체의 모습은 온데간데없이 산호가 색을 거의 잃고 하얀 돌덩이처럼 변하기 때문이다.

인간과 기후 변화가 없어도 산호 백화는 발생한다. 엘니뇨가 있을 때 백화가 자주 일어나는데, 엘니뇨는 약 7년마다 찾아오는 정상적인 기후 주기의 일부로 특정 바다의 일부 지역에서 수온이 상승하는 현상이다. 백화가 일정 기간에 걸쳐 나뉘어 발생하면 산호는 회복할 시간을 얻는다. 그저 숨 돌릴 틈이 필요할 뿐이다.

기후 변화가 멈춰져야 산호초가 돌아온다

문제는 기후 변화로 인해 백화 현상이 더 이상 엘니뇨가 발생하는 해에만 생기는 일이 아니게 되었다는 점이다. 백화 현상은 이제 매년, 심지어 수온이 낮아지는 라니냐 시기에도 발생하고 있다. 이 말인즉슨 산호가 회복할 시간이 거의 없다는 의미다. 더구나 사이클론까지 더 자주, 더 높은 강도로 일어나 산호를 괴롭힌다. 남획과 녹조까지 더해지면서 산호의 스트레스는 더욱 가중된다. 이는 마치 운동선수가 잠도 자지 않고 물도 마시지 않고 먹지도 않고 밤낮없이

고강도로 훈련하는 것과 같다. 머지않아 몸에 탈이 나는 것은 자명한 일이다.

산호초가 더 높은 빈도, 더 심각한 수준으로 백화 현상을 겪고 있다는 사실을 보여주는 증거는 차고 넘친다. 이제는 위성 데이터를 통해 산호초 주변의 수온 변화를 추적하고 수온 증가에 따른 산호초의 스트레스 수준을 확인할 수 있다. 이렇게 위성을 통해 최초로 세계 곳곳의 산호초를 조사한 연구 결과에 따르면 백화 현상을 겪는 산호초가 1985년부터 2012년까지 3배나 증가했다고 나온다.[21]

최근 학술지 《사이언스》에는 유명 산호 생태학자 테리 휴스 Terry Hughes와 그의 팀이 1980년부터 2016년까지 열대, 아열대에 속하는 지역 100곳에 걸쳐 산호 백화 현상이 일어나는 빈도를 추적한 연구 결과가 실렸다. 이 연구의 조사 지역에는 오스트랄라시아의 그레이트 배리어 리프를 비롯해 서태평양, 대서양, 인도양에 이르는 54개국의 대표 산호초 지역이 모두 포함되었다.

휴스의 연구팀은 백화 현상이 일어난 총 '횟수'와 함께 강도를 조사했다. 백화된 산호가 30퍼센트 이하인 경우를 '보통' 수준, 30퍼센트 이상 백화된 경우를 '심각' 수준으로 구분했다. 휴스의 연구팀은 100곳의 산호초에서 백화 현상 발생 횟수가 증가했다는 사실을 발견했다. 1980년대만 하더라도 산호초가 심각하게 백화되는 일이 27년에 한 번 있을 만한 일이었는데, 2016년이 되자 이 주기가 6년으로 급감했다.

회복 시간이 이렇게 짧아진 현상은 산호초가 완전히 고사할 가능성이 훨씬 높다는 것을 의미한다. 해수 온도가 계속 높아지고 있기에 바로 그 점이 크게 우려된다. 우리는 세상에서 가장 다양성이 풍부하고 복잡하며 아름다운 생태계를 극한 상황으로 몰아가고 있다. 그리고 해마다 문제에 또 다른 문제를 얹고 있다.

우리가 산호초를 지킬 수 있는 가장 확실한 방법은 전 지구적 기후 변화를 저지하는 것이다. 많은 국가가 산호초 보전을 위해 돈이 덜 드는 다른 방법을 먼저 꺼내 들겠지만, 속지 말자. 지금 전 세계 산호초에 가장 큰 위협이 되는 것은 점점 뜨거워지는 바닷물이다. 세계가 온실가스를 줄이지 않으면 말 그대로 눈 가리고 아웅 하는 격이다.

증거는 명확하다. 전 세계의 산호초를 구하려면 기후 변화를 멈춰야 한다.

해양 파괴를 막기 위해 당장 해야 하는 다섯 가지 실천

1. 가능하다면 생선 섭취를 줄인다

〈씨스피라시〉와 같은 다큐멘터리를 본 후 나타나는 본능적인 반응은 생선 섭취를 완전히 포기하는 것이다. 내 친구들 중에도 생선을 더 이상 먹지 않는 친구들이 있다. 누구나 생선 섭취를 완전히 그만둘 수 있고, 만약 그만두겠다고 마음먹는다면 매우 이치에 맞는 결단을 내리는 것이다. 생선을 먹지 않으면 동물 윤리의 딜레마를 피할 수 있는 데다 식물성 위주의 식단은 환경에도 유익하다. 하지만 생선 섭취를 완전히 포기하고 싶어 하는 사람은 많지 않고, 그런 식생활이 불가능한 사람들도 있다.

보다 현실적인 제안을 하자면, 적어도 단기적으로는 생선 섭취를 줄이는 것이 좋다. 그러나 모든 이에게 추천하는 제안은 아니다. 앞서 육류 섭취를 줄여야 한다는 점을 논의할 때에도 전 세계 모든 사람에게 적용될 만한 조언은 아니라고 말했다. 어떤 사람들에게는, 특히 저소득 국가 사람들에게는 육류가 몇 안 되는 단백질 및 미량 영양소의 공급원이다. 좋은 대체 식품과 다양한 음식이 있다면 필수 영양소 섭취를 충족할 수 있지만, 전 세계 수십억 명의 사람들은 영양학적으로 완전한 식사를 할 수 있는 여력이 되지 않기 때문에 획득할 수 있는 식품이 무엇이든 최대한 활용해야 한다.

생선도 마찬가지다. 어떤 국가에서는 생선이 중요한 영양 공급원이다. 이런 국가에서는 식물성 단백질 대용품이 마트 선반을 가득 메우고 있는 경우가 거의 없고, 동네 약국에서 오메가3 보충제를 찾아보기도 힘들다. 이런 대체 식품이 세계 모든 지역에서 저렴하고 구하기 쉬운 식품이 되기 전까지 나는 환경 보호를 위해 모든 사람에게 육류나 생선을 먹지 말라거나 섭취를 줄이라고 권고하지는 않을 것이다. 하지만 고소득 국가의 소비자들은 분명 큰 어려움 없이 생선 섭취를 줄일 수 있다.

2. 무엇을 먹어야 '지속 가능'할지 따져 본다

생선도 기후 친화적인 단백질 공급원이 될 수 있다. 사람들에게 인기가 많은 수산물 대부분은 육류 중 가장 기후 친화적인 닭고기보다 탄소발자국이 낮다. 내가 생선 대부분이 기후 친화적인 단백질 공급원이라 주장하며 탄소발자국이 높은 생선을 피할 수 있다고 자신하는 사람이라고 치자. 그렇다면 나는 바닷가재를 먹지 않는다. 그러나 나는 탄소발자국만 따지지 않는다. 생물다양성에 대한 영향력, 즉 우리가 식량을 생산하는 방식이 해양 생물에 어떤 영향을 미치는지도 고려한다. 당연히 어류 자원에 어떤 영향을 미치는지도 따져본다. 나는 남획되지 않는 어종 가운데 한 종류를 고르려고 한다. 어떻게 하면 확실한 선택을 할 수 있을까?

먼저 분류를 하는 것이 좋다. 하지만 착각하니 쉬우니 신중해야 한다. 나는 아직도 달걀 상자에 쓰인 '신선fresh'이라는 표시가 자연 방목 달걀을 의미하는 것이 아니었다는 사실을 알게 된 날을 잊지 못한다. 사실 이 표시는 대개 정반대의 의미를 가지고 있다. 닭장에서 막 꺼낸 달걀이라는 말을 듣기 좋게 '포장'한 것이다. 해산물에서도 이런 문구에 속으면 안 된다. 식품 자체적으로 쓰인 '천연 자연산', '지속 가능한 어획', '지속 가능한 채취', '책임 있는 어획' 등의 문구들은 별 의미가 없다. 이런 표시들은 명확한 검증 절차를 거치거나 공정한 심사를 받지 않은 것들이 대부분이다.

남획되지 않는 수산물을 찾고 싶다면 해양관리협의회Marine

Stewardship Council나 수산양식관리협의회Aquaculture Stewardship Council 와 같은 기관의 인증을 받았는지 살펴볼 필요가 있다. 이 기관들은 독립 전문가와 협력해 어류 자원 상태나 관리 관행 방식, 다른 해양 동물에 미치는 영향 등과 같은 항목을 기준으로 수산물의 지속 가능성을 감독하고 확인한다.

다만 해당 기관들 또한 지속 가능한 어종과 그렇지 않은 어종을 합리적인 방법으로 분류할지언정, 완벽하게 구분하지는 못한다. 간혹 봐주기나 투명성 부족으로 많은 환경단체로부터 비판을 받기도 한다. 이들 기관의 인증을 받은 제품들은 대부분 높은 품질을 보장하지만, 일부 그렇지 않은 제품들도 심사를 통과할 수 있다. 이러한 현실을 감안한 해결 방법은 인증 시스템의 감독 능력과 평가 기준을 개선하는 것이다.

그렇다면 소비자가 할 수 있는 일은 무엇일까? 해산물 구매에 관한 믿을 만한 정보를 제공하는 좋은 단체들이 많이 있다. 영국에서 나는 해양 보전 협회Marine Conservation Society의 '좋은 해산물 가이드Good Fish Guide'를 자주 참고한다.[22] 미국은 몬터레이 베이 아쿠아리움의 '해산물 워치Seafood Watch'가 가장 좋다.[23] 영국과 미국뿐만 아니라 나라마다 이와 유사한 단체들이 있다. 이와 같은 단체의 가이드들은 엄격하고 공정한 평가를 바탕으로 어종을 '지속 가능한 해산물'부터 '섭취를 피해야 할 해산물'까지 분류한다. 대부분 웹사이트와 애플리케이션도 갖추고 있기 때문에 소비자들이 이러한 서비스를 통해서 구매하려는 해산물 종류를 검색하고 해당 어종이 어디서 어떤 방식으로 어획되는지 쉽게 확인할 수 있다. 서비스 이용 시 불편한 점이 있다면 소비자들이 직접 정보를 하나하나 찾아봐야 한다는 것과, 장을 보러 가기 전에 미리 알고 가야 한다는 것이다.

3. 엄격한 제도를 마련해 남획을 방지한다

남획을 막으려면 개별 어종 개체군의 규모와 번식 속도에 관한 정보가 필요하다. 이 데이터를 알면 지속 가능한 어획량을 산정할 수 있다. 번식이 느린 어종은 개체 수가 균형을 유지할 수 있도록 어획량을 줄여야 한다. 번식이 빠른 어종은 상대적으로 더 많이 어획해도 된다. 대체로 동물이 그렇지만 크기가 큰 물고기는 성체로 자라 번식을 하기까지 시간이 더 오래 걸리는 편이다. 그동안 참치에 대한 우려가 컸던 이유도 이 때문이다.

 지속 가능한 어획량을 계산했다면 그다음으로는 어선들의 실제 어획량을 엄격하게 감독하고 단속해야 한다. 이러한 감독이 어려운 이유는 각 수역에 어선이 하나만 있는 경우가 거의 없기 때문이다. 어획 가능 총량을 계산한 뒤에는 이 어획량을 어선별로 분배할 방법을 찾아야 한다. 쉽지 않은 일 같지만 결코 불가능하지 않다.

 한 가지 분명한 사실은 어업을 합리적으로 관리하는 일이 충분히 가능하다는 것이다. 어류가 개체 수를 회복할 수 있으면 우리는 어업을 계속해서 영위할 수 있다. 각 어선에 할당량을 엄격히 정해놓고 귀항 시 어획량을 파악하고, 남획한 어선에는 과태료나 벌금을 부과하면 된다.

선진국에서는 흔히 엄격한 어획 쿼터 제도가 시행되는 편이지만, 유럽 국가에서도 결과는 달라질 수 있다. 올바르게 시행되는 경우 효과가 있지만, 과학자들의 의견이 무시되거나 의지가 부족하면 효과를 볼 수 없다. 유럽연합은 '공동 어업 정책Common Fisheries Policy'를 통해 어류 개체 수를 지속 가능하도록 관리하는 규칙을 마련해 뒀다. 국가들은 연대 책임을 통해 이 규칙을 실천할 방법을 합의한다. 유럽연합은 이와 관련해 상당한 성과를 거뒀다. 2007년 정점에 도달하면서 78퍼센트에 육박했던 유럽 내 어류 남획 비율은[24] 점점 감소해 2020년에는 30퍼센트까지 떨어졌다.[25]

이러한 어류 남획 비율의 감소는 성공이자 실패였다. 상황이 나아진 것은 맞지만, 2013년 합의 당시 2020년까지 남획을 근절하자고 했으니 목표치에는 한참 모자란 셈이다. 이유가 무엇일까? 당시 규칙에 합의한 국가들은 대개 과학자들이 권고한 최대치를 넘겨 어획 할당량을 책정했다.

그럼에도 일부 어류 자원의 상황은 많이 개선되었다. 예를 들어 가자미의 경우 1980년대 말부터 1990년대까지 개체군 수가 절반 넘게 줄었는데,[26] 2007년 유럽연합이 제대로 정책을 시행하면서 다시 3배가량 증가했다. 한편 정반대로 개체군이 지속적으로 감소한 어종도 있었다. 이를테면 발트해와 켈트해 연안의 대구는 남획이 끊이질 않았다.

이런 유럽의 상황은 다음의 세 가지 진술이 모두 들어맞는다.

어류 자원의 30퍼센트가 여전히 남획되고 있고 유럽연합이 목표를 달성하지 못했다는 점에서 보자면 '상황이 좋지 않고', 78퍼센트였던 남획률이 30퍼센트로 줄었다는 점에서 보자면 '상황이 훨씬 나아졌다'. 그리고 상황은 지금보다 얼마든지 더 개선될 수 있다. 우리는 효과적이고 지속 가능한 정책을 시행하는 법을 이미 알고 있다. 그런 정책을 어업 전반에 걸쳐 시행할 수 있다면 남획 근절이라는 목표는 충분히 달성할 수 있다.

4. 혼획과 폐기에 대해 철저히 규제한다

우리는 이미 많은 영상과 사진을 통해 확인했다. 대형 산업용 어선이 바닷속에 커다란 그물과 트롤이라고 부르는 쟁기 같은 도구를 드리운 다음 해저를 휩쓸고 다니며 닥치는 대로 바다 생물을 포획하는 모습을 말이다. 이렇게 잡히는 생물에는 어선들이 목표로 한 어종도 있지만 원하지 않은 어종, 거북이, 돌고래, 가오리 심지어 바다표범도 있다. 이들은 그물 안에서 버둥대며 빠져나가려고 애를 쓰지만 소용없다.

이후 어부들은 잡힌 고기들을 배 위로 끌어 올려 분류한다. 참치, 연어, 대구는 저장고에 던져 놓고 나머지는 다시 바다에 버린다. 아직 죽지 않았더라도 그렇게 버려진 동물은 대부분 오래지 않아 죽는다. 동물들이 이처럼 고통받는 것을 보는 일은 괴롭기도 하지만 한편으로는 엄청난 낭비이기도 하다. 이 동물들은 이차적 피해다.

설사 식용을 위해 동물을 살육하는 행위에 대한 윤리적 딜레마를 느끼지 않는다 하더라도 쓸데없이 동물을 손상시키고 죽이는 일은 매우 부도덕해 보인다. 좋을 것이 하나도 없는 일이다.

의도치 않게 잡은 생물을 바다에 버리는 것을 '폐기'라고 부르는데, 전 세계적으로 잡히는 어획량의 약 10퍼센트가 이렇게 폐기된다.[27-28] 10퍼센트가 낮은 수치인지 높은 수치인지는 판단하기 어렵다. 분명한 사실은 이 수치를 줄일 수 있다는 것이다. 이상적으로는 '0'이 되어야겠지만 10퍼센트도 과거에 비해 훨씬 줄어든 수치다. 1950년대와 1960년대만 하더라도 어획된 물고기의 20퍼센트가 배 밖으로 버려졌다. 그러니 상황이 나아진 셈이지만, 오늘날 우리는 예전보다 더 많은 양의 수산물을 어획한다.

다행히 절대적인 수치 역시 과거에 비해 줄었다. 1970년대에 매년 1400만 톤가량의 물고기가 폐기되었으나, 그 이후로 투기량은 3분의 1이 감소했다. 우리는 이 수치를 어떻게 줄였으며, 투기량을 최대한 '0'에 가깝게 만들려면 어떻게 해야 할까?

투기량이 감소한 이유 가운데 하나는 해산물의 시장 가치가 점점 상승했기 때문이다. 과거 어부들은 염두에 두지 않았던 물고기를 잡으면 그것이 팔리지 않을 것이라고, 팔리더라도 큰 값을 받지 못할 것이라고 생각했다. 그래서 그냥 바다에 던져 버렸다. 하지만 지금은 어떤 물고기를 잡든 뭍으로 가져올 이유가 충분하다. 무엇이 되었든 팔릴 것임을 알기 때문이다.

더욱 인상적인 변화 가운데 하나는 일부 국가가 어획된 고기를 바다에 다시 투기하는 행위를 금지했다는 사실이다. '양륙의무제'라고도 부르는 이 제도는 어부들이 어획해 선박에 실은 수산물을 모두 '상륙'시키는 것을 의무로 한다. 이 제도는 현재 유럽연합에서 시행하고 있으며, 2013년 공동 어업 정책 개혁의 핵심 내용이기도 하다. 어획 할당량이 정해진 어선의 경우 원치 않은 어종도 일일 어획량에 포함되기 때문에 혼획에 훨씬 유의해야 한다. 이 정책은 그동안 매우 높은 효과를 보여 왔다. 다른 국가들도 유사한 정책을 시행한다면 폐기되는 수산물을 대폭 줄일 수 있을 것으로 기대된다.

마지막으로 어획물 폐기에 대해 논의할 때 어획 장비의 유형을 언급하지 않을 수 없다. 낚싯대를 사용할 때보다 거대한 어망을 사용할 때 훨씬 더 많은 수산물을 포획할 수 있다. 그중에서도 최악은 대형 저인망 어선이다. 저인망 어선은 무차별적으로 수산물을 퍼 올린다. 이들은 어획된 물고기의 약 5분의 1을 폐기한다. 특히 새우 트롤선 같은 어선은 폐기하는 양이 50퍼센트에 달한다.

이렇게 폐기되는 어획물을 줄이는 방법 가운데 하나는 저인망 어선의 숫자를 줄이거나 운영 자체를 완전히 금지시키는 것이다. 어획 장비를 개선하는 것도 한 방법이다. 세월이 흐르면서 어획 장비들은 원하는 어종만 선택적으로 포획할 수 있도록 진화해 왔다. 일부 바람직하게 운영되는 트롤 어선 중에는 폐기율을 10퍼센트 이하로 낮춘 어선들도 있다.

이렇게 폐기율을 낮추는 방법으로는 여러 가지가 있는데, 예를 들어 어망과 바늘의 크기와 모양 바꾸기, 통발에 '탈출 패널' 덧대기,

전 세계 어획 폐기량은 점점 감소하고 있다

'폐기'란 조업 활동에서 포획된 해양 동물이 다시 바다에 (산 채로 또는 죽은 채로) 버려지는 것을 의미한다.

전 세계에서 폐기되는 어획량은 지난 몇십 년간 1,400만 톤에서 800만 톤으로 줄었다.

수중 조명과 경보 장치 이용하기 등을 꼽을 수 있다.[29~30] 이와 같이 개선된 기술들은 효과가 매우 좋다. 벨리즈와 같은 일부 국가는 이 분야에서 선도적 역할을 하며 특정 어종을 골라내지 못하는 조업 장비 사용을 금지했다.

혼획을 완전히 없애는 일이 현실적으로 가능하지 않은 것처럼 보일 수도 있지만, 폐기되는 어획물이 점점 줄어들고 있다는 사실은 여전히 개선할 방법이 있음을 의미한다. 모든 국가가 벨리즈처럼만 노력한다면 버려지는 물고기가 없는 세상에 훨씬 더 가까이 다가설 수 있다.

5. 해양보호구역 지정이 능사는 아니다

특정 해양 지역의 수산 자원이 과도하게 남획되지 않도록 하는 방법 가운데 하나로 인간의 접촉을 원천적으로 차단하는 것을 꼽을 수도 있다. 육지에서 유적지나 국립공원을 엄격하게 관리하고, 인간의 생태계 교란을 방지하기 위해 생물다양성 특별 보호구역을 지정하는 것과 같은 이치다.

현재 전 세계 바다의 8퍼센트가 '해양보호구역MPAs'로 구분되는데,[31] 해수 기둥과 해저를 포함해 이러한 해양 구역은 법으로 정해져 있다. 해양보호구역에 관한 규정은 구역마다 다르지만, 대개 조업 금지 구역, 사용 가능 장비 제한, 심해 채굴 등의 활동 금지 또는 제한, 강물 또는 산업 폐수 방류 금지 규정과 같은 조치들이 포함되어 있다.

생물 다양성에 대해 다룬 장에서 이미 논의했듯이 해양보호구역이 얼마나 효과가 있는지에 대해서는 과학적으로 확언할 수 없다. '완벽한 세상'에서는 특정 해역에서 남획을 금지하면 바로 남획 행위가 완전히 근절될 것이다. 하지만 현실은 조금 더 복잡하다. 한 해역에서 금지시킨다고 해서 남획 행위가 완전히 사라지지는 않는다. 대개는 다른 곳, 보호구역이 아닌 곳으로 남획 장소가 옮겨간다. 따라서 지구 해양에 미치는 영향의 총량에는 별다른 차이가 없다. 실제로 규제가 약한 곳이나 생물다양성이 더 풍부한 곳으로 옮겨간다면 상황이 더 심각해질 수도 있다.

따라서 단순히 해양보호구역 면적을 넓히는 일이 만능 해결책이 될 수는 없다. 해양보호구역의 성공 여부는 온전히 보호구역이 잘 관리되는지, 규칙이 실제로 시행되는지에 달려 있다. 규정이 제대로 정비되어 있지 않고 감독이 부실한 보호구역은 해양 환경 보전에 딱히 도움이 되지 않는다.[32] 실제로 '보호구역'으로 지정만 해 놓고 제대로 관리하지 않으면 바다 환경에 더 큰 해악을 끼칠 수 있다. 당연히 보호되고 있겠거니 착각을 일으켜 우리를 안일하게 만들 수 있기 때문이다.

해양보호구역의 효과성에 관한 논쟁에도 불구하고 국제 사회는 해양보호구역 면적을 확대하는 대담한 목표를 설정했다. 우리는 2020년까지 바다 면적의 10퍼센트를 보호구역으로 지정하겠다는 첫 목표도 달성하지 못했다. 2021년, 해양보호구역은 바다 전체 면적에서 고작 8퍼센트에 불과했다. 다음 목표는 2037년까지 30퍼센트를, 2044년까지 지구 해양 면적의 절반을 보호구역으로 지정하는 것이다. 이 목표를 달성할 수 있는 일말의 가능성이라도 살리려면 우리는 당장 서둘러야 한다.

해양보호구역 지정은 우리가 가지고 있는 패 가운데 하나일 뿐이다. 이 장에서 언급한 다른 해결책 없이 해양보호구역 면적 확대에만 원대한 목표를 세우는 일은 해양 생태계에 전혀 도움이 되지 않는다. 우리가 현실을 직시할 수 없게 해 실제 피해를 깨닫지 못하게 만들 뿐이다.

어류 자원에 관한 몇 가지 오해:
'자연적'이지 않아도 괜찮다

물고기의 탄소발자국: 물고기도 환경친화적인 자원이 될 수 있다

대부분의 물고기가 환경에 미치는 영향은 걱정할 필요가 없다. 어종만 제대로 선택한다면 우리는 생선을 먹으면서도 탄소발자국을 크게 우려하지 않아도 된다.

    소의 트림처럼 직접적이지는 않지만, 수산물 생산도 온실가스를 배출한다. 일단 자연산 생선을 어획하는 어선이 연료를 사용한다. 갓 잡은 생선을 신선하게 보관해야 하므로 냉장고와 냉동고가 필요하고, 물고기를 실어 나르고 포장도 해야 한다. 수산 양식의 경우에는 물고기에 제공할 먹이를 생산하는 기후 비용도 발생한다. 닭, 돼지, 소를 기르는 데 비용이 발생하는 것과 같은 이치다.

    5장에서 보았듯이 운송이나 포장과 같은 부분은 온실가스 배출이 많지 않은 편이다. 《네이처》에 수천 개의 수산 양식장과 자연산 수산물이 환경에 미치는 영향을 조사한 대규모 메타분석 연구가 실린 적이 있다.[33] 해당 연구 결과에 따르면 우리가 자주 먹는 참치, 연어, 대구, 송어, 청어는 가장 기후 친화적인 고기다. 식물성 단백질만큼은 아니지만 그래도 생선은 탄소발자국 측면에서 좋은 식품이다. 수산물 대부분은 다른 환경 측정 기준에서도 바람직한 수치를 보인다. 거의 모든 종류의 수산물이 닭고기보다 낫다.

탄소 배출량이 적고 좋은 단백질 공급원이 될 수 있는 어종이 많다

다음은 각 어종의 온실가스 배출량을 나타낸 것이다. 닭고기는 육고기 가운데 가장 탄소 배출량이 적은데, 많은 수산물이 닭보다 탄소발자국이 적다.

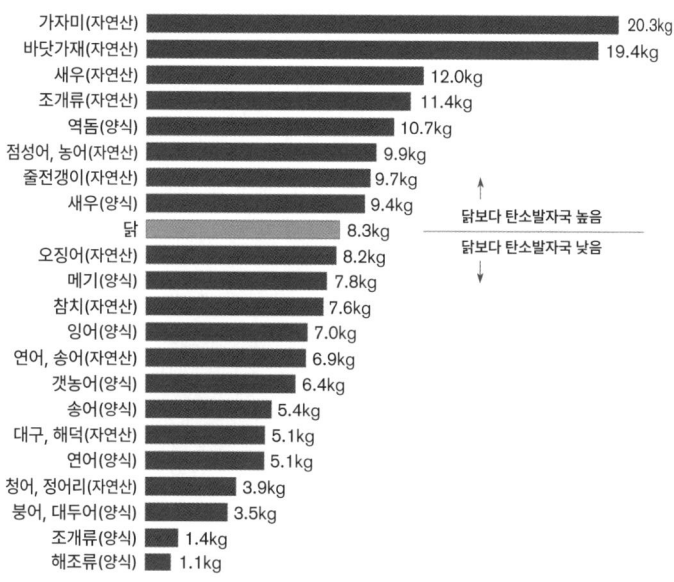

그래도 유의해야 한다. 별미라 불리는 몇 가지 수산물은 높은 가격만큼이나 탄소 배출량도 많다. 가자미, 바닷가재와 같은 해산물은 탄소발자국이 매우 높을 수 있다. 해양 환경을 보호하며 해산물을 즐기고 싶다면 그런 종류의 어종은 피하는 것이 좋다. 대합, 굴, 꼬막, 홍합, 가리비 등과 같은 양식 조개류와 청어나 정어리 같은 크기가 작은 자연산 물고기들은 탄소발자국이 낮은 좋은 식품이다.

더 이상 찜찜하지 않은 해결책, 수산물 양식

전 세계 자연산 어류 자원이 빠르게 사라지고 있을 무렵, 양식업이 본격적으로 시작되었다. 1980년대 말 이래 수산물 생산 증가분은 거의 모두 양식 수산물이다.

하지만 양식 수산물을 먹는 것을 꺼리는 사람이 여전히 많다. 아마도 '자연산'이 가장 좋다는 인식 때문일 것이다. 자연에서 잡은 생선을 먹는 것이 인위적인 환경에서 잡은 생선을 먹는 것보다 본능적으로 선호될 만한 일이기는 하다. 하지만 우리가 지속적으로 지금처럼 또는 더 많이 수산물을 즐길 수 있으려면 양식 수산물 섭취에 대해 안심해야 한다.

사람들은 많은 양의 자연산 생선이 양식 생선의 먹이로 사용된다고 걱정한다. 그렇다면 애초에 생선이 먹이로 쓰이는 까닭은 무엇일까? 바로 일반적으로 원해에서 어획되는 생선들이 얻는 영양소를 양식 생선에게도 제공하기 위함이다. 원해에서는 대개 크기가 큰 포식자 생선들이 작은 생선을 잡아먹으며 질 좋은 단백질과 아미노산, 필수 오메가3 지방산을 공급받는다.

수산물 양식의 효율성이 증가하고 어분fishmeal과 생선 기름이 제공하던 양분을 모두 제공할 수 있는 식물성 먹이가 개발되면서 자연산 생선을 사료로 사용하는 일은 점점 줄고 있다. 이제는 조류를 농축한 먹이가 개발되어 사용된다. 다시 한번 인간은 기술을 활용해 자연에서 흔히 일어나는 일을 관리함으로써 이 문제를 해결했다. 앞

수산물 양식에 자연산 생선이 먹이로 사용되는 비율은 극히 낮아졌다

과거에는 자연산 물고기가 양식 물고기의 먹이로 사용되었다. 하지만 식물성 사료와 효율적인 생산 방식이 개발되면서 수산물 양식의 비중이 크게 증가함과 동시에 자연산 생선이 먹이로 사용되는 일도 크게 줄었다.

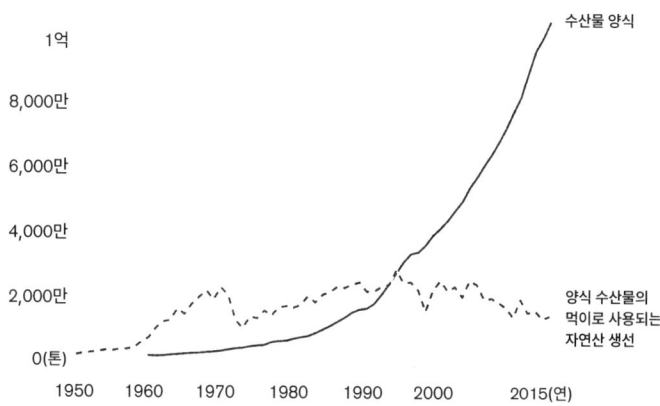

으로는 자연산 물고기 없이 수산물을 양식할 가능성이 매우 높다. 그러니 소비자들은 스트레스를 받지 않아도 된다. 대신 혁신을 꾀하는 사람들, 정책 입안자들, 투자자들은 이것을 하루빨리 실현시키는 데 앞장서야 한다.

결론

그래서 우리는
이 지구를 살릴 것이다

미래는 바라는 것이 아니라
만들어가는 것이다

지속 가능성은 인류의 길잡이다. 현재 세대에게는 좋은 삶의 기회를 허락하되 자연에 미치는 영향력을 최소화해서 미래 세대가 우리와 같은, 나아가 우리보다 더 나은 기회를 얻고 자연의 모든 동식물이 인간과 함께 번영할 수 있도록 해야 한다. 이것이 우리의 목표다. 이 책을 통해 내가 왜 우리가 살아 있는 동안 이것을 실현할 수 있다고 믿는지 독자들에게 잘 전달되었기를 바란다.

우리는 일곱 가지 질문에 대한 답을 모두 알고 있다

어떤 세대도 이만큼 성공한 적은 없다. 1장에서 논의했듯이 '지속 가능성'은 두 가지 측면으로 나뉜다. 과거 인간은 단 한 번도 지속 가능했던 적이 없다. 지속 가능성의 첫 번째 측면, 즉 현세대의 필요를 충족시킨 적이 없었기 때문이다. 아동 인구의 절반이 죽고 예방 가능한 질병이 창궐했으며 영양실조에 시달리기 일쑤였다.

20세기를 거치면서 인류는 생활 수준 면에서 전례 없는 진보를 이뤘다. 일부 지역은 다른 곳에 비해 발전 속도가 더뎠지만, 그럼에도 모든 국가에서 보건, 교육, 영양 등 중요한 복지 지표가 향상되었다. 물론 아직 완전하지는 않다. 세계는 여전히 많은 측면에서 문제가 많다. 여전히 예방 가능한 질병으로 영아와 산모들이 사망하고 있고, 인구의 10분의 1이 굶주리고 있으며, 의무 교육을 받지 못하는 아이들도 많다.

여전히 우리 앞에는 만만치 않은 장애물이 산적해 있지만, 대부분 쉽게 해결할 수 있는 문제다. 이미 해결 방법을 알고 있는 데다 많은 나라가 실제로 해결한 문제들이기 때문이다. 우리가 마음만 먹는다면 향후 몇십 년에 걸쳐 전 세계 모든 국가에서 충분히 실현할 수 있는 일들이다.

이 책은 지속 가능성의 두 번째 측면, 즉 자연을 우리가 물려받은 것보다 훨씬 나은 상태로 다음 세대에게 물려주는 일을 다루고 있다. 이를 위해 일곱 가지 주요 문제를 차례로 살펴보면서 현재 실태와, 문제에 이르게 된 배경, 그리고 앞으로 해야 할 일에 대해 논의했다. 인류는 이 일곱 가지 문제에서 하나도 빠짐없이 모두 반환점에 다다랐거나 이미 반환점을 돌아 개선되고 있는 것으로 확인되었다.

대기오염

여전히 대기오염으로 매년 수백만 명이 목숨을 잃고 있지만, 개선의 여지는 충분히 있다. 우리는 이미 대기오염 문제를 해결할 수 있는 방법을 알고 있다. 오늘날 영국의 대기질은 수천 년까지는 아니더라도 적어도 지난 수백 년간 가장 깨끗한 수준이다. 해결 방법은 간단하다. 태우는 일을 중단하면 된다. 모든 사람이 요리용, 난방용 전기를 쉽게 사용할 수 있도록 하고 작물이나 화석 연료를 태우지 않으며 산업용 공장을 규제하고, 무공해 대중교통 체계를 구축하는 데 주력하면 된다.

 이런 변화는 빠르게 이뤄질 수 있다. 중국은 단 7년 만에 대기오염을 절반 수준으로 떨어뜨렸다. 이 정도로 빠르지는 않더라도 다른 국가들 역시 향후 몇십 년간 대기오염을 크게 개선할 수 있다. 청정 에너지가 더욱 저렴해진다면 더 쉽게 개선될 것이다. 그렇게만 된다면 저개발 국가는 화석 연료에 의존하는 중간 단계 없이 곧장 저탄소 에너지로 전환할 수 있다.

기후 변화

길고 긴 화석 연료 발전 시대를 건너뛰는 일은 기후 변화를 멈추는 데에도 필수적이다. 선진국들은 화석 연료를 동력으로 하는 경제를 통해 부를 축적했다. 부는 인간의 복지에 수없이 많은 혜택을 안겨 줬지만, 대신 기후 변화라는 대가를 치러야 했다. 앞으로는 모든 사람에게 번영의 기회를 허락하되 저탄소 에너지원이 발전의 기반이 되도록 해야 한다. 우리 조상들에게는 이런 선택권이 없었다. 그들에게는 오직 나무와 화석 연료뿐이었다.

오늘날은 다르다. 재생 에너지, 배터리, 전기자동차의 가격 모두 급감했다. 저탄소 에너지 발전이 저렴한 방법이 될 날이 머지않았다. 과거 우리 조상들은 화석 연료를 쓰거나 가난하게 살거나 둘 중 하나를 택해야 했지만, 우리는 이런 딜레마를 겪지 않아도 될 첫 세대가 될 것이다. 이미 변화는 시작되었고 21세 중반이 되면 세상은 몰라보게 달라져 있을 것이다.

삼림 파괴

이런 딜레마는 삼림 파괴 문제에서도 마찬가지였다. 처음에는 땔감과 목재 때문에, 이후에는 농지 개간 때문에 삼림이 파괴되었다. 숲을 베어내지 않으면 농작물을 거둬들일 땅이 부족했기 때문이다. 그러나 20세기 동안 수확량이 3~5배 가까이 늘면서 이 딜레마는 해결되었다. 이제 우리는 굳이 농지를 늘리지 않더라도 더 많은 식량을 생산할 수 있게 되었다.

전 세계적 삼림 파괴는 1980년대 들어 정점에 달했다. 이제는 인류에게 가장 중요한 아마존과 같은 숲도 정점을 찍고 회복되고 있으며 많은 개발도상국이 2030년까지 삼림 벌채를 근절하겠다고 약속했다. 우리가 계속 생산량이 높은 작물에 투자하고 더욱 신중하게 음식을 선택한다면 삼림 파괴는 몇십 년 안에 끝날 것이다. 우리는 지난 1만 년 동안 전 세계 삼림의 3분의 1을 잃었다. 하지만 이런 추세는 점점 둔화하고 있고 머지않아 멈출 수 있다. 그렇게 된다면 사라졌던 숲도 점차 돌아올 것이다.

식량 문제

기후 변화를 해결하고, 삼림 파괴를 막고, 생물다양성을 보호하려면 무엇보다 식량 체계를 바꿔야 한다. 기아 발생률은 지난 50년간 빠르게 감소했지만, 여전히 전 세계 인구의 10퍼센트가 영양실조에 시달리고 있다. 인류가 여전히 굶주리는 까닭은 식량 생산량이 부족해서가 아니다. 생산한 식량을 가축의 사료로 쓰거나 차의 연료로 사용하거나 그냥 버려서다.

이러한 사실은 뒤집어 생각하면 식량 체계 재편이 우리 손에 달려 있다는 반가운 의미로 받아들일 수도 있다. 이제는 기술의 발전에 따라 식량 생산의 방법이 달라지고 있다. 환경을 훼손하지 않고도, 동물을 살상하지 않고도 고기 맛을 내는 식품을 만들 수 있다. 이는 엄청난 양의 자원을 절약하는 것과 동시에 전 세계 영양실조 문제를 해결하는 데 도움을 줄 수 있다. 우리는 그저 이런 제품을 더욱 발전시켜 영양소가 풍부하고, 맛있으며, 누구나 살 수 있을 만큼 저렴하게만 만들면 된다. 그렇게만 된다면 50년 후에는 전 세계 토지의 절반 이상을 농지로 이용할 일도 없고, 매년 수십억 마리의 동물을 사육한 뒤 도살할 필요도 없게 될 것이다. 자멸적인 방법이 아니더라도 전 세계 모든 사람이 이 땅에서 배불리 먹으며 살아갈 수 있게 될 것이다.

생물다양성 훼손

인간은 언제나 지구상의 다른 동물들과 싸우며 생존해 왔다. 우리는 동물을 사냥하거나 더 많은 땅을 차지하기 위해 동물과 투쟁했다. 과거와 다른 점이 있다면 오늘날 야생동물은 인간의 수렵 외에도 기후 변화, 삼림 파괴, 농업으로 인한 영양염류 오염, 가축과의 경쟁, 플라스틱 쓰레기, 해양 산성화, 남획 등 다양한 위협에 처해 있다는 것이다. 그야말로 수천 번의 상처로 서서히 죽어가는 셈이다.

생물다양성 그 자체를 해결하는 일은 너무나 어려운 일처럼 보일 것이다. 하지만 이는 독자적으로 해결할 수 있는 문제가 아니라 다른 문제를 해결하다 보면 자연스럽게 해결될 일이다. 향후 몇십 년간 우리에게 산적한 문제를 하나씩 해결하다 보면 사라져 간 많은 야생동물이 돌아올 것이다. 수천 년간 이어져 온 인간 대 동물의 경쟁 구도는 막을 내릴 것이고, 함께 공존하며 번영할 수 있는 시대가 열릴 것이다.

해양 플라스틱 쓰레기

플라스틱 오염은 이 책에서 다룬 이슈 중 가장 쉬운 문제다. 우리가 쓴 플라스틱이 자연으로 새어 나가지 않게, 100만 톤의 플라스틱이 매년 바다로 흘러 들어가지 않도록 하면 된다. 쓰레기 처리 시설에 투자하면 쉽게 이룰 수 있는 일이다.

  당연히 가장 큰 장벽은 자본이다. 전 세계 플라스틱 오염의 대부분은 중위 및 저소득 국가에서 비롯된다. 고소득 국가는 플라스틱을 제조한 주체이자 교역 파트너로서 이들을 도와 매립지와 재활용 센터를 우선적으로 건립할 책임이 있다. 이들이 협력한다면 플라스틱 오염은 몇십 년 안에 해결될 수 있다. 플라스틱 문제야말로 최우선 사항으로 다뤄졌다면 단시간에 해결되었을 문제다.

어류 남획

마지막 문제는 남획이다. 남획은 어업이 성행하고 해수면 아래 어류 개체군의 상태를 파악할 방법이 없는 상황에서는 당연한 결과다. 지속 가능한 어획량을 책정하기 위해서는 실제 어류 자원이 얼마나 되고 그 수가 어떻게 변하고 있는지를 반드시 알아야 한다.

과거에는 도구의 한계로 인해 많은 해산물을 잡지 못했으나, 이제 인간은 바다를 약탈하는 데 도사가 되었다. 하지만 남획을 규제하기 시작하면서 남획률이 크게 줄었고, 양식을 통해 바다에 스트레스를 가하지 않고도 더 많은 해산물을 생산할 수 있게 되었다. 그에 따라 인간에게 인기가 많은 어종들이 개체 수를 회복하고 있는 구역도 생겨나고 있다. 이 어종들이 개체 수를 회복하는 데는 10~20년밖에 걸리지 않았다. 우리는 이와 같은 자연의 회복을 다른 곳에서도, 더 빠른 속도로 실현할 수 있다.

50년 후 미래를 즐겁게 상상하자

인간이 직면하고 있는 많은 문제는 서로 밀접하게 연결되어 있다. 이 때문에 한 문제를 최우선으로 다루는 대신 어쩔 수 없이 다른 문제를 희생해야 하는 타협이 발생할 것이라는 우려가 들 수 있지만, 현실은 그렇지 않다. 오히려 이런 상호 연결성으로 인해 여러 가지 문제를 한번에 해결할 수 있게 된다. 이를테면 재생 에너지나 핵에너지로 전환하면 대기오염과 기후 변화를 개선할 수 있다. 소고기를 적게 먹으면 기후 온난화, 삼림 파괴, 토지 전용, 생물다양성, 수질 오염을 해결할 수 있고, 작물 생산량을 높이면 기후 변화를 늦추고 인간의 삶을 풍족하게 할 수 있다.

여러 환경 문제들이 가진 또다른 공통점은 역사적 궤적이 같다는 사실이다. 우리는 지금껏 인간이 직면한 모든 환경 문제가 비교적 최근에 발생한 것이라고 이야기해 왔다. 사람들은 이런 문제들이 최근 몇십 년 동안 이뤄진 폭발적인 인구 증가와 인간의 탐욕에서 비롯되었다고 생각한다. 하지만 실제로는 대부분이 인류가 오래전부터 가지고 있었던 문제다. 인간이 자연을 훼손하기 시작한 시기는 수십만 년 전으로 거슬러 올라간다. 인간이 의도적으로 자연을 파괴한 것은 아니었다. 단지 그 외에는 다른 방도가 없었을 뿐이다. 하지만 그러한 인간의 행동은 환경 파괴는 물론 자연에서 함께 살아가는 다른 동물종의 절멸을 초래했다.

이 문제들이 지닌 또다른 공통점은 개선이 이뤄지고 있다는 것, 그것도 빨리 이뤄지고 있다는 사실이다. 우리에게 필요한 만큼 빠른 속도는 아니지만 어쨌거나 태도, 투자, 관심 측면에서 극적인 변화가 이뤄진 것은 사실이다. 지속 가능한 해결 방법은 가장 비용이 적게 드는 선택지가 되어가고 있다. 사람들은 정치 지도자들에게 행동할 것을 요구하고 있기에 정치인들은 이런 요구를 더 이상 무시할 수 없다.

이러한 문제들을 향후 50년 안에 모두 해결할 가능성은 충분하다. 모든 일이 순탄하게 진행만 된다면 내가 죽기 전에 해결될 수 있다. 나는 노인이 되겠지만 목표를 달성하는 그 순간까지 계속해서 변화를 요구할 것이다.

지구를 살리는 세 가지 제안

첫째, 효과적인 환경운동과 가짜 환경운동을 구분하라

어떤 사람들에게는 이 책에 제시된 '해결책' 중 일부가 불편하게 느껴질 수 있다. 잘 이해가 안 될 것이다. 나 역시 오랫동안 효과적인 환경 보호 운동이 나를 사기꾼처럼 보이게 만드는 이 딜레마와 씨름해 왔다. 이를테면 나의 '요리' 습관은 마치 환경파괴론자처럼 보인다. 나는 언제나 전자레인지를 이용한다. 최대한 빨리 요리하기 위해서다. 대부분 즉석요리 제품이다. 내가 자주 먹는 아보카도는 멕시코산이고 바나나는 앙골라산이다. 내가 즐겨 먹는 음식 가운데 국내에서 생산된 것은 거의 없다. 있다 하더라도 라벨을 유심히 읽고 고른 것은 아니다.

사람들에게 '지속 가능한 식단'이란 무엇이냐고 묻는다면 아마도 나의 식습관과 정확히 반대되는 식단을 설명할 것이다. '환경친화적인 식단'이란 대개 국내에서 화학 약품을 치지 않고 기른 유기농 농산물로 만든 음식을 의미하며 장을 볼 때는 반드시 비닐봉지가 아닌 종이봉투를 이용해야 하고, 가공식품은 먹을 것이 못 되며, 신선한 육류와 채소를 오븐을 이용해 일정 시간 제대로 요리해야 한다고 말할 것이다.

그러나 내가 아는 바로는 나의 식습관이 탄소발자국이 낮은 방식이다. 전자레인지는 가장 효율적인 요리 방식이고, 지역 농산물은 다른 대륙에서 배를 타고 온 식품보다 더 나을 것이 없는 경우가 많으며, 유기농 식품에도 대체로 온실가스 배출량이 많다. 식품 포장재는 식량 탄소발자국에서 극히 일부만을 차지하는 것은 물론 유통 기한을 늘려 주는 기능을 한다.

그래도 뭔가 잘못된 기분이 든다. 내가 환경 보호에 효과적인 방법을 선택했다는 것을 알고는 있지만 여전히 마음 한편에서는 배신자가 된 것 같은 느낌이 든다. 내가 선택한 방법을 듣고 사람들이 혼란스러운 표정을 짓는 것도 이해가 간다. 행여나 그들이 나를 '가짜' 환경운동가라고 생각하지 않을까 걱정된다.

이는 자연히 오랜 '자연주의 오류'를 상기시킨다. '자연주의 오류'란 '자연'의 속성에 바탕을 둔 것은 반드시 인간에게 좋을 것이라는 착각, 자연에서 온 것은 모두 좋고 인위적인 것은 나쁘다는 오해를 가리킨다. 많은 사람이 공장에서 만들어진 합성 물질을 의심 어린 시선으로 보는 것이 대표적인 예다.

이런 '자연적인 것이 최고다'라는 사고를 비웃기는 쉽다. 과거 나는 이런 태도를 비과학적이라고 낙인찍었다. 말 그대로 비과학적이기 때문이다. 하지만 결코 조롱이 변화를 이끌어 낸 적은 없으며, 나도 그런 생각을 완전히 떨쳐버리지는 못했기 때문에, 그런 태도를 비웃는 일은 위선과 다름없다. 나도 여전히 '자연'적인 선택지에 본능적으로 끌린다. 이러한 본능을 거스르기 위해서는 반복적이면서 불편함도 감수하는 노력이 필요하다.

물론 이는 우리가 극복해야 할 문제다. 사실 진짜 문제는 우리의 직관적 판단이 매우 '잘못되었다'라는 데 있다. 전 세계가 육류 소비를 줄여야 하는 시점에 어떤 사람들은 '가공식품'이라는 이유로 육류 대용품에 거부 반응을 보여 왔고, 농지를 줄여야 하는 때에 더 많은 땅이 필요한 유기농업이 다시 유행하고 있으며, 더 많은 사람이 인구가 조밀한 도시에 모여 살아야 하는 시점에 텃밭을 가꾸며 자급자족하는 낭만적인 전원생활을 꿈꾸는 사람이 점점 늘고 있다는 이야기가 들린다.

우리가 해야 할 일과 우리가 옳다고 생각하는 것이 상충하는 것은 큰 문제다. 이 말인즉슨 지속 가능성에 대한 개념이 바뀌어야 한다는 뜻이다. 실험실에서 만든 대체육, 인구가 조밀한 도시, 핵 에너지 모두에게 새로운 이미지가 필요하다. 이들은 지속 가능한 미래의 새로운 상징물이 될 필요가 있다. 이 책이 그런 내러티브를 바꾸는 데 소소하게나마 이바지할 수 있기를 바란다. '환경친화적인' 행위의 이미지가 실제 효과가 있는 행동과 일치하게 될 때 비로소 진정한 환경운동가가 죄책감을 느끼지 않게 될 것이다.

둘째, 환경운동의 핵심은 제도의 변화에 있다

개인의 행동 변화만으로는 우리가 처한 환경 문제를 해결할 수 없다는 것이 현실이다. 이런 사실은 코로나19 팬데믹 시기에 증명되었다. 전 세계가 2020년의 대부분을 집에 갇힌 채 보내야 했고, 그로 인해 수백만 명이 삶의 질을 희생하는 큰 대가를 치렀다. 당시 우리 삶에는 최소한의 것만 남게 되었다. 도로에는 차가 거의 보이지 않았고 비행기도 멈췄다. 쇼핑몰, 공연장은 모두 문을 닫아야 했다. 전 세계 경제가 휘청거렸다. 모든 삶의 방식에 아주 극적인, 그리고 거의 모든 사람에게 찾아온 변화였다. 그렇다면 탄소 배출량은 어땠을까? 당시 전 세계 탄소 배출량은 대략 5퍼센트가 감소했다.

이러한 통계는 받아들이기 괴로운 사실이다. 우리는 '일반 대중의 힘'을 믿고 싶어 한다. 모두가 힘을 모아 조금 더 책임감 있게 행동한다면 목표를 달성할 수 있을 것이라고 믿고 싶어 한다. 하지만 안타깝게도 실질적이고 지속적인 진전을 이뤄내려면 대규모의 제도적이고 기술적인 변화가 필요하다. 또한 정치적, 경제적 유인책도 바꿔야 한다.

그렇다고 해서 개인이 환경 문제를 해결하는 데 기여할 수 없다는 뜻은 아니다. 이 책 전반에 걸쳐 논의한 것처럼 변화를 이끌어내는 데 효과적인 몇 가지 중요한 행위들이 있다. 그중에서도 세 가지 핵심 행동은 나머지 행위의 토대가 되며 제도적 변화를 불러일으키는 데 꼭 필요한 동력을 제공한다.

첫째는 정치적인 행동에 참여하고 지속 가능성을 지지하는 지도자에게 투표하는 것이다. 하나의 긍정적인 정책 변화는 수백만 개인의 노력과 행위를 즉각적으로 능가하는 힘을 발휘할 수 있다. 1970년대 닉슨Richard Milhous Nixon 미국 대통령은 오늘날 핵심 기관이 된 환경 보호청을 설립하고 대기오염방지법과 수질오염방지법에 서명함으로써 당시 오염이 극심했던 미국의 대기와 강을 정화했다. 이러한 정책들 덕분에 자연환경을 획기적으로 바꿀 수 있었고 수많은 사람이 환경 오염 때문에 사망하는 일을 막을 수 있었다. 개인들의 점진적인 행동 변화로는 절대 같은 성과를, 적어도 그렇게 단기간에는 내지 못했을 것이다.

우리는 반드시 환경 보호 조치가 정부 의제에 포함되도록 만들어야 한다. 정치 지도자들은 대중의 관심사에 민감하다. 닉슨 대통령은 역사상 가장 '환경친화적'인 지도자로 기억되지만, 사실 그는 환경에 딱히 관심이 없었다.[1] 개인으로서는 환경에 크게 관심이 없었지만, 대중이 중요하게 여기기 때문에 관심 있는 척했을 뿐이다. 정치인들은 대중과 우선순위가 일치하지 않으면 선거에서 이길 수 없기 때문이다.

우리가 할 수 있는 두 번째 일은 소비를 통해 의사를 표시하는 것이다. 우리가 물건을 구매할 때마다 우리는 시장에, 그리고 그 물건을 마트에 가져다 놓는 사람들에게, 이것이 우리가 중요하게 생각하는 일이라는 분명한 메시지를 보낸다. 전기자동차, 태양광 발전 시스템, 식물성 버거를 살 때마다 우리는 전 세계 혁신가들에게 수요가 존재한다고, '우리가 여기 있으니 어서 와서 우리에게 물건을 팔라'라고 소리치는 것이다.

이런 제품들은 모두 신기술로 만들어지는데, 기술은 대개 초기 단계에 비용이 많이 든다. 하지만 학습 곡선을 따르기 때문에 더 많이 생산할수록 더 효율적으로 만드는 방법을 터득하게 된다. 소비자가 늘면 가격이 떨어지기 시작하는데 부유한 소비자들이 얼리어답

터가 되어 가격을 낮추는 데 중요한 역할을 할 수 있다.

처음에는 이러한 소비자들의 개인적인 희생을 밑바탕으로 삼는 것처럼 보일 수 있지만, 중요한 점은 그들이 환경친화적인 제품에 대한 시장이 성장하고 있다는 사실을 누구보다 먼저 알리는 역할을 할 수 있다는 것이다. 기회를 포착한 혁신가들은 독수리 무리처럼 움직이기 시작하고, 이들이 벌이는 경쟁은 시장 전체를 견인하고 발전시킨다. 그러다 보면 우리도 모르는 새 값싸고 훌륭한 제품들이 앞다퉈 출시될 것이다. 대표적인 사례가 바로 전기차 배터리다. 1990년대만 해도 전기차 배터리는 100만 달러에 달했다. 하지만 이제는 5000~1만 2000달러밖에 하지 않는 데다 경쟁사의 홍수 속에 계속해서 더욱 저렴한 제품이 나오고 있다.

현명하게 소비하는 또 다른 방법은 실질적인 성과를 내는 자선 단체나 프로젝트에 기부하는 것이다. 이 방법을 모든 사람이 실천할 수 있는 것은 아니다. 그러나 할 만한 여력이 되는 사람이라면 자기가 사는 곳 밖에서도 긍정적인 영향을 미칠 수 있다.

몇 년 전 나는 실질적인 효과가 있는 환경 운동에 수입의 최소 10퍼센트를 매년 기부하는 '기빙 왓 위 캔Giving what we can' 공약에 참여했다. 돈을 어디에 기부하느냐의 문제는 얼마나 기부하느냐 못지않게 중요하다. 어떤 자선 단체는 다른 단체에 비해 기부금이 백 배, 천 배, 수백만 배 더 효과적으로 쓰인다. 환경에 주력하는 단체에 기부해도 되지만, 보건, 교육, 빈곤 퇴치와 같은 다른 분야에서 일하는 단체에 기부하는 것도 지속 가능한 미래에 큰 도움이 된다. 예를 들어 내가 매월 기부하는 단체는 주로 세계 보건과 빈곤 퇴치를 위해 일하는 곳들이다. 가장 많이 기부하는 곳은 말라리아 예방 공동체Against Malaria Foundation이며, 저소득 국가 어린이들의 영양실조 문제를 다루는 단체에도 기부한다. 이 두 단체가 문제를 개선하고 생명을 구하는 데 가장 비용 효과가 높은 축에 속하기 때문이다.

지속 가능성이란 미래 세대는 물론 지금 살아 있는 모든 사람이 인간다운 삶을 누릴 수 있도록 하는 일이라는 사실을 잊지 말자. 환경 파괴와 관련해 가장 안타까운 점 가운데 하나는 세계에서 가장 가난한 사람들이 그 영향에 가장 취약하다는 사실이다. 사람들을 빈곤에서 구제하는 일이 우리 목표의 핵심이 되어야 한다. 증거를 기반으로 기부금이 가장 효과적으로 쓰이는 단체에 관한 추천을 받고 싶다면, 내가 가장 신뢰하는 자선 단체 평가 기관 '기브웰GiveWell'을 소개한다.[2]

마지막으로 우리가 할 수 있는 일은 우리가 시간을 어떻게 쓰는지에 대해 생각해 보는 것이다. 이 책에서 논의하는 문제들은 저절로 해결되지 않는다. 다양한 분야의 사람들이 창의적인 발상과 결연한 의지로 노력해야 해결할 수 있다. 우리에게는 새로운 기술을 개발해 기존 기술을 개선할 혁신가와 기업가들이 필요하고, 그것이 가능하도록 경제적으로 지원해 줄 투자자들이 필요하다. 또 환경 보호 운동을 지지하고 그와 관련해 현명한 결정을 내려 줄 정책 입안자들이 필요하다.

평범한 사람은 평생 약 8만 시간을 일터에서 보낸다. 그러니 이 사회에 실질적인 변화를 만들어 낼 수 있는 직업을 고르자(이와 관련해 철학자 윌 매캐스킬이 창립한 단체 '8만 시간'에서는 구직자가 이 세상에 최대한 긍정적인 영향을 미칠 수 있는 직업을 선택할 수 있도록 해 주는 조언을 제공한다). 그러면 탄소발자국을 줄이려는 개인적인 노력보다 수천 배, 수백만 배 더 큰 영향을 미칠 수 있을 것이다.

셋째, 같은 방향으로, 함께 나아가야 한다

이 책에 소개된 해결 방법이 현실이 되려면 더 나은 미래를 향해 나아가려는 사람들과 협력해야 한다.

환경 문제를 논의하는 곳이라면 어디나 우리가 나아가야 할 방향을 두고 아주 다양한 의견이 존재한다. '핵 에너지냐 아니면 재생 에너지냐' '자전거냐 아니면 전기차냐' '엄격한 비건이냐 아니면 유연한 채식이냐'를 두고 갑론을박을 벌인다.

해결책을 놓고 '모 아니면 도'의 방식으로만 접근하는 이러한 논쟁은 비생산적이고 역효과만 낳을 뿐이다. 사람들은 해결책을 두고 경쟁하듯이 한쪽 편을 고르고 다른 편을 질책해야 한다고 생각한다. 하지만 이러한 태도는 문제 해결에 아무런 도움이 되지 않는다, 내가 아는 한, 우리는 모두 같은 편이다.

이처럼 우리는 문제 해결 방법을 모색하며 다른 사람들을 한 팀으로 바라봐야 한다. 다음에 나오는 비유는 앤드루 드레슬러Andrew Dressler와 켄 칼데이라Ken Caldeira에게 들은 것인데, 사람들 사이에 존재하는 이런 갈등을 아주 훌륭하게 포착했다고 생각한다.

우리가 모두 화살표라고 상상해 보자. 각자 생각하기에 올바른 방향을 열심히 가리키고 있다. 예를 들어 여러분이 핵 에너지를 진심으로 지지한다고 가정해 보자. 반면 주변 사람들은 저탄소 에너지 기반 구축을 열성적으로 지지하며 핵 에너지를 혐오하고 재생 에너지를 적극 찬성한다. 그들의 화살표는 여러분과 살짝 다른 방향, 오른쪽 또는 왼쪽으로 10도 정도 치우친 방향을 가리키고 있다. 그러나 가장 중요한 사실은 여러분과 주변 사람들 모두 대체로는 비슷한 방향을 가리키고 있다는 것이다. 양쪽 모두 최대한 빨리 저탄소 에너지가 개발되기를 바란다. 그러므로 여러분이 어떻게 생각하든 여러분과 그들은 한 팀이다.

문제는 우리가 가장 가까운 화살표 진영과 싸우는 데 시간을 낭비하고 있다는 사실이다. 우리는 핵 에너지와 태양광 에너지, 태양광 에너지와 풍력 에너지 가운데 무엇이 더 나은지를 두고 다툰다. 가공 콩고기로 만든 버거를 먹어야 하는지 렌틸을 먹어야 하는지를 두고 언쟁을 벌인다. 식량 분야의 온실가스를 줄여야 하는지 에너지 분야의 온실가스를 줄여야 하는지를 두고도 싸운다. 중요한 것은, 이렇게 다투고 있는 사람들이 근본적으로는 모두 같은 방향을 향해 나아가고 있다는 사실이다.

우리가 우리끼리 싸우는 동안 정반대 방향을 가리키는 화살표들은 우리의 노력을 방해한다. 화석 연료 기업들, 육류 업계의 로비 단체들, 환경 운동을 반대하는 사람들은 아무런 힘도 들이지 않고

원하는 것을 손에 넣는다. 그들은 우리의 힘을 무력화시키기 위해 딱히 크게 애쓸 필요도 없다. 우리는 서로 싸우는 데 정신이 팔린 나머지 진짜 적에게 대항하지도, 앞으로 나아가지도 못한다.

그러므로 폭넓은 관점에서 입장을 같이하는 타인을 공격하는 일은 삼가기를 바란다. 다른 사람의 의견에 대해 이의를 제기하고 논쟁을 벌여서는 안 된다는 의미가 아니다. 효과적인 방법을 찾기 위해서는 이런 비판적인 관점도 꼭 필요하지만, 이런 토론 과정에서 우리는 보다 건설적이고 관대해야 한다.

나와 같은 방향을 가리키는 화살표는 더 나은 미래를 향한 해결책을 찾기 위해 골몰하는 동료들이다. 비관론자들은 해결책에 관심이 없다. 이미 포기했기 때문이다. 그들은 문제 해결에 방해가 되는 경우가 많다. 그들은 앞으로 나아가려는 우리의 노력을 훼방 놓을

같은 방향으로 나아가는 사람들과 협력해야 한다

환경 문제를 해결하는 방법에 대해서는 다소 이견이 있을지 몰라도 우리는 모두 같은 편이다.

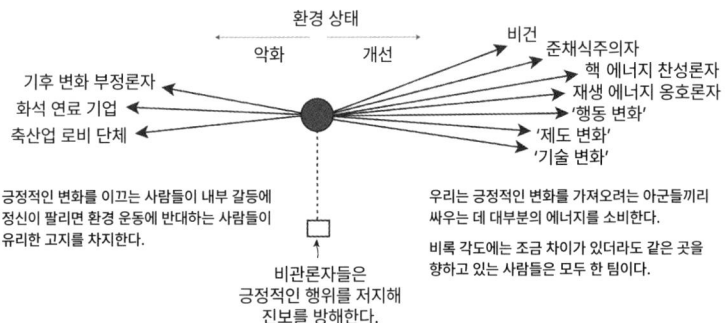

뿐이지만, 최악의 경우 우리를 적극적으로 잘못된 방향으로 끌고 가기 때문에 기후 변화를 부정하는 사람들만큼이나 해로운 존재다.

우리는 인류 최초의 지속 가능한 세대나

오늘을 살아가는 우리는 지속 가능한 미래라는, 우리 조상들은 꿈조차 꿀 수 없었던 목표를 달성할 수 있는 매우 특별한 위치에 서 있다. 나는 우리가 모든 사람의 필요를 충족하면서 지금보다 더 나은 환경을 후손들에게 남겨 줄 수 있는 세대가 될 수 있다고 믿는다.

우리가 선조들과 다른 점은 경제적, 기술적 변화로 인해 여러 '선택지'가 있다는 사실이다. 우리는 과거처럼 고래 기름, 석탄, 땔감과 같은 연료에 꼼짝없이 매인 처지가 아니다. 우리에게는 훨씬 더 강력하고 효율적인 방법으로 에너지를 생산할 수 있는 여러 가지 대안이 있다.

이처럼 여러 선택지가 존재한다는 사실에는 책임감이 동반된다. 우리는 인류가 더 나은 미래로 나아가게 하는 책임 있는 선택을 할 수 있다. 물론 현재 상태에 안주할 수도 있다. 지속 가능한 미래는 보장된 것이 아니다. 지속 가능한 미래를 원한다면 우리가 직접 만들어야 한다. '인류 최초의 지속 가능한 세대'가 되는 것은 우리에게 주어진 기회이지 필연적으로 찾아오는 것이 아니다.

내가 미래에 대해 낙관적일 수 있는 이유는 내가 만나 본 수많은 사람이 이 목표를 향해 열심히 노력하고 있기 때문이다. 그런 사람들을 주변에 두고 그들에게서 영감을 얻자. 인류가 끝장났다고 말하는 사람은 무시하면 된다.

인간은 절대 끝나지 않았다. 우리는 모든 이를 위한 더 나은 미래를 만들 수 있다. 이 기회를 놓치지 않고 우리의 목표를 현실로 만들자.

감사의 글

누구도 지속 가능한 세상을 혼자서 만들 수는 없다. 마찬가지로 이 책도 한 사람의 작품이 아니다. 표지에는 내 이름이 인쇄되어 있지만 이 책이 나오기까지 나의 공은 아주 적다.

먼저 이 책을 집필할 수 있도록 영감을 주고 작가가 되는 길을 안내해 준 나의 에이전트, 애비타스 크리에이티브 매니지먼트 사의 토비 먼디Toby Mundy에게 진심으로 고맙다는 말을 전한다.

펭귄 랜덤 하우스 차토 앤드 윈더스Chatto & Windus의 멋진 팀원들에게 어떻게 감사의 인사를 해야 할지 모르겠다. 초보 저자의 글을 맡는 도박을 감행하고 나만큼이나 열정적으로 임해 준 편집장 베키 하디Becky Hardie에게는 감사한 마음뿐이다. 소중한 피드백과 지원을 아끼지 않았던 보조편집자 아시아 차우드리Asia Choudhry에게도 고맙다. 글의 정교함과 정확성을 다듬는 데 큰 도움을 준 교열 담당자 캐서린 프라이Katherine Fry, 집필 과정 동안 물심양면 도와준 리애넌 로이Rhiannon Roy, 이 책이 독자들에게 닿을 수 있도록 도와준 카멜라 로우키스Carmella Lowkis, 애나 레드먼 에일워드Anna Redman Aylward에게도 감사의 말을 전한다. 판권, 표지 디자인, 마케팅, 홍보 등 보이지 않는 곳에서 지칠 줄 모르고 애서 준 사람이 너무나 많다. 이들 모두 책 표지에 이름이 거론되어야 마땅하다. 이 책은 이들이 아니었으면 탄생할 수 없었고, 나 역시 이 책을 쓸 수 없었을 것이다. 미국 출판사 편집장 머리사 비질랜티Marisa Vigilante, 리틀, 브라운 스파크Little, Brown Spark 팀에게도 깊은 감사의 말을 전한다. 모두 진심으로 고맙다.

    이 책을 펴내기까지 적어도 6년이 걸렸다. 밑바탕이 된 연구 자료와 데이터의 상당 부분은 내가 《아워 월드 인 데이터》에서 연구원으로 일하며 얻은 것들이다. 나는 아무도 권유해 준 적 없지만 기꺼이 무급으로라도 일해보고 싶다는 이메일을 보낸 후, 2017년부터 이곳에서 일하기 시작했다. 나의 이메일을 무시하지 않고 기회를 준 맥스 로저Max Roser와 에스테반 오티즈오스피나Esteban Ortiz-Ospina에게 고맙다는 말을 전한다. 두 사람은 훌륭한 멘토이자 소중한 친구다. 그들을 정말 사랑하고, 우리가 지금껏 함께 이뤄낸 모든 것이 자랑스럽다.

    나 같은 괴짜 연구자에게 학문적 터전을 마련해 준 옥스퍼드 마틴 스쿨Oxford Martin School에도 감사의 인사를 하고 싶다. 《아워 월드 인 데이터》의 동료들에게도 고맙다. 더 좋은 세상을 만들겠다는 의지로 가득 찬 사람들이 늘 곁에 있다는 것은 특별한 일이다. 이 책의 전반부 초고를 읽고 피드백을 해 준 피오나 스푸너Fiona Spooner와 누구보다 열렬히 격려해 준 에두아르 마티외Edouard Mathieu에게 특별히 고마운 마음을 전한다. 이들은 누구와도 바꾸고 싶지 않은 동료들이다.

    이 책은 미래에 대한 투자를 다루고 있다. 운이 좋게도 내게는 나를 도와주고 믿어 준 훌륭한 멘토가 있다. 데이브 리에이Dave Reay, 피트 히긴스Pete Higgins에 대한 고마움은 이루 말할 수 없다. 내가 삶을 헤쳐 나가는 데 이들의 성실함을 반만이라도 닮을 수 있기를 바랄 뿐이다. 나의 세계관을 통째로 바꿔 주고 한없이 비관적이었던 나를 간절한 낙관론자로 만들어 준 한스Hans Ola Rosling와 올라 로슬링Ola Rosling 그리고 애나 로슬링 뢴룬드Anna Rosling Rönnlund에게 정말 감사하다. 또 변함없는 지지를 보내준 리즈 그랜트Liz Grant, 케이트 스토리Kate Storey를 비롯해 책을 준비하는 동안 언제나 나를 응원해 준 사람들, 《워크 인 프로그레스Work in Progress》의 살로니 다타니Saloni Dattani, 샘 보먼Sam Bowman, 벤 사우스우드Ben Southwood, 닉 휘터커Nick Whitaker와 좋은 책이 나오도록 애써준 윌 매캐스킬Will MacAskill, 개빈 와인버그Gavin Weinberg, 애비 로리그Abie Rohrig에게도 고맙다는 말을 전한다.

    나는 운이 좋게도 세계 최고의 전문가들로부터 조언을 구할 수 있었다. 책의 전반부 초안을 읽고 피드백을 해 준 조셉 푸어Joseph Poore, 보얀 슬랫Boyan Slat, 마티아스 에거Matthias Egger, 로런트 르브레튼Laurent Lebreton, 레이 힐본Ray Hilborn, 마이클 멜니처크Michael Melnychuk, 맥스 모슬러Max Mossler, 데이브 리에이Dave Reay에게 감사의 인사를 전한다. 이 책에 어떤 사실적 오류가 있다면 전적으로 책임은 나에게 있다.

우리는 모두 성공이나 실패와 상관없이 우리를 사랑해 주는 친구가 필요하다. 나를 쉴 새 없이 웃게 해 주고 기운을 북돋워 준 새라 캐넌Sarah Cannon과 맷 하우드Matt Harwood, 지치지 않게 격려해 준 에마 스토리고든Emma Storey-Gordon, 기쁠 때나 힘들 때나 늘 곁에서 도와준 마이클 휴스Michael Hughes에게 정말 고맙다. 지난 몇 년간 내가 의지해 온 사람은 여기에 다 적을 수 없을 만큼 많다. 그중에서도 메러디스 코리Meredith Corey, 시밤 하구나니Shivam Hargunani, 토머스 알렉산더Thomas Alexander, 쇼나 데노번Shona Denovan, 앤디 해밀턴Andy Hamilton, 에린 밀러Erin Miller, 이브 스미스Eve Smith, 제니 다이벡Jenny Dybeck, 야니 스미스Yanni Smith, 린지 비폰드Lyndsey Vipond, 아일라Isla, 앨리슨Allison, 해미시Hamish, 데이비드David, 질리언Gillian, 앤드루 커Andrew Kerr에게 모두 감사의 마음을 전한다.

사랑하는 가족이 없었다면 나는 아무것도 할 수 없었을 것이다. 내게 또다른 부모와 형제가 되어 준, 세상 누구보다 소중한 앤드리아Andrea, 토미Tommy, 키런Kieran 그리고 어릴 적 내가 써 준 모든 '책'을 소중하게 간직해 온 할머니, 할아버지께 감사의 인사를 전한다. 할머니는 이 책이 베스트셀러가 되면 그것들을 팔아 떼돈을 벌 수 있을 것이라고 굳게 믿고 계신다. 내가 엑스의 어떤 악평에도 무던할 수 있도록 축구장에서 뻔뻔해지는 방법을 가르쳐 준 에런Aaron이 내 동생이어서 자랑스럽다. 세상에서 가장 따뜻한 마음을 가진 메건Megan, 앞으로 태어날 그의 아기를 위해 우리가 더 나은 세상을 만들 수 있기를 진심으로 희망한다.

누구보다 깊은 감사를 드리고 싶은 사람은 나와 함께 이 책에 큰 관심과 애정을 쏟아준 나의 부모님 캐런Karen과 데이비드David다. 우리가 행동에 나서려면 감성이, 무엇을 해야 하는지 알기 위해서는 이성이 필요하다. 나의 부모님은 감성과 이성이 완벽한 조화를 이루는, 세상에서 가장 따뜻하고 지적인 커플이다. 두 분에게 배운 것들이 이 책에 잘 녹아 있기를 바란다. 조건 없는 사랑을 보내 주시고 어릴 적 파티에 가서도 조용히 구석에서 책을 읽게 허락해 주신, 모든 아이가 부러워할 만한 우리 부모님께 감사의 마음을 전한다.

마지막으로 나를 더 나은 사람으로, 이 세상을 더 행복한 곳으로 만들어 주는, 내가 가장 사랑하는 캐서린Catherine. 새벽 4시에 일어나 글을 쓰고 주말 내내 책에 매여 있는 나를 참아 줘 정말 고맙다. 곁에 다른 누구도 아닌 캐서린이 있다는 사실에 늘 감사하며, 나도 그를 언제나 응원하고 있음을 알고 있기를 바란다. 이 책은 내 삶의 아주 짧은 단편에 불과하다. 남은 이야기도 꼭 그와 함께 써 내려갈 수 있기를 바란다.

주

서문

1. S. Helm, J. A. Kemper & S. K. White, 'No future, no kids – no kids, no future?', *Popul Environ* 43, 108–29 (2021).
2. C. Hickman et al., 'Climate anxiety in children and young people and their beliefs about government responses to climate change: a global survey', *Lancet Planet Health* 5, e863–73 (2021).
3. Morning Consult, *National Tracking Poll* #200926, https://assets.morningconsult.com/wp-uploads/2020/09/28065126/200926_crosstabs_MILLENIAL_FINANCE_Adults_v4_RG.pdf (2020).
4. M. Schneider-Mayerson & K. L. Leong, 'Eco-reproductive concerns in the age of climate change', *Clim Change* 163, 1007–23 (2020).
5. B. Lockwood, N. Powdthavee & O. Andrew, *Are Environmental Concerns Deterring People from Having Children?*, IZA Institute of Labor Economics (2022).
6. A. Maxmen, 'Three minutes with Hans Rosling will change your mind about the world', *Nature* 540, 330–3 (2016).
7. E. Klein, 'Your Kids Are Not Doomed', *New York Times* (2022).
8. P. Romer, 'Conditional Optimism', https://paulromer.net/conditional-optimism-technology-and-climate/ (2018).
9. P. R. Ehrlich, *The Population Bomb* (Ballantine Books, 1989).
10. M. Roser, 'The world is awful. The world is much better. The world can be much better', Our World in Data, https://ourworldindata.org/much-better-awful-can-be-better (2022).

1장 지속 가능한 최초의 시대

1   K. Klein Goldewijk et al., 'Anthropogenic land use estimates for the Holocene – HYDE 3.2', *Earth Syst Sci Data* 9, 927–53 (2017).

2   A. D. Barnosky, 'Megafauna biomass tradeoff as a driver of Quaternary and future extinctions', *Proceedings of the National Academy of Sciences* 105, 11543–8 (2008).

3   E. C. Ellis et al., 'People have shaped most of terrestrial nature for at least 12,000 years', *Proceedings of the National Academy of Sciences* 118, e2023483118 (2021).

4   V. Reyes-García & P. Benyei, 'Indigenous knowledge for conservation', *Nat Sustain* 2, 657–8 (2019).

5   K. M. Hoffman et al., 'Conservation of Earth's biodiversity is embedded in Indigenous fire stewardship', *Proceedings of the National Academy of Sciences* 118, e2105073118 (2021).

6   M. Roser, 'Mortality in the past – around half died as children', Our World in Data, https://ourworldindata.org/child-mortality-in-the-past (2019).

7   A. A. Volk & J. Atkinson, 'Infant and child death in the human environment of evolutionary adaptation', *Evolution and Human Behavior* 34, 182–92 (2013).

8   F. E. Johnston & C. E. Snow, 'The reassessment of the age and sex of the Indian Knoll skeletal population: Demographic and methodological aspects', *Am J Phys Anthropol* 19, 237–44 (1961).

9   M. Roser, H. Ritchie & B. Dadonaite, 'Child and Infant Mortality', Our World in Data (2013).

10 H. Ritchie & M. Roser, 'Maternal Mortality', Our World in Data, https://ourworldindata.org/maternal-mortality/ (2023).

11 M. Roser, E. Ortiz-Ospina & H. Ritchie, 'Life Expectancy', Our World in Data (2013).

12 IFAD, UNICEF, WFP and WHO, *The State of Food Security and Nutrition in the World 2022*, (FAO, 2022).

13 H. Ritchie & M. Roser, 'Clean Water and Sanitation', Our World in Data (2021).

14 H. Ritchie, M. Roser & P. Rosado, 'Energy', Our World in Data (2020).

15 M. Roser & E. Ortiz-Ospina, 'Literacy', Our World in Data (2016).

16 https://ourworldindata.org/better-learning/ (2022).
17 J. Hasell et al., 'Poverty', Our World in Data, https://ourworldindata.org/poverty (2022).
18 M. Roser, H. Ritchie & E. Ortiz-Ospina, 'World Population Growth', Our World in Data (2013).
19 M. Roser, 'Fertility Rate', Our World in Data, https://ourworldindata.org/fertility-rate/ (2023).
20 United Nations Department of Economic and Social Affairs, *World Population Prospects 2022: Summary of Results* (2022).
21 M. Roser, 'How much economic growth is necessary to reduce global poverty substantially?', Our World in Data, https://ourworldindata.org/poverty-minimum-growth-needed/ (2021).
22 M. Roser, 'Global poverty in an unequal world: Who is considered poor in a rich country? And what does this mean for our understanding of global poverty?', Our World in Data, https://ourworldindata. org/higher-poverty-global-line/ (2021).

2장 대기오염

1 O. Wainwright, 'Inside Beijing's airpocalypse – a city made "almost uninhabitable" by pollution', *Guardian* (2014).
2 W. Wang et al., 'Atmospheric Particulate Matter Pollution during the 2008 Beijing Olympics', *Environ Sci Technol* 43, 5314–20 (2009).
3 S. Wang et al., 'Quantifying the Air Pollutants Emission Reduction during the 2008 Olympic Games in Beijing', *Environ Sci Technol* 44, 2490–6 (2010).
4 J. Yeung, N. Gan & S. George, 'From "air-pocalypse" to blue skies. Beijing's fight for cleaner air is a rare victory for public dissent', CNN, https://www.cnn.com/2021/08/23/china/china-air-pollution-mic-intl-hnk/index.html/ (2021).
5 E. Wong, 'China Lets Media Report on Air Pollution Crisis', *New York Times* (2013).
6 M. Greenstone, H. Guojun & K. Lee, *The 2008 Olympics to the 2022 Olympics*

China's Fight to Win its War Against Pollution, Energy Institute of the University of Chicago (2022).

7   Seneca & R. M. Gummere, *Ad Lucilium epistulae morales* (Harvard University Press, 1917).

8   D. Fowler et al., 'A chronology of global air quality', *Philosophical Transactions of the Royal Society A*, doi:10.1098/rsta.2019.0314 (2020).

9   Hippocrates, trans. W. H. S. Jones, *Hippocrates* (Heinemann/Putnam, 1923).

10   M. A. Sutton et al., 'Alkaline air: changing perspectives on nitrogen and air pollution in an ammonia-rich world', *Philosophical Transactions of the Royal Society A: Mathematical, Physical and Engineering Sciences* 378, 20190315 (2020).

11   J. A. J. Gowlett, 'The discovery of fire by humans: a long and convoluted process', *Philosophical Transactions of the Royal Society B: Biological Sciences* 371, 20150164 (2016).

12   K. Hardy et al., 'Dental calculus reveals potential respiratory irritants and ingestion of essential plant-based nutrients at Lower Palaeolithic Qesem Cave Israel', Quaternary International 398, 129–35 (2016).

13   O. Jarus, 'Egyptian Mummies Hold Clues of Ancient Air Pollution', livescience.com, https://www.livescience.com/14420-ancient-egyptian- mummies-lung-disease-pollution.html/ (2011).

14   A. S. Mather, J. Fairbairn & C. L. Needle, 'The course and drivers of the forest transition: The case of France' *J Rural Stud* 15, 65–90 (1999).

15   R. Fouquet, 'Long run trends in energy-related external costs', *Ecological Economics* 70, 2380–9 (2011).

16   R. M. Hoesly et al., 'Historical (1750–2014) anthropogenic emissions of reactive gases and aerosols from the Community Emissions Data System (CEDS)', *Geosci Model Dev* 11, 369–408 (2018).

17   P. J. Crutzen, 'The influence of nitrogen oxides on the atmospheric ozone content', *Quarterly Journal of the Royal Meteorological Society* (1970).

18   M. J. Molina & F. S. Rowland, 'Stratospheric sink for chlorofluoromethanes: chlorine atom-catalysed destruction of ozone', *Nature* 249, 810–12 (1974).

19   NASA, 'Atmospheric ozone 1985 Assessment of our understanding of the processes controlling its present distribution and change', https://www.osti.gov/

biblio/6918528-atmospheric-ozone-assessment-our- understanding-processes-controlling-its-present-distribution-change-volume/ (1985).

20 P. M. Morrisette, 'The evolution of policy responses to stratospheric ozone depletion', *Natural Resources Journal* (USA) 29:3, 1989.

21 D. D. Doniger, 'Politics of the ozone layer', *Issues Sci Technol* 4, 86–92 (1988).

22 United Nations Environment Programme (UNEP), 'The Montreal Protocol on Substances that Deplete the Ozone Layer', https://ozone.unep.org/treaties/montreal-protocol/ (1987).

23 Ozone Secretariat, 'Summary of control measures under the Montreal Protocol', https://ozone.unep.org/treaties/montreal-protocol/ summary-control-measures-under-montreal-protocol/ (1987).

24 M. I. Hegglin et al., *Twenty questions and answers about the ozone layer: 2014 Update: Scientific assessment of ozone depletion: 2014* (World Meteorological Organization, 2015).

25 J. E. Aldy et al., 'Looking Back at 50 Years of the Clean Air Act', *J Econ Lit* 60, 179–232 (2022).

26 K. Clay & W. Troesken, 'Did Frederick Brodie Discover the World's First Environmental Kuznets Curve? Coal Smoke and the Rise and Fall of the London Fog', doi:10.3386/w15669 (2010).

27 J. Lelieveld et al., 'Effects of fossil fuel and total anthropogenic emission removal on public health and climate', *Proceedings of the National Academy of Sciences* 116, 7192–7 (2019).

28 K. Vohra et al., 'Global mortality from outdoor fine particle pollution generated by fossil fuel combustion: Results from GEOS-Chem', *Environ Res* 195, 110754 (2021).

29 H. Ritchie et al., 'Causes of Death', Our World in Data, https://ourworldindata.org/causes-of-death/ (2023).

30 C. J. L. Murray et al., 'Global burden of 87 risk factors in 204 countries and territories, 1990–2019: a systematic analysis for the Global Burden of Disease Study 2019', *Lancet* 396, 1223–49 (2020).

31 H. Ritchie, blog, 'Delhi's Odd-Even Rule Is At Odds With What Needs To Be Done [Part 2]', https://hannahritchie.com/ (2016).

32   S. Kurinji, A. Khan & T. Ganguly, *Bending Delhi's Air Pollution Curve: Learnings from 2020 to Improve* 2021, New Delhi, Council on Energy, Environment and Water (CEEW). (2021).

33   S. Sarkar, R. P. Singh & A. Chauhan, 'Increasing health threat to greater parts of India due to crop residue burning', *Lancet Planet Health* 2, e327–8 (2018).

34   S. Bikkina et al., 'Air quality in megacity Delhi affected by countryside biomass burning', *Nat Sustain* 2, 200–5 (2019).

35   P. Shyamsundar et al., 'Fields on fire: Alternatives to crop residue burning in India', *Science* (1979) 365, 536–8 (2019).

36   OECD, *The Economic Consequences of Outdoor Air Pollution* (OECD, 2016).

37   World Bank, *The Global Health Cost of PM2.5 Air Pollution: A Case for Action Beyond* 2021 (World Bank, 2022).

38   J. Dornoff & F. Rodriquez, *Gasoline versus diesel: Comparing CO2 emissions of a modern medium sized car model under laboratory and onroad testing conditions*, International Council on Clean Transportation (ICCT) (2019).

39   H. Ritchie, 'What was the death toll from Chernobyl and Fukushima?', Our World in Data, https://ourworldindata.org/what-was-the-death-toll-from-chernobyl-and-fukushima/ (2022).

40   United Nations, *Sources and Effects of Ionizing Radiation*, UNSCEAR 2008 Report (2011).

41   K. M. Leung et al., 'Trends in Solid Tumor Incidence in Ukraine 30 Years After Chernobyl', *J Glob Oncol* 1–10, doi:10.1200/JGO.19.00099 (2019).

42   H. Ritchie, 'What are the safest and cleanest sources of energy?', Our World in Data, https://ourworldindata.org/safest-sources-of-energy (2020).

43   S. Chowdhury et al., 'Global health burden of ambient PM2.5 and the contribution of anthropogenic black carbon and organic aerosols', *Environ Int* 159, 107020 (2022).

3장 기후 변화

1   S. Connor, 'Global warming: Scientists say temperatures could rise by 6°C by 2100

and call for action ahead of UN meeting in Paris', *Independent* (2015).

2   Climate Action Tracker, *Warming Projections Global Update. November 2022 Updated* (2022).

3   H. Ritchie & M. Roser, 'Natural Disasters', Our World in Data (2014).

4   EM-DAT, CRED (2021).

5   https://X.com/_HannahRitchie/status/1314141670439563264.

6   J. Hasell & M. Roser, 'Famines', Our World in Data (2013).

7   K.-H. Erb et al., 'Unexpectedly large impact of forest management and grazing on global vegetation biomass', *Nature* 553, 73–6 (2018).

8   GOV.UK, 'Digest of UK Energy Statistics (DUKES): electricity', https://www.gov.uk/government/statistics/electricity-chapter-5-digest-of-united-kingdom-energy-statistics-dukes/ (2022).

9   P. Friedlingstein et al., 'Global Carbon Budget 2022', *Earth Syst Sci Data* 14, 4811–900 (2022).

10 H. Ritchie, M. Roser & P. Rosado, 'CO_2 and Greenhouse Gas Emissions', Our World in Data (2020).

11 https://X.com/GlobalEcoGuy/status/1524781923226341376?s=20.

12 G. P. Peters, 'From production-based to consumption-based national emission inventories', *Ecological Economics* 65, 13–23 (2008).

13 G. P. Peters, S. J. Davis & R. Andrew, 'A synthesis of carbon in international trade', *Biogeosciences* 9, 3247–76 (2012).

14 V. Smil, *Energy Transitions: History, Requirements, Prospects* (ABC-CLIO, 2010).

15 V. Smil, *Energy and Civilization: A History* (MIT Press, 2018).

16 V. Smil, *Energy in world history: Essays in world history* (Westview Press, 1994).

17 M. Roser, 'Why did renewables become so cheap so fast?', Our World in Data, https://ourworldindata.org/cheap-renewables-growth/ (2022)

18 Lazard, 'Lazard's Levelized Cost of Energy Analysis – Version 13.0' (2021).

19 H. Ritchie, 'The price of batteries has declined by 97% in the last three decades', Our World in Data, https://ourworldindata.org/battery-price-decline/ (2021).

20 M. S. Ziegler & J. E. Trancik, 'Re-examining rates of lithiumion battery technology improvement and cost decline', *Energy Environ Sci* 14, 1635–51 (2021).

21 H. Ritchie, 'How much of global greenhouse gas emissions come from food?',

Our World in Data, https://ourworldindata.org/greenhouse-gas-emissions-food/ (2021).

22 M. Crippa. et al., 'Food systems are responsible for a third of global anthropogenic GHG emissions', *Nat Food* 2, 198–209 (2021).

23 J. Poore & T. Nemecek, 'Reducing food's environmental impacts through producers and consumers', *Science* (1979) 360, 987–92 (2018).

24 'Sector by sector: where do global greenhouse gas emissions come from?', Our World in Data, https://ourworldindata.org/ghg-emissions-by-sector/ (2020).

25 M. Ge, J. Friedrich & L. Vigna, '4 Charts Explain Greenhouse Gas Emissions by Countries and Sectors', World Resources Institute (2020).

26 UNECE, *Lifecycle Assessment of Electricity Generation Options* (2021).

27 'How does the land use of different electricity sources compare?', Our World in Data https://ourworldindata.org/land-use-per-energy-source/ (2022).

28 *Mineral requirements for clean energy transitions,* International Energy Agency (2022).

29 S. Wang et al., 'Future demand for electricity generation materials under different climate mitigation scenarios', *Joule,* doi:10.1016/j. joule.2023.01.001 (2023).

30 'Cars, planes, trains: where do CO2 emissions from transport come from?', Our World in Data, https://ourworldindata.org/co2-emissions-from-transport/ (2020).

31 'Transport sector CO2 emissions by mode in the Sustainable Development Scenario, 2000–2030 – Charts – Data & Statistics', International Energy Agency (2020).

32 'The 2021 EPA Automotive Trends Report Greenhouse Gas Emissions, Fuel Economy, and Technology since 1975', EPA, https://www.epa.gov/automotive-trends/download-automotive-trends-report/ (2021).

33 T. D. Searchinger et al., 'Assessing the efficiency of changes in land use for mitigating climate change', *Nature* 564, 249–53 (2018).

34 T. Searchinger et al., 'Use of U.S. Croplands for Biofuels Increases Greenhouse Gases Through Emissions from Land-Use Change', *Science* (1979) 319, 1238–40 (2008).

35 'Factcheck: How electric vehicles help to tackle climate change', *Carbon Brief,*

https://www.carbonbrief.org/factcheck-how-electric-vehicles-help-to-tackle-climate-change/ (2019).

36 *Global EV Outlook* 2022, International Energy Agency (2022).

37 H. Ritchie, 'Electric vehicle batteries would have cost as much as a million dollars in the 1990s', *Sustainability by numbers,* Preprint at https://hannahritchie.substack.com/p/ev-battery-costs/ (2022).

38 BloombergNEF, *Electric Vehicle Outlook* 2022 (2022).

39 D. Rybski et al., 'Cities as nuclei of sustainability?', *Environ Plan B Urban Anal City Sci* 44, 425–40 (2017).

40 R. Gudipudi et al., 'City density and CO2 efficiency', *Energy Policy* 91, 352–61 (2016).

41 S. J. Davis et al., 'Net-zero emissions energy systems', *Science* (1979) 360, eaas9793 (2018).

42 R. Twine, 'Emissions from Animal Agriculture –16.5% Is the New Minimum Figure', *Sustainability* 13, 6276 (2021).

43 M. A. Clark et al., 'Global food system emissions could preclude achieving the 1.5° and 2°C climate change targets', *Science* (1979) 370, 705–8 (2020).

44 IPCC, *Global Warming of 1.5°C. An IPCC Special Report on the impacts of global warming of 1.5°C above preindustrial levels and related global greenhouse gas emission pathways, in the context of strengthening the global response to the threat of climate change, sustainable development, and efforts to eradicate poverty* (2018).

45 Poore, J., & Nemecek, T. (2018). Reducing food's environmental impacts through producers and consumers. *Science*, 360(6392), 987-992.

46 W. Willett et al., 'Food in the Anthropocene: the EAT–Lancet Commission on healthy diets from sustainable food systems', *Lancet* 393, 447–92 (2019).

47 P. S. Fennell, S. J. Davis & A. Mohammed, 'Decarbonizing cement production', *Joule* 5, 1305–11 (2021).

48 'Concrete needs to lose its colossal carbon footprint', *Nature* 597, 593–94 (2021).

49 D. Klenert et al., 'Making carbon pricing work for citizens', *Nat Clim Chang* 8, 669–77 (2018).

50 IPCC, *Climate Change 2022: Impacts, Adaptation, and Vulnerability. Contribution of Working Group II to the Sixth Assessment Report of the Intergovernmental Panel*

on Climate Change (Cambridge University Press, 2022).

51 M. Berners-Lee, *How Bad are Bananas?: The Carbon Footprint of Everything* (Profile Books Ltd, 2010).

52 Ipsos, 'Ipsos Perils of Perception: climate change', https://www.ipsos.com/en-uk/ipsos-perils-perception-climate-change (2021).

53 S. Wynes & K. A. Nicholas, 'The climate mitigation gap: education and government recommendations miss the most effective individual actions', *Environmental Research Letters* 12, 74024 (2017).

4장 삼림 파괴

1   https://x.com/EmmanuelMacron/status/1164617008962527232/ (2019).

2   https://x.com/Cristiano/status/1164588606436106240/ (2019).

3   https://x.com/KamalaHarris/status/1165070218009489408/ (2019).

4   https://x.com/StationCDRKelly/status/1164608581989294082/ (2019).

5   A. Symonds, 'Amazon Rainforest Fires: Here's What's Really Happening', *New York Times* (2019).

6   Y. Malhi, 'Does the Amazon provide 20% of our oxygen?', http://www.yadvindermalhi.org/1/post/2019/08/does-the-amazon-provide-20-of-our-oxygen.html/ (2019).

7   J. Aberth, *The Black Death: a new history of the great mortality in Europe, 1347–1500* (Oxford University Press, 2021).

8   P. Brannen, 'The Amazon Is Not Earth's Lungs', *Atlantic*, https://www.theatlantic.com/science/archive/2019/08/amazon-fire-earth-has-plenty-oxygen/596923/ (2019).

9   A. Izdebski et al., 'Palaeoecological data indicates land-use changes across Europe linked to spatial heterogeneity in mortality during the Black Death pandemic', *Nat Ecol Evol* 6, 297–306 (2022).

10 S. A. Smith & J. Gilbert, *National Inventory of Woodland and Trees – Scotland* (Forestry Commission, 2001).

11 Smith & Gilbert, *National inventory of Woodland and Trees – England* (Forestry

Commission, 2001).

12 A. S. Mather, 'Forest transition theory and the reforesting of Scotland', *Scottish Geographical Journal* 120, 83–98 (2004).

13 DEFRA, UK, *Government Forestry and Woodlands Policy Statement: Incorporating the Government's Response to the Independent Panel on Forestry's Final Report* (2013).

14 U.S. *Forest Facts and Historical Trends*, https://www.fia.fs.usda.gov/library/brochures/docs/2000/ForestFactsMetric.pdf (2000).

15 M. Williams, *Deforesting the Earth: From Prehistory to Global Crisis, An Abridgment* (University of Chicago Press, 2006).

16 H. Ritchie & M. Roser, 'Forests and Deforestation', Our World in Data (2021).

17 C. H. L. Silva Junior et al., 'The Brazilian Amazon deforestation rate in 2020 is the greatest of the decade', *Nat Ecol Evol* 5, 144–5 (2021).

18 T. K. Rudel, 'Is There a Forest Transition? Deforestation, Reforestation, and Development', *Rural Sociol* 63, 533–52 (1998).

19 T. K. Rudel et al., 'Forest transitions: towards a global understanding of land use change', *Global Environmental Change* 15, 23–31 (2005).

20 J. Crespo Cuaresma et al., 'Economic Development and Forest Cover: Evidence from Satellite Data', *Sci Rep* 7, 40678 (2017).

21 P. G. Curtis et al., 'Classifying drivers of global forest loss', *Science* (1979) 361, 1108–11 (2018).

22 B. R. Scheffers et al., 'What we know and don't know about Earth's missing biodiversity', Trends Ecol Evol 27, 501–10 (2012).

23 S. L. Lewis, 'Tropical forests and the changing earth system', *Philosophical Transactions B: Biological Sciences* 361, 195–210 (2006).

24 E. L. Bullock et al., 'Satellite-based estimates reveal widespread forest degradation in the Amazon', *Glob Chang Biol* 26, 2956–69 (2020).

25 Ben & Jerry's statement on palm oil sourcing, https://www.benjerry.com, https://www.benjerry.com/values/how-we-do-business/palm-oil-sourcing/

26 E. Meijaard et al., *Oil palm and biodiversity: a situation analysis by the IUCN Oil Palm Task Force* (International Union for Conservation of Nature, 2018).

27 K. G. Austin et al., 'What causes deforestation in Indonesia?', *Environmental Research Letters* 14, 24007 (2019).

28 D. L. A. Gaveau et al., 'Rise and fall of forest loss and industrial plantations in Borneo (2000–2017)', *Conserv Lett* 12, e12622 (2019).

29 Sharon Liao, 'Do Seed Oils Make You Sick?', *Consumer Reports,* https://www.consumerreports.org/healthy-eating/do-seed-oils-make-you-sick-a1363483895/ (2022).

30 M. Marklund et al., 'Biomarkers of Dietary Omega-6 Fatty Acids and Incident Cardiovascular Disease and Mortality', *Circulation* 139, 2422–36 (2019).

31 G. Zong et al., 'Associations Between Linoleic Acid Intake and Incident Type 2 Diabetes Among U.S. Men and Women', *Diabetes Care* 42, 1406–13 (2019).

32 W. S. Harris et al., 'Omega-6 Fatty Acids and Risk for Cardiovascular Disease', *Circulation* 119, 902–7 (2009).

33 R. Ostfeld et al., 'Peeling back the label – exploring sustainable palm oil ecolabelling and consumption in the United Kingdom', *Environmental Research Letters* 14, 14001 (2019).

34 M. Weisse & E. D. Goldman, 'Just 7 Commodities Replaced an Area of Forest Twice the Size of Germany Between 2001 and 2015', World Resources Institute (2021).

35 F. Pendrill et al., 'Deforestation displaced: trade in forest-risk commodities and the prospects for a global forest transition', *Environmental Research Letters* 14, 55003 (2019).

36 E. Barona et al., 'The role of pasture and soybean in deforestation of the Brazilian Amazon', *Environmental Research Letters* 5, 24002 (2010).

37 B. F. T. Rudorff et al., 'The Soy Moratorium in the Amazon Biome Monitored by Remote Sensing Images', *Remote Sens* (Basel) 3, 185–202 (2011).

38 F. Pendrill et al., 'Agricultural and forestry trade drives large share of tropical deforestation emissions', *Global Environmental Change* 56, 1–10 (2019).

39 K. M. Carlson et al., 'Effect of oil palm sustainability certification on deforestation and fire in Indonesia', *Proceedings of the National Academy of Sciences* 115, 121–6 (2018).

40 H. K. Jeswani, A. Chilvers & A. Azapagic, 'Environmental sustainability of biofuels: a review', *Proceedings A: Mathematical, Physical and Engineering Sciences* 476, 20200351 (2020).

41   K. Schmidinger & E. Stehfest, 'Including CO2 implications of land occupation in LCAs – method and example for livestock products', *Int J Life Cycle Assess* 17, 962–72 (2012).

42   C. Cederberg et al., 'Including Carbon Emissions from Deforestation in the Carbon Footprint of Brazilian Beef', *Environ Sci Technol* 45, 1773–9 (2011).

43   M. Clark & D. Tilman, 'Comparative analysis of environmental impacts of agricultural production systems, agricultural input efficiency, and food choice', *Environmental Research Letters* 12, 64016 (2017).

44   D. R. Williams et al., 'Proactive conservation to prevent habitat losses to agricultural expansion', *Nat Sustain* 4, 314–22 (2021).

45   A. Roopsind, B. Sohngen & J. Brandt, 'Evidence that a national REDD+ program reduces tree cover loss and carbon emissions in a high forest cover, low deforestation country', *Proceedings of the National Academy of Sciences* 116, 24492–9 (2019).

46   M. Norman & S. Nakhooda, 'The State of REDD+ Finance', *SSRN Electronic Journal*, doi:10.2139/ssrn.2622743 (2015).

47   W. Fraanje & T. Garnett, *Soy: food, feed, and land use change* (Food-source: Building Blocks, 2020).

5장 식량 문제

1   Chris Arsenault, 'Only 60 Years of Farming Left If Soil Degradation Continues', *Scientific American*, https://www.scientificamerican.com/article/only-60-years-of-farming-left-if-soil-degradation-continues/ (2014).

2   J. L. Edmondson et al., 'Urban cultivation in allotments maintains soil qualities adversely affected by conventional agriculture', *Journal of Applied Ecology* 51, 880–9 (2014).

3   J. Wong, 'The idea that there are only 100 harvests left is just a fantasy', *New Scientist*, https://www.newscientist.com/article/mg24232291-100-the-idea-that-there-are-only-100-harvests-left-is-just-a-fantasy/ (2019)

4   H. Ritchie, 'Do we only have 60 harvests left?', Our World in Data, https://

ourworldindata.org/soil-lifespans (2021).

5   D. L. Evans et al., 'Soil lifespans and how they can be extended by land use and management change', *Environmental Research Letters* 15, 0940b2 (2020).

6   H. Pontzer & B. M. Wood, 'Effects of Evolution, Ecology, and Economy on Human Diet: Insights from Hunter-Gatherers and Other Small-Scale Societies', *Annu Rev Nutr* 41, 363–85 (2021).

7   F. W. Marlowe & J. C. Berbesque, 'Tubers as fallback foods and their impact on Hadza hunter-gatherers', *Am J Phys Anthropol* 140, 751–8 (2009).

8   A. Mummert et al., 'Stature and robusticity during the agricultural transition: Evidence from the bioarchaeological record', *Econ Hum Biol* 9, 284–301 (2011).

9   V. Smil, Enriching the Earth: Fritz Haber, Carl Bosch, and the Transformation of World Food Production (MIT Press, 2004).

10 V. Smil, 'Nitrogen and Food Production: Proteins for Human Diets', *AMBIO: A Journal of the Human Environment* 31, 126–31 (2002).

11 W. M. Stewart et al., 'The Contribution of Commercial Fertilizer Nutrients to Food Production', *Agron J* 97, 1–6 (2005).

12 J. W. Erisman et al., 'How a century of ammonia synthesis changed the world', *Nat Geosci* 1, 636–9 (2008).

13 C. C. Mann, *The Wizard and the Prophet: Two Remarkable Scientists and Their Dueling Visions to Shape Tomorrow's World* (Alfred A. Knopf, 2018).

14 United Nations, *International action to avert the impending protein crisis: Report to the Economic and Social Council of the Advisory Committee on the Application of Science and Technology to Development: feeding the expanding world population* (1968).

15 P. R. Ehrlich, The Population Bomb (Ballantine Books, 1989). See pages 130–2 and 146–8.

16 P. Alexander et al., 'Human appropriation of land for food: The role of diet', *Global Environmental Change* 41, 88–98 (2016).

17 A. Shepon et al., 'Energy and protein feed-to-food conversion efficiencies in the US and potential food security gains from dietary changes', *Environmental Research Letters* 11, 105002 (2016).

18 Food and Agriculture Organization of the United Nations, *Dietary protein quality*

evaluation in human nutrition. Report of an FAQ Expert Consultation (2013).

19. H. Ritchie & M. Roser, 'Water Use and Stress', Our World in Data (2017).
20. S. L. Maxwell et al., 'Biodiversity: The ravages of guns, nets and bulldozers' *Nature* 536, 143–5 (2016).
21. J. H. Ausubel, I. K. Wernick & P. E. Waggoner, 'Peak Farmland and the Prospect for Land Sparing', *Popul Dev Rev* 38, 221–42 (2013).
22. C. A. Taylor & J. Rising, 'Tipping point dynamics in global land use', *Environmental Research Letters* 16, 125012 (2021).
23. Z. Cui et al., 'Pursuing sustainable productivity with millions of smallholder farmers', *Nature* 555, 363–66 (2018).
24. H. Ritchie & M. Roser, 'Crop Yields', Our World in Data (2013).
25. A. Castaneda et al., Who are the Poor in the Developing World? (World Bank, 2016).
26. Good Food Institute, '2021 US Retail Market Insights: Plant-based foods' (2021).
27. S. Smetana et al., 'Meat alternatives: life cycle assessment of most known meat substitutes', *Int J Life Cycle Assess* 20, 1254–67 (2015).
28. H. Ritchie, 'Are meat substitutes really better for the environment than meat?', Sustainability by Numbers (2022).
29. S. Grasso et al., 'Effect of information on consumers' sensory evaluation of beef, plant-based and hybrid beef burgers', Food Qual Prefer 96, 104417 (2022).
30. V. Caputo, G. Sogari & E. J. Van Loo, 'Do plant-based and blend meat alternatives taste like meat? A combined sensory and choice experiment study', *Appl Econ Perspect Policy* 45, 86–105 (2023).
31. V. Sandstrom et al., 'The role of trade in the greenhouse gas footprints of EU diets', *Glob Food Sec* 19, 48–55 (2018).
32. Mintel, 'A quarter of Brits use plant-based milk', https://www.mintel.com/press-centre/food-and-drink/milking-the-vegan-trend-a-quarter-23-of-brits-use-plant-based-milk.
33. M. Clark et al., 'Estimating the environmental impacts of 57,000 food products', *Proceedings of the National Academy of Sciences* 119, e2120584119 (2022).
34. J. Gustavsson et al., 'The methodology of the FAO study: "Global Food Losses and Food Waste extent, causes and prevention"', SIK – Swedish Institute for

Food and Biotechnology (2013).

35   Food and Agriculture Organization of the United Nations, Global food losses and food waste: extent, causes and prevention (2011).

36   Food and Agriculture Organization of the United Nations, Moving forward on food loss and waste reduction: The state of food and agriculture (2019).

37   L. Wang & E. Iddio, 'Energy performance evaluation and modeling for an indoor farming facility', *Sustainable Energy Technologies and Assessments* 52, 102240 (2022).

38   L. Graamans et al., 'Plant factories versus greenhouses: Comparison of resource use efficiency', Agric Syst 160, 31–43 (2018).

39   Crippa, M., Solazzo, E., Guizzardi, D. et al. Food systems are responsible for a third of global anthropogenic GHG emissions. *Nature Food* (2021).

40   A. Hospido et al., 'The role of seasonality in lettuce consumption: a case study of environmental and social aspects', *Int J Life Cycle Assess* 14, 381–91 (2009).

41   A. Carlsson-Kanyama, M. P. Ekstrom & H. Shanahan, 'Food and life cycle energy inputs: consequences of diet and ways to increase efficiency', *Ecological Economics* 44, 293–307 (2003).

42   S. L. Tuck et al., 'Land-use intensity and the effects of organic farming on biodiversity: a hierarchical meta-analysis', *Journal of Applied Ecology* 51, 746–55 (2014).

43   C. K. Winter & J. M. Katz, 'Dietary Exposure to Pesticide Residues from Commodities Alleged to Contain the Highest Contamination Levels', *J Toxicol* 2011, 589674 (2011).

44   J. L. Vicini et al., 'Residues of glyphosate in food and dietary exposure', *Compr Rev Food Sci Food Saf* 20, 5226–57 (2021).

45   O. Golge, F. Hepsag & B. Kabak, 'Health risk assessment of selected pesticide residues in green pepper and cucumber', *Food and Chemical Toxicology* 121, 51–64 (2018).

6장 생물다양성 훼손

1. A. Horton, 'Two generations of humans have killed off more than half the world's wildlife populations, report finds', *Washington Post* (2018).
2. World Wildlife Fund, *Living Planet Report 2022 – Building a nature positive society* (2022).
3. G. Murali et al., 'Emphasizing declining populations in the Living Planet Report', *Nature* 601, E20–4 (2022).
4. C. D. L. Orme et al., 'Global hotspots of species richness are not congruent with endemism or threat', *Nature* 436, 1016–19 (2005).
5. K. Thompson, *Do We Need Pandas?: The Uncomfortable Truth about Biodiversity* (Green Books, 2010).
6. T. Andermann et al., 'The past and future human impact on mammalian diversity', *Sci Adv*, doi:10.1126/sciadv.abb2313 (2020).
7. F. A. Smith et al., 'Body size downgrading of mammals over the late Quaternary', *Science* (1979), doi:10.1126/science.aao5987 (2018).
8. J. Dembitzer et al., 'Levantine overkill: 1.5 million years of hunting down the body size distribution', *Quat Sci Rev* 276, 107316 (2022).
9. H. Ritchie, 'Wild mammals have declined by 85% since the rise of humans, but there is a possible future where they flourish', Our World in Data, https://ourworldindata.org/wild-mammal-decline/ (2021).
10. V. Smil, *Harvesting the biosphere: what we have taken from nature* (MIT Press, 2013).
11. Y. M. Bar-On, R. Phillips & R. Milo, 'The biomass distribution on Earth', *PNAS* 115, 6506–11 (2018).
12. R. M. May, 'Tropical Arthropod Species, More or Less?', *Science* (1979) 329, 41–2 (2010).
13. C. Mora et al., 'How Many Species Are There on Earth and in the Ocean?', *PLoS Biol* 9, e1001127 (2011).
14. B. Jarvis, 'The Insect Apocalypse Is Here', *New York Times* (2018).
15. C. A. Hallmann et al., 'More than 75 percent decline over 27 years in total flying insect biomass in protected areas', *PLoS One* 12, e0185809 (2017).

16 E. O. Wilson, 'The Little Things That Run the World (The Importance and Conservation of Invertebrates)', *Conservation Biology* 1, 344–6 (1987).

17 M. A. Aizen et al., 'How much does agriculture depend on pollinators? Lessons from long-term trends in crop production', *Ann Bot* 103, 1579–88 (2009).

18 M. A. Aizen et al., 'Global agricultural productivity is threatened by increasing pollinator dependence without a parallel increase in crop diversification', *Glob Chang Biol* 25, 3516–27 (2019).

19 A.-M. Klein et al., 'Importance of pollinators in changing landscapes for world crops', *Proceedings of the Royal Society B: Biological Sciences* 274, 303–13 (2007).

20 R. van Klink et al., 'Meta-analysis reveals declines in terrestrial but increases in freshwater insect abundances', *Science* (1979) 368, 417–20 (2020).

21 C. L. Outhwaite et al., 'Complex long-term biodiversity change among invertebrates, bryophytes and lichens', *Nat Ecol Evol* 4, 384–92 (2020).

22 A. J. van Strien et al., 'Modest recovery of biodiversity in a western European country: The Living Planet Index for the Netherlands', *Biol Conserv* 200, 44–50 (2016).

23 C. L. Outhwaite, P. McCann & T. Newbold, 'Agriculture and climate change are reshaping insect biodiversity worldwide', *Nature* 605, 97–102 (2022).

24 G. Andersson et al., 'Arthropod populations in a sub-arctic environment facing climate change over a half-century: variability but no general trend', *Insect Conserv Divers* 15, 534–42 (2022).

25 M. S. Crossley et al., 'Opposing global change drivers counterbalance trends in breeding North American monarch butterflies', *Glob Chang Biol* 28, 4726–35 (2022).

26 D. L. Wagner et al., 'Insect decline in the Anthropocene: Death by a thousand cuts', PNAS 118, e2023989118 (2021).

27 H. Ritchie & M. Roser, 'Biodiversity', Our World in Data (2021).

28 C.R. Thouless et al., 'African Elephant Status Report 2016: an update from the African Elephant Database', IUCN Species Survival Commission, Africa Elephant Specialist Group (2016).

29 A. D. Barnosky et al., 'Has the Earth's sixth mass extinction already arrived?', *Nature* 471, 51–7 (2011).

30 D. Jablonski, 'Background and Mass Extinctions: The Alternation of Macroevolutionary Regimes', *Science* (1979) 231, 129–33 (1986).

31 M. L. McCallum, 'Vertebrate biodiversity losses point to a sixth mass extinction', *Biodivers Conserv* 24, 2497–519 (2015).

32 Howard Hughes Medical Institute, 'The Making of Mass Extinctions', https://media.hhmi.org/biointeractive/click/extinctions.

33 D. S. Robertson et al., 'Survival in the first hours of the Cenozoic', *GSA Bulletin* 116, 760–8 (2004).

34 IUCN, 'The IUCN Red List of Threatened Species, Version 2022-2', https://www.iucnredlist.org/ (2022).

35 S. L. Pimm et al., 'The biodiversity of species and their rates of extinction, distribution, and protection', *Science* (1979) 344, 1246752 (2014).

36 J. Borgelt et al., 'More than half of data deficient species predicted to be threatened by extinction', *Commun Biol* 5, 1–9 (2022).

37 N. Benecke, 'The Holocene distribution of European bison', *MUNIBE AntropologiaArkeologia* (2005).

38 S. E. H. Ledger et al., *Wildlife Comeback in Europe: Opportunities and challenges for species recovery. Final report to Rewilding Europe by the Zoological Society of London, BirdLife International and the European Bird Census Council. London, UK: ZSL*, https://www.rewildingeurope.com/wp-content/uploads/publications/wildlife-comeback-in-europe-2022/ (2022).

39 UNEP-WCMC & IUCN, *Protected Planet Report* 2020 (2021).

40 UN Convention on Biological Diversity, 'First Draft of the Post-2020 Global Biodiversity Framework', Preprint at https://www.cbd.int/doc/c/abb5/591f/2e46096d3f0330b08ce87a45/wg2020-03-03-en.pdf (2021).

41 Nature Needs Half, *Nature Needs Half*, https://natureneedshalf.org.

42 B. Buscher et al., 'Half-Earth or Whole Earth? Radical ideas for conservation, and their implications', *Oryx* 51, 407–10 (2017).

43 E. Ens et al., 'Putting indigenous conservation policy into practice delivers biodiversity and cultural benefits', *Biodivers Conserv* 25, 2889–906 (2016).

44 S. T. Garnett et al., 'A spatial overview of the global importance of Indigenous lands for conservation', *Nat Sustain* 1, 369–74 (2018).

7장 해양 플라스틱 쓰레기

1. S. Kaplan, 'By 2050, there will be more plastic than fish in the world's oceans, study says', *Washington Post* (2016).
2. World Economic Forum, *The New Plastics Economy Rethinking: The Future of Plastics* (2016).
3. S. Jennings et al., 'Global-scale predictions of community and ecosystem properties from simple ecological theory', *Proceedings B: Biological Sciences* 275, 1375–83 (2008).
4. J. R. Jambeck et al., 'Plastic waste inputs from land into the ocean', *Science* (1979) 347, 768–71 (2015).
5. 'Will there be more fish or plastic in the sea in 2050?', BBC News (2016).
6. C. Moore, 'Trashed: Across the Pacific Ocean, plastics, plastics, everywhere', *Natural History* (2003).
7. L. Lebreton et al., 'Evidence that the Great Pacific Garbage Patch is rapidly accumulating plastic', *Sci Rep* 8, 4666 (2018).
8. D. Crespy, M. Bozonnet & M. Meier, '100 Years of Bakelite, the Material of a 1000 Uses', *Angewandte Chemie International Edition* 47, 3322–8 (2008).
9. C. F. Kettering, *Biographical memoir of Leo Hendrik Baekeland, 1863–1944 Presented to the academy at the autumn meeting,* 1946 (National Academy of Sciences, 1946).
10. R. Geyer, J. R. Jambeck & K. L. Law, 'Production, use, and fate of all plastics ever made', *Sci Adv* 3, e1700782 (2017).
11. OECD, *Global Plastics Outlook: Economic Drivers, Environmental Impacts and Policy Options* (OECD, 2022).
12. H. Ritchie & M. Roser, 'Urbanization', Our World in Data (2021).
13. T. Thiounn & R. C. Smith, 'Advances and approaches for chemical recycling of plastic waste', *Journal of Polymer Science* 58, 1347–64 (2020).
14. A. Rahimi & J. M. Garcia, 'Chemical recycling of waste plastics for new materials production', *Nat Rev Chem* 1, 1–11 (2017).
15. Sustainable Development Misconception Study 2020 | Gapminder, Preprint at https://www.gapminder.org/ignorance/studies/sdg2020.

16 W. C. Li, H. F. Tse & L. Fok, 'Plastic waste in the marine environment: A review of sources, occurrence and effects', Science of the Total Environment 566–567, 333–49 (2016).

17 L. J. J. Meijer et al., 'More than 1000 rivers account for 80% of global riverine plastic emissions into the ocean', *Sci Adv* 7, eaaz5803 (2021).

18 L. C. M. Lebreton et al., 'River plastic emissions to the world's oceans', *Nat Commun* 8, 15611 (2017).

19 Z. Wen et al., 'China's plastic import ban increases prospects of environmental impact mitigation of plastic waste trade flow worldwide', *Nat Commun* 12, 425 (2021).

20 D. Barrowclough, C. D. Birkbeck & J. Christen, *Global trade in plastics: insights from the first lifecycle trade database* (2020).

21 A. Brown, F. Laubinger & P. Borkey, 'Monitoring trade in plastic waste and scrap', OECD Environment Working Papers, No. 194 (2022).

22 S. Reed et al., 'Microplastics in marine sediments near Rothera Research Station, Antarctica', *Mar Pollut Bull* 133, 460–3 (2018).

23 H. A. Leslie et al., 'Discovery and quantification of plastic particle pollution in human blood', *Environ Int* 163, 107199 (2022).

24 G. Liebezeit & E. Liebezeit, 'Synthetic particles as contaminants in German beers', *Food Additives & Contaminants: Part A* 31, 1574–8 (2014).

25 G. Liebezeit & E. Liebezeit, 'Non-pollen particulates in honey and sugar', *Food Additives & Contaminants: Part A* 30, 2136–40 (2013).

26 M. Revel, A. Chatel & C. Mouneyrac, 'Micro(nano)plastics: A threat to human health?', *Curr Opin Environ Sci Health* 1, 17–23 (2018).

27 J. Wang et al., 'The behaviors of microplastics in the marine environment', *Mar Environ Res* 113, 7–17 (2016).

28 L. I. Devriese et al., 'Bioaccumulation of PCBs from microplastics in Norway lobster (Nephrops norvegicus): An experimental study', *Chemosphere* 186, 10–16 (2017).

29 C. M. Rochman et al., 'The ecological impacts of marine debris: unraveling the demonstrated evidence from what is perceived', *Ecology* 97, 302–12 (2016).

30 S. Kuhn, E. L. Bravo Rebolledo & J. A. van Franeker, 'Deleterious Effects of

Litter on Marine Life', in *Marine Anthropogenic Litter* (eds M. Bergmann, L. Gutow & M. Klages), 75–116 (Springer International Publishing, 2015).

31 S. C. Gall & R. C. Thompson, 'The impact of debris on marine life', *Mar Pollut Bull* 92, 170–9 (2015).

32 L. E. Haram et al., 'Emergence of a neopelagic community through the establishment of coastal species on the high seas', *Nat Commun* 12, 6885 (2021).

33 L. Lebreton, M. Egger & B. Slat, 'A global mass budget for positively buoyant macroplastic debris in the ocean', *Sci Rep* 9, 12922 (2019).

34 M. Eriksen et al., 'Plastic Pollution in the World's Oceans: More than 5 Trillion Plastic Pieces Weighing over 250,000 Tons Afloat at Sea', *PLoS One 9,* e111913 (2014).

35 Danish Environmental Protection Agency, 'Life Cycle Assessment of grocery carrier bags', https://orbit.dtu.dk/en/publications/life-cycle-assessment-of-grocery-carrier-bags/ (2018).

36 UK DEFRA, 'Life cycle assessment of supermarket carrierbags: a review of the bags available in 2006', https://www.gov.uk/govern ment/publications/life-cycle-assessment-of-supermarket-carrierbags-a-review-of-the-bags-available-in-2006 (2011).

37 J. A. Micales, & K. E. Skog, 'The decomposition of forest products in landfills', *Int Biodeterior Biodegradation* 39, 145–58 (1997).

8장 어류 남획

1 B. Worm et al., 'Impacts of Biodiversity Loss on Ocean Ecosystem Services', *Science* (1979), doi:10.1126/science.1132294 (2006).

2 C. Dean, 'Study Sees "Global Collapse" of Fish Species', *New York Times* (2006).

3 R. Hilborn, 'Faith-based Fisheries', *Fisheries* (Bethesda) 31 (2006).

4 E. Stokstad, 'Detente in the Fisheries War', *Science* (1979), doi:10.1126/science.324.5924.170 (2009).

5 B. Worm et al., 'Rebuilding Global Fisheries', *Science* (1979), doi:10.1126/science.1173146 (2009).

6. S.-M. Lee & D. Robineau, 'Les cétacés des gravures rupestres néolithiques de Bangu-dae (Corée du Sud) et les débuts de la chasse à la baleine dans le Pacifique nord-ouest', *Anthropologie* 108, 137–51 (2004).

7. Y. van den Hurk, K. Rielly & M. Buckley, 'Cetacean exploitation in Roman and medieval London: Reconstructing whaling activities by applying zooarchaeological, historical, and biomolecular analysis', *J Archaeol Sci Rep 36*, 102795 (2021).

8. Y. van den Hurk et al., 'Medieval Whalers in the Netherlands and Flanders: Zooarchaeological Analysis of Medieval Cetacean Remains', *Environmental Archaeology* 27, 243–57 (2022).

9. J. L. Coleman, 'The American whale oil industry: A look back to the future of the American petroleum industry?', *Nonrenewable Resources* 4, 273–88 (1995).

10. J. N. Tonnessen & A. O. Johnsen, *The History of Modern Whaling* (Hurst & Company /Australian National University Press, 1982).

11. A. J. Pershing et al., 'The Impact of Whaling on the Ocean Carbon Cycle: Why Bigger Was Better', *PLoS One* 5, e12444 (2010).

12. L. B. Christensen, 'Marine mammal populations: Reconstructing historical abundances at the global scale', doi:10.14288/1.0074757 (2006).

13. R. H. Thurstan, S. Brockington & C. M. Roberts, 'The effects of 118 years of industrial fishing on UK bottom trawl fisheries', *Nat Commun* 1, 15 (2010).

14. C. Roberts, *The unnatural history of the sea. A Shearwater book* (Island Press/Shearwater Books, 2008).

15. C. M. Duarte et al., 'Rebuilding marine life', *Nature* 580, 39–51 (2020).

16. Food and Agriculture Organization of the United Nations, *The State of World Fisheries and Aquaculture* 2022 (FAO, 2022).

17. R. L. Naylor et al., 'Effect of aquaculture on world fish supplies', *Nature* 405, 1017–24 (2000).

18. R. L. Naylor et al., 'A 20-year retrospective review of global aquaculture', *Nature* 591, 551–63 (2021).

19. M. C. Melnychuk et al., 'Fisheries management impacts on target species status', *Proceedings of the National Academy of Sciences* 114, 178–83 (2017).

20. T. H. Morrison et al., 'Save reefs to rescue all ecosystems', *Nature* 573, 333–6

(2019).

21 S. F. Heron et al., 'Warming Trends and Bleaching Stress of the World's Coral Reefs 1985–2012', *Sci Rep 6*, 38402 (2016).
22 Marine Conservation Society, Good Fish Guide, https://www.mcsuk.org/goodfishguide.
23 Monterey Bay Aquarium, Seafood Watch, https://www.seafoodwatch.org.
24 E. Jardim, C. Konrad & A. Mannini, 'Monitoring the performance of the Common Fisheries Policy', European Commission, Joint Research Centre, Scientific, Technical and Economic Committee for Fisheries (2020).
25 P. Vasilakopoulos, S. Kupschus & M. Gras, 'Monitoring of the performance of the Common Fisheries Policy', European Commission, Joint Research Centre, Scientific, Technical and Economic Committee for Fisheries (2022).
26 RAM Legacy Stock Assessment Database v4.44, Preprint at https://zenodo.org/record/2542919/ (2018).
27 M. A. Perez Roda et al., 'Third assessment of global marine fisheries discards', *FAO Fisheries and Aquaculture Technical Paper* (FAO) eng no. 633 (2019).
28 D. Zeller et al., 'Global marine fisheries discards: A synthesis of reconstructed data', *Fish and Fisheries* 19, 30–9 (2018).
29 M. Vettiyattil, B. Herrmann & M. Bharathiamma, 'Square mesh codend improves size selectivity and catch pattern for Trichiurus lepturus in bottom trawl used along Northwest coast of India', *Aquac Fish*, doi:10.1016/j.aaf.2021.12.015 (2022).
30 J. W. Valdemarsen & P. Suuronen, 'Modifying fishing gear to achieve ecosystem objectives', in *Responsible fisheries in the marine ecosystem* (eds M. Sinclair & G. Valdimarsson), 321–41 (CABI, 2003).
31 H. Wienbeck et al., 'Effect of netting direction and number of meshes around on size selection in the codend for Baltic cod (Gadus morhua)', *Fish Res* 109, 80–8 (2011).
32 UN Environment Programme and the International Union for Conservation of Nature (IUCN) World Database on Protected Areas (WDPA), https://www.protectedplanet.net/en/thematic-areas/wdpa?tab=WDPA.
33 X. Zeng et al., 'Assessing the management effectiveness of China's marine

protected areas: Challenges and recommendations', *Ocean Coast Manag* 224, 106172 (2022).

결론

1 'Richard Nixon and the Rise of American Environmentalism', Science History Institute, https://www.sciencehistory.org/distillations/richard-nixon-and-the-rise-of-american-environmentalism (2017).
2 GiveWell, Charity Research, https://www.givewell.org.